도시는 정치다

도시는 정치다

도시정치, 도시재생, 도시문화 읽기

윤일성 지음

산지니

차례

해제 | 의리의 사회학을 통해 본 도시정치 _ 장세훈(동아대 사회학과 교수)   7

1부 도시정치

1장 | 부산시 대규모 난개발에 대한 비판적 접근: 27
　　　토건주의적 성장연합의 개혁을 위하여

2장 | 해운대 관광리조트의 도시정치학: 65
　　　탐욕과 불의의 도시개발

3장 | 엘시티 검찰수사의 성과와 한계: 107
　　　어떻게 할 것인가?

4장 | 부산 북항재개발의 쟁점들: 145
　　　토건사업인가 시민을 위한 사업인가?

2부 도시재생

5장 | 도시 빈곤지역 재생의 새로운 패러다임을 위하여   193

6장 | 영국 도시재생 정책의 변화과정과 교훈   217

7장 | 지역사회 공동체 재활성화와 민관협력: 259
　　　공동체 중심의 도시 빈곤지역 재활성화

8장 | 도시재생 R&D 사업의 사회적 영향 및 파급효과   285

3부 도시문화

9장 | 도시빈곤에 대한 두 가지 시선: 307
      최민식과 김기찬의 사진 연구
10장 | 문화예술과 도시재생 그리고 주민참여 347
11장 | 젊은 건축가에게 드리는 글: 한 도시사회학자의 고민 379

고 윤일성 교수 저술목록 403
편집 후기 410
찾아보기 414

해제

'의리(義理)의 사회학'을 통해 본 도시정치

장세훈(동아대학교 사회학과)

도시는 정치다?

"도시는 정치다."

얼핏 보기에 뭔가 강력한 메시지가 느껴지지만, 곰곰이 생각해보면 볼수록 무슨 의미인지 선명하게 와닿지 않는다. 그런데 바로 이처럼 다소 도발적이면서도 단정적인 발언은 저자가 기획 단계에서 일찌감치 정해두었던 이 문집의 제목이었다. 그렇다면 '도시는 정치'라는 의미를 해명하는 작업으로부터 이야기를 풀어나가는 게 좋을 듯싶다.

정치(politics)는 사회(polis)에서 일어나는 사람들 간의 관계라는 아리스토텔레스의 논의로부터 시작해서 정치의 의미를 둘러싸고 정치학과 정치권 안팎에서 숱한 논의가 이어져왔다. 그렇지만 통상적으로는 크게 두 가지의 의미를 담고 있는 것으로 본다.

그 하나는 세력들(forces) 간의 각축으로 보는 시각이다. 이는 정치를 다양한 사회세력들이 권력을 장악하기 위해 서로 힘을 겨루는 과정으로 파악한다. 다른 하나는 정치(正治)로서의 정치(政治), 즉 '세상 바로 세우기'로 보는 시각이다. 구부러지고 휘고 꺾인 세상을 바로잡아 곧추세우는 일련의 과정으로 정치를 이해하자는 동양 사상적 발상이다.

이들 생각은 전혀 달라 보이지만, 현실 정치를 꼼꼼히 들여다보면 이러한 양자의 발상이 모두 녹아 있다. 세상이 왜곡되어 있다고 보는지, 또 왜곡되었다고 본다면 왜 어디가 어떻게 잘못되었다는 것인지, 그것을 바로잡기 위해서는 무엇을 어떻게 해야 하는지에 대한 생각이 천차만별일 수밖에 없기 때문에, 이러한 생각의 차이가 숱한 입장 차이를 낳고, 입장을 같이하는 사람들끼리 패거리를 지어 세상을 바로잡기 위한 노력에 나서는 과정에서 서로 다른 정파들 간의 힘 겨루기가 벌어지는데, 이것이 우리가 익히 아는 정치의 모습이다.

저자인 고 윤일성 교수가 '도시가 정치'라고 단언했을 당시의 생각도 이와 크게 다르지 않을 것으로 본다면, '힘 겨루기'와 '바로 세우기'라는 관점에서 논의의 실마리를 풀어나가더라도 그의 생각의 흐름을 과히 크게 벗어나지는 않을 것으로 판단된다. 그러면 이러한 관점에서 먼저 '힘 겨루기'로서의 정치라는 관점에서 도시를 어떻게 바라볼 수 있을지 생각해보자.

도시에 대한 정치사회학적 접근

고 윤일성 교수는 한국의 대표적인 도시사회학자다. 문집에 실린 글들을 살펴보더라도, 2000년대 이후 그의 학문적, 실천적 관심에 따라 도시개발, 도시 재생, 도시 문화, 건축 등 여러 분야로 갈래 쳐 있는 것으로 보이지만, 이들의 뿌리는 모두 도시사회학에 닿아 있다.

도시사회학은 흔히 도시를 구성하는 주된 요소인 공간과 사회의 관계에 관한 사회학적 접근으로 정의되곤 한다(Saunders, 1981; Castells, 1977). 그러나 공간과 사회의 관계는 정치, 경제, 사회, 문화·예술, 공학 등 분과학문 별로 여러 각도에서 다뤄지는 연구 대상이기 때문에, 그 자체로는 도시사회학의 고유한 학문적 특성을 온전히 드러내지 못한다. 따라서 공간과 사회의 관계를 사회학적으로 본다는 것이 무엇인지를 명확히 밝힐 필요가 있다.

도시사회학을 좀 더 풀어서 보자면, 도시 공간을 둘러싼 사회세력들 간의 관계를 다루는 학문이라고 규정할 수 있다. 보다 구체적으로 도시 공간의 소유·개발·이용을 둘러싸고 이해관계를 달리하는 사회집단들 간의 힘 관계를 다루는 분과학문이라고 할 수 있다. 이 같은 발상은 공간보다는 사회에 방점을 찍고, 사회적 관계를 통해 공간의 변화를 살펴겠다는 관점을 분명히 하고 있다.

도로를 어디에 뚫고, 상하수도를 언제 어떻게 개설하고, 아파트단지와 생산시설, 행정기관과 업무·상업구역 등을 어디에 어느 정도 규모로 짓고 허무느냐에 따라 엄청난 손익이 발생할 뿐 아니라 해당 지역 및 그 인근에서 생활하거나 활동하는 수많은 사람들의 일상생활이 크게 바뀌기 때문에, 관련 당사자들은 각자의 입장과 처지에 따라 심각한 이해 충돌 상황에 휘말리게 마련이다. 지난 고도성장 시기부터 최근의 용산 사태에 이르기까지 시청, 건설업체, 복부인, 현지 가옥주와 세입자 등이 서로 뒤엉켜 생존권과 각종 이권을 둘러싸고 격렬한 다툼을 벌이는 과정에서 적지 않은 사람들이 목숨을 잃기까지 했던 도시 노후 지역의 철거 재개발이나 건물주의 사유재산권을 앞세워 영세 상인들의 생존권·영업권을 위협하고 이들을 무차별적으로 거리로 내모는 최근의 젠트리피케이션(gentrification) 사태 같은 우리 도시의 안타까운 현실은 도시 공간을 둘러싸고 힘 겨루기에 나선 다양한 사회세력들의 존재와 이들 간의 갈등의 모습을 생생하게 보여준다.

도시사회학은 공간을 둘러싼 도시 내 사회집단들 간의 이 같은 정치적 역학관계를 다룬다는 점에서, 도시에 대한 정치사회학적 접근이라고 해도 과언이 아니다. 그런 점에서 생태학적 접근에서 이야기하듯이, 도시가 평온하게 생태학적 균형 상태를 찾아가는 과정을 밟아왔다고 보기는 어렵다. 오히려 도시 구성원 각자가 지닌 온갖 자원과 역량을 최대한 활용해서 자신들의 이해를 관철시키고자 있는 힘껏 맞붙는 과정이라고 할 수 있다. 여기서 '도시는 정치'라는 발상이 자연스럽게 싹트게 된다.

정치적 역학관계에 의해 도시가 틀 지워지는 과정은 현 단계 부산만의 문제가 아니라, 근대적 도시화 과정에서 흔히 발견할 수 있다. 따라서 도시에 대한 정치사회학적 접근은 도시사회학이 학문적으로 성숙하면서 자연스럽게 나름의 학문적 정체성으로 자리 잡아왔다. 도시에서 권력을 누가 장악하고 어떻게 행사하는가를 문제 삼은 지역사회 권력구조(community power structure) 논쟁으로 출발한 1950년대 이후 미국의 지역정치 연구와 1960년대 도시 내 주거공간을 둘러싼 사회적 갈등에 주목한 영국의 신베버주의적 도시사회학 연구(neo-Weberian approach)는 "도시가 정치(적 역학관계의 산물)"임을 역설한 대표적인 논의들이다.

미국의 지역사회 권력구조 논쟁에 불을 붙인 헌터(Hunter, 1953)는 미국 사회에 민주적인 정치 질서가 확고히 자리 잡았다는 일반의 상식을 문제 삼았다. 그는 도시의 권력 구조가 소수의 엘리트에게 권력이 집중된 피라미드 형태를 띠고 있을 뿐 아니라, 지역정치의 무대에서 권력을 장악한 듯한 정치·행정 엘리트들이 아니라 겉으로는 눈에 잘 띄지 않는 극소수 경제엘리트가 막후에서 실질적인 권력을 휘두르고 있다고 주장했다.[1]

로건과 몰로치(Logan & Molotch, 1987)는 헌터의 논의를 이어받아 도시의 권력자들이 분파를 나눠 서로 반목하고 다투기보다는 도시 개발과 같은 각종 이권 사업을 중심으로 서로 다른 이해를 하나로 결집하는 이른바 성장연대(growth coalition)를 결성하고 있음에 주목했다. 이들 성장연대 세력이 여타의 도시 주민들을 철저히 배제하면서 도시의 성장과 개발의 과

---

[1] 이러한 엘리트주의적 시각에 대해 다알(Dahl, 1961)은 미국의 지역사회가 여전히 권력의 분산과 권력집단들 간의 민주적 경쟁이 일어나고 있다는 다원주의 시각을 내세우며, 이른바 '지역사회 권력구조' 논쟁을 벌였다(Judge, et. al., 1995; Polsby, 1963).

실을 독차지하며 지역사회 지배구조를 더욱 공고히 한다는 것이다(Jonas & Wilson, 1999). 여기서 한 걸음 더 나아가 스톤(Stone, 1989)은 지배엘리트들이 각종 비공식적 연줄망(informal arrangements)과 암묵적인 거래를 통해 서로 결탁해서 지역정치의 '보이지 않는 손'으로 작동하는 도시통치체제(urban governing regime)의 실상을 밝히고자 했다.

이들의 논의는 각기 다른 각도에서 미국 도시의 권력구조를 다루고 있지만, 도시가 철저하게 힘의 논리에 의해 작동하는 정치권력체제임을 강하게 피력하는 공통점을 보여준다. 영국의 신베버주의 도시 연구도 큰 틀에서 이들과 궤를 같이한다.

신베버주의 도시 연구는 20세기 중반에도 여전히 사회과학계에 맴돌고 있는 '마르크스주의 유령'에 대한 이론적 도전으로 출발했다(Pahl, 1975; Rex & Moore, 1967; Saunders, 1980). 그 타격점은 구조결정론의 관점에서 계급을 중심으로 도시 문제에 접근하려는 마르크스주의의 관점에 맞춰졌다. 이들은 우선 자본주의 경제 하에서 자본가의 계급지배가 관철되기보다는 도시 정치의 상대적 자율성이 존재한다는 점을 강조한다. 아울러 생산 영역에서의 국가적 차원의 계급 갈등에만 골몰하는 마르크스주의에 대항해서 소비 영역에서의 도시적 차원의 갈등이 갖는 독자성과 차별성에 주목했다. 이러한 문제의식에서 이들은 도시에서의 갈등을 낳는 대표적인 소비재로 주택을 들어, 주택의 생산, 소유 및 분배를 둘러싼 사회적 불평등을 '주거계급(housing class)' 문제로 파악하는 한편, 불평등에 따른 갈등을 관리하는 분지기(gatekeeper)로서 지방정부의 정치적 조정 역할을 중시하는 '도시관리론(urban managerialism)'을 제안했다. 이는 도시 정치가 경제적 토대와 그에 기반한 계급관계에 의해 일방적으로 결정되는 것이 아니며, 이 같은 도시정치 무대에서 사회세력들 간의 힘 겨루기가 주요 자원의 분배 및 소비 양식을 좌우하는 핵심적인 요인이라는 주장에 다름 아니다.

결국 영·미권의 도시사회학 연구는 도시 내 사회세력들의 정치적 역학관계가 도시 연구의 관건임을, 즉 '도시는 정치'임을 역설하고 있다. 이 문집에 실린 글들을 들춰보면, 고 윤일성 교수의 입장이 이러한 선행 이론들의 연장선상에 놓여 있음을 쉽사리 확인할 수 있다. 돈과 권력, 그리고 정보와 지식을 가진 힘 있는 자들이 법과 질서를 무시한 채 자신들의 탐욕을 채우기 위해 패거리를 지어 이른바 토건세력들의 '성장연합'을 결성하고 무차별 개발의 홍수에서 비껴나 그나마 남아 있던 부산의 해안가와 강변, 산기슭을 마구잡이로 파헤치는 대도시 부산의 현실이나 가진 것이 없어 개발이익의 수혜 과정에서 소외되는 데 그치지 않고 막개발의 피해를 온몸으로 뒤집어써야만 하는 산복도로변 서민들이나 철거민 등 사회경제적 약자들의 실태를 곳곳에서 적나라하게 밝히고 있기 때문이다.

그런데 도시 내 힘 겨루기로서 도시정치를 바라보는 시각 자체는, 도시사회학의 여러 이론적 지향들로 알 수 있듯이, 그리 새롭지 않다. 고 윤일성 교수의 도시 연구에서 보다 참신하고 고유한 부분은 '도시 바로 세우기'로 도시정치를 바라보려는 지점에 있다. 그렇기에 "도시는 정치"라는 발언의 무게중심은 '힘 겨루기'보다는 '바로 세우기'에 놓여 있고, 이는 이하에서 다루게 될 '의리의 사회학'이라는 관점에 잘 녹아 있다.

'의리의 사회학'

의리는 어떻게 보더라도 학술적 용어로 썩 어울리지 않아 보인다. 그런데 "의리의 사회학"이라니? 사회학에 접두어를 붙여 온갖 사회 현상을 서술하려는 사회학자들의 욕망과 언론의 상술이 더해져 '연자부 학문(連字附學問)'으로 불리기도 하는 사회학으로서도 '의리의 사회학'을 선뜻 받아들이기는 쉽지 않을 듯싶다. 그렇지만 그 의미를 잘 따져보면, 의리의 사회학이야말로 저자의 관점을 잘 드러내준다.

흔히 의리 하면 조직 폭력배들이 어려운 처지의 서로를 돌봐주는 패거리 문화, 연예인 김보성이 몇 년 전 대중매체를 통해 외쳤던 '으~리', 2000년대 이후 일본 사회에서 유행하다가 최근 우리 사회로까지 번진, 신세진 주변 사람들에게 부담되지 않는 선에서 감사의 마음을 담아 선물하는 '의리 초콜릿(義理チョコ)'의 의리 등이 떠오른다. 이처럼 주변의 일상생활에서 흔히 접하는 의리는 특정 패거리 내부의 구성원들이 공유하는 연고주의(crony culture)에 가깝다. 즉 이들은 '폐쇄적인 공동체 내에서 사적으로 맺어진 끈끈한 정', '전근대 사회에 걸맞는 인간관계'라는 속성을 공유한다. 따라서 자칫 잘못하면 알음알음으로 서로를 감싸주고 보호해주는 일차원적 동료애나 우애의 수준을 넘어 사회적 공익과 충돌하는 일종의 집단이기주의, 조직이기주의로 빠질 위험도 안고 있다.

의리의 사회학에서의 의리는 이 같은 전근대적인 사적 유대 관계로서의 의리를 가리키지 않는다. 오히려 소수가 끈끈한 정을 나누며 온갖 부정과 부조리, 비리를 저지르면서까지 자신들만의 이권을 탐하는 패거리 문화로서의 의리를 강하게 부정하고 적극적으로 비판하는 의미에서의 의리를 가리킨다. 즉 앞서의 일상적 의미의 의리가 개인적 차원의 사적 의리라면, 이는 사회적 차원의 공적 의리라고 할 수 있다. 실제로 이 문집에 실린 글들에서는 끊임없이 지방의 토호나 유지, 또는 지역 엘리트로 불리는 소수의 특권층이 도시 정치 및 행정에 제멋대로 개입해서 부당하게 자신들만의 잇속을 챙기려 각종 법규도 무시한 채 불의와 부조리를 범하는 현실을 폭로하고 비판한다. 즉 도시의 성상 및 개발 과정에서 일어나는 정의롭지 못하고 불합리한 행태를 바로잡는다는 의미에서의 의리를 내세우고 있다. 즉 의리의 사회학은 불의와 부조리에 맞서는 사회학에 다름 아니다.

여기서의 의리(義理) 개념을 분해해 보면, 이는 정의(正義)와 도리(道理)로 이루어진다. 먼저 정의는 현대 시민사회에서 시민 전체의 공익을 대변하는 사회적 대의(the common cause), 이른바 '시민적 공공성'에 가깝다(장세훈 외, 2014; 齋藤純一, 2000). 저자에 따르면, 부산시 곳곳에서 탐욕을 채우기 위해 불의한 방법으로 전개되는 도시개발 사업이 제자리를 찾기 위해서는 사업의 공공성을 회복해서 '시민에 의한, 시민을 위한 개발'이 되어야 한다. 이는 도시에서 정의를 바로세우는 근간이 '시민적 공공성'의 복원에 있음을 뜻한다.

다음으로 도리는 마땅히 해야 할 이치를 가리킨다. 넓게 보면 윤리, 도덕에 해당하는 것이고, 좁게 보면 법, 규범에 해당한다. 도시정치와 관련해서 저자는 구성원들의 합의로 만들어낸 최대공약수인 국가의 법률·제도에 대한 동의와 준수, 즉 합법성과 준법성에 주목한다. 이 책의 1부에 실린 글들을 보면, 부산에서 토건사업을 통해 난개발을 주도하는 성장연합 세력은 각종 법규를 난도질하는가 하면 편법, 탈법을 밥 먹듯이 자행해왔다. 물론 법률과 제도가 정치적 역학관계를 반영하고 있어, 가진 자와 힘 있는 자 중심으로 제정되고 운영된다는 점을 부인할 수 없지만, 적어도 사회 질서를 위해 그 구성원들이 준수해야 할 최소한의 금도임에는 틀림없다. 그런데 그마저도 이들의 불법, 탈법 행위를 제어하는 역할을 제대로 수행하지 못한다는 것이다. 이런 점에서 저자는 시민으로서 법규의 정당성을 수용하고 이를 준수하는 태도와 행동양식으로서의 도리를 요구한다.

결국 정의와 도리에 기초한 사회적 차원의 의리는 병폐에 찌든 도시를 치유해서 제대로 된 도시로 바로세우는 철학적 토대라고 할 수 있다. 그렇다면 의리에 기초한 도시 연구를 어떻게 전개해야 할까? 즉 도시에 대한 의리의 사회학을 어떻게 구성할 것인가?

저자의 생각을 따라가 보면, 도시에 대한 의리의 사회학은 공감의 사회학, 폭로의 사회학 그리고 사회참여의 단계를 밟아간다. 불법과 비리, 부조리가 판치는 도시 현장에서 억압받고 핍박받으며 가지지 못한 자들의 피와 땀과 눈물에 공감하는 것이 1단계라면, 그 같은 비리와 불법 사례를 폭로하고 고발하는 작업은 2단계에 해당한다. 마지막으로 3단계는 왜곡된 도시 현실을 바로잡기 위한 사회 참여에 나서는 것이다. 그 과정을 하나씩 살펴보기로 하자.

정의의 사회학은 사회적 약자에 대한 관심과 공감에서 출발한다. 이는 도시에서 가진 자들에게 자신들의 최소한의 권리마저 빼앗기고 짓밟힌 못 가진 자들에게 심정적으로 동조하는 자세와 태도를 가리킨다. 저자는 그 전형을 사진작가 최민식과 김기찬의 작업을 통해 보여주고 있다. 가난에 찌들고 어려운 처지에 놓인 서민과 빈곤층에 대해 따뜻한 시선을 보내며 이들의 일상을 있는 그대로 드러내어 이들의 처지에 대한 맥락적 이해를 가능하게 해주는 두 사람의 사진 작업은 도시를 대하는 사회학자들이 취해야 할 자세를 보여준다고 본 것이다. 이들의 입장을 적극 수용해서 저자는, 기존의 사회학적 접근이 사회 현실의 객관적인 측면을 냉정하게 서술하고 분석하는 데 주력한 것과 달리, 특히 어려운 처지의 사회 구성원들이 일상생활에서 느끼는 주관적인 감정에 이입하는 보다 감성적인 방식으로 다가설 것을 촉구한다. 이 같은 공감적 태도가 도시에서 이들을 빈곤과 불행의 늪으로 밀어 넣은 가진 자들에 대한 공분과 비판, 그리고 변화를 향한 참여로 나아가게끔 하는 원천이라고 본 것이다.

공감의 사회학을 밑돌로 삼은 의리의 사회학의 다음 단계는 폭로의 사회학이다. 일찍이 사회학자 버거와 켈러(Berger & Kellener, 1981)는 사회학의 폭로·고발(debunking)의 기능에 주목한 바 있다. 이들은 눈에 보이는 대로의 세상이 아니라 그것을 전복시켜 그 이면에 담겨져 있는 사회의 구조적 측면을 들여다볼 것을 주장했다. 저자는 이들의 이러한 발상을 적극적으로 수용해서 도시 연구에 적용하고자 했다. 즉 탐욕을 채우기 위해 토건주의 세력들이 도시의 성장과 개발 과정에 개입해서 온갖 불법과 비리를 저지르지만, 그 행태가 철저히 숨겨지고 있다면서, 그 감춰진 민낯에 사회학적 메스를 들이대서 도시의 추악한 부패와 병리를 폭로하고 고발할 것을 촉구한다.

이 같은 폭로와 고발의 근간에는 '도시는 공공의 재산이고, 도시 개발은 공익성 제고의 과정이어야 한다'는 일종의 공공사회학적 발상이 깔려 있다(Burawoy, 2007; 2009; 정일준·김상돈, 2010 참조). 도시의 토건주의적 성장연합 세력은 공사 분별을 상실한 채 '편익의 사유화와 손실의 사회화'에 몰두하는 천박한 지대 추구적 행태를 보이고 있다. 이러한 점에서 도시의 시민적 공공성을 훼손하는 이들을 척결하기 위한 선결 과제로서 폭로와 고발이 필수적이라고 본 것이다.

의리의 사회학의 마무리는 학문의 울타리를 넘어선 사회적 실천의 영역이다. 도시의 사회적 병폐를 모두 까발려 그 진상을 확인했다면, 공공재로서의 도시를 바로 세우기 위한 시민의 참여와 실천이 이어져야 한다는 것이다. 지역사회 주민들이 서로 신뢰를 쌓고 이를 바탕으로 연대와 협력의 관계망을 구축해서 스스로의 역량을 강화(empowerment)한 후에, 시민이 주체가 되는 시민 참여형 도시 발전 전략을 모색해야 한다는 것이다. 도시재생 과정에서 주민 참여형 민관협력 체제를 구축하고 지역사회 안팎에서 문화·예술 분야의 창조적 역량을 결집시켜 창조적 지역공동체를 만들어가는 한편으로, 연구자도 주민들과 함께 도시를 바꿔나가는 실천적 행위자로 동참할 것을 주창한다. 이러한 맥락에서 저자 스스로 오랫동안 부산의 도시개발이나 생태·환경 관련 시민운동단체에 깊숙이 발을 담근 채 도시문제의 현장 곳곳을 누비며, 의리의 사회학에 입각한 사회적 참여를 몸소 실천해왔다.

결국 저자에 따르면, 도시는 다양한 사회세력들이 힘 겨루기를 벌이는 정치적 투쟁의 현장인 동시에, 시민적 공공성에 입각해서 각종 불법과 비리를 해소하고 못 가진 자들의 눈물을 닦아줌으로써 도시의 정의와 도리를 바로 세워야 하는 곳이다. 따라서 도시사회학적 접근은 의리의 사회학의 입장에서 정치적 각축 과정을 분석하고 도시의 병폐를 폭로하고 시정하는 과정에 다름 아니다.

그렇다면 저자의 이 같은 논지가 구체적으로 이 책에서는 어떻게 펼쳐지고 있을까? 이하에서 책의 전반적인 구성을 살펴보기로 하자.

책의 구성

이 책은 한 마디로 도시 정치의 관점에서 도시의 성장, 재생과 문화를 살펴보려는 시도이다. 따라서 그 구성도 1부에서는 도시의 성장 및 개발을 둘러싼 정치적 갈등을 살펴보고, 2부에서는 부산과 런던 사례를 중심으로 쇠락하는 도시의 재생을 위한 갖가지 시도들이 어떻게 맞부딪치면서 사회·경제적 파급효과를 낳는가를 살펴본다. 마지막으로 3부에서는 사진·예술·건축의 관점에서 도시의 문화적 측면을 조망하고 있다.

먼저 도시의 성장 정치에 대한 첫 번째 글에서는 부산의 산과 강, 바다를 가리지 않고 마구잡이로 펼쳐지는 대규모 난개발이 단순히 도시 성장이나 회생의 차원이 아니라, 도시개발을 통해 막대한 개발이익을 얻으려는 토건주의 세력에 의한 것임을 고발한다. 특히 부동산개발업자, 건설업체, 부산시 및 시의회, 도시계획 및 건축 관련 전문가집단이 토건주의적 성장연합의 주축 세력을 이루면서 서로가 어떻게 얽혀 각자의 이해관계를 추구하는가를 해명함으로써 부산시 난개발의 사회정치적 구조와 동학을 밝히고 있다. 저자는 이러한 분석을 바탕으로 이권사업화된 부산의 도시개발이 그 자체로는 올바로 설 수 없다고 보고, 시민사회의 직극적 참여와 시민적 공공성의 회복을 혁신의 원칙으로 삼아 도시개발의 구체적인 개혁 방안을 제안하고 있다.

두 번째와 세 번째 글은 토건주의적 성장연합의 틀을 바탕으로 해운대 엘시티 사업(구 해운대 관광리조트 개발 사업) 비리라는 구체적인 사례를 꼼꼼히 고발하는 글들이다. 엘시티 사업은 애초에 공공개발을 명분으로 시작했다가 민간 부동산 개발로 전환해서 토건주의적 방식으로 개발이 이루어졌다. 문제는 청와대부터 시청, 구청에 이르기까지 모든 국가기구가 온갖 특혜를 부여해서 토건세력의 수익 극대화를 보장해주는 등 정의롭지 못한 도시행정의 모습이 적나라하게 드러난 데다가 도시 계획 및 건축 분야의 전문가들이 은밀히 공모해서 이러한 민-관 유착을 방조하거나 묵인함으로써 민간 개발업자의 탐욕이 도시 개발의 공익성을 크게 훼손시킨 토건주의적 개발의 전형적인 사례였다는 데 있다. 엘시티 개발 과정에서의 불법과 비리에 대해서는 이에 앞서 언론의 추적이 다각도로 이어져 왔지만, 대개가 산발적이고 단편적인 지적에 그쳤다. 이와 달리 2장과 3장의 논의는 사업자 선정, 부지 매각 및 기부채납, 개발구역 확대 및 용도지구 변경, 교통·환경영향평가 등의 구체적인 사안별로 나누어 토건주의적 개발에 대한 전면적인 분석을 시도하고 있다. 특히 비리 행각이 드러나 검찰수사가 진행되고 있지만, 그 역시 토건주의 세력에 대한 비호세력들의 발호로 부실한 수사로 귀결되고 있음도 아울러 밝히고 있다.

네 번째 글은 한국 최초의 항만 재개발 사업으로 꼽히는 부산 북항 재개발의 성격과 위상을 다루고 있다. 초기의 북항 재개발은 드물게 공론조사를 통한 '시민에 의한' 개발 방식으로 추진되면서, '시민을 위한' 친수형 재개발 쪽으로 나아가는 시민 참여적 재개발 실험이 이루어졌다. 그러나 재개발 추진 과정에서 시민사회가 배제되고 관 주도의 일방적인 방식으로 추진되면서 애초의 마스터플랜을 변경해 건설업체의 개발이익을 우선하는 전형적인 상업형 재개발로 퇴행하고 말았다. 저자는 이 같은 북항 재개발 사례를 통해 토건주의적 성장연합이 개발이익취득을 위해 얼마나 강고하게 결속되어 강력하게 수익 극대화를 추진하는가를 명징하게 드러내는 한편으로 '북항 재개발 라운드 테이블' 구성 및 운영 등을 통한 시민사회의 대응이 갖는 성과와 한계를 지적하면서, '시민에 의한, 시민을 위한' 항만 재개발의 새로운 경로를 제안한다.

1부가 도시(성장)의 정치라고 한다면, 2부는 도시재생 전략에 대한 새로운 방향 모색이라고 할 수 있다. 다섯 번째 글은 도시재생을 도시재개발의 아류 정도로 여기는 일반의 상식에 대한 문제제기로 시작한다. 저자는 시장 원리에 입각해서 전문가와 행정 부문이 주축이 되어 수익성 위주로 운영되는 도시재개발과 달리 도시재생은 공공성에 입각해서 지역사회 주민들이 주축이 되어 성찰적 민주주의 방식으로 지역사회 전반의 창조와 혁신을 추구하는, 일종의 패러다임 전환으로 볼 것을 주창한다.

이 같은 도시재생이 바람직하기는 하지만, 실제 도시에서 구현될 수 있을까, 혹시 공상적 계획(utopian planning)에 그치는 것은 아닐까 하는 의구심을 지울 수는 없다. 그런 의문에 답하기 위해 뒤 이은 두 편의 글을 통해 영국과 한국에서의 도시재생 실험 사례를 살펴보고 있다.

먼저 여섯 번째 글에서는 1990년대 이후 영국 도시재생 정책의 실태와 그로부터 얻을 수 있는 교훈을 검토한다. 저자가 보기에 영국 도시재생의 핵심은 도시정책의 무게중심이 '토지와 부동산'에서 '사람과 공동체'로 옮겨가고, 일방적인 관 주도에서 주민 참여를 통해 지역공동체 주도의 도시회생으로 전환한 데 있다. 이 같은 변화는 영국 정부의 시티 챌린지(City Challenge), 통합재생예산(Single Regeneration Budget), 커뮤니티 뉴딜(New Deal for Community) 등의 정책을 통해 구현되어왔다. 이 글은 도시재생 정책의 시행 과정에 대한 치밀한 분석을 통해 그 현실적 한계와 가능성을 확연히 드러냄으로써, 여전히 과거 도시재개발의 울타리를 쉽사리 뛰어넘지 못하는 우리 사회의 도시정책이 나아갈 향후 경로와 좌표를 일러주고 있다.

다음으로 일곱 번째 글은 이러한 영국의 경험을 교훈 삼아 한국 도시에서 도시재생의 실천 가능성을 탐색하는 시도이다. 도시 빈곤층이 밀집한 노후불량주거지는 개발연대 이후 도시의 암적 존재로 여겨져 도시재개발의 집중적인 타격 대상이었다. 문제는 도시재개발이 주민을 몰아내고 공동체를 해체시키는 주민 배제적 방식으로 전개되었다는 사실에 있다. 이에 저자는 주민 주도로 지역공동체를 되살려 도시재생을 모색하는 '공동체 계획'을 제안한다. 그리고 부산시 연제구 물만골 공동체의 도시재생 실험을 통해 민주적 공동체의 실현 가능성을 면밀히 따져보고 있다.

그러나 개별 지역공동체에서의 실험 성공이 도시재생의 가능성을 담보해주지는 못한다. 따라서 도시 차원에서 도시재생의 가능성을 제고하는 것이 필요한데, 그 준비 작업으로서 저자는 도시재생 R&D 사업에 주목한다. 이 사업은 도시재생의 실태와 그 제도적 기반 및 정책, 그리고 그 실행에 따른 사회적 영향 및 파급 효과에 대한 총체적 연구·개발을 통해 도시재생이 보다 신속하고도 효과적으로 우리 도시 현실에 뿌리내리도록 할 목적으로 추진되었다. 따라서 여덟 번째 글에서는 도시재생 R&D 사업의 사회적 의미와 역할을 점검해서, 이 같은 애초의 취지가 충분히 달성되고 있는지를 따져보고, 도시재생의 역량 강화를 위해 이 사업이 나아가야 할 방향을 제시하고 있다.

마지막으로 3부에는 도시 성장 및 재생의 밑거름이 되는 도시문화에 대한 단상들을 모아놓았다. 아홉 번째 글은 최민식과 김기찬의 카메라 렌즈를 통해 포착된 도시빈곤의 모습을 통해 도시를 어떠한 시각에서 바라봐야 할지를 독자들에게 묻고 있다. 이들은 서로 다른 공간에서 활동하며 각기 다른 시선으로 빈곤의 모습을 바라봤지만, 도시의 병폐가 고스란히 담겨 있는 빈민들의 삶을 있는 그대로 드러내고 이들의 아픔과 고통을 함께 하는 마음가짐을 공유하고 있다. 그런 점에서 도시의 풍광과 인물을 렌즈에 담기에 앞서 인간에 대한 따뜻한 애정, 즉 휴머니즘을 가슴 깊숙이 담고 있다고 할 수 있다. 저자가 보기에 이는 도시에 대한 공감의 사회학으로 나아가는 발판이 되고 있다.

열 번째 글은 주민의 관점에서 문화예술을 활용한 도시재생의 함의를 살펴보고 있다. 이를 위해 그 이론적 토대가 되고 있는 창조도시론을 살펴보고, 이러한 전제 위에서 뉴욕 소호, 중국 상하이 M50, 서울의 문래예술공단, 부산의 또따또가, 인천의 아파트 플랫폼 등과 같이 지역사회 안팎의 문화예술 자원을 적극적으로 동원해서 노후쇠락지구에서 도시재생을 도모하는 국내외 사례들을 검토하고 있다. 저자는 이들 사례의 비교·분석을 통해 민간 부문이 주도하고 지방정부가 지원하는 민간 주도적 민관협력 시스템의 구축과 특히 지역주민의 적극적인 참여를 통한 밑으로부터의 공동체 계획의 구축이 문화예술과 도시재생이 화학적 결합에 이르는 성공의 열쇠임을 강조하고 있다.

마지막 글은 청년 건축가에게 건네는 조언의 형식을 취했지만, 부제에서처럼 도시사회학 연구자의 고민에 바탕을 둔 스스로에 대한 당부의 말이라고 할 수 있다. 주체성과 자유에 기반해서 새로운 유토피아를 꿈꾸고 개혁해나가는 담대함과 용기, 지역사회와의 소통과 참여를 통한 시민적 공공성의 탐색 및 구현, 역사적 맥락의 이해와 공감에 기반한 문화와 예술의 창조가 그것이다. 이는 저자가 지향하는 의리의 사회학을 구성하는 기본 덕목들에 다름 아니다. 저자는 도시를 탐구하고 만들며 제대로 된 도시 세우기를 진정으로 고민한다면 그 누구라도 이러한 덕목들을 기초로 자신의 실천 방향을 잡아갈 것을 촉구하고 있다.

도시는 정치다!

이상에서 살펴본 바와 같이, 도시는 공익과 사익, 집단적이고 개인적인 권익과 이권 등이 서로 맞서고 다투는 무대인 동시에 불의와 비리에 저항하며 보다 바람직한 방향으로 도시를 바로 세우려는 신산스러운 노력의 결정체이다. 그런 점에서 도시는 정치다.

그렇다면 이 같은 도시의 본 모습을 보다 명확히 드러내고 이러한 인식에 기초해서 제대로 된 도시로 바꿔보려는 실천이 더욱 절실히 요구된다.

이 책에 실린 한 편 한 편의 글들은 고 윤일성 교수가 의리의 사회학에 입각한 도시정치의 조망을 통해 이러한 이론적 실천의 전면에 나선 결과물이라고 할 수 있다. 그러한 진의가 독자들에게 충실히 전달될 수 있기를 바란다.

참고문헌

장세훈·민은주·이진석. 2014. 『다차원적 사회자본 양성을 통한 도시재생 역량 구축 방안 연구』. 부산발전연구원.

정일준·김상돈. 2010. 『한국 공공사회학의 전망』. 새물결.

齋藤純一(사이토 준이치). 2000. 『公共性: Publicness』. 東京: 岩波書店. (윤대석 외 옮김. 2009. 『민주적 공공성』. 이음.)

Berger, Peter & Hansfried Kellner. 1981. *Sociology Reinterpreted: An Essay on Method and Vocation*. Garden City, N. Y.: Anchor Press. (임현진·김문조 옮김. 1984. 『사회학의 재해석』. 한울.)

Burawoy, Michael. 2007. "For Public Sociology", Dan Clawson, et. al. (eds.), *Public Sociology: Fitfteen Eminent Sociologists Debate Politics and the Profession in the 21st Century*, Berkeley: UCP, pp.23-64.

Burawoy, Michael. 2009. "Public Sociology War", Vincent Jeffries (ed.), *Handbook of Public Sociology*, Lanham: Rowman & Littlefield Publishers Inc. pp.449-473.

Castells, Manuel. 1977. *The Urban Question: a Marxist Approach*. translated by Alan Sheridan. London: Edward Arnold.

Dahl, Robert. 1961. *Who Governs?: Democracy and Power in an American City*. New Haven: Yale Univ. Press.

Hunter, Floyd. 1953. *Community Power Structure: A Study of Decision Makers*. Chapel Hill: Univ. of North Carolina Press.

Jonas, Andrew & David Wilson (eds.). 1999. *The Urban Growth Machine: Critical Perspectives, Two Decades Later*. New York: State University of New York Press.

Judge, David, Gerry Stoker & Harold Wolman. 1995. *Theories of Urban Politics*. London: Sage Publications.

Lauria, Mickey (ed.). 1997. *Reconstructing Urban Regime Theory*. London: Sage Publications.

Logan, John & Harvey Molotch. 1987, *Urban Fortunes: The Political Economy of Place*. Berkerly: Univ. of California Press. (김준우 옮김. 2013.『황금도시: 장소의 정치경제학』. 광주: 전남대학교 출판부.)

Pahl, R. 1975. *Whose City?: and Further Essays on Urban Society*. Harmonsworth: Penguin Books.

Polsby, Nelson. 1963. *Community Power and Political Theory: A Further Look at Problems of Evidence and Inference*. New Haven: Yale University Press.

Rex, John & Robert Moore. 1967. *Race, Community and Conflict*. London: Oxford Univ. Press.

Saunders, Peter. 1980. *Urban Politics: A Sociological Interpretations*. Harmondsworth: Penguin Books.

Saunders, Peter. 1981. *Social Theory and the Urban Question*. London: Hutchinson. (김찬호·이경춘·이소영 옮김. 1998.『도시와 사회이론』. 서울: 한울출판사.)

Stone, Clarence. 1989. *Regime Politics: Governing Atlanta, 1946-1988*. Lawrence: Univ. Press of Kansas

1부

도시정치

1장

부산시 대규모 난개발에 대한 비판적 접근: 토건주의적 성장연합의 개혁을 위하여[1]

1. 들어가는 말

부산의 곳곳에서 대규모 난개발이 진행되고 있다. 오륙도 바로 앞에 고층아파트 단지가 들어섰고, 해운대 백사장 바로 옆에 108층의 초고층 아파트 단지가 들어설 계획이다. 다음 차례는 어디인가? 태종대인가? 부산을 상징하는 대표적인 경승지에 아파트 단지가 무차별적으로 건설되는 모습은 부산의 난개발이 얼마나 심각한 상황인가를 단적으로 보여준다. 부산을 대표하는, 풍경과 경관이 뛰어난 장소마다 난개발로 인하여 곤혹을 치르고 있는 마당에 다른 곳은 오죽하겠는가? 기장 동부산관광단지, 해운대 해수욕장 주변, 이기대, 백양산, 부산시민공원 주변지역, 영도고가도로, 을숙도. 이 장소들은 생태와 환경, 시민과 주민은 안중에도 없이 오로지 개발이익만을 추구하는 개발사업이 이루어지고 있는 곳이다. 도대체 어떤 행위주체들이 어떤 구조 속에 들어가서 어떤 행위를 하기에 부산

---

1) 이 논문의 초안은 2011년 11월 10일 부산시민운동단체연대 · 생태사회부산포럼 · 낙동강지키기시민운동본부가 공동으로 주최한 『허남식장 8년 개발시정 평가 워크샵: 이보다 더 안 좋을 수 없다』에서 발표되었다. 이 논문은 2006년도 부산대학교 인문사회연구기금의 지원을 받아 연구되었음.

의 곳곳이 난개발로 인해 몸살을 앓고 있는 것인가? 이 글은 이런 문제의식에 대한 하나의 대답이다.

이 글은 크게 세 부분으로 이루어져 있다. 첫째, 부산시 난개발을 조망할 수 있는 이론적 관점을 탐색한다. 성장기제론, 도시체제론, 그리고 토건국가론을 정리하면서, 토건주의적 성장연합이라는 개념으로 부산시 난개발의 토대를 이루는 지역엘리트들의 관계를 드러내고자 한다. 둘째, 부산에서 토건주의적 성장연합의 중추를 이루는 4개 집단의 성격과 그들이 맺고 있는 관계를 분석함으로써 부산시 난개발의 구조와 동학을 밝힌다. 4개 집단은 부동산개발업자와 건설업체, 부산시, 부산시의회, 도시계획 및 건축 전문가집단이다. 셋째, 대규모 난개발에 치중해온 부산시의 도시개발을 공공성의 회복과 시민사회의 참여라는 가치에 기반하여 개혁해야 한다는 것을 주장하고, 이에 따라 몇 가지 개혁과제를 제안한다.

2. 부산시 난개발에 대한 이론적 관점

도시는 어떻게 통치되는가? 지방정부의 성격과 운영방식을 규명하기 위한 근본적인 질문이다. 1980년대 이후 지방정부를 규명하기 위한 많은 연구들이 시도되었는데, 지방정부의 성격과 운영방식을 설명하기 위한 중요한 두 가지 관점으로 성장기제론(Theory of growth machine)과 도시체제론(Theory of urban regime)을 들 수 있다.

성장기제론은 로간과 몰로치(Logan and Molotch)에 의해서 제기된 이론이다. 성장이라는 개념이 지방정부의 이데올로기가 되었으며, 지방정부가 시행하는 도시정책에는 성장이데올로기가 깊숙이 내재해 있다는 것이다. 지방정부가 성장이라는 이데올로기를 지상과제로 설정하고 다양한 정책으로 이를 추구하는 것은 무슨 이유 때문인가? 로간과 몰로치는 도시 내

주요 행위자들 간의 관계 속에서 그 이유를 찾고자 한다. 즉, 지방정부가 성장을 추구하는 것은 성장을 통해서 이익을 보는 행위주체들이 지방정부에게 그렇게 하도록 요구하기 때문이다.

시장을 포함한 지방정부의 고위공무원들과 그 도시 내의 다른 분야에서 활동하는 여러 엘리트 집단과 개인들은 다양한 인연으로 얽혀 있으면서 상호 간의 이해를 서로 도모하고 있다. 로간과 몰로치는 도시의 유력 엘리트들이 가지고 있는 네트워크를 성장연합이라고 부른다. 성장연합에는 핵심적 행위자와 보조적 행위자가 존재하는데, 지방정부의 고위공무원, 기업, 개발업자, 금융업자, 지역언론 등이 핵심적 행위자이고, 대학, 연구기관, 자영업자 등이 보조적 행위자이다.[2]

성장연합의 구성원인 엘리트들이 가진 네트워크는 크게 두 가지로 나누어진다. 공식적 네트워크와 비공식적 네트워크이다. 공식적 네트워크는 조직을 갖춘 공개된 모임을 의미하며, 비공식적 네트워크는 긴밀한 인연으로 언제든지 교류할 수 있는 느슨한 관계망을 의미한다. 도시 내 엘리트들은 공식적, 비공식적 네트워크로 서로 얽혀 있는 가운데, 각종 혈연, 지연, 학연들을 이용하여 자신들의 이해를 적극적으로 추구하고 있다. 성장연합은 도시의 경제발전을 위하여 국내외의 자본투자를 끌어오기 위한 도시개발을 대규모로 추진하는 경향이 있다. 성장연합의 구성원들인 지역의 엘리트들은 지방선거에서 중요한 역할을 수행한다. 시장은 엘리트들과 좋은 관계를 맺지 않으면 선거에서 좋은 결과를 가져오기가 어렵다고 생각한다. 지방정부는 지역 엘리트들이 주구하는 성장이라는 도시발전의 방향에 따라 핵심 정책과제를 설정하는 것이다.[3]

로간과 몰로치의 연구 이후 성장기제론은 도시정치학과 도시사회학 분

---

[2] J. Logan, and H. Molotch, *Urban Fortunes*, University of California Press, 1987.
[3] *Ibid.*

야에서 광범위하게 논의되었다. 도시에서 권력이 많은 행위주체들에 의해 분산되어 있다는 다원주의적 설명방식은 더 이상 받아들여지지 않았고, 몇몇 개인 혹은 특정 집단들이 도시정책의 형성에 있어서 강력한 영향력을 행사한다는 엘리트주의적 설명방식이 선호되었다. 도시의 정책결정과정에 어떤 분야의 엘리트들이 어떤 성장연합을 이루어 어떤 영향을 행사하는가에 관한 경험적 연구들이 많이 나온 것이다.[4]

하지만 성장기제 내부의 행위주체들 간의 관계는 그리 단순한 것이 아니다. 내부에서 긴장과 갈등이 존재하기도 하며, 민간개발업자와 기업들도 이해관계가 복잡하게 얽혀 있기도 하다. 사적부문의 행위자들은 공공부문의 행위자들과 끊임없는 협상을 해야 한다. 그만큼 관계가 단순하지 않고 복잡하며 역동적이다. 성장기제론에 대한 논의가 계속되면서 행위주체들 간의 복잡하고 역동적인 관계를 경험적인 연구를 통해서 밝혀내려는 시도들이 상당히 있었다.[5] 권태환·윤일성·장세훈은 성장연합의 특성을 다음과 같이 세 가지로 정리하고 있다.

> 첫째, 성장연합에서는 경제성장이 도시의 발전을 위한 필수요건임을 강조한다. 성장에 필요한 여러 가지 도시정책들은 도시의 발전을 위해서이다. 그들은 끊임없이 성장이 도시에 가져다주는 혜택, 그래서 도시의 많은 사람들이 얻을 수 있는 혜택을 부각시킨다. 도시주민 모두를 위한 성장인 것으로 강조하면서, 성장연합에 속한 지역 엘리트 집단들이 일차적이고 직접적인 혜택을 받는다는 사실을 굳이 표명하지 않는다. (…) 둘째, 이들 성장연합은 평상시에는 눈에 잘 드러나지 않지만, 그들의 이해관계가 얽혀 있는 특정 사안에 대

---

4) J. Logan, R. Whaley, and K. Crowder, "The Character and Consequences of Growth Regimes: An Assessment of Twenty Years of Research", *Urban Affairs Review*: Vol.32, No.5, 1997, pp.603~630.

5) S. Fainstein, *The City Builders: Property Development in New York and London, 1980~2000*, Lawrence, KS: University Press of Kansas, 200.

해서는 그들의 영향력을 가시적으로 드러낸다. 그들은 시민참여나 민주주의적 의사결정을 강조하지만 성장연합에 들어 있지 않은 사람들이나 집단들에 대해서 아주 배타적이다. 셋째, 성장연합은 성장 이데올로기를 계속적으로 생산해낸다. 지방정부, 상공회의소, 지방정부 부설 연구원, 대학, 지역언론 등은 지역의 중요한 정책 아젠다를 장악하고 있다. 외부자본 유치를 통한 대형사업, 큰 규모의 도시개발, 장소마케팅 등 성장과 관계된 사업이 중요한 사업으로 논의된다. 도시불평등과 빈곤문제 등 여러 사회적 문제들을 해결하기 위한 도시정책들은 우선순위에서 항상 뒷전에 처진다.[6]

성장기제론보다 조금 더 정교한 논리구조를 가지고 있는 이론이 도시체제론이다. 도시체제론을 제기한 대표적인 학자는 스톤이다.[7] 도시체제론이 관심을 가지고 규명하고자 하는 점은 도시 내 공공부문과 사적 부문이 맺고 있는 관계이다. 도시 내 사적 부문, 특히 기업의 영향력이 갈수록 증가하는 상황을 주목하면서 스톤은 도시개발에서 사적 부문이 어떤 역할을 수행하는가를 밝히고자 했다. 스톤의 관심은 도시관리에 있어 지방정부와 사적 자본부문, 특히 민간기업이 어떤 형태의 연합을 이루는가를 밝히는 데에 있었다. 스톤은 도시체제를 공공부문과 사적 부문의 비공식적 연합으로 정의한다. 이 비공식적인 연합 속에서 도시의 중요한 의사결정들이 이루어진다는 것이다. 도시체제를 한 마디로 말하면, 중요한 도시정책을 결정하고, 도시문제를 관리, 통제하는 도시지배구조 혹은 도시통치구조를 의미한다. 조명래는 도시체제를 다음과 같이 정의한다. "(도시체제는) 도시를 통치하는 상부구조상의 주체, 세력, 조직, 기구, 제도의 '앙

---

6) 권태환·윤일성·장세훈,『한국의 도시화와 도시문제』, 서울: 다해, 2006, 298~299쪽.
7) C. N. Stone, *Regime Politics: Gorerning Atlanta, 1946~1988*, Lawrence, KS: University Press of Kanasa Press, 1989.

상별'로 규정된다."[8] 도시체제를 규명하기 위해서는, 도시를 지배하고 통치하는 행위주체와 그들의 네트워크, 도시를 통치하는 주체들이 만든 조직, 기구, 제도를 전반적으로 살펴보아야 할 것이다.

도시체제에서 도시를 통치하는 주체는 지방정부만은 아니다. 사적 자본부문, 즉 기업이 다양한 방식으로 도시정책에 개입한다. 스톤에 의하면, 지방정부와 사적 자본이 연합하여 통치연합(governing coalition)을 이루고 이 통치연합이 도시체제의 핵심이 된다. 금융자본, 부동산개발업체, 건설업체, 제조업체 등 여러 사적 자본들이 도시 안에서 각기의 이해를 추구하고 있다. 사적 자본부문 내에서도 때론 연대하고 때론 갈등한다. 사적 자본부문 내에 있는 하위 단위의 자본 역시 도시정책에 다양한 이해를 가지고 있다. 이제 도시를 관리해나가는 것은 더 이상 지방정부만의 고유한 역할은 아니다. 도시개발에 대한 사적 자본의 영향력은 점점 증가해왔다. 사적 자본의 영향력 정도는 지방정부로 하여금 도시개발에 있어 사적 자본의 이익을 보호해야 하는 상황으로 만들었다. 특히 1980년대 이후 사적 자본은 도시개발에 적극적으로 뛰어들었고, 도시개발을 위한 구상과 전략과 실행은 사적 자본에게 의존할 수밖에 없는 것이 오늘날의 현실이 되었다. 이제 지방정부는 사적 자본과 협력하여, 즉 민자유치 혹은 민관협력을 통하여, 도시개발을 시도하고 있는 것이다.

스톤에 의하면, 도시체제는 고정적인 것이 아니다. 내외의 조건이 변하면 행위주체들 간의 관계도 바뀔 수 있다. 그래서 스톤은 고정된 구조(structure)라는 개념보다는 변하고 있는 구조화(structuring)라는 개념을 사용할 것을 제안한다.[9] 지배체제는 정태적인 것이 아니라 동태적인 것이다. 그래서 지배체제의 역동적인 작용을 이해하기 위해서는 구조화라는

---

8) 조명래, 「신도시정치(학)의 문제설정과 쟁점」, 『공간과 사회』 11호, 1999, 35쪽.

9) C. N. Stone, "Power, Reform, and Urban Regime Analysis," *City&Community* 5 (1), 2006, pp.23~38.

개념을 가지고 행위주체들 간의 관계를 포착할 필요가 있다는 것이다.

하지만 도시개발에 있어 지방정부와 민간기업이 주도하는 것을 스톤은 도시체제라는 이론으로 설명하려고 했지만, 모든 도시체제가 반드시 그런 것만은 아니다. 스톤이 도시체제의 전형적인 예로 든 사례는 로간과 몰로치가 제기한 성장연합과 유사하다. 성장연합이 자본주의 도시에서 쉽게 발견되는 도시체제이기 때문이다. 하지만 모든 도시체제가 성장연합과 유사한 것은 아니다. 즉, 모든 도시에서 도시체제를 이루는 통치연합의 두 주체가 지방정부와 민간기업인 것은 아니라는 말이다. 도시마다 도시체제의 성격이 다를 수 있다. 도시의 사회경제적 특성, 정치적 상황 등에 따라 성장연합과 다른 도시체제도 가능할 수 있다. 도시체제의 성격을 규명하기 위해서는 경험적인 연구가 중요하다. 공공부문과 사적 자본이 맺고 있는 관계, 연합과 갈등, 대항세력의 정도 등을 파악하는 것이 도시체제를 규명하는 데 필수적이다. 스톤에 의하면, 도시체제를 이루는 중요한 두 행위주체인 지방정부와 민간기업 중 유럽에서는 지방정부의 영향력이 더 큰 반면, 미국에서는 민간기업의 영향력이 더 크다.[10]

결국, 도시체제론은 도시정치학적 관점에서 나온 이론이다. 도시체제를 밝히기 위해서는 도시정치를 파고들어야 한다. 여기에 대한 조명래의 지적은 주목할 필요가 있다. "도시정치학의 관점에서 볼 때 도시정치 이해의 관건은 도시정치의 응집체인 도시지배체제를 어떻게 분석하느냐에 달려있다. 다시 말해 도시정치 분석에서 핵심적인 것은 도시의 정치적 지형을 틀 짓는 지배세력늘의 존재, 구성, 역할, 상호 네트워크, 기능적 연대방식, 그리고 그들의 정치적 지향성과 도시정치 전반에 끼치는 영향 등을 밝혀내는 것이다."[11]

---

10) ibid, p.33.
11) 조명래, 앞의 논문, 50쪽.

최근 한국 국가의 성격을 토건국가로 규정하는 시도가 주목을 받고 있다. 홍성태는 성장이라는 가치 하에 토건사업에 막대한 재정을 지출하여 생태와 환경을 파괴하는 국가를 토건국가로 정의한다.[12] 토건국가의 중추세력을 이루는 것은 5개 집단인데, 정치계, 관계, 재계, 언론계, 학계이다. 홍성태는 이 5개 집단이 토건복합체를 이룬다고 주장한다. 자신들의 이익을 위하여 국가재정을 낭비하고 환경을 파괴하는 토건복합체를 해체해야만 토건국가에서 생태복지국가로 나아갈 수 있다고 한다.

홍성태의 토건국가론은 국가의 성격을 규명하기 위한 논의이나, 분석의 단위를 국가 단위에서 지방정부 단위로 좁혀도 토건국가론은 유의미하다고 생각한다. 부산 역시, 지난 20여 년 동안 정치적으로 이해관계를 같이 하는 고착된 세력이 부산의 지배세력을 이루고 있는 현실에서 정치계, 경제계, 관계, 언론계, 학계의 중요 엘리트들은 여러 가지 공식적, 비공식적 네트워크를 구성하여 서로의 이해를 도모하고 있는 듯이 보인다. 그동안 성장지상주의와 개발지상주의가 부산시 도시정책의 중요 이데올로기로 작동하였다. 이런 상황에서 대규모 난개발이 계속 이루어져온 것이다.

필자는 부산의 난개발을 보는 관점으로 토건주의적 성장연합론이 적합할 것이라고 생각한다. 부산의 중요한 지역엘리트들은 대규모 도시개발에 이해를 같이하는 것처럼 보인다. 시장을 비롯한 부산시의 고위공무원, 부동산개발업자와 건설업체, 부산시의회, 도시계획 및 건축 전문가 집단 등은 대규모 도시개발을 계속적으로 추구한다. 오랫동안 지속된 관계의 네트워크를 기반으로 하여, 대규모 토건사업으로 서로 간의 이익을 추구하는 현실이 난개발로 나타나는 것이다. 다음 장에서는 부산에서 대규모의 도시개발을 추구하는 도시체제의 구조와 동학을 살펴볼 것이다.

---

12) 홍성태, 『토건국가를 개혁하라』, 한울, 2011.

3. 부산시 난개발의 구조와 동학

부산에서 지속적인 도시개발을 추구하는 행위주체들과 그들이 맺고 있는 관계를 나타낸 것이 〈그림 1〉이다. 부동산개발업자와 건설업체, 부산시, 부산시의회, 도시계획 및 건축 전문가집단 등 4개 집단이 중요 행위자이다. 물론 이 외에도 정치계와 언론계도 부분적으로 도시개발에 중요한 역할을 수행하기도 한다. 국회의원 등 정치인과 언론인의 역할에 대해서는 이 글에서 본격적으로 다루지는 않는다. 아래에서는 이들 4개 집단의 성격과 그들 간의 관계에 대해 상술할 것이다. 보조행위자로 금융자본, 건축설계회사, 부산국제건축문화제, 도시계획위원회와 건축위원회 등을 들 수 있다. 중요 행위자인 4개 집단과 보조행위자들 간의 관계에 대해서도 상술할 것이다.

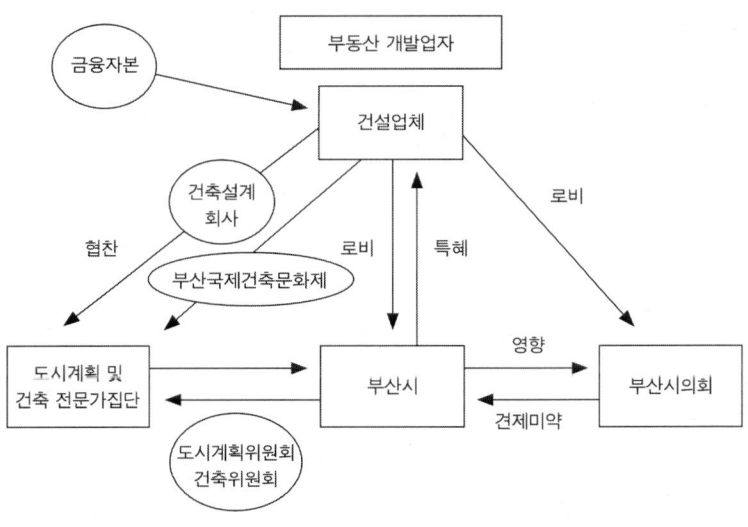

〈그림 1〉 부산시 난개발의 구조와 동학

1) 부동산개발업자와 건설업체

(1) 부동산개발업자와 건설업체의 사업논리

부동산개발업자는 부동산을 개발하여 경제적 이익을 추구하는 회사이다. 부동산시장의 추이를 고려하면서 시장조사를 하고, 토지를 매입하여, 경제적 수익을 남길 수 있는 방식으로 토지를 개발한다. 건축설계회사에 건축설계를 맡기고, 건설회사를 시공사로 선정하여 건축공사를 의뢰한다. 부동산개발에 관한 마케팅을 부동산개발업자가 직접 담당하는 것이 일반적이다.

부동산개발업자는 디벨로퍼라고 불리기도 한다. 개발사업의 전 과정을 주도하는 디벨로퍼의 역할에 대해서 김경민은 다음과 같이 정리한다. "좋은 개발 프로젝트를 발견하면 시장조사와 타당성 분석을 통해 프로젝트의 수익성을 검토하고, 목표 수준 이상의 수익이 예상되면 토지를 매입하고 건축 설계 계획과 마케팅 계획 등 포괄적인 사업계획을 수립한다. 실제 개발을 진행시키기 위해 시공사를 선정하고, 전문 개발 지식과 경험을 이용하여 개발 과정에서 발생할 수 있는 다양한 리스크를 관리, 통제한다. 또한 개발 과정에 참여하는 건축 설계 회사, 엔지니어, 건설사, 건설 관리 회사(감리사 또는 CM) 등과 함께 개발 관련 업무를 추진하지만, 이들을 실질적으로 관리감독하며 프로젝트의 주체로서 컨트롤 타워 역할을 수행한다."[13] 하지만 김경민은 한국의 디벨로퍼들이 부동산개발에 대한 전문성의 부족으로 인하여 프로젝트의 컨트롤 타워 역할을 제대로 하지 못하는 것을 비판한다.

한국의 부동산개발업자들은, 외국의 부동산개발업자들과는 달리, 부동산을 개발하고 난 다음 부동산을 임대하는 방식으로 사업을 추진하지

---

13) 김경민, 『도시개발 길을 잃다』, 서울: 시공사, 2011, 16쪽.

않는다. 개발한 부동산을 분양이라는 형식으로 팔고 난 다음 그 부동산에서 손을 빼는 것이 거의 대부분이다. 즉, 한국의 부동산개발업자는 임대수익이 아니라 분양수익을 추구하는 방식으로 부동산 개발사업을 하는 것이다.

왜 한국의 부동산개발업자는 임대수익이 아니라 분양수익을 추구하는 것일까? 여러 가지 이유가 있겠지만, 부동산개발업자의 빈약한 자본력이 중요한 이유 가운데 하나라고 생각한다. 자기자본은 얼마 투자하지 않고 대부분 금융권으로부터 대출을 받아서 부동산개발사업을 수행하기 때문에, 최대한 빠른 시간 안에 부동산을 분양하여 대출원금과 이자를 갚고 부동산개발이익을 가져가려고 하는 것이다. 한국의 부동산개발업자는 부동산개발을 장기적인 관점에서 보지 않고 단기적인 관점으로 바라보는 경향이 있다. 가능한 빠른 시간 안에 부동산을 선분양 혹은 선매각하여 투자비를 회수하려고 하는 것이다. 장기적인 관점에서 임대수익을 추구하면서 부동산을 개발하고 관리한다면, 부동산의 질에 대해 상당한 관심을 기울일 것이지만, 단기적인 관점에서 부동산을 매각하고 빠져나갈 경우에는 부동산개발업자는 상대적으로 부동산의 질에 관심을 크게 기울이지 않는 경향이 있다.

건설업체는 시공수익이라는 공사이윤을 추구하는 회사이다. 건설노동과 건축자재를 투입하여 건물을 짓고 그 과정에서 공사이윤을 획득하는 것이다. 한국의 건설업체의 경우, 부동산개발의 시공사로서 시공수익을 주구하는 것을 기본으로 하면서, 때로는 부동산개발이익을 추구하는 부동산개발업자의 역할을 병행하기도 한다.

(2) 대규모 난개발의 사업시행자: 프로젝트 금융투자회사(PFV)

한국에서 대규모 부동산개발을 시도할 경우, 부동산개발업자의 자금력이 부족하기 때문에, 부동산개발업자, 건설업체, 금융기관이 출자하여 설립한 컨소시엄이 사업의 시행자가 된다. 사업시행자로 지정된 컨소시엄은 그 산하에 프로젝트 금융투자회사(PFV, Project Financing Vehicle)를 설립하여 사업을 진행시킨다. PFV는 여러 회사들이 모여서 만든 조직인데 지분의 비율만큼 자금을 투자하며, 사업이 완료된 후 지분만큼 수익금을 나누어 갖는다. PFV는 자산관리회사(AMC, Asset Management Company)를 산하에 두어 실질적인 개발을 담당하도록 한다. 김경민은 PFV의 내부구조를 다음과 같이 정리한다.

> PFV의 내부를 살펴보면, 크게 건설투자자, 재무투자자, 전략투자자로 분류되며, 각 카테고리 안에는 다시 여러 회사가 존재한다. 건설투자자는 도시개발사업에서 시공업무를 담당하는 회사로, 보통 시공회사를 일컫는다. 재무투자자는 프로젝트의 자금을 담당하는 투자자이며, 금융회사와 연금공단이 여기에 속한다. 전략투자자는 대형 개발건설 사업상 대규모의 자금이 필요할 때 경영권 확보(경영 참여)를 목적으로 자금을 지원하는 투자자다. 전략투자자와 재무투자자의 차이점은 전략투자자는 개발과정과 개발이후에도 지분을 통해 경영에 참여하려고 하지만, 재무투자자는 경영에 참여하지 않고 개발사업에서 나오는 배당금, 원리금, 수수료를 취득하는 것이 목표다.[14]

〈그림 2〉는 해운대 관광리조트 개발사업 프로젝트 출자회사 구조도이다. 전략투자사, 건설투자사, 재무투자사의 이름으로 20개의 기업이 참여하여 청안건설 컨소시엄을 구성했고, 트리플스퀘어 PFV(현재 엘시티)이라는 프로젝트 회사를 설립했으며, 그 산하에 실질적인 개발업무를 담당할 트리플스퀘어 AMC(현재 엘시티)를 두었다.

청안건설컨소시엄은 20개사가 지분을 공유한 컨소시엄이다. 이 컨소시

---

14) 위의 책, 19쪽.

엄의 주간사는 지분의 27%를 가지고 있는 청안건설이다. 전략투자사는 청안건설, 오션앤랜드, 아시아엘에스디앤씨 3개사로 전체 지분의 35%를 가지고 있다. 트리플스퀘어의 재무투자사는 한국산업은행(7% 지분소유, 금융대표사), 하나은행, 부산은행, 경남은행(각각 6%의 지분소유)이다. 대표 건설사는 롯데건설과 현대건설(각각 4.5% 지분소유)이며, 우림, 두산, 쌍용 등 대기업 건설사 5개와 한진중공업, 동원개발, 반도건설, 경동건설, 삼정 등 8개의 부산지역 건설업체가 여기에 들어가 있다.[15]

한국에서 부동산개발업자, 건설업체, 금융기관이 공동으로 출자하여 설립한 PFV가 부동산개발사업을 추진하는 경우를 보면 거의 대부분 총사업비 대비 자기자본의 구성비가 상당히 낮다. 미국의 경우 적어도 20% 이상을 자기자본으로 확보하고 난 다음 부동산개발사업을 진행하는데 반

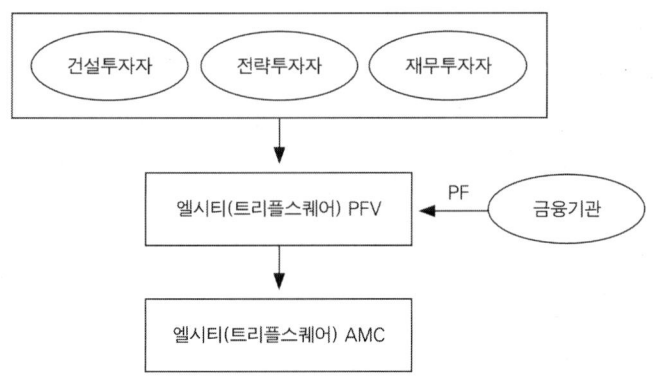

〈그림 2〉 해운대 관광리조트 개발사업 프로젝트 출자회사 구조

---

15) 송성준, 「해운대 관광리조트 및 월드비지니스센터(WBC) 솔로몬 타워 개발의 문제와 전망」, 『부산시의 특혜성 개발행정 이대로 좋은가?』, 부산참여자치시민연대 · 부산환경운동연합주체, 해운대지역 난개빌문제에 대한 주민도론회, 해운대 문화회관, 2010.3.10.; 윤일성, 「해운대 관광리조트의 도시정치학: 탐욕과 불의, 그리고 저항」, 『지역발전 담론의 정치사회학』, 2011년 지역사회학회 춘계학술대회, 경상대학교, 해양과학대학, 2011.5.13.~14.

하여, 한국은 PFV의 자기자본이 총사업비의 5%도 되지 않는 곳이 많다고 한다. 총사업비 대비 자기자본의 구성비가 5%라고 하면 총사업비 1조 원일 경우 PFV출자금이 500억 원인 경우이다. 해운대 관광리조트 개발사업의 경우, 총사업비가 2조 7천억 원인데 반하여, 트리플스퀘어PFV의 출자금은 300억 원에 불과하다. 총사업비 대비 자기자본의 구성비는 1.76%밖에 되지 않는다. 총사업비의 98% 이상을 다른 곳으로부터 자금을 마련한다는 것이다. 트리플스퀘어가 민간사업자 공모에 신청할 때는 800억을 출자하여 PFV를 설립한다고 했지만 약속을 지키지 않았다. 도대체 트리플스퀘어는 무슨 자금으로 해운대 관광리조트 부동산개발사업을 하는가? 이 개발사업은 금융권에서 빌리는 대출금의 규모가 그만큼 더 중요해지고, 아파트 선분양을 통해서 들어오는 분양대금이 사업의 진행에 있어 필수적이다. PFV의 자기자본이 너무 적기 때문에 금융기관으로부터 대출이 쉽지 않거나, 아파트 분양이 잘 되지 않으면 사업이 진척될 수 없는 구조이다. 파산의 위험이 상존하는 부동산개발사업인 것이다. 부도의 위험이 있기 때문에 금융기관에서는 PFV에 대출을 해줄 경우, 공사를 담당하는 시공사인 건설업체에게 보증을 요구한다. 자본금이 얼마 되지 않는 PFV에 자본금의 몇십배에 달하는 대출을 했다가 부도가 나면 대출금을 회수할 길이 없기 때문이다. 트리플스퀘어의 전략적 투자자인 청안건설은 해운대 관광리조트 개발사업에서 부동산개발업자의 역할을 하고 있다. 사업이 부도가 나더라도 PFV에 투자한 금액만큼만 피해를 볼 뿐이다. 막대한 대출금을 갚을 의무는 시공사인 건설업체에게 넘어간다. 대출보증을 서기 때문이다. 시공사가 될 건설업체는 판단할 것이다. 공사수익을 통해 획득할 이윤의 규모, 부동산개발사업이 끝나면 가져갈 출자지분에 따른 개발이익, 그리고 만일 부도가 나면 책임을 져야 할 대출보증, 시공사로 참여할 것인가는 이에 대한 판단에 달려 있다.

건설업체는 프로젝트 파이낸싱 구조에서 모순적인 위치를 점하고 있다.

첫째, 건설업체가 부동산개발업체의 역할을 수행한다. 건설업체가 건설투자자로 대형 부동산개발 프로젝트에 참여하면, 투자한 지분만큼 전체 부동산개발이익의 일정부분을 가져간다. 부동산개발이익을 많이 남기면 남길수록 투자자로 참여한 건설업자가 가져가는 부분이 늘어나는 것이다. 둘째, 건설업체가 프로젝트 시공사의 역할을 수행한다. 공사를 담당하는 건설업체는 시공수익을 추구한다. 투자자로 참여한 건설업체가 부동산개발 프로젝트의 시공사가 되면 이윤의 원천이 서로 갈등적인 상황 속에 들어가기 때문에 건설업체가 모순적인 위치에 있다는 것이다. 부동산개발업자로서 부동산개발이익을 더 가져가기 위해서는 총공사비를 줄일 필요가 있고, 시공수익을 추구하는 건설업체로서는 총공사비를 늘리려고 하기 때문이다. 프로젝트 파이낸싱 구조에서 건설업체가 차지하는 위치가 모순적이긴 하지만, 많은 경우 건설업체들은 총공사비를 더 늘려서 공사수익을 더 가져가는 방식으로 사업을 수행하는 것으로 알려져 있다. 장기간에 걸친 불확실한 부동산개발이익보다 단기간에 확보할 수 있는 확실한 공사이윤을 건설업체는 선호하는 것이다.

(3) 토건업체와 부산시

부동산개발업자와 건설업체는 각종 도시개발을 시행하거나 도시개발 인허가권을 가진 부산시, 도시계획 및 건축관련 조례의 제정과 개정이 이루어지는 부산시의회, 도시계획 및 건축 전문가집단, 특히 부산시 도시계획위원회와 건축위원회 위원들과 긴밀한 관계를 유지하려고 한다.

부동산개발업자와 건설업체는 부산시의 도시개발사업에 다양한 방식으로 참여한다. 부산시에서 수행하는 공공개발의 시공사로 공사를 담당하기도 하고, 부산시의 민자유치 도시개발사업에 응모하여 사업시행자가 되기도 하며, 부산시와 같이 민관협력의 방식으로 도시개발을 수행하기도 한다. 한편, 부산국제건축문화제의 조직과 활동은 부산시와 건설업계와의 긴밀한 관계를 극명하게 보여주는 사례라고 생각된다. 부산국제 건축문화제는 지난 11년 동안 부산시의 지원을 받아 건축관련 전시를 비롯한 다양한 행사를 계속해 오고 있다. 허남식 시장이 조직위원장이며, 부산의 건설업체인 경동건설의 김재진 회장이 집행위원장을 6년째 맡고 있다. 부산 건축문화의 수준 향상을 위해서 여러 가지 사업을 해온 것은 사실이지만, 부산국제건축문화제가 부산의 난개발을 주도하는 측면도 있다는 것에 주목할 필요가 있다. 가령, 부산국제건축문화제가 해운대 AID아파트 고층 재건축, 광안리 해안부 아파트 고층 재건축, 용호만 매립지 고층주상복합아파트 건설 등 국제공모를 통해 부산시의 특정지역에 대해 고밀도 개발을 모색하고 있는 것은 심각한 사안이다. 겉으로는 건축문화를 이야기하지만 한편으로는 부동산개발업자와 건설업체를 위한 토건개발을 주도해나가는 실정이다. 건축문화제라는 이름과 실제 하고 있는 일의 불일치는 부산지역 건설업체의 회장이 오랫동안 부산국제건축문화제의 집행위원장을 맡아온 것과 관련이 있을 것이다. 부산국제건축문화제는 이름에 걸맞게 "토건개발이 아닌 문화로서의 건축"으로 방향을 전환해야 한다. 부산국제건축문화제는 조직구성과 운영에 있어 건설업체의 영향력을 최대한 줄일 수 있는 방안을 모색해야 할 것이다.

(4) 토건업체와 부산시의회

부동산개발업자와 건설업체는 지난 수년 동안 부산시의회에 상당한 영향력을 발휘한 것처럼 보인다. 도시계획조례 중 여러 부분이, 특히 용적율과 건폐율, 그리고 관광특구에 관한 경우, 부동산개발업자와 건설업체에 유리한 방향으로 시의회에서 개정된 것이 그 반증이 아닐까 한다. 토건업체와 부산시의회의 관계에 대해서는 뒤에서 시의회에 대해서 논의할 때 보다 상세히 다룰 것이다.

(5) 토건업체와 도시계획 및 건축 전문가집단

한편, 부동산개발업자와 건설회사가 부산의 도시계획 및 건축 전문가 집단에게 영향력을 행사하는 방식은 아주 특이하다. 부산의 도시계획분야 혹은 건축분야 전문가들이 활동하고 있는 학회 중 가장 중요한 학회로 대한국토도시계획학회, 대한건축학회, 그리고 한국도시설계학회가 있다. 각각 부울경 지부를 두고 있다. 이중 대한건축학회 부울경지부와 한국도시설계학회 부울경지부는 공동으로 열린부산도시건축포럼을 운영하고 있다. 현재까지 한 해에 2~3회 정도씩 총 15회의 포럼을 개최했다. 지금까지 부산지역의 여러 도시계획학자와 건축학자들이 이 포럼에 발표자와 토론자로 참여했다. 부산지역에서 활동을 많이 하는 도시계획학자와 건축학자들 상당수가 이 포럼에 참여했다. 놀라운 것은 두 학회가 공동으로 운영하는 열린부산도시건축포럼을 건축설계회사인 (주)상지이앤에이가 예산지원을 한다는 것이다. 예산지원은 지난 6~7년 동안 계속되었고, 1년에 5,000~6,000만 원을 지원하는 것으로 알려져 있다. 도시계획 혹은 건축분야의 전문가들이 모여서 학술대회를 열고, 토론하고, 교류하는 것은 중요하다. 하지만 제반 비용을 건축설계회사가 부담한다는 것은 큰 문제가 아닐 수 없다. 특히 이 포럼에 예산을 지원하는 (주)상지이앤에이는 부산지역의 대규모 개발사업 여러 곳의 실무를 담당하는 건축설계회사이다. 지난 6~7년 동안 (주)상지는 부산지역에 있는 도시계획가와 건축가, 그리고 학계의 전문가들을 지원하면서 유대를 강화해왔다. 그래서인지, (주)상지가 설계회사로 혹은 건설관리회사로 참여한 부산의 대규모 도시개발을 공개적으로 비판한 도시계획 분야나 건축 분야의 전문가들은 부산에 거의 없다고 해도 과언이 아니다. 부동산개발업자와 건설업체에게 일감을 받아 회사를 운영하는 건축설계회사 (주)상지이앤에이는 지난 6~7년 동안 부산에서 부산의 도시계획과 건축분야 전문가들을 후원하면서 자신들의 이해를 도모해왔다고 할 수 있을 것이다. (주)상지는 건설관리회사인가 인맥관리회사인가? 가령, 1년에 6,000만 원을 전문가들에게 지원해주는 대신, (주)상지가 100억 원의 일감을 부동산개발회사나 건설업체로부터 받는 도시개발사업을 두고 전문가들이 별다른 비판을 하지 않는다면, (주)상지이앤에이는 자신의 이해를 교묘한 방식으로 관철시키고 있는 것이다. 이런 유착관계는 청산되어야 할 것이다.

2) 부산시

(1) 민자유치를 통한 도시개발

지난 20년 동안 부산시의 도시개발은 주로 민자유치를 통한 민관협력 방식으로 이루어졌다고 해도 과언이 아니다. 센텀시티, 동부산관광단지, 북항재개발 등 부산의 대규모 도시개발사업은 민자유치를 통해서 이루어지고 있는 상황이다. 부산시가 사업시행자인 공공개발의 경우에는 공공성을 담보하면서 마스터플랜에 입각한 계획적인 개발이 가능하지만, 부산시는 재정적인 한계로 인하여 민자유치를 통한 도시개발 방식을 더 선호했다. 민간기업의 창의성과 효율성을 도시개발에 적극 도입하겠다는 취지로 시작된 민자유치 도시개발은 수익성을 높이는 데 주된 관심을 두었으며, 그 결과 도시개발의 공공성이 상당부분 훼손되었다. 민자유치 도시개발 방식은 민간개발업자가 수익을 더 많이 가져가기 위해서 상업적인 개발을 적극적으로 모색했으며, 부산시는 개발이익을 사회적으로 환수하지도 못했다.

민자유치 도시개발사업은 큰 문제를 가지고 있다. 첫째, 민자유치 도시개발은 전체적이고 종합적인 계획 없이 부동산시장에 너무 의존하고 있다. 이 방식으로 진행되는 도시개발사업은 전체 경제의 경기변동과 부동산시장의 움직임에 민감하게 반응한다. 경기가 좋고 부동산시장이 호황기에 있을 땐 아주 신속하게 도시개발이 진행되고, 반면 경기가 좋지 않고 부동산시장이 불황국면에 있을 때는 사업이 지연되거나 취소되기도 한다. 즉, 도시개발의 기반이 아주 취약한 것이다.

둘째, 민자유치 도시개발의 또 한 가지 중요한 문제는 공공성보다 수익성을 추구한다는 것이다. 도시개발의 기본은 우리 모두의 이익, 공익, 공공성을 확보하는 것이다. 하지만 민간기업이 도시개발의 주체가 될 땐, 공공성을 도시에 구현하는 일에 별 관심이 없으며, 도시개발을 통해 개발업자의 수익만 챙겨 가려는 경향이 있다. 여기서 개발업자의 잘못된 탐욕과 부산시의 불의한 도시행정이 결탁할 수가 있다. 민자사업을 할 때 민간개발업자는 부산시와 사업계약을 하고 협약서를 쓴다. 부산시는 협약서에 공공성을 담보하는 내용을 충분히 넣어야 하지만, 지금까지의 경우를 보면 그렇지 못한 것 같다. 협약서에 조금의 공공성이 들어갈 수는 있지만 기본적으로 개발업자의 이해가 충실히 반영된다고 보는 것이 맞을 것이다. 조금의 공공성마저도 갈수록 줄어든다. 민자유치 도시개발사업은 계획내용이 계속 바뀌기 때문이다. 민간개발업자가 사업을 맡을 때는 조금의 공공성을 계획내용에 넣지만, 사업이 진행되면서, 공공성을 담보한 부분은 갈수록 줄어들고, 개발업자의 수익을 늘릴 수 있는 부분은 갈수록 증가한다. 개발업자는 개발을 통한 수익을 늘리기 위해서 계획변경을 계속 요구한다. 지금까지 부산시는 민간개발업자의 탐욕적인 요구를 제어하지 못하고 계속 수용해왔다고 할 수 있다. 이것은 마치 민자유치 도시개발사업의 관행이 된 것처럼 당연하게 여겨진다. 개발업자는 사업초기에 한 약속을 지키지 않으면서 끊임없이 수익성을 늘려나가는 반면, 부산시의 담당 고위공무원들은 공공성을 잘 지켜나가지 못하고 있다. 민자사업을 시작할 때 민간개발업자가 약속했던 공원, 녹지 등 공적공간은 점점 줄어들고, 팔아서 수익을 올릴 공간은 갈수록 늘어난다. 담당 공무원들의 능력이 부족하기 때문이기도 하고, 개발업자의 로비력이 뛰어나기 때문이기도 하겠지만, 공공성의 측면에서 볼 때 대부분의 경우 민자유치 개발사업은 그 결과가 기대수준 이하로 나타난다.

민자유치 도시개발 방식은 부산시가 부동산개발업자와 건설업체에게 사업의 기회를 제공해주는 것을 의미한다. 전통적으로 공공부문이 담당했던 도시개발에 부동산개발업자와 건설업체가 사업시행자로 참여할 수 있기 때문이다. 물론 공공성을 어느 정도 담아내는 것을 조건으로 합의하고 사업을 시작하지만, 공공성의 내용에 대한 합의는 개발업자가 사업의 어려움을 호소하면서 깨어지고, 수익성을 높일 수 있는 내용으로 계획이 변경되기 다반사였다.

지난 20년 동안 부산시에서 적극적으로 도입한 민자유치 도시개발방식은 부산시와 부동산개발업자, 건설업체 등 토건업체의 유착관계를 고착화시키는데 상당히 중요한 역할을 한 것으로 보인다. 부산시는 도시개발을 하기 위해서 토건업체가 필요하고, 토건업체는 수익을 올리는 사업을 하기 위해서 부산시가 필요한 것이다. 결국, 민자유치 도시개발이 부산시와 토건업체가 공생하기 위한 기반이 된 셈이다. 부산시의 민자유치 도시개발을 비판적으로 성찰해서 전면적으로 재검토해야 한다.

(2) 부산시장과 고위공무원

부산시장과 부산시 고위공무원들은 도시개발에 있어서 공공성을 어떻게 확보할 것인가에 대해서 항상 고민해야 한다. 끝없이 부동산개발이익을 추구하는 토건업자들을 어떻게 다룰 것인가는 아주 중요한 문제이다. 개발업자에게 부동산개발이익을 확보해주기 위해 고민하는 시장보다, 개발업자가 가져가려고 하는 개발이익을 사회에 환원시키려고 노력하는 시장이 더 나은 시장이지 않은가? 하지만 지난 임기의 몇몇 부산시장들은, 현 시장도 마찬가지지만, 그렇게 하지 못한 것 같다. 부동산개발이익을 사회에 환수하여 시민에게 돌려주려고 하는 것이 아니라 오히려 토건업자들에게 더 많은 혜택을 주어 부동산개발이익을 최대한 많이 가져가도록 도와주었다고 해도 과언이 아닌 듯하다.

왜 이렇게 되었는가? 무엇이 부산시장과 부산시 고위공무원들로 하여금 친토건기업적으로 만들었는가? 고착화된 유착관계의 내용은 잘 밝혀지지 않고 있지만, 몇몇 대규모 난개발 사례를 검토해보면, 부산시장과 부산시 고위공무원들이 몇몇 부동산개발업자와 건설업체에게 지나칠 정도의 특혜를 주었음을 알 수 있다. 별 생각 없이 특혜를 주었는가? 무슨 거래로 인하여 특혜를 주었는가? 아니면 무능력해서 토건업자의 요구대로 다 들어주었는가? 대규모 난개발의 각 사례별로 토건업자들과 부산시 고위공무원들 간의 관계는 조금씩 다르게 나타날 수 있지만, 전반적으로 볼 때 이들의 관계는 문제가 많아 보이고, 그래서 개혁의 대상이 되어야 할 것이다.

3) 도시계획 및 건축 전문가집단: 도시계획위원회와 건축위원회

부산시의 위원회 가운데서 가장 중요한 역할을 담당하는 위원회가 도시계획위원회와 건축위원회이다. 이 두 위원회는 도시개발에 있어 공공성을 최우선적으로 고려해야 하는 최후의 보루이다. 하지만 규범과 현실은 다르다. 공공성을 최우선적으로 고려해야 하는 이 두 위원회는 이미 오래전부터 개발업자의 부동산개발이익을 충실히 보장해주는 역할을 자처해왔다.

도시계획위원회는 25명에서 30명으로 구성된다. 현재 위원장은 부산시 행정부시장이고, 부위원장은 부산시 도시개발실장이다. 공무원이나 시의원이 아닌 위원들이 전체의 2/3 이상 차지한다고 되어 있지만, 대부분의 민간위원은 이미 오래전부터 부산시의 다양한 사업에 관여해온 관변 학자나 연구원들이다. 특히 도시계획분야 6명의 위원 중 대부분은 대표적인 관변학자들이다. 심지어 뇌물수뢰 혐의로 부산시를 떠난 공무원조차 민간인 신분으로 도시계획위원으로 위촉된 경우도 있다.[16] 부동산개발업자나 건설업체의 용역을 수행하는 위원도 있고, 부동산개발업체의 현직 감사가 도시계획위원으로 활동하고 있기조차 하다. 도시계획위원회는 부산시장이나 부산시 고위공무원으로부터 자유롭지 못하다. 부산시는 부산시의 방침에 이의를 제기하지 않을 사람들을 도시계획위원으로 위촉하는지도 모르겠다. 그래서인지 도시계획위원들이 부산시의 방침을 거스르는 결정을 하는 경우는 거의 없다고 보아도 무방할 것이다.

건축위원회는 108명의 전문가 풀로 이루어지는데, 사안에 따라 부산시에서 20명에서 30명 정도로 건축위원회를 구성한다. 부산시 건축정책관이 위원장으로 되어 있는데, 사안별로 구성되는 건축위원회에서 부산시장이나 건축정책관의 뜻에 어긋나는 결정을 하는 경우는 거의 없다.

부산시 도시계획위원회와 건축위원회에서 위원으로 활동하는 사람들은 상당수가 부동산개발업자나 건설업체와 깊은 관계를 맺고 있는 것처럼 보인다. 도시계획 분야나 건축 분야에서 활동하는 실무자나 학자들은 부산시나 민간건설업자들과 좋은 관계를 맺고 싶어 한다. 아마 이것은 하는 일의 특성에 기인하는 것일 것이다. 도시계획이나 건축의 경우, 일감의 대부분은 공공부문이거나 건설업체로부터 나온다. 부산시의 도시정책이나 민간건설업체의 프로젝트에 대해서 도시계획가나 건축가가 공개적으로 반대를 표명한다면, 자기의 학문과 실무능력을 발휘할 수 있는 기회를 놓칠 가능성이 크다. 이런 상황 속에서 부산의 도시계획가와 건축가들은 당연히 해야 할 일을 하지 못하고 지나치게 몸을 움츠리고 있다. 부산시가 잘 못하고, 민간건설업체가 지나친 탐욕을 추구하고 있어도 부산의 이 분야 전문가들은 공개적으로 비판을 거의 하지 않는다. 사적으로 만나는 자리에서는 온갖 푸념들을 늘어놓을지도 모르겠지만. 부끄러워해야 할

---

16) 김영희, 『나는 시의회로 출근한다』, 부산: 산지니, 2011.

일이다. 사적인 이해가 공적인 이해보다 앞서고 있다. 공적인 일을 다루는 도시계획위원과 건축위원들이 왜 잘못된 부산시의 정책이나 민간개발업자의 사업을 두 손 놓고 보고만 있는가? 아니 한 걸음 더 나아가서 앞장서서 민간개발업자의 이익을 도모하기도 한다. 도대체 잘못되어도 한참 잘못되었다. 도시계획위원회와 건축위원회가 보여주는 공모와 무비판성은 반드시 개혁되어야 한다.

필자는 부산시 도시계획위원회와 건축위원회의 개혁이 필요함을 강력히 주장한다. 부산의 도시계획위원들과 건축위원들의 행태가 아주 답답해서, 어느 워크숍에서 도시계획가와 건축가의 길을 추구하고 있는 젊은 대학생들에게 다음과 같이 이야기하기도 했다. 조금 길지만, 답답한 마음에 그대로 인용하기로 한다.

건축가는 주체성과 자유를 고민해야 한다. 여러 가지 이유가 있겠지만 나는 오늘 두 가지 이유를 들고자 한다. 두 가지 이유 모두 건축가가 하는 일의 특성에 기인한다. 첫째, 자본과의 관계이다. 돈을 가진 개인이나 기업이 건축가에게 일을 맡기는 경우이다. 만일 건축가가 설계하는 그 공간을 활용해서 이윤을 남기려는 민간 건축주가 건축가에게 그 점을 특히 강조할 때 어떻게 할 것인가? 건설업체나 부동산개발업체로부터 일을 받은 건축가는 상당히 괴로울지도 모른다. 개발업자의 이윤을 극대화하기 위한 공간을 설계해야 하는가? 아니면 학교에서 배운 바와 같이 건축의 합리성을 계속 고집할 것인가? 나는 누구인가? 개발업사의 시나친 돈멀이를 위한 수단에 그치는가? 아니면 개발업자를 설득해서 자신이 가지고 있는 건축에의 꿈을 실현해나갈 것인가? (…) 건축에의 꿈, 그것으로 부동산 수익이라는 탐욕을 걷어차 버려라. 건축가 한 사람 한 사람이 탐욕과 불의를 걷어차 버리며 바뀔 것같이 보이지 않던 것도 바뀔 수밖에 없다. 세상의 이치란 그런 것이다. 잘못된 관행이 바뀌는 것은 한 사람에게서부터 시작된다. 건설업체와 부동산개발업체의 잘못된 탐욕과 불의의 관행을 바꿀 수 있는 기회가 당신 앞에 놓여 있다. 둘째, 관(官)이라고 하는 행정권력과의 관계이다. 많은 건축가들이 시청 혹은 구청의 공간조성 사업에 참여한다. 관의 사업을 받아서 일을 하는 것이 건축가에게 아주 중요한 것임을 나는 안다. (…) 시나 구 차원의 건축 관련 위원회에서 위원으로 활동하는 건축가들이, 물론 그 가운데 훌륭한 건축가들도 있지만, 자신을 위원으로 임명해준 관의 뜻에 어긋나는 결정을 하는 경우는 별로 없다. 상식과 양식에 맞지 않는 결정이 종종 이루어진다. 참으로 답답한 모습이다. 젊은 건축가여, 건축관련 위원회 위원들에게 건축가의 참모습을 보여주어라. 자리가 중요한 것이 아니고, 직책의 이름이 중요한 것이 아니고, 실상(實相)을 모르는 사람들의 사회적 인정이 중요한 것이 아니고, 얻을 수 있는 기대이익이 중요한 것이 아니고, 정말 중요한 것은 건축 그 자체일 것이라고. 각자의 이익을 추구하면서 건축가의 본말을 전도시키는 사람들에게 진정한 건축가의 참모습을 보여주어라.[17]

4) 부산시의회

부산시의회에서는 각종 조례가 제정되거나 개정된다. 도시개발과 관련된 조례는 다른 조례보다 더 자주 개정되는 경향이 있다. 도시계획조례나 건축조례의 내용은 부동산개발사업과 긴밀한 관련을 갖고 있기 때문에 부동산개발업자나 건설업체에서 자신들에게 유리한 방향으로 조례개정이 이루어지도록 많은 노력을 하는 것으로 알려져 있다. 특히 용적율과 건폐율 조항들은 부동산개발사업의 수익성에 직접적으로 영향을 미치기

---

17) 윤일성, 「젊은 건축가에게 드리는 글: 한 도시사회학자의 고민」, 『캠프 하야리아의 미래는』, 제8회 도코모모 코리아 디자인공모전 워크숍, 경성대학교 콘서트홀. 2011.4.2. 19~20쪽. (이 책 『도시는 정치다』의 11장 '젊은 건축가에게 드리는 글: 한 도시사회학자의 고민' p.381-383의 내용임-편집자 주)

때문에 이 부분의 개정에 대해서는 특히 민감하게 반응한다. 도시계획조례 중 용적율과 건폐율 조항에 대한 개정을 보면, 부동산개발업자나 건설업체의 영향력이 막강함을 짐작할 수 있다. 개별사업에서 수익을 더 남기기 위해서 용적율이나 건폐율에 예외조항을 넣어서 개정하기도 한다. 부동산개발업자와 건설업체의 로비를 지적하지 않고서는 이런 식의 개정을 설명하기는 어렵다.

가령, 해운대 관광리조트 개발사업에서 건폐율이 증가한 과정을 보자. 2007년 민간사업자를 공모할 당시 트리플스퀘어가 제출한 사업계획서에 의하면 해운대 관광리조트 건폐율은 62.13%였다(법정 70% 이하). 사업자로 선정된 이후 2008년 한국콘도 등의 부지를 추가로 편입하고 난 다음 2009년 새로 제출한 개발계획 변경 요청서에는 건폐율이 60% 이하이며, 단, 관계법령 등에서 건폐율 완화 조항이 있을 경우에는 이에 따른다고 되어 있다. 하지만 2011년 2월 건축위원회 심의에 제출한 사업계획서에는 건폐율이 77.01%로 높아졌다(법정 85% 이하). 건축위원회는 이를 그대로 통과시켜주었다. 2007년과 2011년 사이 건폐율 관련 조항에 어떤 변화가 있었는가를 확인해보면, 2009년 4월 1일 부산시의회에서 부산시 도시계획조례 제49조(용도지역 안에서의 건폐율) 4항 2호가 개정되었다. 해당 호를 보면 다음과 같다. "해당 건축물의 대지가 가로의 모퉁이에 있는 대지로서 제84조제5항제1호 나목 1) 또는 2)에 해당하는 경우, 건폐율을 85% 이하"이다. 이 항의 호와 목을 보면 다음과 같다. "해당 건축물의 대지가 가로의 모퉁이에 있는 대지로서 서로 교차하는 2개의 도로에 점한 대지로서 그 도로 너비의 합계가 15m 이상이고 도로에 접한 대지의 내각이 120도 이하이며 그 대지 둘레길이의 1/3 이상이 도로에 접한 대지의 경우에는 건폐율을 85%까지 허용한다." 이 형태의 대지는 해운대 관광리조트에 딱 들어맞는다. 2008년 해운대 관광리조트 구역이 확대되고, 그에 따라 개발계획을 변경해야 하는 상황에서, 2009년 4월 해운대 관광리조트 부지형태와 같은 경우 건폐율을 85%까지 확대할 수 있는 예외조항을 조례에 만들어둔 것은 이 사업에 특혜를 주기 위한 것으로밖에 보이지 않는다. 결국, 해운대 관광리조트의 건폐율은 2009년 4월 1일 개정된 부산시 도시계획조례 건폐율 조항에 따라 77.01%까지 높아진 것이다. 건폐율이 높아진 것은 사업자의 수익성 증가와 밀접한 관련이 있다. 2009년 4월 1일 부산시 도시계획조례에서의 건폐율 조항이 개정된 것은 해운대 관광리조트 개발사업과 관계가 있는 것으로 보인다. 사업부지를 추가 확대하고 난 이후 새로운 사업계획을 민간사업자인 트리플스퀘어가 구상하고 있었던 시기에 이 사업의 건폐율을 높일 수 있는 근거가 부산시 도시계획조례 건폐율 조항에 만들어졌고, 이에 따라 건폐율을 62%에서 77%까지 높일 수 있었다는 것은 특혜로 보지 않을 수 없다.

4. 부산시 도시개발 개혁과제

1) 도시개발의 핵심가치: 공공성의 회복과 시민사회의 참여

지난 20년 동안 부산에서 진행된 대규모 도시개발에서 공공성을 핵심가치로 한 경우는 찾아보기 어렵다. 민자를 유치하는 방식으로 도시개발을 추진하였고, 민간자본을 유치하기 위해서 지나칠 정도로 많은 인센티브를 제공하기도 했다. 민자를 유치하기 위해 제공되는 인센티브에는 주목해야 하는 두 가지 측면이 있다. 긍정적인 유인책으로서 제공되는 인센티브가 한 가지라면, 고위공무원의 능력부족 때문이거나, 민간업자와 고위공무원의 유착관계로 인해서 민간업자의 요구사항이 그대로 반영되는 인센티브가 또 한 가지이다. 전자의 인센티브는 나름대로의 의미를 담고 있지만, 후자의 인센티브는 무능력과 결탁의 산물이다. 부산에서 추진되는 민자유치 도시개발은 후자의 인센티브로 인하여 사회적인 논란에 휩싸인 경우가 많다.

대규모 도시개발을 시행하는 민간자본은 사업의 공공성에 관심이 없다. 부동산개발이익을 어떻게 최대한으로 창출하느냐가 사업 참여의 관건이지, 공공성, 공익, 공동체성은 민간자본의 고민거리가 아니다. 아마 안중에도 없을 것이다. 민간자본에게는 공공성이라는 가치는 부동산개발이익을 가로막는 장애물로 여겨질지도 모른다.

도시개발에서 공공성을 회복해야 한다. 도시개발은 공공의 이익을 위해서 수행하는 사업이다. 민자유치 방식은 목적을 이루기 위한 하나의 수단일 뿐이다. 하지만 수단의 효율성을 높이기 위해서 애초의 목적은 방치되었다. 공공성이란 가치는 슬그머니 도시개발에서 자취를 감추고 만 것처럼 보인다. 다시 본연의 자리로 돌아가야 한다. 우리는 왜 도시개발을 하는가? 부동산개발업자나 건설업체의 부동산개발이익을 확보해주려고 도시개발을 하는 것은 아니지 않는가? 도시개발사업이 공공의 이익에 얼마나 부합하는지 항상 고민해야 한다.

도시개발에서 공공성을 회복하기 위해서는 시민사회의 역할 강화가 아주 중요하다. 지방정부와 사적자본에 맡겨놓았던 도시개발을 이제는 시민사회가 되찾아 와야 한다는 것이다.

결국, 도시개발에 있어서 시민참여와 주민참여를 어떻게 강화시킬 것인가가 대안적인 도시개발을 위한 중요한 관건이다. 시민사회와 지역주민의 요구를 민주적으로 반영하는 제도를 만들어야 한다. 현재 마련되어 있는 제도는 형식적이고, 따라서 실질적인 시민참여와 주민참여가 거의 이루어지지 못하고 있는 상황이다. 도시개발에 시민과 주민의 이해를 대변하고 반영시키는 것은 부산시라는 지방정부의 의무일 것이다. 지역주민, 주민단체, 시민단체의 참여의 폭을 넓혀서 시민적 도시계획의 토대를 마련해야 한다. 이미 우리사회는 시장과 국가의 결탁에 대한 시민사회의 반격이라는 표현이 나올 정도로 시민사회가 성숙해졌다. 사회의 질적 변화에 맞는 새로운 도시개발의 대안이 나와야 할 때이다. 시민적 도시계획, 시민적 도시개발은 과연 불가능한 것일까? 현실에서 실현될 때가 다가오고 있는 것처럼 보인다.

2) 도시개발 개혁과제

(1) 민자유치 도시개발 전면재검토

민자유치 도시개발은 시장주도적 도시개발이다. 민자유치 도시개발은 1980년대 이후 약 20년간 유럽과 미국에서 적극적으로 시도되었다. 민간부문의 투자를 끌어와서 도시를 개발하겠다는 것은 도시개발을 시장의 상황에 맡기겠다는 것을 의미한다. 전체 경제나 부동산시장이 호황기에 있을 때는 도시개발에 민간투자가 신속히 이루어지지만, 경제가 침체하고 부동산시장이 불황에 빠지면 민간부문이 주도하는 도시개발은 실패할 가능성이 높다. 신자유주의 경제운영논리가 세력을 떨친 20세기 마지막 20년 동안 유럽과 미국에서 시장주도적 도시개발은 상당히 많이 이루어졌지만, 여러 문제점과 한계에 대한 성찰이 이루어지면서 지난 10년 동안은 시장주도적 도시개발에 대한 대안이 계속 모색되어오고 있다. 최근 유럽과 미국의 도시개발을 보면, 시장주도적 도시개발에 대한 통제와 규제가 강화되고 있는 추세이다.

민자유치 도시개발은 많은 문제점들을 초래한 것으로 판명되었다.[18] 첫째, 도시개발이 경기에 너무 의존하기 때문에 도시개발의 기반이 불안정하다. 둘째, 개발업자인 민간사업자가 도시개발을 착수할 때 한 약속을 계속 위반한다. 개발이익을 극대화하고자 하기 때문이다. 공공부문은 개

---

18) 윤일성, 『도시개발과 도시불평등』, 한울, 2002.

발업자의 약속위반을 규제하지 못하는 경향이 있다. 셋째, 민자를 유치하는 과정에서 혹은 문제가 많은 사업을 계속 진척시키기 위해서 공공자금이 상당부분 투입된다. 개발업자의 수익을 위해서 공공자금이 낭비되는 측면이 있다. 이젠 더 이상 개발업자로 하여금 공공자금을 자신들의 수익을 위해 사용할 수 있다는 기대를 가지게 하면 안 된다. 시민이 낸 세금으로 운영되는 지방정부의 예산이 개발업자의 쌈지돈이 되어서는 안 되기 때문이다.

부산의 민자유치 도시개발사업 역시 위와 같은 문제들을 초래했다. 그동안 부산의 민자유치 도시개발사업은 시민이나 주민의 요구를 민주적으로 반영하지 못했다. 전략적이고 종합적인 계획에 의해서 진행된 것이 아니라 개발업자의 필요에 따라 개발계획이 계속적으로 변경되어왔다. 개발이익을 시민사회로 거의 환수하지 못했다.

이제 민자유치 도시개발사업을 전면적으로 재검토하여야 한다. 부산시와 토건업체들의 공생관계의 기반이 되는 민자유치 도시개발사업을 비판적으로 성찰해야 한다. 부산시는 그동안의 과오를 통렬히 반성하고 공공기관이라는 본연의 역할을 회복해야 한다. 부산시는 민간개발업체에게 수익성을 보장해주는 도시개발이 아니라, 공공성의 가치를 적극적으로 추구하는 도시개발을 수행해야 한다. 부산시는 대안적 도시개발을 적극적으로 모색해야 한다. 대안적 도시개발의 핵심은 부산시가 공공부문 본연의 역할을 회복하는 것이다. 적어도 3가지가 대안적 도시개발의 중요한 내용으로 들어가야 할 것이다. 첫째, 공공성을 도시개발의 최우선석인 가치로 설정해야 한다. 도시개발의 목표를 공공성에 맞추어야 한다. 도시개발의 내용과 과정 모두 공공성에 입각하여 전체적인 틀을 짜야 할 것이다. 둘째, 지역주민과 시민사회의 요구를 민주적으로 반영하는 제도를 확립해야 한다. 도시개발에서 주민과 시민의 이해를 반영해야 하는 것은 부산시라는 지방정부의 의무이다. 도시개발의 과정에 지역주민, 주민단체,

시민단체의 참여의 폭을 대폭 넓혀야 할 것이다. 셋째, 순간순간 필요에 따라 도시개발 계획을 자주 변경하는 것이 아니라, 처음부터 충분한 토의 과정을 거쳐서 종합적이고 전략적인 계획을 마련해야 한다. 밀실행정을 통해서는 이런 계획이 만들어질 수 없다. 도시계획 과정을 최대한 투명하게 공개해서 많은 의견이 토의될 수 있도록 해야 할 것이다.

(2) 부산시 도시계획위원회와 건축위원회 개혁

부산시 도시계획위원회와 건축위원회는 개혁되어야 한다. 도시계획에서 공공성을 담보하는, 공공성을 지켜나가는 최후의 보루가 되어야 할 곳이 이 두 위원회이다. 하지만 현실은 전혀 그렇지 못하다. 그동안 이 두 위원회는 부산시의 중요한 도시개발사업에 대해서 올바르게 심의하지 못했다. 한 마디로 말하면, 개발업자의 편에서 심의를 해왔다고 해도 과언이 아니다. 돈과 탐욕과 권력과 불의에 타협하는 심의를 멈추어야 한다. 위원들은 이런저런 관계를 떠나 자신의 이익을 넘어서서 대의를 고민해야 한다. 개발업체의 이익보다 부산시민의 공익을 추구한다는 입장을 명확히 해야 하는 것이다. 도시계획위원회와 건축위원회, 이 두 위원회의 조직 구성과 운영에 대한 전면적인 혁신이 필요하다. 위원회의 구성과 운영에 있어 일대 쇄신이 필요하다. 여기에는 인적 쇄신이 반드시 포함되어야 한다.

부동산개발업자 그리고 건설업체와 관련이 있는 사람들은 도시계획위원회와 건축위원회에서 배제되어야 한다. 토건업체들에서 임직원으로 있거나 용역을 받은 적이 있는 사람들은 당연히 이 두 위원회 위원으로 인선되어서는 안 된다. 토건업체들과 관련이 없는 전문가들 중에서 토건업체들의 로비와 회유에 넘어가지 않을 사람들, 그리고 부산시 고위공무원들의 입김에 휘둘리지 않을 사람들을 도시계획위원회와 건축위원회 위원으로 선정해야 한다.

도시계획과 건축은 환경, 생태, 문화, 역사와 긴밀한 관련이 있다. 하지만 부산시는 환경, 생태, 문화, 역사 분야의 전문가들을 도시계획위원회와 건축위원회 위원으로 선정한 적이 거의 없다. 전체 위원 중에서 일정비율을, 가령 20% 이상, 환경과 생태, 그리고 문화와 역사 분야 전문가들로 구성할 필요가 있다. 한편, 도시계획위원회와 건축위원회 위원 중 일정 비율을 시민단체 대표나 활동가들에게 할당해서 문호를 넓힐 필요가 있다. 도시계획위원회와 건축위원회의 문호를 개방하여 시민단체의 사람들을 도시개발에 관한 의사결정과정에 참여시키는 것은 밀실행정을 넘어서겠다는 부산시의 의지를 반영하는 것이라고 할 수 있을 것이다.

(3) 부산시 환경영향평가조례 개정

현행 「부산광역시 환경영향평가조례」는 「서울특별시 환경영향평가조례」에 비해서 내용이 상당히 빈약하다. 서울시 조례는 34조로 구성되어 있는 반면, 부산시 조례는 단 5개의 조로 되어 있다. 「서울특별시 환경영향평가조례 시행규칙」 역시 참고할 사항들이 많다. 「부산광역시 환경영향평가조례」를 전면적으로 개정해야 할 필요가 있다.

해운대 관광리조트 개발사업은 환경영향평가를 받지 않은 채 사업승인이 이루어졌다. 해운대 해수욕장 백사장 바로 옆에 지어지는 108층을 포함한 초고층 건물 3개동에 대해서 환경영향평가를 하지 않은 것이다. 백사장 유실, 풍도(바람의 세기), 일조권, 조망권 등 다양한 차원에서 환경에 끼칠 영향을 엄밀히 검토해야 함에도 불구하고, 이 사업은 법적으로 환경영향평가를 하지 않아도 되게 되어 있기 때문이다. 부산시 환경영향평가조례에 의하면, 환경영향평가 대상이 되는 도시개발사업은 대지면적 125,000m² 이상인 사업이다. 대지면적 65,943m²인 해운대 관광리조트사업은 환경영향평가를 받을 필요가 없다는 것이 부산시의 입장이다. 하지만 해운대 관광리조트사업은 연면적이 650,000m²를 넘는 대규모사업이다. 법적 의무가 없음을 내세우면서 환경영향평가를 회피할 것이 아니라, 해운대 관광리조트가 해운대 해수욕장을 훼손할 수 있다는 가능성에 무게를 두고, 해수욕장의 안전을 고민하는 관점에서 엄밀한 환경영향평가를 수행해야 할 것이다.

서울의 경우에는 연면적 10만m^2 이상의 사업은 의무적으로 환경영향평가를 받게 되어 있다. 잠실 제2롯데월드도 환경영향평가를 수행했다. 부산시 환경영향평가조례 개정이 필요한 이유이다. 부산환경운동연합과 부산참여자치시민연대는 이 점에 특별한 관심을 가지고 있다. 부산시의회에서 연면적 조항을 넣는 것을 내용으로 한 환경영향평가조례 개정이 건설업체들의 반대로 인해 성공적으로 이루어지기는 쉽지 않겠지만, 부산에서 진행되는 난개발을 막기 위해서라도 이 사안에 대한 환경영향평가조례 개정은 반드시 필요하다.[19]

한편, 서울시는 2010년 6월 환경영향평가 협의기준을 상향조정했다. 연면적 10만m^2 이상의 건축사업을 할 경우 환경영향평가 시 다음의 사안을 지켜야 한다는 것이다. 첫째, 신재생에너지 사용비율을 총건축공사비의 3% 이상 되도록 할 것(단, 50층 이상이거나 높이 200m 이상의 초고층건물일 경우에는 신재생에너지 사용비율이 총공사비의 5% 이상 되어야 함), 둘째, 친환경건축물 최우수등급의 인정을 받아야 함(몰상식적이게도 108층의 해운대 관광리조트의 경우, 친환경건축물 최우수등급은 커녕, 우수도 아니고 우량으로 되어 있다. 4개 등급 중 C에 해당하는 것이다. 어떻게 건축허가를 받았는지 이해하기 어렵다), 셋째, 조명기기 전력부하량 중 20% 이상을 LED를 사용해

---

19) 다행스럽게도 2012년 1월 2일 부산시의회에서 이 사안과 관련하여 부산시 환경영향평가조례가 개정되었다. 연면적 항목이 환경영향평가 대상사업의 범위에 들어간 것이다. 환경영향평가조례 「별표 1」에 제1호 카목으로 신설된 항목은 다음과 같다. " 「건축법」 제2조제1항제2호에 따른 건축물의 건축으로서 연면적의 합계가 10만m^2 이상인 것과 층수가 50층 이상이거나 높이가 200m 이상인 것(신설 2012.1.2.)," 이번 조례 개정은 노재갑 시의원의 대표발의로 이루어졌다.

야 함. 에너지 사용을 절약하고, 신재생에너지를 사용하는 친환경건축물을 향한 서울시의 방침이 환경영향평가 협의기준 상향조정으로 구체화된 것이다. 부산시에서도 보고 배워야 하는 사안이라고 생각한다.

(4) 부산도시공사 개혁

부산도시공사는 부산시의 대규모 도시개발을 담당하는 기관이다. 도시개발 행정의 현장사령부라고 불릴 정도로 부산시의 토건주의 도시행정과 직결되어 있다. 부산도시공사는 토건주의적 성장연합의 지원 속에 부산시에서 대규모 도시개발 공사를 벌여왔다. 현재 동부산관광단지, 신항만 배후부지조성사업, 국제산업물류도시사업 등 부산도시공사가 추진하고 있는 사업은 총비용이 20조 원에 달한다고 한다.

대규모 도시개발사업을 계속 하다 보니 부산도시공사는 부채가 2조 5천억 원에 이를 정도로 상당히 많다. 부산도시공사의 부채비율은 307%에 이르며, 부채비율은 매년 증가하는 추세를 보인다. 1년 예산이 7조 5천억 원인 부산시가 가지고 있는 부채가 3조 원(산하기관까지 다 합치면 7조 원 정도)임을 고려한다면, 부산도시공사의 부채 2조 5천억 원은 그리 간단한 문제가 아니다.

서울시 산하 SH공사는 개혁의 길로 접어들었다. 최근 박원순 서울시장이 서울의 시정을 토건시정에서 복지시정으로 방향전환하면서 SH공사를 개혁의 대상으로 설정했다. 서울시가 지고 있는 부채 25조 원의 절반 이상을 SH공사가 가지고 있는데, 이는 은평뉴타운과 한강르네상스, 노심정비사업 등 대규모의 토건사업을 SH공사가 담당해왔기 때문이다. 서울시는 대규모 토건개발의 사령부인 SH공사를 대폭 개혁하고자 한다. 대대적인 구조조정이 뒤따를 것이라고 예상하고 있다. 아마 SH공사의 역할에 대한 재정의가 이루어질 것으로 보인다. SH공사는 대규모 도시개발을 담당하는 토건행정의 사령부에서부터 탈피하여 서민의 주거복지를 위한 공공기관으로 자리 잡을 것으로 보인다. 서민을 위한 공공임대주택사업이 SH공사의 핵심사업으로 될 가능성이 크다.

부산도시공사를 개혁해야 한다. 부산도시공사는 대규모개발을 비효율적으로 진행시켜왔다. 부산도시공사의 부채가 계속 증가하는 와중에도, 부동산개발업자나 건설업체에게 막대한 이익을 보장해주는 방식으로 도시개발을 진행시켜왔다. 토건업체들에게 수익을 챙겨주기 위해, 부산도시공사가 충분히 수익을 남길 수 있는 사업마저 흑자를 내지 못하는 경우도 종종 있었다. 부산도시공사는 지난 몇 년 동안 서민을 위한 공공임대주택을 한 채도 짓지 않았다. 난개발, 친토건, 비서민, 비효율, 무능, 결탁의 부정적인 이미지가 부산도시공사에 어른거린다. 서울시가 SH공사를 대규모 도시개발의 첨병에서 서민주택정책의 보루로 개혁하는 것처럼, 부산시는 부산도시공사를 그와 같은 방향으로 개혁해야 할 것이다.

5. 나가는 말

변하지 않는 사회는 없다. 같은 모습으로 영원히 존속하는 사회는 없다. 모든 것은 변할 수밖에 없다. 그래서 변화의 계기나 변화의 정도를 파악할 수 있는 안목이 중요하다. 지금 현재 보다 근본적인 사회변혁을 위한 큰 흐름이 만들어지고 있는 것 같다. 문제를 고민하고 대안을 꿈꾸던 사람들이 같이 모여 변화를 위한 큰 흐름을 만들어낸다면, 그 흐름은 큰 바람을 불러일으킬 것이다. 큰 바람이 불 때가 다가오고 있고, 그 바람이 불면 오랫동안 땅에 붙어 고착되어 있던 것들도 다 흩어져 날아갈 것이다. 큰 변화는 그렇게 시작되는 것이다.

토건주의적 성장연합에 기반한 부산의 도시체제는 바뀌어야 한다. 너무 오랫동안 부동산개발업자, 건설업체, 부산시장과 고위공무원, 부산시의회, 관변학자와 연구원들이 자신들의 이해를 서로 도모해왔다. 그동안 자체적으로 혁신을 하지 못했고 외부로부터 불어오는 큰 혁신의 바람을 맞지도 않았다. 별다른 변화 없이, 무엇이 문제인 줄도 모르고 관습과 타성에 젖은 채, 그들만을 위한 도시개발을 계속해왔다. 그 결과 도시개발의 과정과 결과가 총체적 부실로 드러났다. 부산의 총체적으로 부실한 대규모 난개발은 그런 상황 속에서 배태된 것이다. 부산의 대규모 도시개발은 난개발로 이어졌고, 그 피해는 부산시민이 고스란히 질 수밖에 없다.

박노해 시인은 「꼬막」이란 제목의 시에서 튼실한 꼬막을 얻기 위해서는 큰 바람이 불어야 한다고 노래했다. 벌교에 사는 친구가 꼬막을 보내왔다. 시인은 고맙다고 전화를 하고, 몇 년 동안 큰 태풍이 없어서 바다와 갯벌이 한 번 시원히 뒤집히지 않아서 꼬막들이 영 시원찮다고 친구는 말한다. 지금 부산의 대규모 난개발은 마치 몇 년 동안 큰 바람이 불지 않았던 벌교의 부실한 꼬막과도 같다. 바다와 갯벌이 한 번 시원하게 뒤집어져야지 꼬막이 튼실하게 자라듯이, 부산의 도시체제도 근본적으로 바뀌어야 한다. 토건주의적 성장연합을 한번 크게 뒤집어야 한다. 부산의 도시체제에 큰 변화를 불러일으킬 혁신의 바람이 불어와야 한다. 부산의 대규모 난개발을 바로잡아야 한다. 같이 힘을 모아야 할 것이다.

참고문헌

권태환 · 윤일성 · 장세훈. 2006.『한국의 도시화와 도시문제』. 다해.

김경민. 2011.『도시개발 길을 잃다』. 시공사.

김영희. 2011.『나는 시의회로 출근한다』. 산지니.

송성준. 2010.「해운대 관광리조트 및 월드비지니스센터(WBC) 솔로몬 타워 개발의 문제와 전망」.『부산시의 특혜성 개발행정 이대로 좋은가?』. 부산참여자치시민연대 · 부산환경운동연합 주최. 해운대지역 난개발문제에 대한 주민토론회. 2010. 3. 10. 해운대문화회관.

윤일성. 2011a.「해운대 관광리조트의 도시정치학: 탐욕과 불의, 그리고 저항」.『지역발 전 담론의 정치사회학』. 2011년 지역사회학회 춘계학술대회. 2011. 5. 13~14. 경상대학교 해양과학대학.

윤일성. 2011b.「젊은 건축가에게 드리는 글: 한 도시사회학자의 고민」.『캠프 하야리아의 미래는』. 제8회 도코모모 코리아 디자인공모전 워크숍. 경성대학교 콘서트홀. 2011. 4. 2.

윤일성. 2002.『도시개발과 도시불평등』. 한울.

조명래. 1999.「신도시정치(학)의 문제설정과 쟁점」.『공간과 사회』11호: pp. 24-61.

홍성태. 2011.『토건국가를 개혁하라』. 한울.

Digaetano, A. and Klemanski, J., 1993, "Urban regime in comparative perspective: the politics of urban development in Britain", *Urban Affairs Quarterly*, 29 (1): pp.54-83.

Domhoff, G.W., 2006, "The Limitations of Regime Theory," *City&Community*, 5 (1): pp.47-51.

Fainstein, S., 2001, *The City Builders: Property Development in New York and London, 1980-2000*, Lawrence, KS: University Press of Kansas.

Kimelberg, S.M., 2011, "Inside the Growth Machine: Real Estate Professionals on the Perceived Challenges of Urban Development," *City&Community*, 10 (1): pp.76-99.

Logan, J. and Molotch, H., 1987, *Urban Fortunes*, University of California Press.

Logan, J. Whaley, R. and Crowder, K., 1997, "The Character and Consequences of Growth Regimes: An Assessment of Twenty Years of Research," Urban Affairs Review, 32(5): pp.603-630.

Stone, C.N., 2006, "Power, Reform, and Urban Regime Analysis," *City&Community*, 5 (1): pp.23-38.

Stone, C.N., 1993, "Urban Regimes and the Capacity to Govern: A Political Economy Approach," *Journal of Urban Affairs* 15(1): pp.1-28.

Stone, C.N., 1989, *Regime Politics: Governing Atlanta, 1946-1988*, Lawrence, KS: University of Kansas Press.

2장

해운대 관광리조트의 도시정치학:
탐욕과 불의의 도시개발

1. 들어가는 말

해운대 해수욕장은 심각한 위기에 처해 있다. 해운대 관광리조트 개발사업 때문이다. 해운대 관광리조트 사업은 해운대 해수욕장 백사장 바로 옆에 108층짜리 초고층건물 한 동과 87층짜리 아파트 2개동을 건설하는 사업이다. 이곳은 국방부 부지와 사유지 그리고 한국콘도가 있었던 지역이다. 해운대 관광리조트 개발사업은 명목상 공공개발사업이다. 사업시행자인 부산도시공사는 공공개발의 이름으로 국방부로부터 부지를 인수했고, 사유지를 수용했다. 2007년 부산도시공사는 트리플스퀘어라는 민간사업자를 선정하여 민간개발업자에게 이 부지를 매각했다. 민간사업자를 선정한 순간부터 이 사업은 민간부동산개발사업이 되어버렸다. 이 사업은 중간에 사업부지를 확대했으며, 부산시 건축위원회는 경관, 교통, 환경에 대해서 제대로 심사를 하지 않은 채 2011년 3월 이 사업에 대하여 건축승인을 해주었으며, 2011년 10월 해운대구청은 이 사업에 대하여 건축허가를 내어주었다. 현재 이 사업은 착공을 앞두고 있다.

부산의 시민사회는 해운대 관광리조트 개발사업을 계속해서 반대해왔다. 그동안 부산참여자치시민연대, 부산환경운동연합, 부산녹색연합, 부산YMCA, 도시건축포럼b, 해운대해수욕장살리기주민모임, 몇몇 뜻있는 부산시 시의원과 해운대구 구의원 등이 이 사업을 강력히 반대해왔다. 만일 이 사업이 부산시와 민간부동산개발업자의 의도대로 진행된다면, 해운대 해수욕장은 치명적인 피해를 입을 수밖에 없다. 해운대 관광리조트 개발사업이 가져올 도시개발의 부작용은 상상하기 어려울 정도로 엄청날지도 모른다. 해운대 관광리조트가 들어서고 난 다음, 앞으로 10년 뒤 혹은 20년 뒤에, 해운대 해수욕장 백사장 주변에 초고층 아파트들이 병풍처럼 들어설지도 모른다. 해운대 해수욕장이라는 공공의 자산이 부동산개발업자들의 수익을 위한 공간으로 탈바꿈하게 되는 것이다. 말 그대로 우리 모두의 공적 자산을 민간개발업자들이 약탈하는 '약탈적 도시개발'이 진행될 가능성이 큰 것으로 보인다.[1]

이 글은 크게 두 부분으로 나누어져 있다. 첫째, 해운대 관광리조트 개발사업의 내용과 개발업자의 사업구상 및 사업전략을 검토한다. 둘째, 해운대 관광리조트 개발사업의 문제점을 규명한다. 민간사업자 선정과정, 부지매각의 내용, 사업협약서의 환매조항, 도시개발 구역확대, 용도지구

---

[1] 부산시의 시민단체들은 '약탈적 도시개발'이라는 개념을 사용하여 해운대 관광리조트 개발사업이 가져올 치명적인 위험을 고발하고 있다. 우리 모두의 공적 자산이 민간개발업자에게 약탈당한다는 것이다. 공적 자산이 민간개발업자의 부동산 개발이익을 위하여 내팽겨쳐지는 것이 공공개발의 이름으로 진행된다는 것은 참기 어려운 역설이 아닐 수 없다. "해운대 관광리조트 개발사업은 해운대해수욕장의 안전과 보존에 너무나 치명적이다. 이 사업은 해운대해수욕장을 죽이는 기폭제가 될 것이다. 이 사업이 승인되면, 그랜드호텔, 오션타워, 조선비치호텔, 노보텔, 파라다이스호텔, 팔레드시즈, 그리고 해변의 다른 건물들도, 해운대 관광리조트의 전례를 따라, 초고층 아파트 빌딩으로 탈바꿈할 가능성이 크다 (…) 주변빌딩 건물주들과 건설업체는 초고층 아파트를 지어 막대한 개발이익을 가져가지만, 우리 모두의 공적 자산인 해운대해수욕장은 초고층 아파트 차벽으로 둘러싸여 해수욕장으로서의 면모를 잃어버릴 것이다. 부산시민의 공적 자산이 약탈당할 위기에 처해 있다. 해운대해수욕장에 '약탈적 도시개발'이 공공개발이라는 이름으로 시작되고 있다"(부산녹색연합 · 부산참여자치시민연대 · 부산환경운동연합 · 부산YMCA · 해운대해수욕장살리기주민모임 성명서, 〈약탈적 도시개발, 해운대 관광리조트〉, 2011.8.2.).

변경과 아파트주거 허용, 부실한 교통영향평가와 환경영향평가의 부재, 건폐율 등 중요한 문제점들에 대하여 상술할 것이다.

이 글은 해운대 관광리조트 개발사업에 관한 1차 자료를 최대한 수집하여 그것을 바탕으로 이 사업이 지금까지 어떻게 전개되어왔는가를 밝히고자 한다. 그동안 부산의 시민단체들은 여러 번에 걸쳐 정보공개 청구를 통해서 부산시, 부산도시공사, 해운대구청, 부산시의회로부터 해운대 관광리조트 개발사업에 관한 기본 자료들을 나름대로 확보해왔다. 부산시 도시계획의원회와 건축위원회의 회의록, 부산도시공사 자문위원회 회의록, 부산시의회 도시개발해양위원회 회의록, 공공기관의 회의에 제출된 각종 회의자료, 심의자료, 심의결과보고서, 그리고 각종 공문들을 토대로, 해운대 관광리조트 개발사업의 내용과 문제점을 밝히고자 한다. 민간 개발사업자가 부산시에 제출한 사업계획서 및 사업계획변경요청서, 각종 보고서들도 중요한 자료로 분석될 것이다.

2. 해운대 관광리조트 개발사업의 내용과 사업전략

1) 사업내용

해운대 관광리조트 개발사업은 2006년 11월 부산시가 이 지역을 도시개발구역으로 지정고시하면서 시작되었다.[2] 부산시 산하의 부산도시공

---

2) 1996년 2월 부산시는 이 부지에 온천센터를 건립할 기본계획을 마련했다. 그로부터 약 10년 뒤인 2005년 12월 22일 부산시장(허남식)은 부산도시공사 사장에게 이 부지의 활용 및 매입방안을 강구하라고 지시를 내렸고, 2006년 9월 부산도시공사는 해운대구청에 이 부지를 도시개발구역으로 지정할 것을 제안했으며, 2달 뒤 해운대구청은 부산시에 도시개발구역 지정을 요청했다. 2006년 11월 29일 부산시는 해운대구청의 요청에 따라 이 부지를 도시개발구역으로 지정고시했다.

사는 공공개발을 시행한다는 명분으로 국방부 소유의 군 부지(29,000m²)를 싼 값에 불하받았으며 민간 사유지(21,000m²)를 수용했다. 이 부지는 해운대 해수욕장 주변에 있는 마지막 금싸라기 땅으로 알려져왔던 곳이다. 50,000m²의 부지를 확보한 이후 부산도시공사는 2007년 6월 이 부지에 "해운대 4계절 집객 관광시설"을 도입하고자 사업을 시행할 민간사업자를 공모했다. 공모에 3개의 콘소시엄이 사업신청을 했으며, 트리플스퀘어라는 콘소시엄이 2007년 11월 민간사업자로 선정되었다.[3] 공모지침서 제4조(개발방향) 2항에는 "해운대 해수욕장과 달맞이 고개 등 주변 환경과 조화되는 개발을 통하여 해운대를 대표하는 상징성을 부여코자 함"이라는 내용이 들어가 있다. 민간사업자를 공모할 때 개발방향이 명확히 주

---

3) 트리플스퀘어는 20개사가 지분을 공유한 컨소시엄이다. 트리플스퀘어의 주간사는 지분의 27%를 가지고 있는 청안건설이다. 전략투자사는 청안건설, 오션앤랜드, 아시아엘에스디앤씨 3개사로 전체 지분의 35%를 가지고 있다. 전략투자사 3개사의 실소유주는 부산 해운대 오션타워 이영복 회장으로 알려져 있다. 이영복 씨는 1998년 '부산판 수서사건'인 '다대-만덕지구사건'의 주범으로 유죄판결을 받은 인물로 당시 동방주택의 시장이었다. '다대-만덕지구사건'은 자연녹지지구를 일반주거지구로 용도변경하여 대규모의 아파트를 조성하려고 했던 사건이다. 용도지구변경을 위해서 이영복 씨가 정치인들과 공무원들에게 상당한 로비를 했고 그 결과 사업자에게 특혜를 주는 용도지구변경이 가능했다는 의혹이 부산시민사회를 중심으로 제기되었다. 당시 감사원이 대규모 감사를 한 다음 검찰에 수사를 의뢰했고, 검찰에서 정치인과 공무원에 대한 수사를 시도했지만 정치자금과 로비자금에 대한 의혹을 제대로 규명하지 못했다. 트리플스퀘어의 재무투자사는 한국산업은행(7% 지분소유, 금융대표사), 하나은행, 부산은행, 경남은행(각각 6%의 지분소유)이다. 대표건설사는 롯데건설과 현대건설(각각 4.5% 지분소유)이며, 우림, 두산, 쌍용 등 대기업 건설사 5개와 한진중공업, 동원개발, 반도건설, 삼정 등 8개의 부산지역 건설업체가 여기에 들어가 있다. 해운대 오션타워 이용복 회장이 실소유주로 알려진 청안건설의 대표이사는 박수근 씨이며, 청안건설의 회장은 1997년 대선 당시 세풍사건의 핵심이었던 전 국세청 차장인 이석희 씨다. 이석희 씨는 사건 직후 미국으로 도주했다가 4년 7개월이 지난 2003년에 국내로 송환되어 검찰에 구속되었고 법정에서 유죄판결을 받았다.

트리플스퀘어는 2011년 여름 엘시티로 명칭을 바꾸었다. 이 글에서는 지난 몇 년간의 전개과정을 상술하는 데 있어 혼선을 피하기 위하여 트리플스퀘어라는 이름을 계속 사용한다.

어졌다. "해운대 해수욕장과 달맞이 고개 등 주변환경과 조화되는 개발"이라는 것이다. 하지만 선정된 민간사업자가 제시한 개발계획이 주변환경과 조화되는 개발이라고 동의할 수 있는 사람은 거의 없을 것이다.

2008년 6월 해운대 해수욕장의 동쪽 끝자락에 위치한 한국콘도 부지 등(15,943m²)이 이 사업에 편입되면서 해운대 관광리조트사업의 구역이 65,943m²로 확대되었다. 2009년 12월, 도시계획 용도지구를 변경하고 아파트주거를 허용해달라는 부산도시공사와 민간사업자의 요청을 부산시 도시계획위원회가 받아들임으로써 해운대 관광리조트 개발사업은 질적으로 변질되었다. 원래 이 부지는 중심지미관지구와 일반미관지구로 나뉘어져 있었다. 중심지미관지구에는 아파트, 오피스텔, 주상복합 등 주거용건물을 지을 수 없다. 하지만 부산시 도시계획위원회는 이 지역에서 두 가지로 나누어서 운영되어왔던 미관지구를 일반미관지구로 일원화시켜서 주거시설을 건립할 수 있도록 허용해준 것이다. 해운대 관광리조트사업은 2011년 3월 부산시 건축위원회의 사업승인을 받았으며, 2011년 10월 해운대구청의 건축허가를 받았다.

〈표 1〉 해운대 관광리조트 사업내용

〈건축심의안〉

구분	면적(제곱미터)	구성비(%)
총계	656,224	100
주거시설	294,316	44.9 (894세대)
비주거시설	361,908	55.1

* 주거시설은 54평에서 92평대의 대형 아파트 984세대
* 비주거시설 중 숙박시설은 관광호텔(300실)/일반호텔(380실)/콘도(60실)는 분양 혹은 매각
* 비주거시실 중 워터파크, 테마파크, 밀티플렉스 영화관, 외국인전용 카지노는 개빌입자가 직접 운영

출처: 부산시(2011a), 트리플스퀘어피에프브이(주)(2011), 송성준(2011a), 재구성

해운대 관광리조트의 사업내용은 〈표 1〉에 간략하게 정리되어 있다. 몇 가지 특성을 살펴보면 다음과 같다. 첫째, 이 사업의 연면적은 약 20만 평 (65만여 제곱미터)에 해당한다. 서울의 63빌딩이 한 장소에 4개가 들어서는 것과 비교할 수 있는 초대형사업이다. 둘째, 전체 사업 중 아파트 분양사업이 연면적의 44.9%를 차지한다. 87층짜리 아파트 2개 동과 108층 초고층건물에 54평에서 92평 규모의 대형 아파트 894채가 들어갈 예정이다. 아직까지 해운대 해수욕장 백사장 주변에는 아파트가 없다. 해운대 관광리조트사업은 해운대 백사장 주변에 아파트를 짓는 첫 번째 사업인 것이다. 그것도 약 900세대가 입주할 초고층 아파트를 짓는 것이다. 평 ($3.3m^2$)당 분양가가 2,500만 원에서 3,000만 원 정도 될 것이라고 예상된다. 셋째, 108층짜리 초고층 건물에 들어서는 호텔, 콘도 등을 포함해서 주거 및 숙박시설을 다 합치면 전체 연면적의 약 80%를 차지한다. 넷째, 일반 상업 및 문화관광시설도 모두 유료시설이다. 비싼 분양가와 임대료가 예상된다. 공공성이 두드러진 시설은 거의 없다. 공공개발이라는 말이 어디에 적용되는 것인지 찾아볼 수 없다. 이 사업은 철저하게 민간개발업자의 수익성을 극대화하기 위한 사업내용으로 가득 차 있다.

2) 개발업자의 사업구상과 사업전략

해운대 관광리조트 사업은 108층짜리 건물 1동과 87층짜리 건물 2개동을 건설하는 사업이다. 이 세 건물은 지상 1층에서 8층까지의 포디엄으로 서로 연결되어 있다. 87층짜리 2개동에는 아파트가, 그리고 108층에는 아파트와 호텔 등이 들어설 예정이다. 108층 건물에 들어가는 시설의 분포를 보면, 1층에서 3층에는 상업판매시설, 4~6층에는 워터파크와 영화관, 6층에는 스파와 상업시설, 7층에는 외국인전용 카지노가 계획되어 있다. 10층에서 15층에는 콘도가 들어가고, 일반호텔이 16층에서 54층까지, 아파트가 56층에서 84층까지, 6성급 관광호텔이 86층에서 103층에, 그리고 전망대가 105층에서 108층에 들어설 예정이다. 일반호텔은 380실, 6성급 관광호텔은 300실, 콘도는 60실로 계획되어 있다(〈해운대 관광리조트 개발사업 건축계획위원회 심의자료〉, 2011.3.24).

대부분의 시설은 분양되거나 매각되지만, 팔지 않고 개발업자가 직접 운영하는 시설은 4가지로 계획되어 있다. 워터파크, 테마파크, 멀티플렉스 영화관, 그리고 외국인전용 카지노이다. 외국인전용 카지노를 운영하기 위해서는 정부의 허가가 필요하지만, 일단은 공간을 확보하려고 하는 것 같다. 개발업자가 직접 운영하려고 하는 4가지 시설을 다 합하면 면적이 67,636m²로 전체 연면적의 10.3%에 해당한다.

2007년 민간사업자를 공모할 때 개발업자인 트리플스퀘어가 제출한 사업계획서에는 아트갤러리와 컨벤션센터가 들어가 있었다. 그나마 이 사업에서 공공성을 담보하고 있는 부분이었다. 하지만 2011년 2월 부산시 건축위원회 심의에 제출한 건축계획에는 아트갤러리와 컨벤션센터가 빠져 있다. 아트갤러리는 전망대로 바뀌어 분양할 계획이고, 컨벤션센터 역시 호텔부대시설로 분양할 계획이다. 아트갤러리와 컨벤션센터의 실종은 이 개발사업의 성격을 단적으로 보여주는 사례이다. 개발업자가 공공성을 위해서 무상으로 내놓는 것이 거의 없다. 개발수익을 더 늘리기 위해서, 공공성을 담보하고 있는 시설들을 다른 용도로 변경하여 분양하는 것이다. 돈을 더 벌기 위해서 사업자로 선정될 때 약속했던 것을 단번에 뒤집는 것이다. 해운대 관광리조트 개발사업은 공공성 부재의 극치를 보여준다.[4)]

---

4) 해운대 관광리조트 개발사업이 공공성 부재의 극치를 보여주는 것은 일본 도쿄의 롯본기힐스, 미드타운 개발사업과 극명한 대소를 이룬다. 일본의 경우, 대규모 도시개발을 시행하는 개발업자는 공원녹지나 공공시설을 시에 기부하거나, 유치하거나, 직접 운영한다. 롯본기힐스 개발업자는 넓은 공원녹지를 시에 기부했고, 모리미술관을 직접 운영한다. 미드타운 개발업자는 넓은 공원녹지와 디자인박물관을 시에 기부했고, 산토리미

해운대 관광리조트 개발사업의 총사업비는 2조 7,000억 원이다. 개발업자가 부산시에 제출한 자료에 의하면, 토지구입비 2,330억 원, 건축공사비 1조 6,600억 원, 설계감리비 1,020억 원, 분양경비 1,700억 원, 부대비용 2,200억 원, 금융비용 3,200억 원으로 되어 있다(트리플스퀘어피에프브이(주), 2011). 하지만 우리는 총사업비의 규모가 부풀려져 있을 가능성에 주목할 필요가 있다. 토지구입비는 공개되어 있고, 금융비용은 별 오차가 없겠지만, 다른 비용들(건축공사비, 설계감리비, 분양경비, 부대비용)은 실제와 차이가 상당히 날 가능성이 크다. 먼저 건축공사비를 보면, 1조 6,600억 원으로 잡혀 있지만 산정근거가 명확하지 않다.[5] 과대 산정되었을 가능성이 있다. 설계감리비는 설계비, CM(건설관리)용역비, 감리비로 나누어지는데, 설계비가 490억 원, CM용역비가 350억 원, 감리비가 170억 원으로 되어 있다. 설계회사는 서울의 삼우건축과 부산의 상지건축이 맡았다. CM용역은 PB Korea가 하는 것으로 되어 있다. 하지만 설계와 건설관리에서 상지건축이 맡은 역할이 큰 것으로 알려져 있다. 설계감리비가 그대로 집행되는지 아니면 축소되는지 확인할 필요가 있다. 분양경비와 부대비용은 지나치게 큰 규모로 잡혀 있는 것처럼 보인다.

해운대 관광리조트를 개발해서 개발업자는 어느 정도의 개발이익을 가져갈 것인가? 정확한 개발이익의 규모를 추산하는 것은 어려운 일이지만, 개발업자가 부산시에 제출한 사업계획서와 현실적 여건 및 시장상황 등

술관을 유치했다. 해운대 관광리조트 개발업자인 트리플스퀘어는 사업의 공공성에는 전혀 관심이 없고 어떻게 하면 개발이익을 더 많이 가져갈까 하는 천민적 발상에 빠져 있다. 마치 돈을 더 벌기 위해서는 체면이고 뭐고 없다고 생각하는 파렴치한 같다.

5) 개발업자는 세 가지 자료를 토대로 총공사비를 산정했다고 한다. 서울산업대학교 연구논문, 대한건축학회 연구보고서, 2009년 제6차 부산공간포럼 자료이다. 이 세 가지 자료를 엄밀히 분석하여 초고층빌딩 공사비가 과대 산정되었을 가능성을 따져볼 필요가 있다. 건설업체의 수익성을 높이기 위해서 총사비를 부풀려서 계산하는 경우가 종종 있기 때문이다. 아직 한국에서 100층 이상의 초고층빌딩이 지어진 적이 없기 때문에 초고층빌딩 총공사비 산정의 정확성에 대한 본격적인 논의가 이루어진 바 없다.

을 고려해서 예상되는 개발이익을 추산해보면 다음과 같다. 아파트 894채가 다 분양될 경우 평당 2,500만 원에 분양하는 것으로 계산해보면 2조 2,000억을 상회하는 수입이 생긴다. 아마 아파트 분양수입만 가지고도 실제 총사업비를 감당할 수 있을 것으로 여겨진다. 호텔과 콘도 등 숙박시설의 매각과 분양을 통해서 9,100억 원의 수입을 올리는 것으로 파악된다. 기타 상업시설 2,600억 원, 전망대 300억 원 등으로 예상된다. 워터파크, 테마파크, 멀티플렉스 영화관, 그리고 외국인전용 카지노 등 개발업자가 직접 운영하는 4개의 시설은 3,000억 원에 해당된다. 이 4개의 시설은 개발업자에게 귀속된다. 이 모든 것을 합하면 개발업자는 이 사업을 통해서 3조 7,000억 원의 수입을 올리는 것이다. 총사업비가 2조 7,000억으로 되어 있으니, 개발이익이 1조 원을 상회할 것이라고 예상할 수 있다.[6]

개발업자의 구상대로 사업이 다 진행된다면, 그렇게 하기 위해서는 개발업자는 자본(금융자본과 호텔서비스자본)을 끌어와야 되고, 아파트 투기수요를 불러 일으켜야 되겠지만, 개발업자는 1조 원을 상회하는 막대한 개발이익을 가져갈 것으로 예상된다. 하지만 이 사업은 기본적으로 투기자본과 아파트 투기수요의 흐름에 따라 진행되기 때문에 진척 여부가 아직까지는 불투명하다. 일반호텔과 6성급 관광호텔에 투자하겠다는 자본이 나타나지 않고, 부동산경기가 침체하여 초호화 대형평수의 아파트에 대한 투기수요가 사라진다면 개발업자는 부도에 직면할 가능성이 큰 것이다. 894채의 아파트 분양은 이 사업의 핵심이다. 현재 부산의 상황에서 초호화 대형평수의 아파트(54평에서 92평)를 분양하기 위해서는 투기수요를 불러 일으켜야 한다. 개발업자는 서울과 부산에 각각 1곳씩 2개의 모

---

[6] 아파드의 분양수입은 평딩 2,500만 원으로, 일반호델과 콘도, 기타 싱입시실, 개빌입자가 직접 운영하는 4개의 시설은 평당 1,500만 원으로, 6성급 관광호텔은 평당 1,100만으로 계산한 금액이다. 6성급 관광호텔의 평당 분양가가 낮은 이유는 86층에서 103층의 초고층에 위치하기 때문이다.

델하우스를 건립하는 계획을 가지고 있다. 모델하우스 부지 임대료로 91억 원, 모델하우스 건립비로 315억 원이 잡혀 있다. 400억 원 정도가 모델하우스에 투자되는 것이다. 한편 5년 동안 투입할 광고선전비는 536억 원으로 책정되어 있다. 착공 전후 8개월 동안 200억 원 이상이 광고선전에 투입될 예정이다(트리플스퀘어피에프브이(주), 2011). 호화 모델하우스와 엄청난 광고선전비는 아파트 투기수요를 불러일으키려는 사업자의 의도와 관련이 깊은 것으로 보인다. 개발업자는 착공과 동시에 아파트를 분양해서 4개월 내에 40%가 분양되고, 1년 내에 60%가 분양되면 이 사업이 성공하는 것으로 보고 있다. 이 정도 분양되면 아파트를 분양받은 사람들이 내는 선금과 중도금으로 공사를 계속 해 나갈 수 있다고 생각하는 것이다. 아파트의 분양률이 저조하면 개발업자는 공사비의 자금조성에 어려움을 겪게 될 것이다. 개발업자는 초호화 아파트 894채의 분양에 총력을 기울일 것으로 예상된다.

    2011년 10월 해운대 관광리조트 개발사업은 건축허가를 받았다. 이제 개발업자는 PF(Project Financing)만 확보하면 언제든지 착공할 수 있게 되었다. 개발업자는 금융권으로부터 3,800억 원 PF대출을 받고자 한다. 제1금융권의 대출이자는 7%, 제2금융권의 대출이자는 10% 수준이다. PF대출을 받는 것을 PF기표라고 하는데, PF기표에는 제1금융권의 투자의향이 가장 중요하다. 보통의 경우 제1금융권은 1군 우량시공사인 건설업체의 보증을 요구한다. 제1금융권에서 분양성 등의 문제로 PF조건을 까다롭게 단다면, 우량시공사는 보증을 서면서까지 사업참여를 하지 않을 것으로 보인다. 결국 제1금융권에서 어떤 태도를 가지느냐가 PF대출의 핵심인 셈이다. 개발업자인 트리플스퀘어의 재무투자사는 한국산업은행, 하나은행, 부산은행, 경남은행이다. 대표건설사는 롯데건설과 현대건설이다. 한국과 부산의 금융기관과 건설회사가 어떤 생각을 하고 있는가가 이 사업의 시행에 있어 중요한 관건인 것이다.

3. 해운대 관광리조트 개발사업의 문제점

해운대 관광리조트사업은 문제투성이다. 중요한 문제가 한 가지만 드러나도 사업을 재검토해야 하거늘 이 사업은 그런 문제가 한두 가지가 아니다. 문제투성이라는 말이 헛된 말이 아니다. 실제 그렇다. 부산의 시민사회에서는 그동안 이 사업에 대해서 꾸준히 문제를 제기해왔다. 부산참여자치시민연대에서 발표한 성명서의 한 단락을 인용한다.

> 해운대 관광리조트사업은 실패한 정책이다. 부산의 시민사회에서는 이 사업의 옳지 못함에 대하여 여러 차례에 걸쳐 문제를 제기한 바 있다. 부산시의회는 시정질문과 행정사무감사를 통해 이 사업의 부당성에 대해 논박했으며, 지역언론을 통해 이 사업의 문제점이 논의되기도 했다. 부산참여자치시민연대 역시, 부산환경운동연합과 더불어, 해운대 관광리조트사업을 계속해서 반대해왔다. 해운대 관광리조트사업이 진행된 과정을 보면, 우리는 이 사업이 문제투성이라는 판단을 내리지 않을 수 없다. 첫째, 민간사업자를 선정한 과정에 의혹이 있다. 둘째, 몇 번의 계획변경(용도지구 변경 및 아파트 주거허용) 내용이 옳지 못하며, 계획변경의 과정에 문제가 있다. 셋째, 부산시가 민간사업자에게 특혜를 제공한 의혹이 있다. 부지를 싼 값으로 민간사업자에게 매각했고, 민간사업자가 비용을 부담하여 조성하고 부산시에 기부채납할 수 있는 공원과 도로 등 기반시설을 부산시 비용으로 건립하기로 했으며, 민간사업사의 요구에 따라 아파트 주거시설을 허용해준 것은 큰 문제로 지적되어야 한다. 넷째, 해운대 관광리조트가 가져올, 해운대와 해운대 해수욕장에 대한 영향들이 제대로 논의되지 못했다. 교통영향평가와 경관에 대한 심의가 부실하게 이루어졌고, 환경영향평가는 아예 적용되지두 않았다(부산참여자치시민연대 성명서, 〈해운대 관광리조트사업의 건축승인을 반대한다〉, 2010.12.29).

1) 민간사업자 선정과정의 문제

2007년 6월에 부산도시공사가 발표한 〈해운대 관광리조트 개발사업 민간사업자 공모지침서〉는 몇 가지 중요한 문제를 가지고 있다. 첫째, 해운대 관광리조트 민간사업자를 공모하면서, 2005년 이후 부산시가 적용해오던 〈부산시 해안경관 개선지침〉을 이 사업에는 적용시키지 않았다. 〈부산시 해안경관 개선지침〉은 부산시 해안지역의 난개발을 방지하기 위해서 만들어졌고, 해수욕장 등 6개 지역에 우선적으로 적용되었다. 해운대 해수욕장 역시 이 지침이 적용되는 지역이었다. 〈부산시 해안경관 개선지침〉에 의하면, 이 지침이 적용되는 해안에 지어지는 건축물은 높이에 제한을 받는다. 건축물의 최고 높이는 해안과 접한 남쪽(해안부)일 경우 60m, 북쪽(후면부)일 경우 21m이다. 하지만 〈표 2〉에서 보는 바와 같이, 해운대 관광리조트사업의 경우, 후면부의 높이 제한은 없다. 민간사업자를 공모하면서 후면부에 들어서는 건축물에 대한 고도제한을 해제시켜버린 것이다.[7] 부산시가 적용해온 해운대 해수욕장 건축물 높이제한은 법과 같은 효력을 갖는다. 일반인들에게는 엄격히 적용하면서, 공공개발사업을 한다는 명목을 가지고 부산시가 스스로 해안경관 개선지침을 어기는 것은 참으로 아이러니한 일이다.[8] 조용수에 의하면, "무엇보다도 큰

---

7) 부산도시공사는 2007년 3월 19일 부산대학교 도시문제연구소(소장 최열)에 해운대관광리조트 민간사업자 선정을 위한 공모지침서 용역을 발주했다. 이 용역을 토대로 부산도시공사는 그해 6월 민간사업자 공모지침서를 발표했다. 이 용역보고서에 높이제한 해제가 들어 있었다. 하지만 용역 이전에 이미 부산시는 높이제한 해제 방침을 가지고 있었던 것으로 보인다. 이 용역이 발주될 무렵 한 지역언론은 다음과 같은 기사를 보도했다. "(부산)시는 해수욕장과 접한 남쪽 건물의 높이는 60m 이하로 제한하지만 뒤쪽은 '주변 경관과 조화를 이뤄야 한다'는 조건으로 높이에 제한이 없도록 하는 등 사업성을 대폭 높였다"(국제신문 2007.3.18). 결국, 부산시는 높이제한 해제방침을 이 용역을 통해서 구체화시킨 것이라고 할 수 있을 것이다.

8) 해운대 관광리조트 개발사업의 경우, 후면부의 높이 제한은 민간사업자를 공모할 때

〈표 2〉 해운대관광리조트 개발사업 예상계획기준

구 분	계획기준	비 고
용적률	1000% 이하	일반상업지역
높 이	- 해안부 : 60m 이하 - 후면부 : 제한없음	※ 해안부와 후면부의 중간부분은 자연스러운 경관으로 높이 계획
도 입 시 설	관광시설용지에 적합한 시설계획	- 주거시설(공동주택, 주상복합), 오피스텔 제외 - 동부산 관광단지에 도입 예정인 "영화를주제로한 테마파크"는 제외
기 타	해안부, 후면부라 함은 해운대 해수욕장주변, 중동2 기존지구단위계획을 각 말함	

출처: 『해운대 관광리조트개발사업 민간사업자 공모지침서』, 2007.6

문제는 공공기관 스스로가 만든 강력한 방침을 일반인들에게는 법과 같이 준수하도록 지시하고 스스로는 공익을 명분으로 쉽게 무시해버리는 비도덕성이며, 이러한 장소를 공공기관들과 전문가 집단이 주도하면서

이미 사라져버렸고, 해안부 높이 규제 60m는 2009.12.1.에 개최된 부산시 도시계획위원회에서 해제되었다. 해안부 60m라는 높이 규제에서 벗어나고 싶어 했던 민간사업자인 트리플스퀘어의 끊임없는 요구가 관철된 것이다. 2009년 9월에 나온 트리플스퀘어의 보고서를 보면, 해안부 높이 60m 규제를 해제할 것을 제안하고 있다(트리플스퀘어, 2009c: 16). 이 보고서에 담긴 자문회의 결과는 아주 흥미롭다. 해안부 높이 60m 규제도 해제하려고 하는 트리플스퀘어의 제안에 어느 자문위원이 이렇게 지적했다. "높이는 해안경관개선지침이 변경되어야 가능할 것으로 판단된다." 이 의견에 대한 트리플스퀘어의 입장은 다음과 같다. "해안경관개선지침에서의 높이는 법적 구속력은 없는 사항이며, 현재 해운대관광리조트 개발사업지는 높이에 대한 규제사항이 없으나 향후 실시계획인가신청에 따른 지구단위계획 수립 시 높이가 결정되는 사항임"(트리플스퀘어, 2009c: 46). 해안부 높이 60m 규제가 적용되있던 상황에서도 이를 해제하고자 하는 개발업자의 욕망이 고스란히 드러난 것으로 보인다. 트리플스퀘어의 보고서가 나온 지 3개월도 되지 않아 부산시는 도시계획위원회를 개최하여 개발업자의 요구대로 해운대 관광리조트 개발사업에 한하여 해안부 높이 60m 규제를 해제하였다.

공공사업이라는 명분으로 특정 개인집단의 사업에 유리하게 이끌어나갔다는 데 있다"(조용수, 2011: 8).

둘째, 민간사업자 공모에 참가한 3개 콘소시엄 중 트리플스퀘어라는 콘소시엄이 선정된 과정도 납득하기 어렵다. 〈표 2〉와 같이, 민간사업자 공모지침서에서는 주거시설(공동주택, 주상복합)과 오피스텔을 허용하지 않는다고 분명하게 못 박아 놓았다. 후면부는 고도제한의 적용을 받지 않는다고 했기 때문에 2개의 콘소시엄은 70층 규모의 건축물을 제안했고, 선정된 민간사업인 트리플스퀘어는 117층짜리 건축물을 제시했다. 평가 총점은 1,000점이었고, 이는 개발계획(400점), 사업계획(300점), 운영계획(200점), 토지가격제시(100점)로 나뉘어 있었다. 트리플스퀘어는 개발계획과 사업계획, 운영계획에서 다른 2개의 콘소시엄과 상당한 차이가 나는 아주 높은 점수를 받았다(부산도시공사가 김영희 부산시의원에게 제출한 자료, 〈민간공모결과〉, 2010.2.). 사업성에서 높은 점수를 받은 민간사업자는 선정된 지 불과 1년 만에 사업성이 없어서 아파트 주거시설을 도입해야 한다고 요구를 해왔고, 부산시와 부산도시공사는 부산시 도시계획위원회를 통하여 주거시설을 허용해줌으로써 트리플스퀘어의 요구를 관철시켜주었다. 사업성이 없다는 것을 인정하고 주거시설을 허용하면서 사업성을 있게 만든 이 과정은 민간사업자 선정과정이 얼마나 잘못된 것이었는가를 명백히 보여준다. 트리플스퀘어가 애초에 제시한 사업성이 없는 사업을 사업성이 가장 높은 사업으로 채점하고 민간사업자로 선정한 것은 상식적으로 납득할 수 없다. 어떤 힘들이 작용했는지 규명되어야 할 부분이다.

2) 부지매각과 기부채납의 문제

해운대 관광리조트 개발사업은 "특혜행정의 백화점"이라는 지적을 받을 정도로, 민간사업자인 트리플스퀘어는 부산시로부터 많은 특혜를 받았다. 특혜의 몇 가지 내용을 정리하면 다음과 같다.

첫째, 개발업자에게 받아야 할 부지를 부산시는 시민의 세금으로 개발업자에게 제공했다. 해운대 관광리조트 개발사업 부지의 전체 면적은 65,943m^{2}이다. 부산시는 이 부지 전체를 민간사업자에게 매각하지 않았다. 부산시가 트리플스퀘어에게 매각한 부지는 53,694m^{2}이다. 전체 부지의 81.4%만 트리플스퀘어에게 팔고, 나머지 18.6%를 부산시의 비용으로 공원, 도로 등 기반시설을 공급하는 것이다. 민간개발업자가 추진하는 대규모 개발사업을 지방자치단체가 승인할 때, 민간개발업자가 공원, 도로 등 필요한 기반시설을 건립하여 지자체에 기부채납하는 것을 조건으로 승인하는 경우가 대부분이다. 서울 잠실에 지어지는 제2롯데월드를 보면, 롯데그룹이 전체대비면적 782,497m^{2}의 20%인 15,692m^{2}를 공원 및 생태용지로 서울시에 내어놓겠다는 계획을 제시했으나, 서울시의 요구를 받아들여서 결국 33%인 26,154m^{2}를 공원 및 생태용지로 서울시에 기부채납하는 것으로 결론이 났다. 이에 반하여 해운대 관광리조트 개발사업에서는 민간개발업자인 트리플스퀘어에서 공원 및 도로용지로 부산시에 기부채납하는 것은 4,000m^2 정도밖에 없다. 오히려 부산도시공사가 시 예산을 투입해서 민간사업자의 사업을 위해서 해운대 관광리조트 사업부지 안에 공원과 도로를 제공하는 것으로 되어 있다. 여기에 드는 부지는 12,265m^{2}이고, 평당 가격을 2,100만 원으로 환산하면 780억 원에 해당된다.[9] 특혜행정의 백미이다. 민간개발업자의 비용으로 선립하고 부산시가 기부채납 받아야 하는 것을 부산시는 처음부터 포기했다. 무슨 이유 때문일까? 여전히 의문투성이다.

---

9) 부산도시공사가 트리플스퀘어에게 제공한 사업구역 내 공원 도로 등 기반시설 부지를 시가로 환산하면 1,500억 원 정도 될 것이라고 추산하는 사람들도 있다.

둘째, 부산시는 트리플스퀘어에게 싼 값으로 부지를 매각했다. 부산시는 토지 53,694m²를 사업자에게 2,333억 원에 매각했다. 이는 평(3.3m²)당 1,433만 원에 판 것이다. 부지매각은 두 단계에 걸쳐서 이루어졌다. 부지매각의 과정은 헐값매각이라는 특혜를 여지없이 보여준다. 1단계 부지매각은 2007년 12월 18일 부산도시공사와 트리플스퀘어가 맺은 협약서에 명시되어 있다. 사업부지가 확대되기 전, 38,932m²(11,800평)를 평당 1,186만 원에 판 것이다. 2008년 1월과 2월에 해운대 구의회와 부산시 시의회에서 해운대 관광리조트 구역확대 개발청원이 있었고, 2008년 6월 부산시는 이를 받아들여 한국콘도 부지 등을 해운대관광리조트 부지로 편입시켰다.[10] 부지가 31.8% 증가된 것이다. 2008년 5월 14일 부산도시공사와 트리플스퀘어가 맺은 추가협약서를 보면, 추가부지 매매에 대한 자세한 사항은 토지매매계약서에 나와 있다고만 되어 있다. 한국콘도 부지 등 추가로 확대된 부지는 평당 2,086만 원에 매각되었다(부산도시공사가 김영희 부산시의원에게 제출한 자료, 〈해운대 관광리조트 부지 토지공급가격 산정자료〉, 2010.2.). 결국, 전체부지의 2/3에 해당하는 군부지 등 애초에 계획했던 부지는 평당 1,186만 원에 그리고 전체의 1/3에 해당하는 한국콘도 등 추가로 편입된 부지는 평당 2,086만 원에 트리플스퀘어에게 매각된 것이다.[11]

---

10) 2008년 6월 4일 부산시 도시계획위원회에서 도시계획위원 25명 중 18명이 참석하여 해운대 관광리조트 도시개발구역 변경지정에 대한 심의를 했다. 회의록을 보면, 부지확대에 대한 이견은 전혀 없었고, 조망권 침해에 대한 우려가 잠깐 있었던 반면, 대부분의 논의는 교통문제를 둘러싸고 진행되었다. 교통문제를 완화하기 위해서는 주위 도로 폭이 최소한 20m는 되어야 한다는 논의에 많은 위원들이 동의한 것으로 보인다(부산시 도시계획위원회 회의록 참조, 2008.6.4.).
11) 토지에 대한 감정평가는 삼창감정과 대일에셋 등 두 군데에서 시행했다. 감정 평가액을 보면, 1차 부지의 경우 평당 1,146만 원이고, 2차 부지의 경우 평당 2,015만 원이다(부산도시공사가 부산참여자치시민연대에 제출한 정보공개청구자료, 〈부산도시공사가 트리플스퀘어컨소시엄에 토지매매의 근거가 되는 감정평가서〉, 2010.2.). 2개 부지 모두

이 사실을 어떻게 볼 것인가? 바로 옆에 있는 부지가 5개월 정도 만에 거의 두 배에 해당하는 가격의 차이로 매각된 것이다. 군 부지를 포함한 당초 계획된 부지를 부산도시공사는 너무 싼 가격으로 개발업자에게 넘긴 것으로밖에 해석할 다른 방도가 없다. 2006년에 부산시가 센텀에 위치한 WBC솔로몬타워 부지를 사업자에게 평당 1,500만 원에 매각한 것과 비교하면, 해운대 백사장 바로 옆에 위치한 군부대 부지 등을 2007년 12월에 트리플스퀘어에게 1,186만 원에 매각한 것은 큰 특혜라고 보지 않을 수 없다. 토지의 가치가 더 높은 부지를 훨씬 싼 가격으로 개발업자에게 매각한 것을 특혜라고 하지 않으면 무엇이라고 할 수 있을 것인가? 공공개발이라는 명목으로 부산시는 군 부지를 값싸게 구입해서 이를 민간부동산개발업자에게 다시 싼 값으로 넘긴 것이다. 민간부동산개발업자가 쉽게 할 수 없는 부분을 부산시가 나서서 가능하도록 해주었다는 비판을 받지 않을 수 없을 것이다.

셋째, 부산시가 공원, 도로 등 기반시설을 공급하는 것은 근거가 명확하지 않은 것으로 보인다. 〈해운대 관광리조트 개발사업 민간사업자 공모지침서〉를 보면 이 부분이 애매하게 되어 있다. 실수인지, 아니면 처음부터 고의로 그렇게 만들어놓은 것인지 판단하기 쉽지 않지만, 누가 공원과 도로 등 기반시설을 공급하는 것인지 명확하지 못한 것은 사실이다. 법적인 근거가 확실하지 않는데도 불구하고 부산시가 기반시설 비용을 부담한다면 심각한 문제가 아닐 수 없다. 송성준은 다음과 같이 날카롭게 지적한다.

그런데 부산시가 기반시설용지를 부담하는 근거가 불명확하다. 해운대 관광

낮은 가격으로 평가되었다라는 지적이 많다. 군부지가 있었던 1차 부지의 경우 특히 그러하다. 이렇게 낮은 감정 평가가격이 나온 이유에 대해서는 더 많은 논의가 필요할 것으로 생각된다.

리조트 개발사업 민간사업자 공모지침서 제4장 (토지매매) 제14조 (토지의 공급)을 보면, 1항 부산도시공사는 '도시개발법에 의거 민간사업자에게 사업대상지(유상매각용지)를 공급하며'라고 명시. 유상매각용지를 공급한다고 명시해 놓고 2항에서는 민간사업자는 공사로부터 사업대상지를 일괄 매입하여야 한다고 명시(했다). 3항에서는, 사업대상지 용도별 면적에서 유상매각용지와 기반시설용지를 모두 포함해 놓았다. 그리고 그 밑에 기반시설용지는 조성 완료 후 관할기관에 기부채납 대상임이라고 해 놓아 기반시설용지를 민간사업자가 부담할지 도시공사가 할지를 불분명하게 해 놓았다. 공모지침서 10조 사업추진 및 역할분담에서는 도시공사와 민간사업자의 역할을 명시해 놓았는데, 공사의 역할 5가지 항목 어디에도 기반시설을 부산시 또는 공사에서 매입해 기부채납하는 내용이 없다. 도대체 어떤 근거에서 기반시설을 자체 부담 조성하고 부담하는지 근거가 없어 그 결정과정에 대한 조사가 이뤄져야 한다. 또 도시공사와 트리플스퀘어 측이 작성한 용지매매계약서에 보면 유상매각용지와 기반시설용지를 모두 포함한 계약서를 작성했다. 만약 부산시가 부담하는 용지라면 굳이 계약서에 기반시설용지를 포함할 이유가 있는지 해명이 필요하다(송성준, 2011b: 13).

3) 사업협약서의 문제

2007년 12월 18일 부산도시공사는 트리플스퀘어와 〈해운대관광리조트개발사업 사업협약서〉를 체결했다. 한편 2008년 5월 14일 도시개발구역 확대에 따른 추가협약서를 체결했다. 두 협약서 모두 부산도시공사 사장 이상원과 트리플스퀘어 대표이사 박수근의 명의로 날인되어 있다(첫번째 협약서에는 22개 회사의 대표이사가 다 같이 날인했다). 처음 체결한 사업협약서는 11쪽이고, 추가협약서는 2쪽짜리이다. 추가협약서가 짧은 것은 추가로 편입된 구역에 관한 사항만 간단히 들어가 있기 때문이다. 〈민간사업자 공모지침서〉에 의하면, 부산도시공사는 선정된 민간사업자와 선정 후 30일 이내에 사업협약을 체결하기로 되어 있었다. 〈민간사업자 공모지침서〉에 따라 협약서에는 다음의 7가지 사항이 들어가야 한다(공모지침서 제37조, 협약체결). 1) 공사와 민간사업자의 책임과 의무에 관한 사항, 2) 토지매매에 관한 사항, 3) 민간사업자의 협약이행보증에 관한 사항, 4) 토지매입 후 권리양도(임의처분) 제한에 관한 사항, 5) 협약의 해지 및 손해배상에 관한 사항, 6) 부지조성공사 실시에 관한 사항, 7) 본 지침서의 주요내용과 기타 사업추진에 필요한 사항. 하지만, 무슨 이유인지 모르겠지만, 사업협약서에는 위의 7가지 중 한 가지 사항이 빠져 있다. 그것은 토지매입 후 권리양도(임의처분) 제한에 관한 사항이다.

"토지매입 후 권리양도(임의처분) 제한"은 아주 중요한 사항이다. 공모지침서에서 이 사항을 협약서에 명시해야 한다고 규정한 점은, 민간사업자가 토지를 확보하고 난 다음 사업계획대로 사업을 하지 않고 차일피일 미루다가 나중에는 확보한 토지를 다른 기업이나 혹은 개인들에게 일괄적으로 혹은 나누어서 매각할 가능성을 사전에 방지하기 위해서일 것이다. 만약 민간사업자가 그렇게 하려고 한다면 이는 땅장사를 하기 위하여 사업에 참여한 것이라는 비난을 면하기 어려울 것이다. 그래서 〈민간사업자 공모지침서〉에는 토지처분의 제한을 내용으로 하는 조항이 들어가 있다(제18조). 그것은 다음과 같다. "사업대상지의 소유권 이전 시에는 도시개발사업 준공검사필증 교부 후 정당한 사유 없이 2년 이내 사용하지 아니하는 경우(건축착공 기준) 및 사업제안서의 내용에서 벗어나 사업목적을 현저히 훼손할 경우, 환매를 조건으로 하며 환매특약에 관한 상세한 사항은 협약서 및 토지매매계약서에서 정한다."

환매나 환매특약에 관한 사항은 아주 중요하다.[12] 해운대 관광리조트

---

12) 네이버 사전에 의하면, 환매의 내용은 다음과 같다. "환매할 것을 약속한 특별한 약속 및 계약을 말하는 것으로 일정 기간이 경과한 후 매도 물건을 다시 사들일 것을 약속한

개발사업은 부산도시공사가 민간사업자에게 환매를 조건으로 토지의 소유권을 이전하는 것으로 못 박고 있다(민간사업자 공모지침서 제18조). "토지양도 후 권리양도(임의처분) 제한" 사항이 사업협약서에 들어가 있지 않다면, 적어도 토지매매계약서에는 들어가 있어야 한다. 이것은 부산도시공사가 트리플스퀘어에게 토지의 소유권을 넘길 때, 몇 가지 조건을 다는 것을 의미한다. 사업의 조건일 것이다. 사업의 내용, 착공과 준공 등 조건을 트리플스퀘어가 이행하지 않는다면 부산도시공사가 다시 그 토지를 매입한다는 것이다. 이는 트리플스퀘어가 자의적으로 토지소유권을 행사하지 않는 것을 의미한다. 부산도시공사와 트리플스퀘어가 맺은 사업협약서에는 이 부문이 명시되어 있지 않다. 그렇다면 토지매매계약서에 명시되어 있어야 한다. 2008년 5월 14일 부산도시공사와 트리플스퀘어가 맺은 용지매매계약서를 보면, 제9조에 토지처분의 제한에 관한 사항이 나와 있다. 환매에 관한 사항은 다음과 같이 명기되어 있다. "목적용지는 소유권이전등기 완료시부터 계약자 명의를 변경할 수 없다. 또한 토지사용일로부터 2년 이내에 정당한 사유없이 을이 목적용지를 사용(건축착공 기준)하지 아니하는 경우와 을에 대하여 채무자회생및파산에관한법률에 의한 기업회생절차 개시의 신청 또는 파산의 신청이 있거나 상법상 영업양도를 하는 경우에는 갑이 환매할 수 있다"(용지매매계약서 제9조 1항).

2007년 〈민간사업자 공모지침서〉에서는 환매의 사유가 2가지로 명시되었다. 첫째, 건축 착공 후 정당한 사유없이 2년 이내 사용하지 않을 경

계약을 뜻하며 그 기간은 부동산은 5년 동산은 3년을 넘지 못한다. 목적물이 부동산일 경우는 매매등기와 동시에 환매권의 보유(保留)를 등기하여야 하며 따라서 동시에 하지 않은 등기는 무효이다. 환매특약등기를 하면 제3자에 대하여 효력이 미치므로 환매기간 중에 제3자가 목적물을 취득하더라도 그 제3자에 대하여도 환매권을 실행할 수 있다." 환매특약은 다음과 같이 정의된다. "부동산의 매매에 있어서 계약과 동시에 한 특약에 의하여 일정한 조건하에 매수인이 지급한 대금 및 매수인이 부담한 매매비용을 반환함으로써 매매계약을 해제할 수 있는 특약을 환매특약이라고 한다(민법 제590조)."

우, 둘째, 사업제안서의 내용에서 벗어나 사업목적을 현저히 훼손할 경우이다. 첫 번째 사항은 용지매매계약서에 담겨 있지만, 두 번째 사항은 용지매매계약서에서 빠져 있다. 토지의 소유권 이전 시 환매특약등기를 하는 것으로 되어 있다(용지매매계약서 제9조 2항). 환매 여부는 앞으로 잘 지켜보아야 할 사항이다.

4) 도시개발 구역확대의 문제

해운대 관광리조트가 도시개발구역으로 지정고시된 것은 2006년 11월 29일이었다. 2007년 11월 민간사업자가 정해졌고, 2008년 1월 해운대 구의회에서 구역확대를 위한 청원을 부산시의회에 했으며,[13] 부산시의회는 2008년 2월 이를 받아 부산시에 청원을 했다. 부산시는 부산시의회의 청원을 받아들여 2008년 6월 11일 해운대 관광리조트 도시개발구역이 확대 지정고시했다. 확대된 구역은 한국콘도 부지와 인근에 위치한 민간소유지들이었다.

2007년 민간사업자를 공모하기 위한 준비작업으로 부산도시공사가 부산대 도시문제연구소에 〈민간사업자 공모지침 용역〉을 맡길 때, 부산도시공사는 1차 부지 외에 추가로 확대된 부지까지 넣어서 도시개발사업을 하는 가능성에 대하여 연구해 달라고 했다. 부산대 도시문제연구소는 확대된 부지까지 같이 넣어서 도시개발사업을 시행하면, 민원과 보상으로 인하여 사업이 지체될 수 있으며, 사업성이 불투명할 수 있다며 부지를 확대지정하는 것을 부정적으로 평가하였다. 그래서 구역확대는 사업초기부터 검토되었지만, 빠른 시간 내에 사업을 진행시키기 위하여 1차 부지

---

13) 2008년 1월 25일 해운대구의회 박선동 의장을 포함한 17명의 해운대구 구의원은 해운대 관광리조트 구역확대를 위한 청원을 부산시의회에 접수시켰다. 이 청원은 해운대구가 지역구인 김영수 부산시의원의 소개로 시의회에 제출되었다.

만 도시개발구역으로 지정했던 것이다. 당시 김영식 부산시 투자개발기획팀장은, 부산시와 부산도시공사는 사업 초기부터 구역확대에 대하여 고민을 했는데, 사업성, 사업지연 등 여러 가지 문제점들이 예상되어 구역확대를 하지 않고 사업을 시행하는 것으로 결정했으며, 사업성이 있도록 여건이 주어지면 구역확대는 바람직한 방향이라는 의견을 표명했다(부산시의회 해양도시위원회 회의록, 2008년 2월 19일).

  2008년 2월 19일 부산시의회 해양도시위원회에서 구역확대안에 대하여 논의한 내용을 보면 아주 흥미롭다. 시의원들과 시의회 전문위원은 구역확대의 필요성을 강조하는 반면, 부산도시공사 사장(이상원)과 부산시 투자개발팀장(김영식)은 구역확대에 대하여 처음에는 적극적으로 찬성하지 않고 있다가 시의원들의 계속적인 요청에 구역확대가 될 수 있도록 하겠다는 입장을 표명했다. 이날 있었던 회의를 기록한 회의록을 보면, 먼저 해운대구의회의 청원을 부산시의회에 소개한 김영수 시의원이 청원 소개를 설명하는 발언을 했다. 기존 부지는 크기와 모양에 있어 제한이 있고, 추가로 편입될 부지는 노후되어 있지만 자체적으로 사업을 일으킬 여력이 없기 때문에 부지를 통합 확대해서 해운대 관광리조트 개발사업을 해야 한다고 제안한다.[14] 그리고 부산시의회 전문위원(안광호)

---

14) 2008년 2월 19일 부산시의회 해양도시위원회 회의록을 보면 해운대구의회의 청원을 부산시의회에 소개한 김영수 시의원이 청원 소개를 설명하는 부분이 나온다. 해운대구의회의 청원 내용이 김영수 시의원의 발언 속에 그대로 녹아 있기 때문에 발언을 그대로 인용한다. "사업을 계획하고 있는 부지는 부정형 형태를 띠고 있을 뿐만 아니라 해변 측 워터프론트를 향해 닫혀 있으며 해변에 접하는 길이가 130m로 짧고 전체 면적 또한 5만 $10m^2$로 크지 않아 미래지향적이고 세계적인 관광리조트프로그램의 워터프론트의 활성화 컨셉시설 수용에는 한계가 있어 관광객 유치와 수익창출에 실패할 우려가 높습니다. 또한 인근에 소재한 한국콘도는 노후화 정도가 심각하여 해운대지역 이미지를 실추시키고 있을 뿐만 아니라 사업부도, 파산선고 과정을 거치면서 소유주체가 14명이나 되고 50억 원에 이르는 체납세 등 운영정상화와 재개발의 여지가 사실상 없는 것으로 판단됩니다. 아울러 사업예정지 주변에는 노후화된 모텔, 유흥주점, 횟집들과 불량단층 슬래브건물들이 혼재하고 있어 재개발사업이 시급하나 자체적으로 어려운 것으로 보이며,

은 구역확대가 필요하다는 내용의 시전문위원 검토보고를 다음과 같이 하였다. "결론적으로 해운대 관광리조트사업이 추구하는 부산의 관광인프라 구축과 지역경제 및 관광산업 활성화를 달성하고 글로벌해양도시 부산을 상징하는 랜드마크가 되도록 하기 위해서는 개발구역의 정형화와 주변지역 슬럼화 예방 및 교통체계의 보완 등을 고려하여 한국콘도 일원의 부지를 추가 편입함으로써 도시개발사업의 효과를 제고시킬 필요가 있다고 판단됩니다."

부산도시공사 사장(이상원)이 구역확대에 대한 부산도시공사의 입장을 밝혔다. 구역확대가 바람직하나 여러 가지 민원이 제기될 가능성이 크기 때문에 사업추진이 쉽지 않을 것 같으며, 구역확대 여부는 민간사업자와 관련기관과 협의한 다음에 결정하겠다는 것이다. 이는 곧 기존 사업을 일정대로 추진할 것이며, 구역확대는 별도로 검토하겠다는 것이다.[15] 구역확대를 하게 되면 민간사업자에게 특혜를 준 것이라는 비판이 제기될 수 있을 것을 부산도시공사 사장은 우려하기도 했다. 하지만 구역을 확대해

    향후 한국콘도와 인근 지역을 따로 재개발한다 하더라도 그 면적이 1만 5,715m²에 불과하며 관광리조트 활성화가 어려울 것으로 보입니다. 따라서 해운대구의회의 의견대로 사업추진이 다소 지연이 되더라도 기존의 계획부지에서 7,090m²의 한국콘도와 그 일원 부지를 편입하여 총 면적 6만 5,725m²의 해안부 길이 250m로 통합 개발하는 것이 미래지향적인 세계 최고의 관광시설로 조성될 수 잇다는 청원의견에 대해 귀를 기울이고 심도 있게 검토해 봐야 한다고 생각합니다."

15) 부산도시공사 사장의 발언은 다음과 같다. "주변여건과 토지이용계획을 감안하면 확대를 해서 개빌하는 깃이 직질하다고 판딘이 됩니다. 하지민 구역대 요구지역은 기존구역의 개발계획에 편승하여 지가상승이 우려가 되고 건물 및 영업권 보상과 철거 및 폐기물 처리비용 등이 토지의 효율성에 비하여 과다하게 투자될 우려가 있습니다. 또한 토지활용도가 구체적이지 않고 민간사업자의 참여의사가 명확하지 않은 상태에서 성급하게 구역이 확대될 경우에는 자칫 개발이 표류할 우려가 있습니다. 따라서 구역확대 여부는 민산사입사의 동의 및 관광리조트 개빌에 미지는 영향에 대힌 면밀힌 김도와 괸련기관의 충분한 협의를 거쳐 추진하는 것이 바람직할 것으로 판단이 됩니다. 그러므로 구역확대는 별개로 검토하고 기존 제안사업은 추진일정에 따라 계속 추진코자 합니다" (2008년 2월 19일 부산시의회 해양도시위원회 회의록).

서 사업을 시행하라는 부산시 시의원들의 계속되는 요구에 부산도시공사 사장과 부산시 투자개발기획팀장은 그렇게 하겠다는 취지의 답변을 했다. 결국, 부산시의회 해양도시위원회는 해운대 관광리조트 구역확대를 위원회 의견으로 결의했다.[16]

역시 사업성 여부가 관건이었다고 판단된다. 확대구역은 중심지미관지구로 지정된 지역이며(그래서 아파트 등 주거시설이 들어갈 수 없다), 해안부 60m 이상의 건물을 지을 수 없는 지역이다. 1차 부지보다 지가는 더 비싸고, 토지수용과 보상을 둘러싼 민원이 제기될 여지가 높은 지역이다. 해운대구의회, 부시시의회의 청원을 수용하여 부산시가 도시개발구역을 확대한다면, 그리고 민간사업자가 구역확대에 찬성한다면, 앞으로 남아 있는 사항은 사업성을 있게 하기 위한 여러 가지 조치일 것이다.

이런 점에서 보면, 구역확대는 해운대 관광리조트 개발사업의 성격을 변화시킨 중요한 계기로 파악되어야 할 것이다. 애초부터 사업성이 없다고 판단해서 포함시키지 않았던 부지를 사업부지에 편입시키라는 해운대구의회와 부산시의회의 청원요구는 사업성이 없는 부지를 넣어서 사업을 하는 민간사업자에게 그에 해당하는 반대급부를 줄 수도 있는 상황을 만들었던 것이다. 어찌 보면 처음부터 민간사업자가 상황이 이렇게 되도록 의도했던 부분이 있을지도 모른다. 해운대구의회와 부산시의회를 내세워서 특혜를 받을 수 있는 조건을 만드는 것. 마지못한 척 부지확대에 찬성하지만, 사업계획을 변경할 수 있는 절호의 기회였을 것이다. 사업계획의

---

16) 김영욱 시의원이 정리해서 발언한 부산시의회 해양도시위원회 결의내용은 다음과 같다. "해운대 관광리조트사업이 추구하는 부산의 관광인프라 구축과 지역경제 및 관광산업 활성화를 달성하고 글로벌 해양도시 부산을 상징하는 랜드마크가 되도록 하기 위해서는 개발구역의 정형화와 주변지역 슬럼화 예방 및 교통체계 보완 등을 고려하여 한국콘도 일원의 부지를 추가 편입하는 청원인 의견을 적극 반영해 줄 것을 우리 위원회 의견으로 제시하여 본회의에 부의키로 하였습니다"(2008년 2월 19일 부산시의회 해양도시위원회 회의록).

변경이 특혜를 기반으로 가능했던 것이다. 그것은 다음에 논의할 용도지구의 변경과 아파트 주거허용이다.

5) 용도지구 변경과 아파트주거 허용의 문제

해운대 관광리조트 개발사업은 나름대로 해운대 해수욕장의 경관을 유지하려고 노력해온 부산시의 정책을 근본적으로 뒤집어놓았다. 해운대 해수욕장의 경관을 보호하기 위하여 해운대 해수욕장을 중심지미관지구로 계속 운영하며, 중심지미관지구에는 아파트, 오피스텔, 주상복합 등 주거용건물을 지을 수 없도록 한 부산시의 정책을 한방에 무너지게 한 것이 해운대 관광리조트 개발사업이다.

2009년은 부산의 중심지미관지구에 높이제한이 없는 주상복합건물을 짓는 것을 허용하는 것을 둘러싸고 부산시와 부산시의회에서 상당한 논란이 있었던 해이다. 현재 부산시에는 해운대 해수욕장, 서면중앙로, 남포동 등 12곳이 중심지미관지구로 지정되어 있다. 부산시 도시계획조례에 따르면, 중심지미관지구에는 호텔 및 콘도 등 상업시설을 지을 수 있지만, 아파트, 오피스텔과 같은 주거용건물을 지을 수 없게 되어 있다. 주상복합아파트는 중심지미관지구에서 제외되는 건축물이다.

2009년 1월 해운대그랜드호텔이 해운대구청에 지구단위계획 변경제안서를 신청했다가 며칠 뒤에 철회한 일이 있었다. 해운대그랜드호텔은 적자가 나는 호텔사업을 접고 호텔부지에 주상복합건물을 만들기를 원했는데, 그러기 위해서는 호텔부지의 용도를 중심지미관지구에서 아파트, 오피스텔, 주상복합건물을 지을 수 있는 일반미관지구로 변경해 달라는 것이었다. 해운대구청은 당연히 이 제안을 거절했다. 중심지미관지구에서 일반미관지구로 용도를 변경하는 것은 특혜시비를 불러올 수 있었기 때문이다. 당시 이 사안에 대한 언론보도를 보면 해운대구청이 특혜시비에 휘말리기를 꺼렸음을 알 수 있다. "해운대해수욕장과 동백섬이 한눈에 내려다보이는 곳에 고층의 주상복합건물이 들어설 경우 특혜시비에 휘말릴 수 있다는 것이 구청의 판단이다. 해운대구는 '중심지미관지구에는 많은 건물들이 있는데 특정 건물만 제외시키는 지구단위계획 변경을 해줄 수는 없다'는 입장이다. 해운대구의 입장이 부정적인 것을 확인한 호텔 측은 제안서를 제출한 지 며칠 뒤 지구단위계획 변경 제안을 일단 철회했다"(연합뉴스, 2009.1.22).

그런 일이 있고 난 두 달 뒤인 2009년 3월, 해운대 해수욕장과 같이 중심지미관지구이지만 관광특구인 지역에 한해서는 50층 이상, 150m 이상의 주상복합건물 신축을 허용하자는 내용을 지닌 도시계획조례 변경안이 부산시의회에서 13명 시의원의 서명(대표발의: 강성태)으로 발의되었다. 하지만 도시계획조례 개정안이 통과된다면 해운대 해수욕장 주변이 초고층 주상복합건물로 둘러싸여 경관을 훼손할 가능성이 크다는 우려가 제기되었다. 지역주민의 반발을 고려한 해운대구 시의원(이동윤)과 이 안을 상임위에 회부시키지 않은 부산시의회 의장(제종모)의 반대로 개정안은 시의회를 통과하지 못했다. 2009년 가을 부산지역에서는, 부산시의회 의장이 발의된 조례개정안을 상임위에 회부시키지 않은 것을 둘러싸고 상당한 논란이 있었다.

이러한 상황 속에서 부산도시공사와 해운대 관광리조트 민간사업자인 트리플스퀘어는, 마치 해운대그랜드호텔이 요구했던 것처럼, 해운대 관광리조트 지역의 용도를 변경해줄 것을 계속 요구했다. 원래 이 지역에는 중심지미관지구와 일반미관지구가 혼재해 있었는데, 아파트, 오피스텔, 주상복합을 지을 수 있는 일반미관지구로 일원화해달라는 요구였다. 이 지역은 중심지미관지구와 일반미관지구로 나누어져 있었기 때문에, 부산도시공사가 해운대 관광리조트 개발사업을 담당할 민간사업자를 공모할 때, 이 장소에 주거시설(공동주택, 주상복합, 오피스텔)을 제외한다고 공모지침서에서 명확히 했던 것이다. 그래서 사업자로 선정된 트리플스퀘어가 제출한 사업계획서에도 주거시설은 들어가 있지 않았다.

〈표 3〉 트리플스퀘어의 개발계획변경(안) 및 지구단위계획 반영(안)

구분	기존	변경
지역지구	중심지미관지구 + 일반미관지구	전체를 일반미관지구로 변경
용도	숙박, 위락, 판매, 업무, 관광 휴게 등	공동주택 추가
건폐율	62.13%	60%이하 (단, 관계법령 등에서 건폐율 완화 조항이 있을 경우에는 이에 따른다)
용적율	1,000% 이하 (공모시) 1,000% 이하 (단, 관계법령 등에서 용적율 완화 조항이 있을 경우에는 이에 따른다)	
최고높이	해안부 60m	높이제한 해제

자료: 트리플스퀘어, 2009c: 16.

2009년 7월 6일 트리플스퀘어는 부산시에 개발계획변경을 요청했다. 2008년 6월 한국콘도 일원 부지를 해운대 관광리조트 사업에 확대편입시켰기 때문에 새로운 개발계획이 필요한 상황이었다. 변경하고자 한 사업계획의 핵심적인 내용은 2가지이다. 첫째, 중심지미관지구 해제를 통한 아파트라는 주거시설의 허용, 둘째, 해안부 높이 60m 규제 해제이다. 2007년 민간사업자를 공모할 때는 전혀 허용되지 않았던 두 가지 사항을 트리플스퀘어는 사업부지 확대라는 상황적 여건을 이용하여 부산시에 요구했던 것이다.[17] 이 같은 맥락에서 2009년 8월과 9월 두 달 동안 트리플

---

17) 주거시설을 도입하고 해안부 높이규제를 해제할 것을 요청한 트리플스퀘어의 안에 대하여 부산도시공사는 해운대 관광리조트 자문회의를 개최하여 이 사안을 논의했다 (2009년 7월 27일). 자문회의 회의록을 보면, 주거시설 도입에 찬성하는 자문위원들이

스퀘어는 해운대 관광리조트 개발계획 변경에 관한 3권의 보고서를 부산시에 제출했다. 이 보고서들을 보면, 트리플스퀘어는 개발계획 변경의 이유로 두 가지 법규의 개정을 내세우고 있다(트리플스퀘어, 2009a: 21-24). 첫째, 2008년 6월 5일 주택건설기준 등에 관한 규정이 개정된 것이다. 초고층 복합건축물의 촉진과 투자활성화를 위해 관광특구와 경제자유구역 등에 지어지는 50층 이상의 복합건축물에 주거를 허용하는 것을 내용으로 하고 있다. 해운대 해수욕장 일대가 관광특구이기 때문에 해운대 관광리조트에 아파트가 들어갈 수 있다는 것이다. 둘째, 2008년 11월 26일 관광진흥법 시행령 개정으로 콘도미니엄의 분양기준이 변한 것이다. 콘도미니엄 분양기준이 객실당 2인 분양에서 가족을 제외한 5인 이상 분양으로 바뀌었기 때문에 콘도의 분양성이 저하되었고, 이 규정의 개정으로 인하여 해운대 관광리조트의 기존 사업계획은 사업성이 없는 것이 명확하기 때문에 사업성을 높이기 위해서는 아파트와 같은 주거시설 도입이 요청된다는 것이다. 트리플스퀘어의 요구는 아주 구체적이었다. 부산시가 해

더 많았던 것으로 보인다. 주거시설 도입을 찬성한 자문의원들의 발언내용은 다음과 같다. "법적으로 주거시설이 허용되어 사업자가 아파트를 짓겠다는데 반대할 필요는 없다고 생각하며 주거는 사업성을 높이기 위한 것이지만 또한 리스크도 있다. 사업자가 하자는 대로 해주는 것이 좋을 것 같다"(박OO). "PF대출시 사업성, 채권보전, 금리 중 가장 중요한 것은 사업성이다. 사업성을 보장해주지 않으면 대출이 힘들다. 주거를 넣어야 할 것이다. 또한 사업기간 단축이 중요하다. 금융비용을 조금이라도 낮추어야 한다"(고OO). 주거시설 도입에 반대한 자문위원들의 발언내용은 다음과 같다. "하나의 안으로 당초와 비교하여 판단하기는 곤란하다. 기본적인 생각은 사업이 성공하기 위해서는 우선 큰 줄기인 관광리조트를 크게 벗어나서는 안 되겠다. 콘도가 줄었고 주거시설이 늘었다. 특히 주거시설 31만m^2에 850세대를 대충 계산해도 1세대가 100평 이상이다. 소수를 위한 것이지 않나 하는 생각이다. 몇 가지 안을 더 가져와서 검토하는 것이 좋다고 판단된다"(이OO). "롯데, WBC, 해운대에서 비슷한 시기에 주거시설을 넣겠다고 해서 대부분 고급주거시설이라 시민들에게 도움이 안 되는 것 같다. 자료를 검토한 결과 변경요청 근거가 불확실하고 타당성이 없는 것 같다. 콘도를 줄이고 주거연면적이 더 늘어났고, 관광시설은 늘어난 것이 없다. 이 계획 하나만을 가지고 검토하는 것은 타당하지 않다"(차OO).

운대 관광리조트에 주거시설을 허용해주기 위해서는 용도지정 되어 있는 중심지미관지구를 아파트 등 주거시설을 지을 수 있는 일반미관지구로 변경해달라는 것이다. 트리플스퀘어의 개발계획 변경 요구는 〈표 3〉에 압축적으로 나와 있다.[18] 트리플스퀘어는 개발계획을 변경하고자 하는 이유를 다음과 같이 들고 있다.

> 개발계획을 변경하고자 하는 이유는 주거도입과 높이제한을 해제하여 민간사업자의 개발이익을 증대시키고자 하는 것이 아니라, 공모사업의 취지를 훼손시키지 않는 범위에서 최소한의 정상적인 사업추진이 가능토록 하고자 하는 목적이다(트리플스퀘어, 2009c: 48).

주거시설의 도입은 공모사업의 취지를 훼손하는 것이다. 해운대 관광리조트 사업은 해운대 관광특구에 적합한, 지역특색을 살린 관광인프라를 구축하기 위한 사업이다(민간사업자 공모지침서 제4조 개발방향). 아파트라는 주거시설과 관광인프라는 아무런 상관이 없다. 해운대 관광리조트에 아파트를 넣는 것은 공모사업의 취지에서 벗어나는 것이다. 도대체 아파트와 관광이 무슨 관계가 있단 말인가? 위에 인용된 트리플스퀘어의 논리는 개발이익을 위해서 해운대 관광리조트에 아파트라는 주거시설을 넣어야 하고, 그것은 공모사업의 취지를 훼손하는 점이라는 것을 역설적으로 보여주는 것이라고 해도 과언이 아니다.

2009년 하반기는 해운대 관광리조트에 주거시설을 넣고 해안부 높이 규제를 해제하기 위한 행정적인 절차가 차근차근 진행되었던 시기이다.

[18) 2009년 9월경 트리플스퀘어가 부산시에 요구한 아파트(공동주택)의 면적은 공급면적 기준으로 63,378평(지하주차장 등을 포함한 계약면적은 312,709m^2)이었다. 아파트 계약면적은 전체 연면적의 38.5%에 해당하는 것이다. 트리플스퀘어는 850세대의 아파트를 공급하는 것으로 계획을 세워놓았다(트리플스퀘어, 2009c: 17).

2009년 7월 6일 트리플스퀘어는 부산도시공사에 개발계획 변경을 요청했고, 2009년 10월 16일 부산도시공사는 해운대구청에 개발계획 변경 결정 및 실시계획 인가 신청을 했으며, 2009년 11월 16일 해운대구청은 부산시에 개발계획 변경 결정을 요청했다. 이에 부산시는 2009년 12월 1일 부산시 도시계획위원회를 개최하여 주거도입과 해안부 높이규제 해제를 핵심내용으로 하는 개발계획 변경을 심의 의결하였다. 2009년 12월 1일 부산시 도시계획위원회에 제출된 심의안건 자료를 보면 아주 흥미롭다. 이 자료에는 해운대구청과 부산시 관련 부서들의 입장이 나와 있다. 2009년 가을, 해운대 관광리조트에 주거시설을 허용하는 것을 둘러싸고 관련 주체들이 어떻게 움직였는가를 간추려보면 다음과 같다. 해운대구청은 해운대 관광리조트에 아파트 주거시설을 허용하는 것에 관하여 주민공람의 형식으로 주민의견을 청취했다. 2009년 10월 23일부터 11월 5일까지 약 2주간에 걸쳐 해운대구청(건설과)으로 의견을 제시하라고 했지만 제출된 주민의견은 없었다고 한다. 공람공고는 부산일보, 국제신문, 해운대구 공보 게시판에 게재되었다(하지만 부산일보와 국제신문에 게재된 공람공고에는 그 어디에도 해운대 관광리조트에 아파트와 같은 주거시설을 넣고, 해안부 높이규제를 해제하겠다는 내용은 없다. 단지, 소공원을 하나 더 만들고, 그에 따라 관광시설 용지가 줄어든다는 내용밖에 없다. 이런 식으로 개발계획이 변경된다는 것이다. 실질적으로는 아파트를 허용하면서, 공람공고에는 공원 하나를 더 만들어주는 것으로 공고한 것은 속임수라고 하지 않을 수 없다. 시민의 눈을 속이는 공람의 대표적인 사례라고 할 수 있을 것이다. 해운대구청의 거짓공람은 비판받아야 한다). 2009년 11월 10일 해운대구 도시계획위원회는 이 사안에 대하여 자문회의를 개최했다. 교통부담에 대한 해결방안이 주로 논의되었다. 부산시는 2009년 10월과 11월 관련부서의 의견을 취합했는데, 어느 부서에서도 주거시설 허용과 높이규제 해제에 대해서 반대한다는 의견을 제시하지 않았다. 드디어 2009년 12월 1일 부산시 도시계획위원회는 해운대관광리조트 용도지구를 일반미관지구로 변경하고 해안부 높이규제를 해제시켰다(부산시, 〈해운대 관광리조트 도시개발구역지정 및 개발계획 변경(안)〉, 부산시 도시계획위원회 심의 안건, 2009.12.1).

2009년 12월 1일 부산시 도시계획위원회에서 해운대 관광리조트사업지역의 용도지구를 변경하는 결정을 내린 것은 민간사업자인 트리플스퀘어의 요구를 전적으로 받아들인 것으로 해석될 수밖에 없다.[19] 해운대 관광리조트에 아파트, 오피스텔, 주상복합 등 주거시설이 들어설 수 있도록 허용해준 것이다. 해운대그랜드호텔이 원했던 것은 해운대구청이 들어주지 않았고, 트리플스퀘어가 원했던 것은 부산시가 들어준 것이라고 할 수 있겠다. 해운대그랜드호텔은 백사장에서 도로를 건넌 곳에 위치하고 있지만, 해운대 관광리조트는 백사장과 붙어 있는 곳이다. 더 엄격하게 중심지미관지구를 운영해야 할 장소를, 그래서 주거시설 도입을 허용해서는 안 되는 장소를, 부산시는 민간부동산개발 시장에 다 내어놓은 것이다.

---

19) 송성준은 2009년 12월 1일 부산시 도시계획위원회의 심의과정을 신랄하게 비판한다. 도시계획위원회는 부산시장이 임명한 25명의 위원으로 구성되는데, 당시 도시계획위원회는 15명이 전·현직 공무원, 한나라당 시의원(3명), 관변 교수, 부산발전연구원 연구원 등으로 구성되었으며, 시정에 비판적인 목소리를 내는 시민단체 인사는 한 명도 없었다. 이 중 도시계획 분야로 위촉된 동의대의 김모 교수는 트리플스퀘어로부터 용역을 받은 적이 있는 것으로 알려졌다. 특히 2009년 6월 7일자로 5명이 신규 도시계획위원으로 임명되었는데, 이 중 이모씨는 트리플스퀘어의 감사로 있는 인물이었다. 이 사람은 1998년 트리플스퀘어의 주간사인 청안건설의 소유자인 이모씨가 1998년 다대-만덕지구 용도변경 사건으로 정치인과 공무원에 대한 뇌물공여 혐의로 검찰의 수사를 받을 당시 부산시 도시계획과장으로 재직했다. 그 뒤 부산시 건설본부장을 거쳐(건설본부장 시절 뇌물수수 혐의로 구속되었음) 퇴직하고 난 다음 트리플스퀘어 감사로 간 것이다. 트리플스퀘어의 감사로 있는 사람과 트리플스퀘어로부터 용역을 받은 사람이 부산시 도시계획위원회 위원으로 있는 상황에서 도시계획위원회가 해운대관광리조트 주거허용 심의에 참여한 것은 옳지 못한 일이 아닐 수 없다(송성준, 2011a). 여기에 대해서 부산시는 위에 언급된 도시계획위원 2명은 당시 도시계획위원회 심의과정에는 빠진 것으로 밝히고 있다. 하지만 2009년 12월 1일 도시계획위원회에 참석한 위원 수는 18명이라는 자료도 있고 20명이라는 자료도 있다. 위에 언급된 두 도시계획위원이 불참했다고 한 자료에는 참석인원이 18명이라고 되어 있다. 자세한 확인이 필요한 부분이다.

드디어 민간사업자인 트리플스퀘어는 부산시 도시계획위원회의 결정으로 막대한 개발이익을 챙길 수 있게 되었다. 트리플스퀘어가 해운대 관광리조트 개발사업에 주거시설을 허용해달라고 집요하게 요구한 이유가 여기에 있다. 개발이익을 최대한 얻어 가겠다는 것이다. 부산시는 용도지구를 변경해가면서까지 민간부동산개발업자가 개발이익을 극대화시켜나가는 데 도움을 주었다.[20]

---

20) 주거허용과 해안부 높이규제 해제를 전제로 사업자가 도시계획위원회에 보고한 사업계획서에는 118층짜리 초고층 한 동과 그보다 조금 낮은 건물 한 동 등 2개의 타워가 제시되었다. 두 개의 타워에 전체 연면적의 45%인 365,000m^2를 아파트 995세대로 채우겠다는 내용이었다. 그중 한 동은 주거시설이 들어설 수 없는 중심지미관지구에 위치해 있었다. 민간사업자로 선정될 당시 제출했던 사업계획서에서 전체 연면적의 51%에 해당했던 콘도미니엄은 5%로 대폭 축소되었다. 법규 개정으로 인하여 콘도의 사업성이 없다는 사업자 측의 설명에 누구도 이견을 제시하지 않았다. 그렇다면 애초에 사업성 분석을 잘못했기 때문에 사업을 포기하고 부산시에 부지를 반납할 수 있었던 상황에서 사업자는 연면적 45%에 아파트를 넣어서 사업성을 높일 것을 제안했고, 부산시 도시계획위원회에 그것이 안건으로 올라왔던 것이다. 사업의 원래 목적과 맞지 않게 너무 많은 아파트를 넣은 것은 곤란하다는 발언도 있었지만, 아파트를 허용해 주어서 사업성을 높여주자는 취지에 반대하는 위원은 없었다. 부산도시공사의 건축사업팀장이 사업자 측의 견해를 최대한 반영하여 적극적으로 발언하였으며, 해운대 시의원 역시 사업자 측의 견해에 적극적으로 동의하였다. 100층 이상의 건물에 집착하지 않는 것이 좋다는 어느 위원의 지적도 있었으나, 이 지적은 다수의 위원들의 다른 이야기에 묻혀버렸다. 회의록을 보면 당시 부산시 도시개발실장은 중심지미관지구를 해제하는 것에 부정적인 입장을 취한 것으로 보이지만 적극적으로 자신의 입장을 주장하지는 않았다. 교통문제, 특히 달맞이길 62번길(중로 3-32)의 확장에 대한 논의가 있었는데, 비용부담의 주체를 확실하게 하지 않으면 나중에 책임소관이 불분명해진다는 우려도 개진되었다. 어느 위원은 이 도로의 확장비용을 민간사업자에게 물릴 수 없다고 했고, 부산도시공사 건축사업팀장은 이 부분을 건축계획심의 때 명확하게 하겠다고 했다(하지만 2011년 2~3월에 진행된 건축위원회 심의에서도 이 도로를 확장하는 문제에 있어서 민간사업자의 부담을 없애주었다. 사업준공 때까지 부산시와 부산도시공사, 해운대구청이 합의해서 해결할 것을 요구했던 것이다. 즉, 부산시의 비용으로 이 도로를 확장하라는 것이다). 어느 한 위원이 층수와 아파트 주거비율을 다시 한번 논의하자고 제안했지만, 대다수의 도시계획위원들은 〈해운대 관광리조트 도시개발 구역지정 및 개발계획 변경(안)〉에 찬성했다. 이 안건은 결국 원안대로 통과되었다. 해운대 관광리조트에 아파트가 허용되었고, 해안부 60m라는 높이규제가 해제되었던 것이다(부산시 도시계획위원회 회의록, 2009.12.1).

6) 교통영향평가와 환경영향평가의 문제

해운대 관광리조트 개발사업은 해운대 해수욕장의 경관, 교통, 환경에 큰 피해를 초래하는 사업이다. 부산시는 민간사업자를 공모할 때부터 자신이 만든 〈해안경관 개선지침〉을 주저하지 않고 어겨버렸고, 해운대 해수욕장이 입을 수 있는 환경피해에 대해서는 눈을 감아버렸다. 2011년 3월 건축위원회 산하에 교통소위원회를 두고 약식으로 교통심의를 수행했다.

해운대 관광리조트가 초래할 교통에 대한 부담은 아주 심각할 것이라고 판단된다. 이 부지 주변에는 간선도로가 없다. 편도 1차선, 혹은 2차선 도로만 있을 뿐이다. 세계 어느 곳에서도 간선도로를 끼지 않는 곳에 100층 이상의 건물이 들어선 전례가 없다고 한다. 이 부지 주변에 간선도로가 없기 때문에 해운대 관광리조트가 들어서게 되면 주변에 교통체증이 일어날 것은 쉽게 예상할 수 있는 일이다. 증가할 통행량에 대한 자세한 교통영향평가를 수행해야 하고, 그에 따라 적절하고 합리적인 대책을 마련하고 난 다음 건축승인을 해주어야 함에도 불구하고, 부산시 건축위원회는 별다른 교통대책을 세우지 않은 채 건축승인을 해주었다.

서울 잠실에 지어지는 제2롯데월드의 경우 서울시는 증가되는 교통량에 대한 대책을 사업자에게 세우도록 요구했고, 사업자인 롯데그룹은 지하 버스환승센터, 도로확장비 등 2,200억 원 드는 교통개선책을 제시했다. 서울시가 480억 원 드는 지하횡단보도를 추가로 요구했고 롯데그룹은 이를 수용했다. 결국, 예상되는 개발이익 중 2,700억 원 정도를 교통부담을 완화하는 데 사용하기로 한 것이다. 여기에 드는 비용을 민간사업자가 부담하는 것이지 서울시가 부담하는 것은 아니다. 여기에 반해, 부산 해운대 관광리조트가 초래할 교통부담을 어떻게 해결할 것인가를 다룬 부산시 건축위원회 산하 교통소위원회의 논의결과를 보면 정말 가관이다. 결론부터 말하면, 민간사업자인 트리플스퀘어에게 교통부담금을 한 푼도 물리지 않았다. 기가 막힐 노릇이다. 제대로 된 교통위원회를 개최하지도 않고, 건축위원회 산하에 교통소위를 구성하여 약식으로 교통심의를 한 결과이다. 부산시 건축위원회가 발표한 교통분야 심의결과는 조건사항 5가지이다. 아주 사소한 부분 4가지를 지적하고, 정말 중요한 교통대책은 앞으로 부산시가 마련하겠다는 것이다. 교통분야 심의결과 1항의 전문은 이렇다. "주변도로 확장 계획(달맞이길, 달맞이길 62번지 등)에 대하여는 부산시에서 수립 중인 해운대권역 종합 교통정책과 동해남부선 폐지부선 활용방안 검토 등과 연계하여 부산시에서 해운대구청 및 도시공사와 협의하여 건축물 사용승인 전까지 대책수립 결과에 따라 조치할 것"(부산시, 〈해운대 관광리조트 건축계획(안) 건축심의 결과서〉). 도대체 증가하는 교통량에 대한 구체적인 대안 없이, 이 사안이 교통위원회를 통과할 수 있는가? 지금까지 그런 경우가 있었는가? 도대체 무슨 힘이 어떻게 작용했는지 상식적으로 납득할 수 없다.[21]

교통피해 이상으로 중요한 문제가 환경피해임에도 불구하고, 해운대 관광리조트사업에서는 환경영향에 대한 평가를 하지 않았다. 백사장 유실, 일조권, 조망권 등 다양한 분야에서 생길 수 있는 환경피해에 대한 조사연구와 대책을 강구해야 하는 것이 마땅하지만, 유감스럽게도 해운대 관광리조트 개발사업은 법적으로 환경영향평가를 하지 않아도 된다. 부산시 환경영향평가조례의 내용이 그렇게 되어 있기 때문이다. 부산시 환경영향평가조례에 따르면, 환경영향평가의 대상이 되는 도시개발사업은 대지면적이 125,000m² 이상인 사업이다. 대지면적 65,943m²인 해운대 관

---

[21] 막대한 개발이익이 예상되는 대형개발사업의 경우, 개발업자에게 교통대책에 대한 비용을 부담하게 하는 것은 상식이다. 지금까지 한국의 도시계획분야에서 그렇게 해왔다. 개발업자는 막대한 개발이익을 가져가고, 개발사업이 초래할 교통혼잡을 부산시의 비용으로 해결하라는 부산시 건축위원회 산하 교통소통위원회의 심의결과는 한국도시계획 역사상 최악의 교통심의 결과로 기록될 것이다.

광리조트 개발사업은 환경영향평가를 받지 않아도 된다는 것이 부산시의 공식적인 입장이다. 하지만 해운대 관광리조트사업은 연면적이 65만m²를 넘는 대규모 도시개발사업이다. 서울에서 이런 사업을 한다면 당연히 환경영향평가를 수행해야 한다. 아니 서울에서는 해운대 관광리조트의 1/6 규모의 사업이라 할지라도 환경영향평가를 받아야 한다. 서울시 환경영향평가조례에 의하여, 개발사업의 연면적이 100,000m² 이상이면 환경영향평가를 받아야 하기 때문이다. 하지만 유감스럽게도 부산시 환경영향평가조례에는 연면적을 고려해서 환경영향평가 사업대상을 정해놓은 조항은 없다. 해운대 관광리조트가 해운대 해수욕장을 훼손할 수 있다는 사실에 대해 심각히 고민해야 한다. 법적 의무가 없다는 것을 핑계 삼아 환경영향평가를 무시할 것이 아니라, 해운대 해수욕장의 안전과 보존을 위해서는 반드시 환경영향평가를 수행해야 할 것이다(윤일성, 2011b).[22]

---

[22] 필자는 부산시 난개발을 비판하는 다른 글에서 부산의 도시개발 개혁과제 중 하나로 환경영향평가조례를 개정해야 한다고 제안했다. 이 제안과 관련된 부분을 인용하면 다음과 같다. "서울의 경우에는 연면적 10만m² 이상의 사업은 의무적으로 환경영향평가를 받게 되어 있다. 잠실 제2롯데월드도 환경영향평가를 수행했다. 부산시 환경영향평가 조례개정이 필요한 이유이다. 부산환경운동연합과 부산참여자치시민연대가 이 점에 특별한 관심을 가지고 있다. 부산시의회에서 연면적 조항을 넣는 것을 내용으로 한 환경영향평가 조례개정이 성공적으로 이루어지기는 쉽지 않겠지만 부산에서 진행되는 난개발을 막기 위해서라도 환경영향평가 조례개정은 반드시 필요하다. 〈서울특별시 환경영향평가조례〉를 보면, 〈별표 1〉에 환경영향평가가 대상사업의 범위와 평가서 제출시기 및 협의요청시기가 나와 있다. 연면적 환경영향평가와 관련된 부분은 환경영향평가 대상사업의 범위 가운데 도시개발 카테고리의 자) 항에 다음과 같이 나와 있다. '「건축법」 제2조 1항 제2호에 따른 건축물의 건축으로서 연면적의 합계가 10만m² 이상인 것. 이 경우 건축허가가 의제되는 건축으로서 건축법 제2조 제2항 제1호 및 제2호에 따른 건축물은 제외한다.' 이 경우 평가서 제출시기 및 협의요청시기를 보면, '「건축법」 제11조 제1항에 따른 건축허가 전'이라고 되어 있다. 〈서울특별시 환경영향평가조례〉 중 연면적 환경영향평가에 대한 사항을 적극적으로 검토하여 〈부산광역시 환경영향평가조례〉를 개정할 때 반영할 수 있어야 할 것이다"(윤일성, 2011b: 18). 다행스럽게도, 2012년 1월 2일 노재갑 부산시의원의 대표발의로 이와 같은 사항을 반영하는 연면적 환경영향평가 조례개정이 이루어졌다.

7) 건폐율 증가의 문제

건폐율은 용적률과 함께 도시개발사업의 수익성에 큰 영향을 미친다. 건폐율이 완화되어 높아지면 사업의 수익성은 더 늘어나는 것이다. 2007년 민간사업자를 공모할 당시 트리플스퀘어가 제출한 사업계획서에 의하면 해운대 관광리조트 건폐율은 62.13%였다(법정 70% 이하). 사업자로 선정된 이후 2008년 한국콘도 등의 부지를 추가로 편입하고 난 다음 2009년 새로 제출한 개발계획 변경 요청서에는 건폐율이 60% 이하이며, 단, 관계법령 등에서 건폐율 완화 조항이 있을 경우에는 이에 따른다라고 되어 있다. 하지만 2011년 2월과 3월 건축위원회 심의에 제출한 사업계획서에는 건폐율이 77.01%로 높아졌다(법정 85% 이하). 건축위원회는 이를 그대로 통과시켜주었다. 2007년과 2011년 사이 건폐율 관련 조항에 어떤 변화가 있었는가를 확인해보면 다음과 같은 사실을 알 수 있다. 2009년 4월 1일 부산시 도시계획조례 제49조(용도지역 안에서의 건폐율) 4항 2호가 개정되었다. 건폐율 완화에 대한 예외조항이 추가된 것이다. 해당 호를 보면 다음과 같다. "해당 건축물의 대지가 가로의 모퉁이에 있는 대지로서 제84조제5항제1호 나목 1) 또는 2)에 해당하는 경우, 건폐율을 85%이하"이다. 이 항의 호와 목을 보면 다음과 같다. "해당 건축물의 대지가 가로의 모퉁이에 있는 대지로서 서로 교차하는 2개의 도로에 접한 대지로서 그 도로 너비의 합계가 15m 이상이고 도로에 접한 대지의 내각이 120도 이하이며 그 대지 둘레길이의 1/3 이상이 도로에 접한 대지의 경우에는 건폐율을 85%까지 허용한다". 이 형태의 대지는 해운대 관광리조트에 딱 들어맞는다. 2008년 해운대 관광리조트 구역이 확대되고, 그에 따라 개발계획을 변경해야 하는 상황에서, 2009년 4월 해운대 관광리조트 부지형태와 같은 경우 건폐율을 85%까지 확대할 수 있는 예외조항을 조례에 만들어둔 것은 이 사업에 특혜를 주기 위한 것으로밖에 보이지 않는다. 해운대 관광리조트는 2009년 4월 1일 개정된 부산시 도시계획조례 건폐율 조항에 따라 77.01%까지 높아진 것이다. 건폐율이 높아진 것은 사업자의 수익성 증가와 밀접한 관련이 있다. 2009년 4월 1일 부산시 도시계획조례에서의 건폐율 조항이 개정된 것은 해운대 관광리조트 개발사업과 관계가 있는 것으로 보인다. 사업부지를 추가 확대하고 난 이후 새로운 사업계획을 민간사업자인 트리플스퀘어가 구상하고 있었던 시기에 이 사업의 건폐율을 높일 수 있는 근거가 부산시 도시계획조례 건폐율 조항에 만들어졌고, 이에 따라 건폐율을 62%에서 77%까지 높일 수 있었다는 것은 특혜로 보지 않을 수 없다. 이 조항의 개정에 깊이 관련된 공무원과 시의원들에 대한 감사가 요청된다.

4. 나가는 말

해운대 관광리조트 개발사업은 전면적으로 재검토되어야 한다. 이 사업은 부산시가 공공개발이라는 이름으로 시작하였지만, 공공개발이란 이름은 허상에 불과하고 실질적으로는 민간부동산 개발사업이다. 해운대 관광리조트 개발사업은 부산시의 특혜행정이 적나라하게 드러난 사업이다. 해운대 해수욕장이라는 공공의 자산을 민간개발업자의 수익을 위해 함부로 난도질한 나쁜 선례가 될 것이다. 해운대 관광리조트 개발사업이 가져올 부작용은 상상을 초월할 정도로 클 수 있다. 앞으로 가까운 미래에 해운대 해수욕장 백사장 주변에 초고층 아파트빌딩들이 병풍처럼 들어설지도 모른다. '약탈적 도시개발'이라는 개념이 이 과정을 설명하는 적합한 개념이 될 가능성이 크다. 해운대 해수욕장이라는 공공의 자산이 민간개발업자들에 의해서, 그리고 민간개발업자들의 부동산수익을 위해서 내팽겨 처지기 때문이다.

해운대 관광리조트 개발사업의 문제점들을 정리하면 다음과 같다. 첫째, 민간사업자의 선정과정에 큰 문제가 있다. 민간사업자를 공모할 때 부산시가 스스로 풀어버린 경관규제는 납득하기 어렵다. 트리플스퀘어를 민간사업자로 선정한 과정 또한 투명하지 못하다. 둘째, 트리플스퀘어에게 부지를 싼값으로 매각한 것과 통상적으로 민간사업자에게 기부채납을 요구하는 소공원과 진입도로 등 기반시설을 부산시가 공급하기로 한 것 역시 특혜로 판단된다. 셋째, 민간개발업자의 수익을 고려해서 용도지구를 변경한 것은 부당한 일이다. 서울의 '수서사건'이나 부산의 '다대-만덕지구사건' 모두 민간개발업자가 용도지구변경을 통하여 막대한 개발이익을 취하려는 탐욕에서 비롯된 사건이었다. 해운대 관광리조트 사업부지의 일부를 아파트, 오피스텔, 주상복합 등 주거시설을 지을 수 없는 중심지미관지구에서 주거시설 건립이 가능한 일반미관지구로 용도변경한 것은 위의 두 사건과 유사한 성격을 지닌 것으로 판단된다. 넷째, 해운대 관광리조트 개발사업으로 인해 해운대 해수욕장의 경관, 교통, 환경은 심각한 피해를 입을 수밖에 없다. 해운대 관광리조트사업이 이대로 진행된다면 부산시는 앞으로 부산시는 부산의 여러 지역에서 진행되는 도시개발이 초래하는 도시경관에 대한 피해, 교통부담, 환경피해에 대해서 올바른 규제를 하기가 어렵게 될 것이다.

필자는 다른 글에서 부산의 난개발을 설명하기 위해서 '토건주의적 성장연합'이라는 개념을 제시한 바 있다(윤일성, 2011b). 해운대 관광리조트 개발사업 역시, '토건주의적 성장연합'에 토대를 두고 있는 듯이 보인다. 홍성태의 정의에 의하면, 토건국가는 성장을 추구하면서 환경과 생태를 파괴하는 토건사업에 막대한 재정을 지출하는 국가이다(홍성태, 2011). 토건국가론의 분석단위가 중앙정부이긴 하지만, 지방정부의 성격을 규명하기 위해서도 토건국가론의 관점은 유의미한 것으로 판단된다. 부산의 경우, 정치적 그리고 경제적 이해관계를 같이 하는 지배세력이 정치계, 경제계, 관계 학계를 두루 걸쳐서 여러 가지 공식적, 비공식적 네트워크를 구성하고 있는 듯이 보인다. 이런 지배세력의 네트워크를 토대로 성장지상주의가 당연한 것으로 여겨지면서 대규모 난개발이 계속 진행되었던 것이다. 부산시장을 비롯한 부산시의 고위공무원, 부동산개발업자와 건설업체, 도시계획 및 건축 전문가 집단 등은 도시의 성장이 중요함을 내세우면서 대규모 도시개발을 계속적으로 추구해왔다. 부산시의회는 도시개발 시정에 대한 감시와 견제를 제대로 수행하지 못했을 뿐만 아니라 때로는 도시개발을 부추기는 일을 하기도 했다. 이 글에서는 해운대 관광리조트 개발사업을 둘러싼 지배세력들의 이해관계와 실제행위를 자세하게 서술하려고 했다. 부산의 곳곳에서 진행되는 대규모 난개발이 '토건주의적 성장연합'에 토대를 두고 있는 것과 마찬가지로, 해운대 관광리조트 개발사업 또한 '토건주의적 성장연합'에 바탕을 두고 있다는 것이 이 글이 보여주고자 하는 이론적 함의라고 할 수 있을 것이다.

  해운대 관광리조트 개발사업은 탐욕과 불의가 결탁된 사업이다. 부동산개발이익을 추구하는 민간개발업자의 지나친 탐욕, 부산시의 불의(不義)한 도시행정, 도시계획과 건축 분야의 전문가들의 공모 혹은 무비판성, 부산시 도시계획위원회와 건축위원회의 구성과 운영에 내재한 비시민성과 비공공성. 지난 2년 동안 부산의 시민사회는 민간개발업자인 트리플스퀘어의 탐욕과 부산시의 불의(不義)에 저항해서 싸워왔다. 부산 시민사회의 해운대 관광리조트 반대운동은 성공해야 한다. 탐욕과 불의를 타파하고, 공공성을 토대로 한 새로운 사업을 만들어나가야 할 것이다.

참고문헌

부산녹색연합·부산참여자치시민연대·부산환경운동연합·부산YMCA·해운대해수욕장살리기주민 모임. 2011. "약탈적 도시개발, 해운대 관광리조트." 2011. 8. 2.

부산도시공사. 2007a. 『해운대 관광리조트 개발사업 민간사업자 공모지침서』. 2007. 6.

부산도시공사. 2007b. "해운대 관광리조트 개발사업 협약서." 2007. 12. 18.

부산도시공사. 2009. "해운대 관광리조트 자문회의 회의록." 2009. 7. 27.

부산도시공사. 2010a. "해운대 관광리조트 민간공모결과." 김영희 부산시의원에게 제출한 자료. 2010. 2.

부산도시공사. 2010b. "해운대 관광리조트 부지 토지 공급가격 산정자료." 김영희 부산시의원에게 제출한 자료. 2010. 2.

부산시. 2009a. "도시계획위원회 회의록." 2009. 12. 1.

부산시. 2009b. "해운대 관광리조트 도시개발구역지정 및 개발계획 변경(안)." 부산시 도시 계획위원회 심의안 문건. 2009. 12. 1.

부산시. 2011a. "해운대 관광리조트 개발사업 건축계획위원회 심의자료." 2011. 3. 24.

부산시. 2011b. "해운대 관광리조트 건축계획(안) 건축심의 결과서." 2011. 3.

부산시의회. 2008. "해양도시위원회 회의록." 2008. 2. 19.

부산참여자치시민연대. 2010. "해운대 관광리조트사업의 건축승인을 반대한다." 2010. 12. 19.

송성준. 2010. "해운대 관광리조트 및 월드비지니스센터(WBC) 솔로몬 타워 개발의 문제와 전망". 부산참여자치시민연대, 부산환경운동연합 주최. 해운대지역 난개발문제에 대한 주민토론회. 「부산시의 특혜성 개발행정 이대로 좋은가?」. 2010. 3. 10. 해운대문화회관.

송성준. 2011a0 "해운대 관광리조트와 월드비지니스센터 솔로몬타워 특혜행정 개발의 문제점". 부산참여자치시민연대, 부산환경운동연합, 도시건축포럼b 주최. 해운대 난개발에 대한 부산시민사회단체 정책 토론회. 「해운대 초고층개발 무엇이 문제인가?」. 2011. 2. 24. 부산시의회 대회의실.

송성준. 2011b. "해운대 관광리조트의 불편한 진실: 해운대는 과연 행복도시가 될까요?" 부산참여자치시민연대, 부산환경운동연합 주최. 「해운대 해수욕장 살리기, 해운대구 주민모임을 결성을 위한 간담회」. 2011. 4. 27. 해운대 문화회관.

윤일성. 2011a. "해운대 관광리조트 반대운동은 성공할 수 있다." 부산참여자치시민연대. 『참여세상』 2011년 5월호.

윤일성. 2011b. "부산시 대규모 난개발에 대한 비판적 고찰: 토건주의적 성장연합의 개혁을 위하여." 부산시민운동단체연대 · 생태사회부산포럼 · 낙동강지키기시민운동본부 주최. 「허남식시장 8년 개발시정 평가 워크샵: 이보다 더 안 좋을 수 없다」. 2011. 11. 10. 국제신문 4층 중강당.

조용수. 2011. "해운대 관광리조트 개발의 공공성과 도덕성". 부산참여자치시민연대, 부산환경운동연합, 도시건축포럼b 주최. 해운대 난개발에 대한 부산시민사회단체 정책 토론회. 「해운대 초고층개발 무엇이 문제인가?」 2011. 2. 24. 부산시의회 대회의실.

트리플스퀘어피에프브이(주). 2009a. 『해운대관광리조트 개발사업 개발계획 변경 타당성 검토』. 2009. 8.

트리플스퀘어피에프브이(주). 2009b. 『해운대관광리조트 개발사업 개발계획 변경 사업성 분석』. 2009. 8.

트리플스퀘어피에프브이(주). 2009c. 『해운대관광리조트 개발사업 개발계획 변경 요청에 대한 보완서』. 2009. 9.

트리플스퀘어피에프브이(주). 2011. 『사업계획 조정에 따른 검토 보완서: 컨셉 시설 및 사업성 검토』. 2011. 1.

홍성태. 2011. 『토건국가를 개혁하라』. 한울.

3장

엘시티 검찰수사의 성과와 한계: 어떻게 할 것인가?[1)]

1. 들어가는 말

성과도 있고, 한계도 있다. 성과는 중요하지만, 한계는 너무 크다. 엘시티 검찰수사에 대한 이야기다. 결론부터 말한다면, 엘시티 검찰수사의 한계가 너무 커서, 어려움 속에서 이끌어낸 수사의 성과가 초라해 보인다. 지금이라도 검찰은 엘시티 비리사건을 더 깊이 파헤쳐야 한다. 그것은 검찰의 존재이유이다. 2017년 3월 7일 부산지검이 엘시티 비리에 대한 중간 수사결과를 발표하면서 검찰수사가 사실상 마무리 단계에 들어간 것으로 보인다. 지금까지 24명이 엘시티 비리사건으로 재판에 넘겨졌다. 12명은 구속 기소, 또 다른 12명은 불구속 기소되었다. 현기환 전 청와대 정무수석과 배덕광 국회의원은 구속 기소, 허남식 전 부산시장과 이장호 전 부산은행장은 불구속 기소되었다. 최측근 2명(정기룡 전 경제특보, 김태용 전 포럼부산비전 사무처장)이 구속 기소된 서병수 부산시장은 검찰조사조

---

1) 이 글은 2017년 4월 19일 〈박근혜정권 퇴진 부산운동본부〉가 주최한 긴급회, 〈엘시티 사업비리 무엇이 문제인가?〉에서 발표되었다. 이 간담회는 부산참여연대 강당에서 진행되었다. 발표 내용 중 「엘시티 검찰수사의 성과」 부분은 사진과 그림 자료를 가지고 발표되었는데, 이 책에서는 생략한다.

차 받지 않았다. 중간 수사결과 발표 다음 날, 박근혜정권 퇴진 부산운동본부는 〈검찰은 엘시티 사업 비리 제대로 다시 수사하라〉는 제목의 기자회견문을 발표했다. 엘시티 검찰수사는 나름의 성과를 내었지만, 전체적으로 볼 때 부실한 수사라는 내용을 담고 있다.

> 하지만 어제 중간수사 결과 발표는 여러 성과들이 있음에도 불구하고 여전히 아쉬움이 많은 내용이었다. 전 시장의 비리를 제대로 밝히지 못한 점, 현 시장과 관련 의혹에 한 마디의 언급도 없는 점, 그리고 오히려 면죄부를 줄 수도 있는 공무원, 교수전문가에 대한 내용, 이제야 수사를 시작한 부산은행 프로젝트 파이낸싱 문제, 나아가 사전특혜분양 의혹, 포스코건설 책임시공 의혹, 부동산 투자이민제 의혹 등은 아무런 언급이 없었다는 점에서 검찰의 이번 중간수사 발표는 매우 미흡하고 부실하다고 할 수 있다(박근혜정권 퇴진 부산운동본부 기자회견문, 2017.3.8).

부산지검이 BNK금융그룹의 주가조작과 엘시티 특혜대출을 아직 수사하고 있기 때문에 최종적인 평가를 내리기엔 이르지만, 현재까지 진행된 검찰수사에 대해서는, 어느 정도의 성과를 인정한다 하더라도, 아쉬움이 크다. 부산지검 동부지청이 엘시티 비리를 파헤치려고 노력했고, 수사진이 확대 개편된 이후 부산지검 특수부 역시 어느 정도의 성과를 내었지만, 언론과 시민사회에서 제기한 여러 가지 문제들은 여전히 제대로 규명되지 못한 채 아직까지 의혹으로 남아 있다. 그만큼 검찰수사의 한계가 크다는 이야기다. 이 글은 엘시티 검찰수사의 한계에 초점을 맞춘다. 부산지검이 더 본격적으로 수사를 하든지, 아니면 대선 후 엘시티 특검이 수사를 맡든지 간에, 앞으로 엘시티 수사는 지금까지의 한계를 뛰어넘기 바란다. 그것이 필자가 이 글을 쓰는 이유이다.

검찰수사의 한계에 대한 논의는 두 가지 사실을 환기시킬 것이다. 하나는 검찰의 수사의지이고, 다른 하나는 수사의 현실적 어려움이다. 수사의 현실적 어려움은 상수이고, 검찰의 수사의지는 변수이다. 어떻게 할 것인가? 어려움 앞에서 포기할 것인가 아니면 어려움을 돌파하고 중요한 성과를 낼 것인가? 다시, 검찰의 존재이유를 묻는다.[2]

지난 6개월 동안 많은 시민들이 혼자서 혹은 함께 불렀던 노래. "어둠은 빛을 이길 수 없다. 거짓은 참을 이길 수 없다. 진실은 침몰하지 않는다. 우리는 포기하지 않는다." 박근혜는 내려가고 세월호는 올라왔다. 엘시티도 마찬가지일 것이다. 시민들은 빛과 진실을 원한다. 엘시티 비리 사건을 수사하는 수사진은 철저한 수사를 원하는 시민들의 소망을 도외시해

---

[2] 부산참여자치시민연대(부산참여연대)는 부산지검 동부지청이 엘시티 수사를 공개적으로 착수한 2016년 7월 이후부터 현재까지 계속해서 성명서를 발표하면서 부산지검이 엘시티 비리를 제대로 파헤치기를 독려했다. 현재까지 적어도 12차례 이상 성명서를 발표했다. 시민단체가 단일 사안에 대하여 9개월 동안 12차례 이상의 성명서를 발표하는 것은 흔한 일이 아니다. 그만큼 부산참여연대는 엘시티 검찰수사를 중요하게 생각하면서, 수사가 잘 이루어지도록 하기 위하여 시민사회의 동력을 모아나갔다. 양미숙 사무처장이 큰 역할을 했다. 2010년 무렵부터 엘시티 반대운동을 펼친 것도 부산참여연대가 2016년 엘시티 검찰수사를 중요하게 생각한 하나의 이유가 될 것이다. 하지만 이 수사가 성공하면 엘시티뿐만 아니라 부산의 고질적인 건설 부패와 도시개발 비리를 발본색원할 계기가 될 수 있다는 기대를 했던 것이 더 중요한 이유가 아닐까 생각한다. 성명서의 제목과 발표 날짜는 다음과 같다. 〈부산지검 동부지청은 엘시티의 특혜와 비리를 철저히 수사하라!〉(2016.8.11), 〈석동현 변호사 엘시티 수사압력에 대한 부산참여자치시민연대의 입장〉(2016.9.13), 〈부산지검 동부지청은 엘시티의 특혜와 비리를 철저히 수사하라〉(2016.10.6), 〈이영복이라는 부산지역 주홍글씨 지금 부산지검이 지울 때다〉(2016.10.25), 〈부산지검은 철저한 수사로 토건세력과 정치인, 부산시, 전문가의 유착 고리를 반드시 밝혀내길 바란다!〉(2016.11.14), 〈부산지검은 이영복의 로비와 뇌물에 대해 철저하게 수사하라〉(2016.11.29), 〈이영복은 부산 상공계와 기관장들과 부산의 무슨 발전을 도모했나?〉(2016.12.13), 〈엘시티 비리 연루자 허남식 늦었지만 제대로 수사해서 반드시 처벌받아야 할 것이다〉(2017.2.18), 〈허남식 구속과 엘시티 사업 관련 비리 처벌 없이 엘시티 사태 해결 없다〉(2017.2.27), 〈사법부의 허남식 구속영장 기각에 대한 심각한 우려와 검찰의 허남식 구속영장 재청구 강력히 촉구한다〉(2017.2.28), 〈제대로 밝혀진 것 없는 엘시티 사태! 검찰은 부분 말고 전모를 수사하라!〉(2017.3.1), 〈엘시티 사업 비리 부산지검이 제대로 수사 못 한다면?〉(2017.3.20).

서는 안 된다. 더 힘을 내야 한다.

2. 엘시티 검찰수사와 안종범의 업무수첩: 새로운 열쇠?

2017년 1월 17일 시사주간지 〈시사IN〉이 안종범의 업무수첩에 나와 있는 엘시티 관련 문구를 단독 보도했다. 안종범 전 수석이 엘시티 관련 내용을 업무수첩에 적은 시기는 2015년 7월 19~28일 무렵이다. 이 당시 안종범은 대통령비서실 경제수석으로 근무했다. 이 문구는 이 수첩의 맨 뒷장에 있다고 한다. 안종범 전 수석은 대통령의 특별 지시사항을 수첩의 뒷장에서부터 앞쪽으로 적어나갔다고 한다. 만일 그렇다면 이 문구는 박근혜 전 대통령의 특별 지시사항일 가능성이 크다.

업무수첩에 담긴 내용을 보면, 첫째 줄엔 해운대LCT, fund, POSCO 세 단어가 명기되어 있다. 각 단어 밑에는 밑줄이 그어져 있다. 해운대LCT 아래에는 중국 x, fund 밑에는 화살표(→)와 하나은행 김정태라고 되어 있다. 무엇을 의미하는 것일까? 해운대엘시티의 시공사인 중국건축이 시공을 포기하고 나갔고(중국건축이 시공을 포기한 이유는 금융권의 PF대출이 성사되지 못했기 때문이다), 하나금융그룹 김정태 회장을 통해서 PF대출을 성사시키라는 의미일 가능성이 크다. POSCO는 포스코건설을 말하는 것일 터인데, 중국건축이 나간 후 포스코건설이 시공사를 맡았다는 사실을 적은 것인지, 아니면 포스코건설이 시공을 맡도록 하라는 것인지 이 내용만 가지고는 판단하기 어렵다.

업무수첩에 이런 내용을 담은 과정 역시 궁금증을 불러일으키기 충분하다. 당시 박근혜 대통령의 지시사항을 적은 것인지, 당시 현기환 정무수석의 청탁을 적은 것인지 추측이 분분했다. 안종범 전 수석이 박근혜 전 대통령의 지시를 받아 업무수첩의 맨 뒷장에 적은 것이라면, 박근혜는 왜 이런 지시를 내렸을까? 박근혜가 최순실의 이야기를 안종범에게 그대로 전달했을 가능성이 크다. 그러면 최순실은 왜? 엘시티 이영복 회장의 로비를 최순실이 들어준 것인가? 엘시티 게이트가 최순실 게이트와 관계가 있는 것인가? 언론은 다음과 같이 보도했다.

> 이에 따라 안 전 수석이 엘시티 사업에 어떤 역할을 했는지가 향후 검찰 수사 대상이 될 것으로 보인다. 동시에 현재 진행 중인 안 전 수석의 재판과 특검 수사과정에서 안 전 수석이 엘시티 사업과 관련해 누구에게서 민원을 받아 이후 어떠한 역할을 했는지도 드러날 것으로 보인다(국제신문 2017.1.17).

> 검찰이 안 전 수석의 메모를 수사하면서 비선실세로 국정을 농단한 최순실이 엘시티의 시공사 선정과 PF 등에 개입했는지 여부가 밝혀질지 주목된다. 엘시티 시행사 이 회장이 최순실과 같은 친목계를 하며 관계를 맺어온 만큼 최순실과 박근혜 대통령의 지시로 안 전 수석이 엘시티 민원을 해결해 줬다는 의혹이 검찰 주변에서 제기되고 있기 때문이다(중앙일보 2017.1.19).

부산지검 특수부는 안종범의 업무수첩에 담긴 내용을 수사했다. 하지만 아무런 성과도 내지 못했다. 부산지검 검사가 서울중앙지검에 가서 안종범에게 확인했는데 안종범이 이 내용을 기억하지 못한다고 진술했기 때문이라는 설명이다. 하나금융그룹 김정태 회장은 안종범의 전화를 받

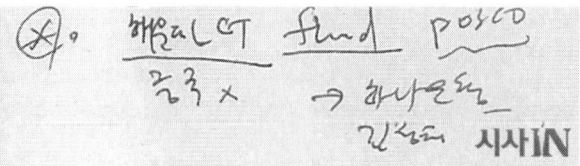

안종범의 업무수첩에 담긴 엘시티 관련 문구(2015년 7월)
자료: 시사IN, 2017.1.17

고 하나은행 실무진과 의논한 바 있지만 실무진의 반대로 PF대출에 들어가지 않기로 결정했다고 검찰에 진술했다. 현기환 전 청와대 정무수석은 기억나지 않는다고 진술했다. POSCO라는 문구에 대해서는 별다른 설명이 없다. 안종범의 업무수첩에 담긴 엘시티 관련 내용은 현기환의 청탁을 안 수석이 메모한 것으로 검찰은 추측한다. 박근혜와 최순실은 어디로 갔는가? 이 점은 여전히 미스터리로 남아 있다. 언론의 기대와는 달리, 안종범 전 경제수석이 엘시티 사업에서 어떤 역할을 했는가는 아직 밝혀지지 않았다. 안종범은 왜 기억을 못할까? 박근혜-최순실 게이트에 관해서 적극 진술했던 안 전 수석은 엘시티 게이트에 대해서는 왜 침묵하는 것일까? 부산지검은 안종범의 기억을 되살리기 위해서 어떤 노력을 했을까? 기억나지 않던 일들도 어느 때가 되면 불현듯 기억날 수도 있다. 안종범 전 수석의 업무수첩에 나온 엘시티 관련 내용을 다시 수사해야 한다.

최근 한국일보는 안종범 업무수첩 39권을 입수했고, 안종범 업무수첩에 담긴 포스코 관련 주요 메모를 보도했다(한국일보, 2017.4.6). 이 기사를 보면, 포스코건설과 관련해서 박근혜 전 대통령이 지시한 사항들은 다

안종범 업무수첩과 포스코
자료: 한국일보, 2017.4.6

음과 같다. "2015년 6월 18일 VIP② 황태현 건설 → 시대복 건설본부장/ 2015년 7월 4일 VIP 포스코건설 이정식." 이 날짜들은 포스코건설이 엘시티 시공약정을 맺고 난 이후부터 정식 시공계약을 체결할 무렵까지의 날짜들이다. 박근혜 전 대통령은 안종범 전 수석에게 포스코건설과 관련해서 무슨 지시를 내렸을까? 엘시티와 관련이 있는 것인가? 아직 밝혀지지 않았다. 2015년 6월 이전에 기록된 포스코건설 관련 메모는 안종범 수첩에 없는가?

최순실의 국정농단 사건을 밝히는 데 안종범의 업무수첩이 큰 도움이 되었다. 엘시티 비리 전모를 밝히는 데도 역시 안종범 수첩이 큰 도움이 될 수 있다. 안종범은 2014년 6월부터 2016년 5월까지 2년 동안 대통령비서실 경제수석을 역임했다. 이 시기 작성된 안종범의 업무수첩에 엘시티 관련 메모를 전부 찾아야 한다. 엘시티와 포스코건설, 엘시티와 BNK금융그룹(부산은행) 등 관련회사와 관계자들의 이름이 나온다면, 엘시티 비리 수사는 새로운 전기를 맞을 수 있을 것이다.

3. 포스코건설의 시공참여: 누가 그리고 왜?

엘시티사업은 2011년 10월에 건축허가를 받았다. 최초 시공사는 대우건설이었다. 하지만 사업성이 부족하다고 판단한 대우건설은 2013년 시공권을 반납하였다. 그 뒤 2013년 10월 숭국건축(CSCEC)이 새로운 시공사로 들어왔다. 2014년 10월 무렵부터 HMC투자증권과 부산은행이 금융주선기관으로 1조 3,800억 원 규모의 PF대출을 일으키려고 했지만 금융기관들과 시공사인 중국건축이 합의하지 못해 PF대출은 성사되지 않았다. 금융기관들이 중국건축에게 책임준공과 조건부 채무인수를 요구했지만 중국건축은 이를 받아들이지 않았기 때문이다(더벨, 2014.10.15; 2016.

10.22). 이후 자금조달에 어려움을 겪던 중국건축은 2015년 4월 공사를 포기했다.

책임준공이란 PF사업 건설을 맡은 시공사가 시행사의 부도 등 어떤 상황이 발생해도 공사를 끝까지 완료한다는 것을 의미한다. 책임준공을 조건으로 시공을 맡으면, 여러 가지 상황으로 인하여 시행사로부터 공사비 지급이 지연되더라도, 시공사는 자체 자금을 투입해서 정해진 기간 안에 공사를 끝내야 한다. PF사업에서는 시공사의 책임준공이라는 조건이 PF대출 성사의 관건이라고 할 정도로 중요하다. 자금을 대출해주는 금융기관은 위험부담을 시공사와 나누어 짊어지기를 원한다. 그래서 책임준공이라는 조건을 시공사에게 요구하는 것이다.

> 공사계약서에 시공사의 책임준공 의무가 명시되어 있으면 부동산개발사업에서 사용되는 자금조달방식인 프로젝트 파이낸싱(PF)이 쉬워지기 때문이다. 책임준공이란 사업시행자가 부도가 나도 시공사가 책임지고 건축을 완료한다는 것이다. 은행은 대지와 완공된 건축물을 담보할 수 있기 때문에 1차적인 안전장치를 확보하는 것이다. 따라서 자금조달이 절실한 시행자 입장에서는 시공사와의 계약이 중요하다(뉴데일리, 2015.6.15).

중국건축이 공사포기를 선언하기 수개월 전부터 엘시티는 국내의 대형건설사들에게 시공사 참여 제안을 했다. 대림산업, 롯데건설, 현대건설이 시공사 참여 제안을 받았지만, 책임준공을 조건으로 시공을 맡는 것은 위험부담이 너무 크다고 판단해서 다 거절한 것으로 알려져 있다(비지니스포스트, 2016.11.18). 하지만 중국건축이 시공을 포기한 지 열흘 정도 지나, 2015년 4월 20일 포스코건설은 책임준공을 조건으로 엘시티와 시공사 약정을 체결했다. 약정체결이었지만 엘시티는 정식 시공사 계약을 체결한 것으로 보도자료를 내었고, 한 언론은 "설익은 감을 단감이라고 파는 것은 사기이다"라고 이를 비판하기도 했다(뉴데일리, 2015.6.15). 시공약정을 체결한 3개월 뒤인 2015년 7월 포스코건설은 엘시티와 정식으로 시공사 계약을 체결했다.

권오준 포스코 회장과 황태현 포스코건설 사장
자료: 경북매일, 2015.6.16

국내 굴지의 대형건설사들이 거절한 엘시티 사업을 포스코건설이 책임준공을 조건으로 맡은 것에 대해 여러 가지 의혹이 제기된 바 있다. 책임준공이 조건의 전부인가 아니면 책임준공 외에도 조건부 채무인수가 시공사 계약에 들어 있는가? 이 점은 아직까지 확인되지 않고 있다. 포스코건설의 시공참여에 대해서 현재까지 제기된 의혹을 정리하면 다음과 같다.

첫째, 포스코건설이 엘시티에 대해 대규모 채무보증을 섰다는 의혹이다. 국민의당은 이 같은 내용의 문제제기를 몇 차례 한 바 있다. 박지원 의원이 포스코건설의 채무보증과정에 대한 문제를 제일 처음 제기했다. 포스코건설이 엘시티의 채무보증을 선 과정이 불투명하고, 특히 누가 압력을 넣었는지 밝혀야 한다는 것이다. "아직도 포스코건설에서 누구의 압력을 받고 모든 절차를 생략한 채 채무보증이 이루어졌는지는 밝혀지지 않고 있다"(폴리뉴스, 2016.12.28). 김경진 의원은 국민의당 현안 브리핑에서 다음과 같이 말했다. "검찰은 엘시티 비리의 두목이 누군지 진상을 밝혀야 한다. 엘시티, 특히 왜 포스코가 대규모 채무보증을 서게 된 경위를 철저히 수사해야 할 것이다"(네이버뉴스, 2017.1.26). 엘시티와 포스코건설이 체결한 시공계약의 전모가 아직까지 공개되지 않았다. 책임준공을 조건으로 한 시공계약으로 알려져 있을 뿐이다. 대규모 채무보증은 무엇을 의미하는 것일까? 책임준공의 의무를 지키지 못한다면 엘시티의 PF대출금을 포스코건설이 대신 갚아야 한다는 것인가? 2조 천억 원 규모의 여의도 파크원사업에서 삼성물산이 철수한 것도 이런 조건 때문인 것으로 알려져 있다. 책임준공에 또 다른 조건이 붙어 있으면 그때의 책임준공은 책임준공의 덫이 될 수 있다(한국일보, 2016.11.28).

둘째, 포스코건설의 시공참여에 최순실과 김기춘 등 권력 실세들이 개입했다는 문제제기가 있다. 더불어민주당 박범계 의원이 최순실 국정조사 특별위원회에서 이 같은 발언을 했다. 김기춘 당시 청와대 비서실장이 조원동 경제수석에게 권오준을 포스코 회장으로 선임하도록 압력을 넣었고, 그 뒤 포스코건설이 엘시티 시공사로 참여하도록 했다는 것이다. 박범계 의원에 의하면, "권력 비선 실세에 의해 대통령의 이름을 팔아 권오준을 포스코 회장으로 세우고 그 포스코가 엘시티 시공사로 참여하게 된다. 이영복이 보통 빽이 아니고서는 그렇게 될 수 없는 구조였다"(국제신문 2016.12.5). 부산일보 또한 사설에서, "포스코건설이 '책임준공'을 조건으로 시공사로 뛰어든 배경에도 최씨의 입김이 작용했다는 의혹이 일고 있다"(부산일보, 2016.11.13).

셋째, 포스코, 포스코건설, 이영복, 권력 실세, 현기환 등의 관계에 주목해야 한다는 문제제기가 있다. 이런 문제제기를 한 사람은 SBS 송성준 기자이다. 그의 활약은 놀라울 정도이다. 2014년 1월 포스코기술투자 권오준 사장이 포스코 회장으로 취임했다. 그리고 두 달 뒤인 2014

년 3월 권오준 회장은 황태현을 포스코건설 사장으로 임명했다. 황태현은 2004년 포스코건설에 들어와서 부사장을 하다가 2008년 퇴사한 인물이며 2010년 이후 포스코 계열사인 성진지오택(현재 포스코 플랜텍) 사외이사를 맡기도 했다. 황태현 포스코건설 사장 임명에 대해서 이해할 수 없는 인사, 그래서 외부의 압력이 작용한 인사라는 의혹이 제기되기도 했다. 2015년 4월 포스코건설이 엘시티와 시공계약을 약정했는데, 몇 달 전인 2015년 초, 현기환이 황태현 포스코건설 사장을 만난 일도 있다. 권오준 포스코 회장은 엘시티 사업을 반대했는데 황태현 포스코건설 사장이 시공참여를 강행했다는 이야기도 있다. 한편, 2016년 1월 이영복 회장이 인천 송도에 있는 포스코건설 본사를 찾아가 황태현 사장을 만나서 분양대금 통장을 풀어달라는 요구를 했고, 그렇지 않으면 사장 자리에 앉아 있지 못할 것이라는 협박을 했으며, 이 요구를 거절한 황태현 사장은 임기를 얼마 남기지 않고 해임되었다(SBS 송성준의 취재파일, 2016.11.22).

넷째, 포스코건설이 엘시티 시공을 맡은 시점이 석연치 않다는 의혹이 있다. 중국건축이 시공을 포기한 지 열흘 뒤인 2015년 4월 20일 시공약정을 맺었고, 다시 3개월 뒤인 2015년 7월 시공계약을 체결했기 때문이다. 이 시기는 서울중앙지검 특수부가 포스코건설 비자금사건을 본격적으로 수사하던 때이다. 검찰은 2015년 3월 4일 포스코건설 비자금사건 수사의 신호탄을 올렸다. 황태현 사장의 포스코건설이 베트남 현지 공사를 할 때 하도급업체(부산 흥우산업)에게 공사비를 부풀려 지급하고 100억 원 성노를 돌려받아 비자금을 조성했다는 혐의였다. 당시 흥우산업의 이철승 회장은 대한건설협회 부산지회장과 부산상공회의소 부회장을 맡고 있었는데, 포스코건설 비자금사건으로 불구속 기소되었다. 흥우산업 부회장은 구속 기소되었다. 여러 달 동안 검찰수사를 받느라고 정신이 없었던 포스코건설에서 엘시티라는 대규모 사업의 시공을 검토, 심의할 여력이 없었다는 증언도 있다. 만일 포스코건설 내부에서 제대로 검토, 심의하지 않고 엘시티 시공약정을 맺고 계약을 체결했다면, 이것은 다른 어떤 이유 때문일 것이다. 도대체 포스코건설이 왜 그런 결정을 했을까? 여러 가지 의문점이 남아 있다.

SBS의 송성준 기자는 다음과 같이 말한다.

> 퇴임했던 포스코건설 황 전 사장의 전격적인 사장임명에 과연 어떤 입김이 작용했는지, 또 황 전 사장의 갑작스런 퇴진을 둘러싸고 이 회장의 말을 듣고 누가 인사에 개입했는지, 포스코의 갑작스런 엘시티 시공결정과 책임준공에 누가 영향력을 미쳤는지 결국 검찰수사를 통해 규명되어야 할 것으로 보입니다(SBS 송성준의 취재파일, 2016.11.22).

SBS 송성준 기자의 문제제기는 포스코건설이 엘시티 사업에 시공사로 참여한 과정에 대한 문제제기이며, 포스코건설과 엘시티 이영복 회장의 관계, 그리고 이영복 회장과 권력 실세의 관계에 대한 문제제기이다. 송성준 기자는 이런 문제들이 검찰수사를 통해 규명되기를 기대했지만, 너무나 유감스럽게도, 아직까지 하나도 밝혀지지 않았다.

4. BNK금융그룹의 특혜대출: 권력형 금융비리인가?

엘시티에 대한 특혜대출과 자사의 유상증자 시 주가조작으로 인하여 검찰수사를 받는 BNK금융그룹은 창사 이후 최대 위기를 맞고 있다. 이장호 전 부산은행장은 이영복에게서 뇌물을 받은 혐의로 불구속 상태로 재판을 받고 있으며, 성세환 BNK금융그룹 회장은 주가조작 혐의로 구속을 앞두고 있다. 하지만 엘시티에 대한 BNK금융그룹의 특혜대출은 전모가 아직까지 드러나지 않았다. 상식 밖의 대출, 흔치 않은 대출, 무엇인가 다른 힘이 작용한 대출 등의 여러 가지 의혹이 제기되었지만, 대출과정의 실상이 아직 밝혀지지 않고 있다.

금융권의 특혜대출은 정치권력이나 행정권력과의 관계 속에서 진행되는 경우가 많다. 금융기관의 경영자들과 권력을 지닌 사람들이 서로 이익을 주고받는 과정에서 특혜대출이 이루어지는 경향이 있기 때문이다. 청와대나 행정부 혹은 정치권이 종종 은행장을 비롯해서 은행의 인사에 개입하는 것이 금

이장호 전 부산은행장과
성세환 전 BNK금융그룹 회장

융권 특혜대출의 중요한 원인으로 여겨지지만, 이를 밝혀서 법적으로 처벌하는 것은 쉽지 않은 것이 우리의 현실이기도 하다. 권력과 금융이 결탁하면 그 피해가 너무 크다. 한 언론은 금융권의 특혜대출이 지속적으로 일어나는 원인을 다음과 같이 지적한다.

> 최고경영자의 임기가 끝나면 정부에서 넣임없이 은행권에 낙하산 인사를 난행한다. 때문에 정부와 금융당국, 정치권, 실세들은 너무나도 쉽게 은행권에 개입할 수 있다. 그동안 은행권의 특혜대출 논란은 흐지부지 끝나기 일쑤였다. 대출을 둘러싼 의혹을 풀기 위한 확실한 증거나 진술, 서류 등이 명백하지 않으면 인과관계, 연루 여부를 밝히기 어렵기 때문이다(건설경제신문, 2016.11.29.).

엘시티에 대한 BNK그룹의 대출은 이영복과 이장호의 커넥션으로만 정리될 것인가? 그것도 아주 작은 커넥션. 이장호 전 부산은행장의 공소장에 제시된 것처럼, 이장호가 이영복으로부터 상품권 250만 원과 1,200만 원에 상당하는 서예작품을 받은 것이 전부인가? 아니면, 은행권을 넘어선 권력작용이 있었던 것인가? BNK금융그룹의 엘시티 대출은 권력지향적인 검은 커넥션이 작동한 결과인가? 결국, BNK금융그룹의 엘시티 대출이 권력형 금융비리에 해당하는 것인지를 밝히는 것이 검찰수사의 핵심사항이 되어야 할 것이다.

1) 부산은행의 브릿지론

부산은행은 2015년 1월 3,800억 원, 같은 해 4월에는 700억 원 등 4,500억 원을 엘시티PFV에 브릿지론(bridge loan)으로 대출했다. 2014년 10월에 맺은 3,800억 원 대출약정을 실행에 옮긴 것이다. 브릿지론이란 기업이 일시적인 자금난에 빠질 경우 주로 증권회사나 저축은행 등 제2금융권으로부터 제공받는 단기차입자금을 말한다. 엘시티에 제공된 브릿지론은 "기업이 자금을 대출할 때 기존의 부채를 일시 상환하고 보다 유리한 장기부채로 전환할 때 생기는 일시적인 시간간격을 커버하기 위해서 사용되는 임시자금대출"(네이버 지식백과, 시사상식사전)의 성격을 지닌다. 엘시티PFV는 이 자금으로 군인공제회 차입금 3,250억 원을 상환하고, 사업관련 미지급금 250억 원을 변제했으며, 시공을 포기한 중국건축에 토목공사비 700억 원을 지급했다고 밝혔다. 부산은행의 브릿지론 4,500억 원은 2015년 9월 엘시티에 대한 PF대출이 성사되면서 현재 회수가 된 상태이다.

2015년 초에 이루어진 엘시티PFV에 대한 부산은행의 브릿지론은 논란이 되었다. 엘시티의 토지담보에 비해서 대출액수가 너무 크다는 논란도 있었고(엘시티는 부산도시공사로부터 사업부지를 2,333억 원에 매입했다),

제1금융권에 속하는 시중 은행인 부산은행이 브릿지론을 해준 것은 이례적이라는 논란도 제기되었다. 엘시티에 대한 브릿지론 대출을 반대하는 은행 실무진에게 윗선의 압력이 있었다는 의혹도 새어나왔다(경향신문, 2016.11.27). 한 언론은 "은행장 또는 그 이상의 뭔가가 있지 않고는 불가능한 일"이라는 의혹을 제기하기도 했다(뉴데일리, 2015.6.17).

일반적으로 제1금융권인 은행은 이른바 '브릿지론'을 하지 않는다. 브릿지론이란 사업시행사가 사업부지 대금 지급을 목적으로 제2, 제3 금융권을 통해 자금을 조달하는 방식이다. 사업시행사는 부지 매입 후 책임준공 조건의 건설사와 계약을 체결하고 1금융권인 은행과의 이른바 '프로젝트 파이낸싱(PF)'을 통해 사업비를 조달하면서 브릿지론을 상환하게 된다. 이와 관련해 시중 은행 관계자들은 "흔치않은 일"이라며 고개를 젓는다. 여신 절차와 관련해 한 관계자는 "은행장 또는 그 이상의 뭔가가 있지 않고는 불가능한 일"이라고 밝혔다. 시공사도 확정되지 않은 상태에서 군인공제회 대여금을 대환해주고 토목공사비를 지급한 것은 정상이 아니란 지적이다(뉴데일리, 2015.6.17).

동아일보는 〈해운대 엘시티 관광리조트 개발사업 대출금 취급명세〉라는 제목의 부산은행 내부 보고서를 입수해서 보도한 바 있다(동아일보, 2017.1.13). 이 보고서에는 2015년 상반기에 집행된 4,500억 원 브릿지론에 대한 내용이 명기되어 있다. 2015년 1월 당시 시공사인 중국건축은 PF 대출이 성사되지 않아 시공권 포기를 고려하고 있었지만, 부산은행은 "인허가 승인 및 시공사 선정 등 정상사업 진행 중"이라고 판단하여 3,800억 원을 대출했고, 2015년 4월 중국건축과의 계약해지를 위해 공사비 700억 원을 대출해줄 때에 부산은행은 "양호한 사업성에도 중국건축이 책임준공, 연대보증 등의 승인을 지연하고 있어 원활한 사업 추진 위해 대출이 필요"하다고 판단했다. 동아일보의 기사를 보면, 위의 두 시기 모두 부산은행은 엘시티 사업의 현실을 호도하면서 엘시티에 브릿지론을 제공한 것이라 할 수 있겠다.

중국건축과 시공계약을 해지하면서 공사비 700억 원을 지급한 것을 두고서도 의혹이 제기된 바 있다. 중국건축이 시공을 맡고 동아지질이 지반 토목공사를 했는데 증권거래소 전사공시에 보고된 공사금액은 580억 원이다. 공정율 70% 정도 때 공사를 그만두었으니 이때까지 든 공사비는 400억 원 정도로 추산된다. 그런데 엘시티PFV가 중국건축에 700억 원을 지급한 것은 사리에 맞지 않는다는 것이다. 나머지 300억 원은 어디로 갔을까?(뉴데일리, 2015.6.17).

SBS 송성준 기자는 부산은행의 브릿지론에 대해 부산은행이 엘시티에 엄청난 특혜를 준 것이며, 이는 배임에 해당될 수도 있는 사안이라고 비판한다.

> 금융권 관계자들은 말합니다. 통상적으로 부산은행이 굳이 엘시티에 대출 지원을 한다면 당연히 군인공제회가 받지 못하고 있는 부실 대출 채권을 후순위로 밀어내 대출 채권회수 구조를 튼튼하게 하고 난 뒤 부산은행이 선순위로 대출금 회수를 할 수 있도록 해야 하는 것이 금융권의 보편적 관행이라는 겁니다 (…) 그런데 부산은행의 엘시티 대출 지원은 이러한 금융권의 보편적 관행을 아예 무시하고 파격적으로 특혜를 준 셈입니다. 후순위는 커녕 아예 단기 대출금으로 군인공제회의 빚을 대신 갚아줘 엘시티의 거액의 빚을 대신 떠안은 셈입니다 (…) 이런 관행에 비춰 볼 때 엘시티에 엄청난 특혜를 베푼 셈입니다 (…) 사업 전망이 극히 불투명한 업체에 단독으로 지방은행으로서는 엄청난 규모의 대출을 해준 것은 업무상 배임에 가깝다고 전문가들은 말합니다(SBS 송성준의 취재파일, 2017.2.7).

2) BNK금융그룹의 PF대출

2015년 7월 포스코건설이 책임준공을 조건으로 엘시티PFV와 시공계약을 했다. 그로부터 두 달 뒤인 2015년 9월, 16개의 금융기관은 엘시티PFV와 1조 7,800억 원의 PF대출 약정을 체결했다. 부산은행, 메리츠종금, 그리고 현대증권이 금융주관사였다. 담보는 시공사인 포스코건설의 책임준공 약정과 분양대금인 것으로 알려졌다(부산일보, 2015.9.22).

PF대출에 참여한 16개 금융기관에는 BNK금융그룹을 제외하고 어느 대형 시중 은행도 참여하지 않았다. 안종범 전 수석의 전화를 받은 김정태 회장의 하나은행도 참여하지 않았다. 우리은행은 2천억 원대의 PF대출을 요청받았지만 내부검토결과 사업성이 없다고 판단하여 PF대출을 거부한 것으로 알려졌다(MTN 머니투데이, 2016.11.17). BNK금융그룹은 1조 1,500억 원의 대출을 약정했다. 전체 PF대출금의 65%에 해당한다. 부산은행 8,500억 원, 경남은행 2,500억 원, BNK캐피탈 500억 원이다. 경남은행은 엘시티 레지던스 분양이 저조하면 3천억 원의 추가대출을 해주는 이면 약정까지 맺은 것으로 드러났다(연합뉴스, 2017.1.4).

부산은행이 엘시티PFV에게 8,500억 원의 대출약정을 해준 것은 이례적인 일이다. 동일차주 여신한도를 보면, 은행법상 한도는 자기자본의 20%인 1조 2,045억 원이지만, 부산은행 내규로는 자기자본 15%인 7,227억 원이기 때문

자료: 머니투데이, 2016.11.18

이다. 그렇기 때문에 부산은행이 엘시티에게 8,500억 원의 대출을 제공하는 것은 자체 내규에 위배되는 사안이다. 부산은행은 2015년 9월 내부위원회를 개최하여 내규에 위배되는 엘시티 초과대출을 승인했다(머니투데이, 2016.11.18). 2015년 1월 부산은행이 엘시티PFV에 브릿지론을 제공했을 때, 부산은행 최고위층과 투자금융부 실무진간에 갈등이 있었던 것처럼, 2015년 9월 은행 내규에 위배되는 대출을 둘러싸고도 역시 은행 내부에서 갈등이 있었을 것이라고 짐작된다.

SBS는 다음과 같이 보도했다.

> 부산은행의 지주사인 BNK그룹이 엘시티 사업에 대출해 준 규모는 단기 브릿지론 3천800억 원, PF 대출 1조 1천500억 원 등 모두 1조 5천300억 원 규모입니다. 2015년 당시 엘시티 시행사의 자금 사정은 아주 나빴습니다. PF 대출 또한 동일인 한도를 초과한 특혜 대출이었습니다. 그럼에도 여신심사위원들은 동일인 여신한도 초과 규정을 무시한 채 한마디 이견도 없이 승인해 줬습니다. 검찰과 복수의 진술인에 따르면 당시 실무진의 반대에도 불구하고 성세환 현 부산은행장의 주도로 이러한 불법적인 특혜 대출이 이뤄졌다고 밝혔습니다. 또 엘시티 사업의 실질적 시행사인 청안건설은 애당초 대출 규정상 부적격 대출자로 대출을 받을 수 없는 것으로 드러났습니다. 청안건설은 지난 2008년 용인 동진원 개발사업에서 PF 대출금을 갚지 못해 부산은행에 135억 원의 손해를 입혔고, BNK 계열사인 경남은행에도 100억 원의 PF 대출금을 갚지 못했습니다. 하지만 성 행장 취임 뒤 청안건설에 대한 엄청난 특혜 지원이 이뤄졌다고 밝혔습니다(SBS뉴스, 송성준, 2017.1.18).

한편, BNK금융그룹은 엘시티에 약정한 1조 1,500억 원 대출 중 1,332억 원을 '이자후취'라는 조건으로 대출하는 계약을 맺었다. '이자후취'는 대출이자를 매달 내지 않고 6개월 혹은 1년 뒤에 한꺼번에 원리금을 상환하는 것을 말한다. PF 대주단에 속한 16개 금융기관 중 '이자후취'의 조건으로 대출한 것은 BNK금융그룹에 속한 부산은행과 경남은행밖에 없다 (비즈니스포스트, 2016.11.14).

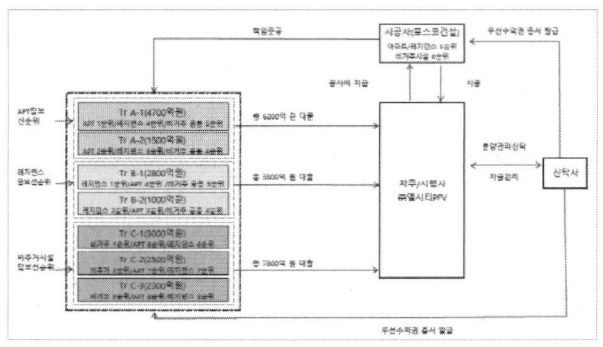

해운대엘시티 사업 금융 구조도
자료: 더벨, 2016.11.14

2015년 12월 말까지 PF대출 약정액 1조 7,800억 원 중 8,000억 원의 대출이 집행되었다. 2016년 1월 검찰이 엘시티 비리 사건을 내사하면서부터 더 이상 대출이 이루어지지 않은 것으로 알려져 있다. 그렇다면 총 대출의 45% 정도가 집행된 것이다. 엘시티PFV가 8,000억 원의 PF대출을 어디에 사용했는지, 지금 얼마 남아 있는지 등에 대해서 정보가 별로 없다. 부산은행이 브릿지론으로 제공한 4,500억 원을 상환했을 것이기에 현재 3,500억 원 남아 있을 터인데, 어느 정도 포스코건설에 공사비로 지급되었는지 알려진 바 없다. 엘시티와 포스코건설의 공사도급 계약에 의하면, 총 공사비는 1조 4,730억 원인데, 1조 4,000억 원은 공사 진행률에 따라 매달 지급되고, 나머지 730억 원은 분양수익이 1조 5,000여 원(분양률 65%) 이상 납입된 이후 지급된다고 한다. 현재 하나자산신탁에서 관리하는 엘시티 분양대금은 계약금과 1차 중도금을 합쳐 7,000억 원 정도인 것으로 알려져 있다. 만일 엘시티 공사가 계속된다면, 포스코건설이 무슨 자금으로 공사를 수행할지 불투명하다. 분양대금과 PF대출금이 계속 들어와서 공사에 전혀 문제가 없을지, 아니면 엘시티PFV의 자금이 막혀 포스코건설의 자체 자금으로 공사를 해야 할지 앞으로 지켜보아야 할 일이다.

3) 부산은행과 이기중 변호사(법무법인 정인)

이기중 변호사. 부산지방법원장과 부산고등법원장을 역임한 그는 현재 법무법인 정인(正仁)의 대표 변호사이다. 참여연대 사법감시센터 보고서를 보면, 이기중 변호사는 부산고등법원장을 퇴임하자마자 관련사건 변호를 많이 맡았는데 그중에서도 형사사건이 절반 이상 넘었다. 그가 대표로 있는 법무법인 정인은 변호사가 30명가량 되는데, 부산법원에서 판사 생활을 한 변호사들이 상당수 있다. 부산 향판 출신 변호사들이 많다고 알려진 법무법인 정인은 이영복 회장이 관계된 사건 변호를 많이 맡았다. 이기중 변호사는 엘시티의 고문 변호사였고, 현재 부산도시공사의 고문 변호사이다(2016.9.1~2019.8.31). 그는 2010년부터 5년간 부산은행에서 사외이사와 감사위원으로 활동했다(2010.3~2015.3). 그는 또한 현영희 공천 헌금사건(2012년 총선 당시 현기환이 부산 동구에서 당선된 현영희 의원에게서 공천 헌금 3억 원을 받았다는 혐의의 사건) 때 현기환의 변호를 맡았다. 이기중 변호사는 2012년 12월에서 2015년 2월까지 2년 2개월 동안 이영복, 현기환과 함께 골프회동을 다섯 차례 한 것으로 한 언론이 보도했다(일요시사, 2017.1.2).

자본금 300억 원인 엘시티PFV의 지배구조를 보면, 이젠위드(37%, 이 지분은 2014년 청안건설로부터 인수한 것임. 이젠위드는 금융감독원 회사 전자공시(DART)에 나와 있지 않다)가 1대 주주이고, 그 뒤를 이어 강화(25%), 에코하우스(24%), 아시아엘에스디엔씨(6%), 부산은행(6%), 이기중(2%) 순

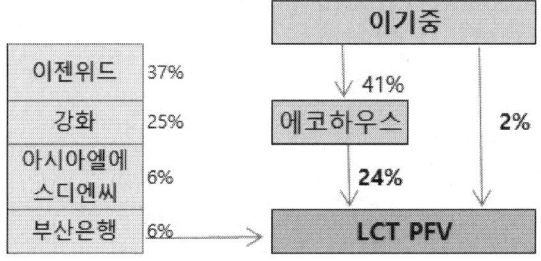

엘시티PFV의 지배구조
자료: 더벨, 2016. 11.24

으로 지분을 나누어 가지고 있다. 이젠위드, 강화, 에코하우스, 아시아엘에스디엔씨는 모두 이영복 회장이 실질적으로 지배하는 회사이거나 우호지분인 것으로 알려져 있다(연합뉴스 2016.11.22). 이기중 변호사는 개인 이름으로 엘시티PFV의 주식 2%를 가지고 있다. 하지만 실제로는 엘시티PFV 주식을 11.8% 소유하고 있다고 보는 것이 맞다. 왜냐하면 에코하우스라는 회사가 엘시티PFV 주식 24%를 소유하는데, 이기중이 에코하우스 지분의 41%를 가지고 있기 때문이다. 이기중 변호사의 엘시티 지분을 계산하면, 2%(개인소유) + 9.8%(에코하우스를 통해 소유, 24% × 41%), 도합 11.8%가 된다. 그의 엘시티 지분은 11.8%이다. 가령 이영복 회장이 구상했던 대로 사업이 성공리에 이루어져서 엘시티가 1조 원의 수익을 낳는다면 이기중 변호사는 약 1,200억 원의 수익금을 가져가는 것이다.

에코하우스의 대표는 김완섭이며, 지분구조는 2015년 12월 31일 현재 이기중(41%), 데코시너지(29%), 부흥주택(20%), 김현진(10%)이다. 대표 김완섭은 다대만덕사건 때 이영복이 회장으로 있었던 동방주택의 직원이었던 것으로 알려져 있다. 현재 에코하우스는 울산 명촌지구에서 670세대의 아파트사업을 하고 있으며, 엘시티PFV 지분 24%, 그리고 엠알건축의 지분 100%를 가지고 있다.

부산은행과 이기중 변호사의 관계가 문제되는 것은 이기중 변호사가 부산은행의 사외이사와 감사위원으로 재직할 때, 부산은행이 이기중이 지분을 가지고 있는 에코하우스에 상당한 규모의 대출을 제공하면서 이를 법에 의한 절차에 따라 공개하지 않았기 때문이다. 부산은행은 2010년 청안건설의 보증으로 에코하우스에 410억 원을 대출했다. 이기중 변호사는 2014년 이영복과 관계된 회사와 청안건설로부터 에코하우스의 지분 41%를 인수하면서 에코하우스의 대주주가 되었다(이기중 변호사는 이영복 회장의 부탁으로, 단순히 우호지분인 줄 알고, 700만 원을 주고 이 지분을 매입했다고 언론에 말했다). 그러자 부산은행은 에코하우스에 추가로 240억 원을 대출해주었다. 추가 담보는 없었다. 2015년 말 현재 부산은행은 에코하우스에 902억 원을 대출한 상태이다. 이영복 회장의 청안건설이 881억 원을 지급보증하고 있다. 은행이 자신의 사외이사가 소유한 회사에 대출할 때는 〈금융회사 지배구조에 관한 법률〉에 따라 은행의 지배구조 연차보고서에 이를 밝혀야 할 의무가 있는데, 부산은행은 그렇게 하지 않았다(뉴스핌, 2016.12.1). 누구에게 책임을 물어야 하는가? 부산은행인가, 아니면 이기중 변호사인가?

엘시티 사업의 진행과정에 이기중 변호사가 어떤 역할을 했는지 아직까지 제대로 밝혀진 바 없다. 부산지방법원장과 부산고등법원장을 역임한 이기중 변호사가 엘시티PFV 지분 11.8%를 소유하게 된 이유와 과정을 검찰이 본격적으로 조사할 필요가 있다. 이영복 회장과 이기중 변호사의 관계는 무엇인가? 사건 의뢰인과 변호사, 혹은 기업인과 고문 변호사와 같은 단순한 관계는 아닌 것으로 보인다. 두 사람 사이에 어떤 거래가 있었는가?

5. 부동산 투자이민제: 법무부는 검찰수사의 성역인가?

엘시티에 적용된 부동산 투자이민제를 둘러싸고 여러 가지 의문들이 제기되었다. 2013년 5월 당시, 누가 부동산 투자이민제로 엘시티의 이영복 회장을 도와주었는가? 이영복 회장과 강남 친목계를 같이 하는 최순실인가? 아니면 당시 법무부의 고위인사인가? 당시 황교안 법무부 장관의 역할은 무엇이었는가? 승인을 해준 이유가 무엇인가? 외부로부터의 압력이 있었는가? 하지만 부산지검은 이런 의혹을 제대로 수사하지 않은 채 엘시티에 대한 중간 수사결과를 발표했다.

1) 엘시티와 부동산 투자이민제

부동산 투자이민제는 이명박 정권 시절 2010년에 만들어진 제도이다. 법무부 장관이 고시한 지역의 휴양시설(콘도와 호텔 등 숙박시설)에 5억 원 혹은 7억 원을 투자한 외국인에게 5년이 지나면 영주권(F-5)을 허용하는 제도이다. 외국인 투자를 늘려 지역의 부동산개발을 활성화하자는 목적 하에 만들어진 이 제도에는 건설업계와 부동산업계의 요구가 깊이 반영되어 있다. 이름도 부동산 투자이민제인 만큼 부동산업계와 깊이 관련되어 있는 제도라고 할 수 있을 것이다.

현재 부동산 투자이민제는 2010년 제주도를 시작으로 강원도 평창, 전남 여수, 인천 영종지구 등 전국 7개 지역에서 시행되고 있다. 엘시티는 동부산관광단지와 함께 2013년 5월에 지정되었다. 엘시티 3개의 초고층 건물 중 101층 랜드마크 타워에 들어서는 일반호텔 561실이 지정대상이었다(현재는 엘시티 더 레지던스로 이름이 바뀌었다. 일반호텔에서 레지던스 호텔로 지정대상의 성격이 바뀐 것이다). 여기에 외국인이 7억 원 이상 투자하면 5년 뒤 영주권을 받는다. 원래 적용기간이 5년이었는데, 검찰이 엘시티를 내사하고 있었던 2016년 5월 법무부가 5년을 연장해주어서 현재 엘시티의 경우 2023년까지 적용받게 되어 있다. 투자금액도 5억 원으로 하향 조정되었다.

부동산 투자이민제의 적용대상은 지정지역에 지어지는 호텔과 콘도 등 휴양시설이다. 건설업계에서는 아파트까지 적용대상이 되는 것을 원하겠지만 현재 아파트는 적용대상이 아니다. 2014년에 단 한 번 인천 경제자유구역에 있는 미분양아파트를 대상으로 1년간 한시적으로 적용한 적이 있었다. 이 역시 건설업계의 민원을 법무부가 받아들인 것이라고 판단된다. 건설업체들에게 이익이 되는 제도 적용이었고, 이 역시 경제활성화를 명분으로 내세웠다.

엘시티가 부동산 투자이민제 지정을 받은 것은 특혜로 볼 수 있다. 다른 곳은 제주도, 평창, 영종도 등 지역을 대상으로 하지만, 엘시티만 지역이 아니라 이영복이라는 민간사업자가 정해진 단일사업장이기 때문이다. 지역을 대상으로 한다는 것은 사업자를 특정하지 않고 제도를 운용하는 것이지만, 엘시티는 이미 이영복 회장의 사업장이기에 문제가 될 수밖에 없다. 민간사업자의 부동산개발 단일사업장에 부동산 투자이민제를 적용한다는 것은 특혜이다. 이영복 회장의 부동산개발사업에 도움을 주는 외국인에게 영주권을 준다는 것으로 해석될 수밖에 없을 것이다. 2013년 허남식 시장 때 부산시의 요구를 법무부가 받아들였는데, 법무부가 큰 잘못을 했다고 생각한다.

법무부는 국토교통부가 아니다. 사회정의를 수호해야 하는 법무부는 건설업계나 부동산업계의 로비에서 자유로워야 한다. 법무부는 건설업체들이 영향력을 발휘하는 국토교통부처럼 운영되어서는 안 될 것이다. 이런 관점에서 볼 때, 법무부가 건설업계와 부동산개발업계가 요구해온 부동산 투자이민제를 정책으로 받아들인 것은 잘못된 일이다.

엘시티는 2013년 5월 법무부로부터 부동산 투자이민제 지정을 받았다.

황교안 법무부 장관(좌), 김도읍 국회의원(우)

국회 법사위에서 활동했던 김도읍 의원(2012.6~2016.5)의 역할이 큰 것으로 알려졌다. 엘시티가 부동산 투자이민제 지정을 받은 후 부산의 언론들은 김도읍 의원이 부산 경제활성화를 위해서 중요한 역할을 한 것으로 보도했다. 엘시티에 대한 검찰수사가 진행되면서 부동산 투자이민제의 문제가 드러날 무렵 김도읍 의원은 한 언론인터뷰에서 다음과 같이 말했다. "지역경제활성화를 위해 많은 노력을 했다 (…) 부산시의 요청이 있었는데 엘시티만 지정해달라고 해서 특혜라고 생각해 해운대 일대를 검토하자고 했다. 부산시가 해운대에서 개발지역은 엘시티밖에 없다고 해서 동부산관광단지도 포함해 함께 추진했다"(한겨레 2016.11.21).

법무부가 엘시티에 부동산 투자이민제를 지정했을 때, 당시의 법무부 장관은 황교안이다. 2013년 5월 황교안 법무부 장관 시절 엘시티의 부동산 투자이민제 적용은 초스피드로 이루어진 것으로 나타났다. 인천의 경우 신청하고서 지정받기까지 10개월 걸렸는데, 엘시티의 경우 관련 부서간 회의 없이 19일 만에 지정되었다(더불어민주당 박주민 의원 인터뷰, JTBC 뉴스룸). 아마 법무부 안에서도 특혜를 둘러싸고 내부갈등이 있었을 것으로 짐작된다. 무슨 이유 때문에 이렇게 초스피드로 지정받았는지 밝혀야 할 것이다.

한편, 2016년 5월 엘시티에 대한 검찰 내사가 한참 진행되고 있었던 무렵, 법무부는 엘시티에 투자이민제 기간을 5년 더 연장해주었다. 이 당시 법무부 장관은 김현웅이다. 투자액수도 7억 원에서 5억 원으로 낮추어주었다. 2018년 5월에 만기가 끝나면 그 즈음 5년 연장할 수도 있는데, 왜 2016년에 만기를 5년 연장해주었는지 납득하기 어렵다. 엘시티 수사가 본격화되면 만기 연장이 어려워질 것으로 예상하고 미리 만기를 연장해서 이영복 회장의 이해를 도모해준 것은 아닌가에 대한 의혹이 있다.

부동산 투자이민제 적용을 받은 엘시티의 일반호텔은 중간에 레지던스 호텔로 바뀌었다. 부동산 투자이민제는 호텔, 콘도 등 휴양시설에만 적용되는데, 주거시설에 가까운 레지던스도 괜찮을지 의문이 든다. 처음에는 엘시티의 일반호텔이 투자이민제의 대상으로 지정받았는데, 레지던스는 일반호텔이 아니다. 엘시티 레지던스가 휴양시설보다도 실제적으로 아파트와 같은 주거시설에 가깝다면, 엘시티 레지던스를 부동산 투자이민제의 대상에 넣는 것이 맞는지 다시 검토해보아야 할 것이다.

엘시티는 왜 부동산 투자이민제 지정을 받고 싶어 했을까? 부동산 투자이민제의 효과에 관한 이야기이다. 여러 가지 효과를 기대할 수 있다. 사업의 이미지를 높일 수도 있고, 간접적으로 국내 투자자들의 투자를 도모하는 효과를 발휘할 수도 있다. 하지만 제일 중요한 효과는 중국건축이 시공사로 들어온 것이라고 판단된다. 2013년 5월 당시 법무부의 보도자료를 보면, 엘시티를 신규지정 하는 것을 알리는 보도자료인데, "엘시티는 중국기업과 투자이민제 도입을 전제로 투자 MOU를 맺은 상태"라는 문구가 나온다. 부동산 투자이민제가 아니었다면 중국건축이 시공사로 들어오지 않았을 것이라는 이야기이다. 이 말은 당시 시공사를 선정하지 못해 어려움을 겪던 엘시티가 중국건축을 시공사로 데리고 오는 데 있어 법무부의 부동산 투자이민제가 결정적인 역할을 했다고 볼 수 있는 것이다. 그만큼 부동산투자이민제가 당시 엘시티 이영복 회장에게는 정말 중요한 사안이었음을 알게 해준다.

SBS 송성준 기자는 부동산 투자이민제가 엘시티에 큰 도움을 주었다고

엘시티와 중국건축의 시공계약
(2013.10.17)

보도한 바 있다. 2013년 당시 엘시티의 사업성이 불확실하여 국내 대형 건설사들이 엘시티 사업 참여를 꺼리고 있었다. 2011년 10월 사업승인을 받은 후 1년 반 이상 동안 엘시티는 시공사를 찾지 못해 어려움을 겪었다. 위기를 타개하기 위해 엘시티는 중국으로 눈을 돌렸다. 중국자본을 끌어들이기 위해 매력적인 투자유인책이 필요했는데 그것이 부동산 투자이민제였던 것이다. 2013년 5월 엘시티에 부동산 투자이민제가 적용되고 난 다음, 중국건축(CSCEC)과 2013년 10월 시공계약을 맺을 수 있었다(SBS 송성준의 취재파일, 2016.11.22).

2) 법무부와 석동현 변호사

이영복 회장의 엘시티와 허남식 시장의 부산시는 MB정권 마지막 해인 2012년 4월 법무부에 부동산 투자이민제 지정을 요청했던 적이 있었다. 하지만 당시 권재진 법무부 장관은 이를 거절했다. 2016년 11월 JTBC 뉴스룸에 나온 권재진 전 법무부 장관은 엘시티에 부동산 투자이민제를 적용하는 것은 특혜라고 생각해서 거절했다고 밝혔다. 이영복이라는 민간사업자가 정해진 단일사업장에 부동산 투자이민제를 적용한 것은 특혜라고 판단했던 것이다. 하지만 1년 뒤인 2013년 5월 박근혜 정권 초기, 이영복 회장과 허남식 시장의 요구를 법무부가 들어주었다. 당시 법무부 장관은 황교안 현 국무총리 겸 대통령 권한대행이다. 당시 국무총리는 정홍원이었다. 정홍원 국무총리(2013.2~2015.2)는 엘시티 기공식 하루 전날인 2013년 10월 27일 엘시티 시공사인 중국건축 천궈차이 부총재 일행을 총리공관에서 만났던 적이 있다. 정홍원 당시 국무총리는 엘시티의 이영복 회장과 무슨 관계가 있는가?

엘시티의 부동산 투자이민제는 물론 허남식 시장 때의 부산시가 법무부에 요청한 사안이다. 한겨레신문은 부동산 투자이민제를 엘시티에 적용한 과정에서 김도읍 의원이 수행한 역할에 대해서 비판적으로 보도하고 있다. 김도읍 의원은 엘시티의 이영복 회장과 어떤 관계를 맺고 있는가? 이영복 회장이 최순실과 같은 친목계원이고, 그래서 최순실이 엘시티에 관련되어 있다는 의혹 역시 제기된 바 있다. 엘시티가 박근혜 정권 초기인 2013년 5월에 부동산 투자이민제의 혜택을 받은 것도 최순실의 영향 때문이 아닌가 하는 세간의 의혹이 있는 것이다. 하지만 부산지검은 엘시티의 부동산 투자이민제를 제대로 수사하지 않았다. 한 식구인 법무부의 고위직 인사들을 조사해야 하는데, 그렇게 하지 않은 것이다.

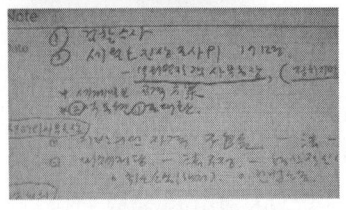

석동현 변호사와
고 김영한 민정수석 비망록
자료: (위)주간조선
(아래)한겨레21(필자가 찍은 사진)

2010년 법무부에서 이 제도를 만들었을 때 담당부서는 법무부 출입국·외국인정책본부이다. 당시 본부장은 석동현. 석동현은 부동산 투자이민제의 탄생에 큰 역할을 한 것으로 보인다. 이후 그는 2011~2012년 부산지검장과 2012년 서울동부지검장을 마치고 현재는 법무법인 대호 대표변호사로 활동하고 있다. 박근혜 정권 초기인 2013년 5월 엘시티에 부동산 투자이민제가 적용되었는데, 이 과정에서 석동현 변호사가 어떤 역할을 했는지 제대로 수사할 필요가 있다. 석동현 변호사는 엘시티사건을 맡아 이영복의 변호사로 활동하다가 자신의 SNS에서 엘시티 비리를 수사하는 특수부 검사들을 비난한 사실이 알려지면서 물의를 빚었고, 곧 이어 이영복의 변호사를 사임한 바 있다. 현재 그는 자유한국당 당협위원장(해운대갑)을 맡고 있다.

석동현 변호사의 이름은 고 김영한 민정수석의 비망록에도 나온다. 세월호 특조위 부위원장 겸 사무총장 후보에 올랐던 것이다. 시사주간지 〈한겨레21〉이 고 김영한 비망록 전문을 공개했다. 이 비망록을 보면, 실제 특조위 부위원장 겸 사무총장으로 임명된 조대환 변호사와 함께 그는 권력의 상층부에게 '정치 지망생'으로 여겨졌다. 그는 세월호 특조위 위원으로 활동하다가 중간에 사임했다. 이석태 세월호 특조위 위원장은, 시사IN과의 인터뷰에서, 청와대가 세월호 특조위를 와해시키기 위해서 '정치 지망생'들을 세월호 특조위 부위원장과 위원으로 임명한 것으로 파악하고 있다고 말했다.

- 김기춘 전 비서실장이 특조위 와해 목적으로 정치 지망생 부위원장을 의도적으로 심은 것 아닌가?
- 그때는 몰랐지만 최근 공개된 김영한 전 민정수석 업무일지에 세월호 특조위 부위원장 겸 사무총장 자리에 '정치 지망생'이라는 메모가 있고, 그 아래 '조대환'과 '석동현' 이름이 적혀 있더라(김영한 전 민정수석의 업무일지를 보

면, 2014년 11월 28일에 '세월호 진상조사위 17명-부위원장 겸 사무총장 (정치 지망생 好)'라고 적었다. 그 아래에는 '②석동현 ①조대환'이라고 적혀 있다). 실제 부위원장 겸 사무총장으로 조대환 변호사가 임명됐고, 석동현 변호사는 비상임위원으로 들어왔다. 사실상 정당원에 준하는 인사를 보낸 것이다. 그 뒤 석동현 위원은 나에게 특조위원장 사퇴하라고 요구하다가 나가서 부산에서 새누리당 후보로 출마하려 했다(이석태 세월호 특조위 위원장 인터뷰, 시사IN, 2017.1.17).

최근 SBS는 이영복 회장이 석동현 변호사에게 부동산 투자이민제와 관련하여 금품을 준 사건을 검찰이 무혐의 처분한 것을 비판하는 보도를 했다. 석동현 변호사는 이영복 회장으로부터, 엘시티가 부동산 투자이민제 적용을 받은 대가로, 10차례에 걸쳐 3억 원을 받았다는 것이다. 구속된 이영복 회장이 2017년 1월 이 같은 진술을 했고, 부산지검이 이 사실을 대검찰청에 보고하면서 석동현에 대한 강제수사 의지를 표명했지만, 그 이후 부산지검은 수사를 제대로 하지 않고 이 사안을 무혐의로 처리했다는 것이다(SBS 8시뉴스, 2017.4.12).

한편 SBS는 석동현 변호사가 엘시티 레지던스를 분양받았는데, 계약금 1억 원을 이영복 회장이 대납해준 의혹을 보도했다. 2016년 7월 15일 석 변호사는 전망 좋은 로얄층 레지던스 호텔 1채를 분양받았는데 엘시티에서 발행한 수표로 계약금을 지급했으며, 검찰이 공식적으로 엘시티 수사를 시작한 2016년 7월 21일 이후 3개월 만에 분양받은 레지던스 호텔을 팔아 1억 원을 돌려줬다는 것이다. 석동현 변호사는 검찰 수사가 시작되기 전에 이영복 회장에게서 1억 원을 받고, 검찰 수사가 시작되자 3개월 뒤에 1억 원을 돌려준 것이다(SBS 8시뉴스, 2017.4.13).

내일신문은 엘시티 부동산 투자이민제 적용과 석동현 변호사의 역할을 일목요연하게 표를 만들어 보여주면서 다음과 같이 보도했다.

엘시티가 투자이민제 지정을 받는 과정은 석동현 전 검사장과 뗄레야 뗄 수 없는 관계다. 석 전 검사장이 법무부 출입국외국인정책본부장으로 근무하던 시절 투자이민제도가 처음으로 만들어졌다. 부산지검장으로 근무할 때 엘시티에 대한 투자이민제 지정이 추진됐고, 석 전 검사장이 옷을 벗고 부산시 고문변호사로 활동하던 시절 단일 건물로는 이례적으로 투자이민제 지정대상으로 선정됐다. 지난 3년 동안 석 전 검사장이 소속된 법무법인은 엘시티와 자문계약을 맺었다(내일신문, 2017.4.14).

6. 엘시티 비리에 협력한 도시계획 전문가들: 일벌백계(一罰百戒)?

엘시티 비리에는 부산시, 부산도시공사, 부산시의회, 해운대구청, 해운대구의회, 부산시 도시계획위원회, 부산시 건축위원회(산하 교통전문위원회) 등 여러 기관들이 관련되어 있다. 공무원, 시의원, 구의원, 도시 전문가 등이 엘시티 인허가 과정에 깊이 개입되어 있을 수밖에 없다. 특히 엘시티의 높이 규제를 해제하고, 아파트를 허용하는 결정을 한 기구는 부산시 도시계획위원회이다. 엘시티가 부담해야 할 교통대책 비용을 부산시가 부담하도록 결정한 기구는 부산시 건축위원회 산하 교통전문위원회이다. 부산시가 엘시티 사업을 석극 추진했지만, 도시계획가, 건축가, 교통전문가 등 도시 전문가들의 협력이 없었으면 엘시티 사업이 이렇게까지 무리하게 진행되지 않았을 것이다. 부산지검이 엘시티 사건을 수사하기 시작했을 때부터 부산참여연대는 엘시티 비리에 협력한 전문가들을 색출해서 처벌하는 것이 중요하다는 입장을 계속 표명했다.

엘시티 사업의 공동주택 건설, 고도제한이 해제될 수 있었던 책임의 대부분은 이를 요구한 이영복 회장과 이를 받아들인 부산시 그리고 이를 방조한 나아가 이를 뒷받침한 전문가들이다. 따라서 일반 상식적으로, 누가 생각하더라도 이상한 해운대 해수욕장 바로 앞 411m의 건물과 공동주택 건설은 이들의 유착과 담합이 없었더라면 불가능한 일이다. 엘시티 사업의 가장 근본적이고 가장 핵심적인 고리는 이영복, 부산시, 도시계획위원회 전문가들이다. 이들은 엘시티 사업에 대한 모든 책임을 공동으로 져야 마땅한 인물들이다. 검찰은 이에 대한 수사도 반드시 진행해 그 유착고리와 책임을 명백히 밝혀야 할 것이다 (…) 또한 부산시의 하수인으로 전락한 전문가들은 더 이상 자신들의 전문적, 학문적 양심을 팔아가면서 부산시에 사업의 근거를 제공하고 비정상적인 사업을 가능하게 한 것에 대해 지금이라도 사과하고 이에 대한 책임을 져야 할 것이다(부산참여자치시민연대 성명서, 2016.11.14).

부산참여연대는 2010년 엘시티 반대운동을 할 때부터 지금까지 계속해서, 엘시티 이영복 회장과 엘시티에 아파트를 허용해준 부산시 도시계획위원들의 유착관계를 밝혀야 한다고 주장해왔다. 적어도 해운대 관광리조트 혹은 엘시티 관련 용역을 한 3명의 도시계획가들에게는 책임을 물어야 한다는 것이다.

먼저 최열 부산대학교 도시공학과 교수이다. 부산시와 부산도시공사가 엘시티 사업(당시는 해운대 관광리조트 사업)을 구상할 당시인 2007년 3월, 최열 교수는 부산도시공사의 의뢰를 받아 민간사업자 공모지침서 용역을 수행했다. 당시 연구수행기관은 부산대 도시문제연구소이고, 소장은 최열 교수였다. 이 용역에는 엘시티 사업부지 규모, 사업진행 과정 등 중요한 내용이 담겨 있다. 국방부 부지와 주변 민간부지를 묶어 사업을 실시하고, 민간사업자를 공모하여 선정하는 등, 이 용역이 제안한 바에 따라서 초기의 해운대 관광리조트 사업이 진행되었다 해도 과언이 아니다. 이

용역보고서를 바탕으로 2007년 6월 부산도시공사는 엘시티 민간사업자를 공모했고, 2007년 11월 이영복 회장의 엘시티가 민간사업자로 선정된 것이다. 이 용역보고서에 엘시티 후면부 높이 제한을 해제하는 내용이 포함되었고, 이에 따라 실제로 그렇게 민간사업자를 공모했다. 2009년 12월 1일 부산시 도시계획위원회에서 엘시티 높이 규제 해제와 아파트 허용을 통과시켰을 때, 최열 교수는 도시계획위원으로 그 회의에 참석했다.

 동의대 도시공학과의 김홍관 교수와 같은 과의 김가야 교수는 엘시티(해운대 관광리조트) 타당성 검토 용역을 수행했다. 부산시가 생산한 공문(부산시 도시계획과-11857)에 의하면, 두 교수 모두 2009년 12월 1일 부산시 도시계획위원회에 참석했는데, 당일 다섯 가지 안건 중 앞의 4개 안건 심의에는 참여했지만, 마지막 안건인 엘시티 개발계획 변경안 심의에는 참석하지 않은 것으로 되어 있다. "도시계획위원회 제5호 안건심의 시, 「국토의 계획 및 이용에 관한 법률」 제113조 5항 제4호에 의거, 안건에 대한 타당성 검토 용역에 참여한 김홍관, 김가야 위원은 제척시킴"(부산시 도시계획과-11857). 이 두 교수는 당시 부산시 도시계획위원이었지만 엘시티 사업시행자가 의뢰한 용역을 수행했기 때문에 엘시티와 관련된 안건을 논의하는 시간에는 참석하지 않았다는 것이다.

 연합뉴스는 부산도시공사와 엘시티PFV가 발주한 두 가지 용역보고서를 사진으로 공개했다(연합뉴스, 2016.11.21). 사진에 나온 검토보고서는 부산도시공사가, 보완서는 엘시티PFV가 발주한 것이다. 2009년 9월 제출된 두 보고서 모두 엘시티 개발계획 변경을 제안하고 있다. 이 보고서들이 나오기 한 달 전인 2009년 8월 엘시티PFV는 다음과 같은 제목의 보고서 두 개를 내어놓았다. 『해운대관광리조트 개발사업 개발계획 변경 타당성 검토』(2009.8), 『해운대관광리조트 개발사업 개발계획 변경 사업성 분석』(2009.8). 이 보고서들 모두 역시 엘시티에 적용되는 60m 높이 규제를 풀고, 엘시티에 아파트를 허용해야 한다는 내용을 담고 있다.

엘시티 개발계획 변경 내용을 담은 보고서들
자료: 연합뉴스, 2016.11.21

연합뉴스가 보도한 사진에 나온 보고서 중 하나인 『해운대 관광리조트 개발사업 개발계획변경 타당성 검토보고서』를 보면, 부산도시공사가 발주했고, 연구책임자는 동의대 도시공학과 김홍관 교수이다. 이 보고서를 작성한 과정을 취재한 연합뉴스는 다음과 같이 보도했다.

김 교수는 "평소 잘 아는 사이인 (부산도시공사) 오 전 사장이 '엘시티 사업성이 약해 추진이 안 된다. 어떻게 하면 되겠냐'며 전화를 걸어와 용역을 맡게 됐다"고 말했다. 김 교수가 1천300여만 원을 받고 불과 두 달 만에 내놓은 용역 결과는 시행사 논리를 그대로 답습한 것이었다. 관련 법령 개정으로 기존 사업계획의 51%인 콘도 사업성이 떨어졌고, 초기 사업비 회수와 상주 인구가 필요해 아파트 건축을 허용하는 개발계획 변경이 불가피하다는 내용이었다. 해운대에 랜드마크가 될 초고층 건물이 필요하고 사업부지의 효율적인 활용을 위해 토지 용도를 바꿔 60m 높이로 한정된 고도제한을 풀어야 한다고 덧붙였다(연합뉴스, 2016.11.21).

부산시 도시계획위원회가 엘시티의 60m 높이 규제를 해제하고 아파트를 허용하는 결정을 했던 2009년 12월 1일 당시, 김흥관 교수와 김가야 교수는 모두 부산시 도시계획위원회의 위원이었다. 당시 도시계획위원들이 엘시티 사업시행자의 용역을 받아 엘시티에 아파트를 넣을 수 있게 해주고, 60m 높이 제한도 풀어주자는 제안을 용역보고서에 담은 것은 도저히 이해할 수 없는 일이다. 도대체 부산시 도시계획위원은 누구를 위해 존재하는가? 공공의 이익을 최우선 가치로 삼고 심의를 수행해야 할 도시계획위원들이 사익을 추구하는 이영복 회장의 엘시티가 요청한 내용을 그대로 반영하여 부산발전을 위한 사안인 양 주장한다는 것은 용서하기 어려운 일이다. 이영복 회장의 사익추구에 협력한 도시계획 전문가들에게 책임을 물어야 한다.

  하지만 부산지검은 엘시티 비리와 관련하여 도시계획 전문가들을 한 명도 기소하지 않았다. 이영복 회장으로부터 뇌물을 받은 증거를 찾지 못했다는 것이 그 이유이다. 이영복 회장이 부산시청과 해운대구청의 공무원, 부산도시공사 직원, 시의원, 구의원, 도시계획위원 등 100여 명에게 6년 동안 명절선물 등을 제공하면서 이들을 꾸준히 관리해왔지만, 이들이 받은 금액이 크지 않아 기소하지 않는다는 것이다. 부산지검은 이들 중 이영복 회장에게서 반복적으로 선물과 골프접대를 받은 공무원과 도시계획위원의 명단(28명)을 관련기관에 통보하는 것으로 이들에 대한 수사를 마무리했다. 2017년 3월 7일 엘시티 중간 수사결과를 발표할 때 부산지검이 배포한 보도자료를 보면, "그중 장기간에 걸쳐 반복적으로 선물 및 골프접대를 받은 부산시 공무원(현직 4명), 도시계획위원(부산도시공사로부터 엘시티 도시개발계획 변경 타당성 용역 업무를 수행한 교수 등 포함) 28명에 대한 인사 및 도시계획위원 선정 참고자료 통보 필"이라고 되어 있다. 검찰이 부산시 공무원 및 도시계획위원 28명의 명단을 관련 기관에 통보하니 각 기관은 인사나 도시계획위원 선정 시 유의하라는 것이다. 이 명단에 포함된 도시계획위원은 몇 명이며, 이들은 누구인가? 부산시 도시계획위원 6명이라는 보도가 있었지만, 아직 이 명단은 공개되지 않았다. 엘시티 비리에 협력한 도시계획 전문가들을 일벌백계하여 부산의 고질적인 건설 부패와 도시개발 비리를 척결하는 계기로 삼아야 했었는데, 검찰의 처분은 너무나도 유감스럽다.

7. 나가는 말: 서병수 부산시장은 무엇을 해야 하는가?

현재까지 진행된 엘시티 검찰수사를 보면, 서병수 시장은 한발 비껴서 있는 모양새다. 서시장의 최측근 두 명인, 정기룡 전 경제특보와 김태용 포럼부산비전 전 사무처장이 구속 기소되었지만, 부산지검은 서병수 시장을 소환조사하지 않았다. 서병수 시장은 엘시티 사업이 진행되는 해운대 지역에서 오랫동안 구청장과 국회의원을 하지 않았는가? 시민단체들은 서시장의 소환조사를 요구했고, 세간의 관심도 서시장의 소환에 쏠렸지만, 서시장은 검찰조사를 피해갔다. 대선이 끝나면 엘시티 특검이 예정되어 있어서, 엘시티 특검이 서시장을 소환조사할 가능성은 있다. 허남식 전 시장에 대해서도 보강수사가 이루어질 것으로 예상된다. 더 두고 보아야 할 일이다.

서병수 시장은, 검찰 및 특검조사와 별개로, 엘시티 비리와 관련해서 해야 할 일이 있다. 첫째, 서병수 시장은 엘시티에 대해서 부산시민에게 공식적으로 사과해야 한다. 자신의 최측근 두 명이 엘시티 비리로 구속 수사를 받고 있는 것에 대해서 서시장이 침묵하는 것은 납득하기 어렵다. 서시장이 사과해야 하는 일이다. 한편, 해운대 해수욕장에 부족한 관광인프라를 확충한다는 명목으로 부산시가 시작한 엘시티 사업이 결국 주거복합단지로 변질된 것에 대해서 서시장은 사과해야 한다. 아파트는 관광인프라가 아니지 않는가? 해운대의 발전이라는 공익을 내세워 이영복 회장의 사익을 도모해준 부산시의 도시행정에 대해서, 부산시는 입이 열 개라도 할 말이 없을 것이다. 비록 허남식 전 시장 때 엘시티 인허가가 진행되었다 하더라도, 부산시장은 부산시민들에 공식적인 사과를 해야 함이 마땅하다. 서시장이 사과하지 않고서 어떻게 상처받은 부산시민의 황망한 마음을 수습하겠는가? 부산시가 엘시티라는 초대형 사건을 수습하기 위한 첫 걸음은 서병수 시장의 공식적인 사과가 되어야 할 것이다.

둘째, 서병수 시장은 검찰이 부산시에 통보한 도시계획위원 등 관련 전문가 명단을 공개하고 이에 상응하는 조치를 취해야 한다. 검찰은, 이영복으로부터 받은 금품과 향응의 액수가 크지 않아 뇌물사건으로 기소하지는 않았지만, 이영복 회장으로부터 정기적으로 선물을 받고 같이 골프를 친 부산시 도시계획위원 및 전문가들의 명단을 부산시에 통보했다. 이 명단에 포함된 사람들은 누구인가? 서시장은 명단을 공개하고, 여기에 포함된 사람들에게 가능한 한 중징계를 내려야 한다. 앞으로 이 사람들이 부산시와 관련된 모든 일에서 자문, 심의, 평가, 제안 등의 일을 할 수 없도록 조치를 취해야 한다. 부산시의 산하기관들에 대해서도 마찬가지이다. 어물쩍 넘어갈 일이 아니다. 사익을 추구하는 토건세력의 통로와도 같은 역할을 수행해온 전문가라는 사람들이 더 이상 부산시 일에 관여해서는 안 될 것이다.

셋째, 서병수 시장은 부산시 도시계획위원회의 개혁 방안을 제시해야 한다. 종종, 시민의 이익이 아니라 개발업자의 이익을 위해 활농해온 도시계획위원회를 더 이상 그냥 두어서는 안 된다. 도시계획위원회 구성과 운영방식의 변경, 인적 쇄신 등 할 수 있는 모든 개혁방안을 발표해야 한다.

넷째, 서병수 시장은 엘시티 사업의 계속 추진 여부를 논의할 논의구조를 만들어야 한다. 엘시티 공사의 장래에 대해서 당사자들의 합의뿐만 아니라, 사회적 합의가 필요하다. 이 논의구조에는 엘시티 사업에 직접 관련된 이해당사자뿐만 아니라 부산시민의 이해를 반영할 사람들도 참여해야 한다. 공사의 계속 진행 여부는 이해당사자 간의 합의만으로 결정되어서는 안 될 일이다. 엘시티 공사 여부에 대해서 부산시민의 의견을 물어야 한다. 부산시민의 의견을 모으고 확인하는 것이 중요하다. 공사를 중지해야 한다는 건지, 혹은 공사를 계속해야 한다는 건지, 부산시민이 가지고 있는 의견은 존중되어야 한다. 엘시티 공사가 진행되고 있는 해운대 해수욕장은 시민의 자산이기 때문이다. 시민은 도시에 대한 권리를 가지고 있다.

4장

부산 북항재개발의 쟁점들: 토건사업인가 시민을 위한 사업인가?[1]

1. 들어가는 말

 부산 북항이 바뀌고 있다. 그동안 항만관계자들만 출입이 가능했던 북항이 부산시민들에게 다가오고 있다. 제1부두, 제2부두, 중앙부두, 제3부두, 제4부두, 그리고 연안여객터미널과 국제여객터미널 부지가 북항재개발사업으로 인하여 부산시민들에게 개방된다. 자성대부두는 2020년 이후 시작될 북항재개발 2단계 사업에 편입되어 있다. 부산 도심과 연접해 있는 장소였지만 시민들이 출입하기 어려웠던 곳, 부산 북항이 다시 우리에게 돌아온다. 북항재개발사업은 시민에게 되돌려주는 공간을 만드는 사업이다. 사업을 잘하면 부산시민들로부터 우리를 위해서 시행한 사업이라고 칭찬을 받을 것이지만, 사업을 잘못하면, 지금으로서는 그럴 가능성이 더 커 보이지만, 부산시민늘로부터 당연히 우리에게 돌아올 몫을 다른 곳에 넘겨주었다고 엄청난 반발을 살 수 있는 사업이다. 그만큼 북항재개발에 관련되어 있는 주체들은 부산시민들을 생각해야 한다. 사업의 전 과정에서 다양한 판단들을 내려야 하겠지만, 그 어떤 경우에도 판단의 처종

---

[1] 이 논문은 부산대학교 자유과제 학술연구비(2년)에 의하여 연구되었다.

적인 근거는 부산시민을 위한 사업이라는 사실에 두어야 한다. 다른 이해관계 때문에 부산시민의 공동이익을 저버린다면 두고두고 역사에 오점을 남기게 될 것이라는 것을 명심해야 할 것이다. 그만큼 북항재개발은 어려운 사업이다. 신중하고 또 신중해야 하며, 시간이 걸리더라도 부산시민들에게 자세히 설명하고, 충분히 대화하며, 시민들의 참여를 최대한 이끌어내면서 사업을 진행하는 것이 올바른 길이라고 생각한다. 부산시민을 위하여 하는 사업이기 때문이다.[2]

부산 북항재개발은 대한민국 최초의 항만재개발사업이다. 현재 우리나라에는 부산 북항을 포함해서 인천항, 광양항, 여수항, 목포항, 거제 고현

---

[2] 홍성태는 한국사회의 성격을 토건국가로 규정하고 있다. 정치권, 행정부, 토건업체, 학계, 언론 등 다섯 집단이 '토건국가 복합체'를 이루고 있고, 이들은 공공적인 사업을 계속 시행해 사적인 이익을 끊임없이 추구한다는 것이다. 그 와중에 시민의 세금이 탕진되고, 부패가 만연하며, 국토가 파괴되고 있다. '토건국가 복합체'를 이루는 다섯 집단의 유착관계는 심각하다. 정치권과 토건업체의 정경유착, 정치권과 개발공사의 정관유착, 개발공사와 토건업체의 관경유착은 핵심적인 유착관계이며, 학계와 언론이 여러 개발사업을 합리화한다(홍성태, 2011: 126-7). 홍성태에 의하면, "토건연합은 거짓으로 진실을 은폐하고, 혈세를 탕진해서 자신의 이익을 추구한다. 그 결과 수많은 사람들이 삶의 터전에서 추방당하고, 소중한 국토가 망신창이로 파괴된다"(홍성태, 2011: 32). 신영철은 '건설부패 5각구조'라는 개념으로 위의 다섯 집단의 유착관계를 비판했으며(신영철, 2012a: 80-85), 윤일성도 부산의 대규모 난개발을 지속적으로 추구한 부산시의 도시행정을 '토건주의적 성장연합'이라는 이론적 개념으로 분석했다(윤일성, 2012b).
부산 북항재개발은 시민들이 접근하기 어려웠던 항만지역을 시민에게 되돌려준다는 취지로 시작된 사업이다. '시민의 이익'을 위해 시행하는 대규모 개발사업인 것이다. 과연 북항재개발이 '시민의 이익'을 위한 사업인지 아니면 '토건업체의 이익'을 위한 사업인지에 대해서 제대로 된 논의를 할 필요가 있다. 사업방식, 사업의 내용, 사업의 과정 등 북항재개발사업을 전반적으로 검토하면서 이 주제에 대한 결론을 내려야 할 것이다. 필자는 북항재개발사업이 겉으로는 '시민의 이익'을 내세우면서 실질적으로는 '토건업체의 이익'을 추구하는 사업으로 진행될 가능성을 우려한다. 시민의 자산과 세금이 사회적인 합의 없이 토건업체의 품으로 들어가는 것을 그냥 바라보고 있어야 하는가? 공공의 이익을 표방하면서 대규모 개발사업을 기획하고 추진하는 거대한 세력의 집단적 이익추구를 '깨어 있는 시민의 힘'으로 막아낼 수 있을까? 우리에게 그런 힘이 있을까? 이 논문이 '깨어 있는 시민의 힘'을 불러오는 조그만 계기가 되기를 바란다.

항 등 14개의 항만이 재개발대상 항만으로 계획되어 있다. 부산 북항재개발의 내용, 사업방식, 진행과정 등은 다른 지역의 항만재개발에 준거틀이 될 것이다. 그만큼 북항재개발은 대한민국 항만재개발에 있어서도 중요한 사업이다. 북항재개발을 잘하면 다른 항만재개발도 잘될 가능성이 높아지고, 반면 북항재개발을 엉망으로 하면 다른 지역의 항만재개발 역시 어려워질 가능성이 크다. 북항재개발은 여러모로 보나 선도적인 사업임이 틀림없다.

부산 북항재개발 마스터플랜은 2007년 7월 확정되었다. 마스터플랜이 확정되기 전까지 여러 가지 일이 있었다. 2004년 9월 노무현 대통령의 검토지시로 인하여 북항재개발사업이 본격적으로 시작되었고, 2년여가 지난 2006년 12월 최초의 마스터플랜(안)이 마련되었다. 이 마스터플랜(안)에는 사업지 중심부에 복합도심지구와 국제교류·업무지구를 두고 이 지구들을 고밀도로 개발하는 것으로 되어 있었다. 바다로부터 끌어올린 수로가 이 두 지구 내부를 가로질러 흐르게 하는 계획이었다. 2006년 12월 27일 북항재개발 종합계획 보고회에서 노무현 대통령은 이 마스터플랜은 부산시민을 위한 것이 아닌 것 같다는 취지의 발언을 했다. 모든 부산시민들이 편하게 와서 쉴 수 있도록, 가능한 한 공간을 비워서 친수공간으로 만들어보는 것이 좋겠다는 제안을 했다. 그 이후 수정1안과 수정2안을 가지고 부산시민을 대상으로 공론조사를 했고, 부산시민들은 친수공간과 저밀개발을 내용으로 하는 수정1안을 선택했으며(부산시민은 상업형 재개발이 아니라 친수형 재개발을 선호했다), 그것이 2007년 7월 현재의 마스터플랜으로 채택된 것이다. 그만큼 현재의 마스터플랜에는 사업자의 개발이익보다 부산시민의 공공이익을 더 중요하게 생각한 철학과 가치관이 담겨 있다. 또한 이 마스터플랜에는 아주 제한된 시민참여의 방법이지만, 공론조사를 통해서 부산시민들이 선택한 안이라는 의미도 담겨져 있다.

기존의 마스터플랜은 공공성을 기본가치로 하면서 시민에게 넓고 탁 트인 친수공간을 제공한다는 것을 확실히 보여준다. 해안부에 항만시설과 친수공간을 두고, 후면부에 배후시설을 두는 것을 공간계획체계의 기본틀로 하고 있다. 사업지 중심부에 대규모 수변공원을 만들어 시민들에게 접근성과 조망권을 확보해주는 안이다.

현재의 북항재개발은 위기에 처해 있다. 부산항만공사가 2012년 2월 22일 발표한 부산항(북항)재개발 계획변경안 때문이다. 부산시민의 공공이익을 핵심가치로 한 기존의 마스터플랜을 일거에 무력화시키는 안이기 때문이다. 사회적 합의를 통해서 만들어진 안을 지키지 않고, 무엇인지는 잘 모르겠지만 어떤 이유 때문에 부산항만공사가 다른 안을 들고 나온 것은 잘 이해가 되지 않는다. 사회적 합의를 내팽개치는 일에 누가 쉽게 동의하겠는가? 원칙과 상식을 벗어나서 반칙과 특혜의 가능성마저 보여주는 안이라고 판단된다. 앞으로 어떻게 될 것인가? 부산시민 모두 주의를 기울이고 잘 보아야 할 것이다. 겉으로는 부산시민에게 이익이 되는 일이라고, 공공성을 더 높이는 일이라고 주장하고 선전하지만, 내용을 잘 살펴보면, 사적인 이해와 연관되어 있는 경우가 많다. 특히 부산의 도시개발 사업에는 그런 경우가 꽤 있었다. 은근슬쩍 빨리 하고 싶어 하는 도시개발 사업은 그럴수록 공론의 장에서 꼼꼼히 따져봐야 한다. 겉으로는 공공의 이익을 내세우면서 속으로는 사적인 이해를 추구한다면 그것은 사특한 일일 것이다. 부산시민의 이익은 공공의 이익이고, 개발업자의 이익은 사적인 이익이다. 공식적으로는 부산시민의 이익을 내세우면서 본질적으로는 개발업자의 이익을 추구한다면 부산시민이 이 사업을 용납할 것인가?

이 글은 크게 네 부분으로 나누어진다. 첫째, 현재 북항재개발 마스터플랜의 형성과정을 다룬다. 사회적 합의를 통해서 상업형 재개발이 아닌 친수형 재개발로 결정된 과정을 정리한다. 둘째, 북항재개발 계획변경안이 나오게 된 과정과 내용을 비판적으로 검토한다. 상부시설 민간사업자 공모과정의 퇴행성, 그리고 부산항만공사가 발표한 북항재개발 계획변경안의 문제점을 검토한다. 셋째, 북항재개발 라운드테이블의 활동을 정리한다. 성과도 있었고 한계도 있었다. 제한적 성과라고 라운드테이블 활동의 결과를 정리한다. 넷째, 북항재개발을 위한 몇 가지 제안을 제시한다.

2. 북항재개발 마스터플랜의 형성과정: 사회적 합의와 친수공간

북항재개발사업은 2004년 9월 노무현 대통령의 지시사항으로 시작되었다. 2005년 말 북항재개발 마스터플랜수립이 착수되고, 1년 뒤인 2006년 12월 최초의 마스터플랜(안)이 발표되었다. 현재까지 지속되어온 북항재개발의 목표 3가지의 기본 골격이 이때 확정되었다. 첫째, 국제해양관광 거점개발, 둘째, 해륙교통의 요충지 개발, 셋째, 친환경/시민참여형 도시개발이다. 현재의 마스터플랜에는 업무거점개발이 첫 번째 목표에 추가로 들어가 있다. 위치는 현재 마스트플랜과 다르지만, 항만시설지구, 국제교류·업무지구, 복합도심지구, IT·영상·전시지구, 해양문화지구 등 5가지 지구를 설정했다. 해양문화지구와 IT·영상·전시지구를 사업부지의 좌우 측면에 배치하고, 복합도심지구와 국제교류·업무지구를 사업부지의 중심부에 두고, 아일랜드를 만들어 그곳에 국제여객터미널과 연안여객터미널 능 항만시설을 배치하는 계획이었다. 복합도심지구와 국제교류·업무지구를 가운데서 가로지르는 수로를 만드는 구상을 했다. 복합도심지구에는 주거 혹은 레지던스 기능이 들어가지만, 이는 콘도나 실버타운의 개념이지 아파트 주거는 아님을 명백히 했다. 이때까지만 해도 사업부지 어디에도 아파트를 넣는다는 계획은 없었다.

노무현 대통령은 2006년 12월 발표된 최초 마스터플랜(안)을 달가워하지 않았다. 너무 사업성에 치중한 계획이고, 고층·고밀도로 개발하는 계획이라는 것을 파악한 노대통령은 부산시민을 위한 친수공간 위주의 계획이 되어야 함을 강조했다. 모든 시민에게 이익이 골고루 돌아가야 한다는 점을 강조하면서, 부산시민을 위해 공간을 비워서 친수공간으로 조성하는 것을 제안했던 것이다. 북항재개발에 대한 노무현 대통령의 다음과 같은 발언은 친수공간을 핵심개념으로 한 마스터플랜을 만드는 데 큰 역할을 한 것으로 평가된다.

> 재개발은 두바이 모델과 시드니 모델로 나눌 수 있습니다. 전자는 상업·업무 기능이 주축이고 후자는 친수공간 중심의 재개발 표본으로 꼽힙니다. 두바이처럼 세계의 돈이 다 모이는 공간으로 재개발하면 부산시민들이 얻는 게 무엇입니까? 행복의 기준과 시민적 삶의 가치를 생각할 때 가까운 곳에 편히 쉬고 즐길 수 있는 공간을 갖는 게 더 낫지 않겠습니까? 지하철만 타면 슬리퍼를 신고도 가서 놀 수 있는 공간이 필요합니다(노무현 대통령 부산 북항재개발 종합계획 보고회 연설문, 2006년 12월 27일).

노대통령은 북항에서 부산시민들이 환경적 삶과 문화적 삶을 누리는 것이 북항을 통해 부산시민에게 행복을 주는 것이라고 생각했던 것이다. 이 마스터플랜(안)에 대한 노대통령 발언의 핵심은 '비우자, 비우자, 공간을 비우자, 친수공간을 위해서, 부산시민을 위해서'로 정리될 수 있을 것이다.[3] 또한 노대통령은 부산시민들에게 몇 가지 선택지를 제시해 북항재개발의 방향을 시민 스스로 선택하게 할 것을 제안했다.

---

3) "그냥 북항 확 비워 부산시민에게 선물할까 생각했더니 그림을 다 그려놓고, 물론 민자가 들어와야 하는데, 제일 걱정은 소위 친수공간이라고 하는 바다공간에 시민들이 봐서 시각적으로 공간적으로 친근하고 시원하게 느껴지는 공간을 확보해야 하는데, 시설물이 공간을 먹어버려 친수공간이 훼손되지 않을까 하는 우려가 좀 있습니다"(노무현 대통령 부산 북항재개발 종합계획 보고회 연설문, 2006년 12월 27일).

2007년 6월, 마스터플랜(안)의 기본설계를 변경한 〈수정1안〉과 〈수정2안〉이 제안되었고, 부산시민들을 대상으로 한 공론조사를 통해 부산시민들이 최종 마스트플랜을 선택하도록 했다. 부산시민들의 의견에 귀를 기울이고, 부산시민들과 더불어 토의하며, 부산시민들의 참여를 통해 부산시민들이 원하는 방향으로 마스터플랜이 결정되는 과정은 시민들에게 참신하게 다가왔을 것이다. 결국, 부산시민들은 상업형 개발안인 〈수정2안〉이 아니라, 탁 트이고 넓어서 시야가 시원한 친수공간이 키워드로 들어가 있는 〈수정1안〉을 선택했다. 한편, 〈수정1안〉을 택한 부산시민들은, 북항에 대한 시민접근성 제고, 시민휴식공간 확충, 그리고 환경이 우선시되는 개발 등 3가지 사항이 개선되어야 한다고 요구했다. 2007년 7월 7일 〈수정1안〉이 최종 마스터플랜으로 선정되었다.

　2007년 6월에 시행된 북항재개발 공론조사는 중요한 의미를 갖는다.[4] 행정관료나 관련 전문가들이 아니고, 부산시민이 마스터플랜을 최종적으로 결정하는 주체가 된 것이다. 일정기간 학습과 토의과정을 거치고 난

---

4) 공론조사(deliberative opinion poll)는 단순한 여론조사와 달리, 조사대상자들이 특정 이슈에 대해 충분한 정보를 제공받으면서 학습과 토론의 장을 통해 의견을 개진하게 하여, 이를 통해 공론을 확인하는 조사방법이다. 북항재개발 마스터플랜을 결정하기 위하여 2007년 6월 한 달 동안 '숙의과정을 거친 여론조사'인 공론조사가 시행되었다. 먼저 부산의 지역별, 성별, 연령별 인구 구성비를 고려해서 표본 추출한 부산시민 1,099명을 대상으로 1차 설문조사가 실시되었고(6월 12일부터 18일까지 면접조사), 이후 자료집을 배포하고, TV토론 프로그램 시청을 권유하고 난 다음, 이들 중 77명이 토론회에 참석하여 의견을 나누었으며(표본의 10%에 해당하는 110명에게 토론회 참석을 요청했으나 77명만 참석), 토론회를 담은 동영상을 배포하면서 시청할 것을 요청한 다음, 최초 표본 1,099명 중 숙의과정(자료집 학습, TV토론 프로그램 시청, 토론회 참석, 토론회 동영상 시청 등)에 참여한 544명을 대상으로 2차 설문조사를 실사하였다. 전체토론과 8개의 분임토론으로 구성된 토론회는 6월 23일(토) 벡스코에서 오전 9시부터 오후 5시까지 이루어졌다. 77명의 부산시민들이 참석해서 열띤 토론을 한 것으로 알려져 있다. 북항재개발에 대한 학습과 토론의 과정을 거친 후, 6월 29일부터 7월 1일까지 시행된 2차 설문조사에서 조사대상자 544명 중 56.8%가 〈수정1안〉을 선택했다(부산항만공사, 2007).

다음 시민들 스스로 선택한 마스터플랜은 높은 수준의 정당성을 가질 수밖에 없다. 시민들 스스로 선택한 계획안의 골격을 누가 무슨 이유로 훼손할 수 있을 것인가? 북항재개발 개발계획에 대한 부산시민들의 합의가 이루어졌으며, 이 사회적 합의는 존중되어야 하는 것이 마땅하다고 생각한다.

2007년 7월 7일 확정된 현재 마스터플랜(〈그림 1〉과 〈그림 2〉 참조)의 핵심내용은 다음과 같다. 첫째, 전체 사업부지 1,537,000m² 중 유치(분양)시설용지는 344,681m²(22.6%)이고 공공시설용지는 1,182,566m²(77.4%)이다. 총사업비는 8조 5천억 원이며, 중앙정부와 부산항만공사가 기반시설에 2조 원을 투자하고, 민간자본 6조 5천억 원을 유치해서 상부시설을 건립한다. 둘째, 친환경 항만재개발이라는 목표를 분명히 했으며, 이를 위해서 친환경 워터프론트를 조성하고, 시민참여형 항만재개발의 모델을 만들어나간다는 전략을 세웠다. 셋째, 친수형 개발이다. 아일랜드 주위 수변공간 중심부에 공원 4개를 연속적으로 배치하여 공원을 대규모 개방형 공원으로 조성하며, 이를 통해 친수공간으로 접근을 쉽게 하고, 조망권을 고려하여 경관조망을 확보했다. 넷째, 해변부에 항만(항만시설, 복합항만지구), 친수공간(공원 4개), 문화공간(해양문화지구)을 배치하고, 후면부에 복합도심지구, IT · 영상 · 전시지구, 상업 · 업무지구를 두었다. 부산역과 수변공원 사이에는 크기 42,373m²의 광장(교통센터 및 주차장 포함)을 계획했다(〈북항재개발사업계획 및 사업구역 지정고시〉, 국토해양부 2008-164호, 2008년 5월). 부산역에서 광장을 건너, 공원을 지나, 바다가 있는 친수공간으로 가는 것이다. 탁 트인 시야가 확보되는 것이다.[5]

---

5) 2007년 7월 마스터플랜과 2008년 5월 〈사업계획 및 사업구역 지정고시〉에는 42,373m²의 광장이 토지이용계획에 들어가 있었다. 공공시설용지 안에 광장이라는 항목이 있고 비고 난에 교통센터 및 주차장이라고 되어 있다. 광장의 일부 부지를 교통센터와 주차장으로 사용한다는 의미이다. 이 광장은 2008년 10월 25일 〈도시관리계획결정조서〉에서 복합환승센터로 변경되었다. 광장이 사라진 대신, 부산역과 해양문화지구를 연결하

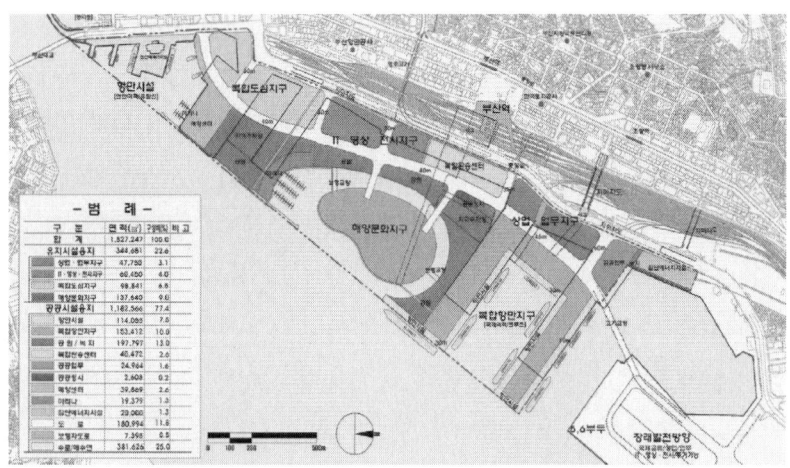

〈그림 1〉 북항재개발 최종 마스터플랜 지구배치도(2008년 11월)

〈그림 2〉 북항재개발 최종 마스터플랜 조감도

2008년 11월 북항재개발 실시계획이 승인 고시되었고, 2010년 실시계획이 부분적으로 변경되었다. 현재 실시계획과 지구단위계획에 들어가 있는 지구별 중요한 내용을 살펴보면 다음과 같다. 첫째, 복합도심지구 건축물 용도계획을 보면, 공동주택을 설치할 경우 공동주택시설 면적의 합이 전체시설면적의 40% 이내의 경우에 한하여 허용한다고 되어 있다.[6] 둘째, IT·영상·전시지구 건축물 용도계획을 보면, IT·영상산업의 집적과 문화지구를 조성하기 위하여 전체시설면적의 40% 이상을 문화 및 집회시설을 설치할 것을 권장하고 있다. 주거시설은 허용되지 않는다. 셋째, 해양문화지구에는 랜드마크와 문화시설이 들어서며, 주거시설은 허용되지 않는다. 랜드마크의 건폐율은 40% 이하, 용적율은 600% 이하이며, 문화시설의 건폐율은 60% 이하, 용적율은 300% 이하이다. 랜드마크와 문화시설 모두 해안변의 위압적 경관을 형성하지 않도록 하기 위하여 고층 건폐율을 10% 이하로 하도록 되어 있다. 넷째, 복합환승센터에 주거시설은 허용되지 않는다. 다섯째, 공원과 녹지를 보면, 4개의 공원(193,205m^2)과 1군데의 녹지(에너지시설 인근, 4,982m^2)가 있고 이를 합하면 공원과 녹지의 면적은 197,872m^2이다. 다섯째, 마리나시설은 19,379m^2이며, 해양문

는 보행데크에 옥상광장을 만드는 것으로 되어 있다. 현재 마스터플랜에는 그 자리에 40,472m^2 크기의 복합환승센터가 들어서는 것으로 되어 있으며, 2012년 부산항만공사가 발표한 계획변경안에는 디지털미디어부지와 환승센터로 나누어져 있다. 우리의 광장은 어디로 갔는가? 언제 누구에 의해서 복합환승센터로 바뀌었는가? 이제는 디지털미디어부지에 방송국건물을 세운다고 하니, 광장이 시설물에 잡아먹힌 형국이다. 광장 어느 부지에 교통센터와 주차장이 들어가기로 되어 있었는데, 교통센터와 주차장이 복합환승센터로 바뀌면서 광장은 토지이용계획에서 사라졌다. 우리의 잃어버린 광장을 어떻게 할 것인가? 부산시민들이 선택한 최종 마스터플랜에 들어 있었던 광장이 어느 틈인가 어떤 사람들에 의해서 시설물이 들어서는 부지로 바뀌어버렸다. 이 과정에 대한 자세한 해명이 있어야 할 것으로 생각한다.

6) 공동주택은, 정확히 말하면, 복합도심지구 전체면적의 40%까지가 아니라, 복합도심지구 전체시설면적의 40%까지 허용된다. 특별한 규정이 없는 한, 시설은 건축법 시행령 〈별표 1〉에 나와 있는 시설에 따르는 것이 통례이다.

화지구의 좌측 건너편에 위치한다. 마리나의 용도는 항만법 제2조 6호 항만시설로 지정되어 있으며, 그 이외의 용도는 허용되지 않는다. 마리나는 건폐율 20% 이하, 용적율 80% 이하, 높이 4층 이하로 지정되어 있다. 여섯째, 복합항만지구와 그 뒤편에 위치한 상업·업무지구에 주거시설은 허용되지 않는다.

3. 북항재개발 변경안에 대한 비판

1) 민간사업자 공모: 건설업체의 이익과 사회적 합의 폐기 시도

2009년 5월 부산항만공사는 북항재개발 유치시설용지 344,681m^2를 개발할 민간사업자를 공모한다고 발표했다. 상부시설 공사에 드는 총사업비가 6조 5천억 원인 매머드급 PF(프로젝트 파이낸싱)사업으로서, 2007년 용산국제업무지구 이후 최대 규모의 건설프로젝트였다. 중앙동 부산롯데타운과 시너지 효과를 낼 수 있는 사업이기에 북항재개발에 관심이 많았던 롯데건설이 주간사가 된 롯데건설컨소시엄이 공모에 참가할 것이라고 예상했지만, 2009년 9월 사업신청 마감기간까지 사업을 신청한 곳이 한 군데도 없었다. 2009년 9월 민간사업자 공모가 유찰된 이유는 크게 두 가지인 것으로 논의된다. 첫째, 2008년 세계금융위기의 여파로 국내 금융권의 신용경색이 2009년에도 계속 이어져서 PF조성이 어려운 상황이었다. 불확실한 경기상황으로 인하여 2009년 하반기에 재무투자자나 건설업체들도 대규모 PF에 참여하기 어려웠던 것이다. 둘째, 건설업체들에게 북항재개발사업의 사업성이 불투명한 것으로 여겨졌다. 건설업체들은 매입해야 할 토지의 가격과 주거비율의 수준이 사업성을 떨어뜨린다고 판단한

것이다.[7]

민간사업자 공모에 실패한 부산항만공사는 〈북항재개발사업 민간투자 활성화를 위한 토론회〉를 두 차례 개최했다. 첫 번째 토론회는 2009년 11월 25일, 두 번째 토론회는 2010년 3월 17일 개최되었다. 첫 번째 토론회에는 김홍관 동의대 교수, 성익제 (주)삼안 이사, 봉종현 제이원건축사, 강인중 삼일회계법인 상무보 등 4명이 주제발표를 했고, 두 번째 토론회에서는 김홍관 동의대 교수와 성익제 (주)삼안 이사가 주제발표를 했다. 두 차례 모두 10명 이상의 토론자들이 토론을 했다. 김홍관 동의대 도시공학과 교수의 두 번에 걸친 발표는 철저하게 민간사업자인 건설업체의 입장을 대변하는 것이었다. 김홍관 교수가 제안한 핵심 내용을 정리하면 다음과 같다.

첫째, 주거시설을 확충함으로써 민간사업자에게 사업성을 보장해주어야 한다. 주거, 업무, 상업, 문화, 여가 등의 기능을 단일 건물에 넣는 복합

---

[7] 건설경제신문(CNEWS)의 양충렬 기자는 〈8조원대 부산북항 재개발PF '외면'〉이라는 기사에서, 북항재개발 민간사업자 공모가 유찰된 이유를 건설업계의 입장에서 다음과 같이 설명한다. "업계는 이번 유찰사태에 대해 이미 예고된 것이나 다름없다는 반응이다. 사업의 불확실성이 너무 높아 도저히 계획을 마련할 수 없었다는 것. 우선 토지가의 경우 공사는 확정 금액을 제시하지 않고 5년 뒤에 감정평가를 통해 결정하자는 안을 내놓았다. 현재 1조 4,000억 원 정도로 평가되는 토지가격이 개발호재를 업고 20%만 올라도 민간사업자는 무려 2,800억 원의 추가 비용이 발생하는 셈이다. 이와 함께 과다한 상업시설과 업무시설 비율도 발목을 잡았다. 이번 사업에서 주택비율은 14% 정도에 불과하며 나머지 시설을 상업·업무·문화시설로 채우도록 되어 있다. 서울도 아닌 부산에서 그만한 시설수요가 발생할 가능성은 지극히 낮은 것으로 업계는 내다보고 있으며, 부지 내에 조성되는 대형 해양공원 등을 감안하면 차라리 주거시설 비율을 늘리는 게 맞다는 게 업계의 중론이다. 특히 부산항만공사는 이런 여론을 감안해 대안을 제출할 수 있다는 조항을 끼워넣긴 했으나 제출된 대안을 받아들이겠다는 보장은 어디에도 없다. 대안을 갖고 사업을 신청했다 공사가 이를 수용하지 않을 경우 입찰보증금 700억 원만 날릴 수 있다는 위기감이 이번 사업을 외면하게 된 결정적인 이유라고 업계는 입을 모은다"(건설경제신문, 2009.9.20). 결국, 민간사업자 공모를 유찰시킴으로써, 건설업계는 부산항만공사에게 북항재개발사업에서 민간사업자에게 매각할 토지의 가격을 더 낮추고, 전체 주거비율을 더 높일 것을 요구한 셈이다.

용도개발이 추세이기 때문에, 북항재개발사업지 가운데 복합도심지구, IT · 영상 · 전시지구, 상업 · 업무지구에 복합용도개발을 시도한다. 이 제안은 복합도심지구에만 주거기능이 들어가는 것이 아니라, 이 세 지구에 모두 아파트를 넣어 주거단지의 확장을 모색하고 이를 통해 전체적으로 주거비율을 높이는 것을 의미한다. 생활거주공간이 부족해서 야간공동화가 될 것이라는 주장도 세 지구를 복합용도로 개발해야 한다는 근거로 활용된다. 둘째, 민간사업자에게 토지이용계획 변경 권한을 주어야 한다. 중앙정부인 국토해양부가 북항재개발 〈기본계획〉과 〈지구단위계획〉은 수립하는데(현재는 해양수산부의 관할임), 이 때문에 민간사업자가 창의성을 발휘하기 어렵다. 민간사업자의 창의성을 유발하기 위해서 그리고 민간사업자에게 사업성을 높여 주기 위해서 민간사업자의 토지이용변경 제안을 수용하여 개발계획안을 재수립할 필요가 있다. 셋째, 민간사업자에게 매각할 토지의 분양가를 낮추어서 공급하고, 사업종료기간을 늦추어 주어서 민간사업자의 재량을 더 보장해 주어야 한다. 이 세 가지 제안은 민간사업자와 건설업체의 이익을 적나라하게 반영하는 안이다. 부산시 도시계획위원회의 위원인 김흥관 교수가 건설업체와 부동산개발업자의 입장을 반영하는 이와 같은 주장을 한 것은 비판받아야 할 것이다.[8]

---

8) 필자는 다른 글에서 부산시 도시계획위원회의 개혁을 강하게 주장한 바 있다. 부산시민이 아니라 개발업자나 건설업체의 편에서 중요한 도시계획 결정을 하는 경우가 많기 때문이다. 부산시 도시계획위원회의 인적구성과 운영방식에 대한 전면적인 개혁이 필요하다. "부산시 도시계획위원회와 건축위원회는 개혁되어야 한다. 도시계획에서 공공성을 담보하는, 공공성을 지켜가는 최후의 보루가 되어야 할 곳이 이 두 위원회이다. 하지만 현실은 전혀 그렇지 못하다. 그동안 이 두 위원회는 부산시의 중요한 도시개발 사업에 대해서 올바르게 심의하지 못했다. 한마디로 말하면, 개발업자의 편에서 심의를 해왔다고 해도 과언이 아니다. 돈과 탐욕과 권력과 불의에 타협하는 심의를 멈추어야 한다. 위원들은 이런저런 관계를 떠나 자신의 이익을 넘어서서 내의를 고민해야 한다. 개발업체의 이익보다 부산시민의 공익을 추구한다는 입장을 명확히 해야 하는 것이다. 도시계획위원회와 건축위원회, 이 두 위원회의 조직 구성과 운영에 대한 전면적인 혁신이 필요하다. 위원회의 구성과 운영에 있어 일대 쇄신이 필요하다. 여기에는 인적쇄신이 반드시

성익제 (주)삼안 이사는 2010년 3월 17일 개최된 북항재개발 민간투자 활성화를 위한 두 번째 토론회에서 〈민간사업자 사업제안서 작성을 위한 발전방안〉이라는 제목으로 발표를 했다. 성익제 이사는 성공적인 민간사업자 공모를 위해서 세 가지 제안을 한다. 첫째, "민간사업자 재공모기준(지침)은 정부, 부산항만공사, 민간사업자, 시민의 공감대를 전제로 한다(기존 사업계획의 취지를 유지한다)." 둘째, "민간제안자는 북항재개발 사업의 목표에 부합하고 공공성, 사업성이 조화되는 사업계획 대안을 제시하는 것이 필요하다." 셋째, "민간의 창의적 아이디어 수립을 위해서는 유연하고 융통성 있는 공모지침이 필요하다." 이 발표에서 성이사는 연안여객부두 일부 매립과 복합용도개발이라는 개발방향을 제시했고, 재공모 시 토지이용계획 대안작성 구역과 외곽호안 경계 준수 구간을 제안했다. 공모에 응하는 민간사업자가 제시할 토지이용계획 대안작성 구역이 구체적으로 제시되었고, 이 사안은 조금 바뀐 외곽호안 경계 준수 구간과 함께 2011년 4월 발표된 두 번째 민간사업자 공모지침에 그대로 반영된다.[9]

민간투자 활성화를 위해 두 번 개최된 토론회의 결과보고서를 보면, 다음과 같은 사항들을 논의하고 정리한 것으로 보인다. 첫째, '시민들이 이해(동의)할 수 있는 범위 내에서' 사업계획 조정을 해야 한다. 둘째, 주거

포함되어야 한다"(윤일성, 2012b: 231).

9) 두 번의 토론회에 건설업체를 대표해서 나온 토론자들은 주거비율을 획기적으로 높이는 것을 주장했고, 차진구 부산경실련 사무처장과 박인호 항사모(부산항을 사랑하는 시민모임) 대표는 북항재개발에서 주거기능이 강화되는 방안을 비판했다. 특히 차진구 사무처장은 민간투자 활성화를 위하여 계획의 여러 부분을 변경하는 것에 대하여 비판적인 입장을 견지했다. 대체적으로 여러 토론자들은 계획변경이 필요할지는 모르겠지만, 꼭 필요하다고 판단된다면 부산시민들에게 동의를 얻어야 한다는 것에 의견을 같이 한 것으로 보인다. 김종철 부산시원도심개발팀장은 민간투자를 유치하기 위해서 조건을 완화하는 것은 난개발을 불러올 수 있다는 점을 지적하면서, 민간사업자를 서둘러서 선정할 필요가 없음을 강조했다.

비율 조정에 대해서는 결론을 내리지 않고 더 심도 깊은 논의를 해야 한다. 셋째, 연안여객부두를 일부 매립해서 공원과 문화시설을 도입한다. 넷째, 민간사업자 공모는 단계별로 분리해서 시행한다(부산항만공사, 〈북항재개발사업 민간투자 활성화를 위한 토론회 결과 보고〉, 2009.11.25; 2010.3.17).[10]

부산항만공사는 2010년 5월 북항재개발 상부시설 민간사업자를 재공모하려고 준비했지만, 2010년 7월 이 계획을 무기한 보류했다. 당시 언론에 알려진 바에 의하면, 부산항만공사는 북항재개발 전체 개발대상지를 세 구역으로 나누어서 단계별·구역별 개발을 추진하기로 했다. 1구역에는 복합도심지구, IT·영상·전시지구, 연안여객부두지구가 속하고, 2구역에는 복합항만지구가 들어가 있으며, 3구역에는 해양문화지구가 속한 것으로 알려졌다. 세 구역 전체를 개발할 민간사업자를 공모하지 않고, 1구역부터 먼저 공모를 하겠다는 전략인 것이다. 그러나 국내 PF 부실사태가 문제가 되면서 은행의 PF대출비리 사건이 겹치고, 수도권 대형 PF사업이 좌초될 위기에 처한 상태에서 북항재개발 PF사업 공모가 어렵다고 판단한 국토해양부와 부산항만공사는 민간사업자 재공모 일정을 늦추기로 결정했던 것이다.

2011년 4월 부산항만공사는 북항재개발 상부시설 민간사업자 재공모를 발표했다. 공모지침서를 보면, 1차 공모 유찰 후 건설업체들이 계속 요구해온 사항들이 대폭 반영된 것을 알 수 있다. 토지이용계획 변경(계획변경)은 건설업체들의 주된 요구사항 가운데 하나였다. 민간사업자가 대안 토지이용계획을 낼 수 있도록 허용하는 토지이용계획 대안 작성구역이

---

10) 토론회에서 마리나 시설에 대한 입장정리가 참 묘하게 되어 있다. 첫 번째 토론회에서는 마리나시설이 일부 계층을 위한 시설이고 선박사고가 우려되므로 사업계획에서 마리나를 제외하는 것을 검토해야 한다고 했지만, 2차 토론회에서는 이것에 대한 입장정리가 빠져 있다. 아마 이것은 두 번째의 토론회가 열릴 무렵 싱가폴 마리나 운영회사인 SUTL이 부산항만공사에 북항 마리나시설에 대한 투자의향을 표시했던 것과 관련이 있어 보인다.

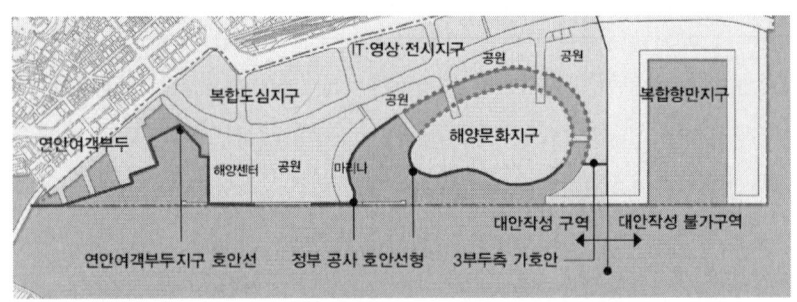

〈그림 3〉 북항재개발 토지이용계획 대안 작성구역 제시(공모지침서, 2011.4)

건축설계사무소인 (주)삼안의 제안대로 공모지침에 들어갔다(〈그림 3〉 참조). 단계별·지구별 분할 공모, 민간사업자의 토지이용계획 대안 제안, 매각 토지가격 인하, 사업기간 추후 협상 등 김흥관 교수가 민자유치 방안으로 제안한 사항들 역시 공모지침에 상당 부분 반영된 것으로 보인다.

결국, 2009년 9월 북항재개발사업 유치시설용지 개발사업자 공모가 유찰된 이후, 2011년 4월 재공모를 할 때까지 1년 반 동안 부산항만공사, 건설업체, 건축설계사무소, 그리고 건설업계와 관련을 맺고 있는 도시계획 전문가들을 중심으로 민간사업자를 유치하기 위한 조건들을 완화하는 논의가 이루어졌고, 건설업체를 위한 이런 논의들이 2011년 4월 발표된 민간사업자 공모지침서에 대폭 반영된 것이다. 민간사업자 공모지침서는 아주 중요하다. 민자유치사업의 방향과 내용의 핵심적 사항들이 들어가 있기 때문이다. 부산항만공사는 2011년 4월 민간사업자 공모를 발표할 때 이미 북항재개발 토지이용계획의 근간을 뒤흔들 의도를 가지고 있었던 것으로 보인다. 부산시민의 선택과 사회적 합의를 통해서 만들어진 현재의 마스터플랜의 기본내용을 변경하고자 한 것처럼 보인다. 물론 이런 시도는 건설업체들과, 건설업체와 연관이 있는 도시계획 전문가라는 사람들의 요구가 받아들여진 결과일 것이다. 중심부의 탁 트인 수변공원을 해체하고, 민간사업자에게 수익을 남길 기회를 더 만들어주는 구상을 하지 않았다면, 토지이용계획 대안작성 구역을 그런 식으로 만들어서 공모지침서에 넣지 않았을 것이다. 2011년 4월 발표한 2차 공모의 내용은 부산항만공사, 건설업체, 건축설계사무소, 건설업체와 관련된 도시계획 전문가들의 합작품으로밖에 볼 수 없다. 민간사업자의 수익성을 높여주기 위해서 기존 마스터플랜의 근간을 바꾸려고 시도하는 이 과정에서 부산시민들의 목소리는 빠져 있다. 부산시민들에게 잘 알리지도 않았다. 시민들의 이해와 동의를 구하지도 않았다. 부산시민들이 선택한 기존 마스터플랜을 이런 방식으로 흔드는 것이 과연 옳은 일인가? 개발을 통해서 이해를 같이 하는 사람들이 건설업체의 이익을 위해서, 부산시민들의 의견을 제대로 구하지도 않고, 계획의 중요한 부분을 변경하려고 시도하는 것은 큰 문제가 아닐 수 없다. 부산시민들이 잘 모르는 사이에, 이미 이해를 공유한 사람들이 따로 모여 북항재개발에 참여하는 민간건설업체들의 수익성을 높이기 위한 단계를 하나하나 밟아나갔던 것이다. 참으로 애통한 일이다. 누가, 어떤 사람들이, 어떤 기관들이 부산시민들의 사회적 합의로 만들어진 현재의 북항재개발 마스터플랜을 변경해서 건설업체들의 이익을 도모하고 있는지 면밀히 밝혀야 할 것이다.

북항재개발 상부시설 민간사업자를 선정하기 위한 2차 공모지침(2011년 4월)의 중요한 내용들은 다음과 같다. 첫째, 상부시설 전체를 개발하는 민간사업자를 공모하는 방식이 아니라 단계별·지구별로 나누어서 민간사업자를 공모하는 방식을 채택했다. 이번에는 복합도심지구(98,841m^2), IT·영상·전시지구(60,450m^2), 민간제안지구(16,000m^2) 등 세 지구의 공급대상토지 175,291m^{2}를 먼저 개발하는 민간사업자를 공모하는 것이다. 지금 한창 매립과 부지조성공사가 진행 중인 이 지역은 2013년 12월 이후에 조성된 토지에 대한 사용이 가능하다. 즉, 2014년부터 상부시설 공사가 진행될 수 있는 것이다.

둘째, 민간사업자에게 토지이용계획 변경의 기회를 준 것이다(〈그림 3〉

참조). 이는 곧 민간사업자의 수익성을 높이는 방향으로 계획변경을 시도하라는 것을 의미한다. "사업신청자는 제3절의 작성기준에 의거하여 당초 토지이용계획을 개선한 창의적인 토지이용계획 대안을 작성하여 사업계획서에 포함하여 제출하여야 한다"(공모지침서 제10조 ①). "대안작성 구역 중 공급대상토지인 복합도심지구 및 IT·영상·전시지구는 본 공모가 규정하는 범위 내에서 사업계획 및 도시관리계획에 대한 변경대안을 제시할 수 있다"(공모지침서 제8조 ①-3). "대안작성 구역 중 해양문화지구는 사업목표에 부합하고 수요창출이 가능한 전략핵심시설을 포함하여 제안하여야 하며, 우선협상대상자가 제안한 전략적 핵심시설이 집객효과가 크고 수요를 창출할 수 있는 앵커시설이라 판단될 경우 사업협약 시 상호 협의하여 세부추진계획을 수립할 수 있다"(공모지침서 제8조 ①-5). "경관수로는 해양문화지구(타 부지와 일부 연계 가능)를 아일랜드형태로 계획하는 범위에서 선형 및 면적 등의 조정은 가능하다"(공모지침서 제8조 ②-2). "해양문화지구 내 문화시설부지는 당초 사업계획 상의 위치를 준수하되, 정부 발주 외곽호안을 유지하는 범위 내에서 경관수로 변경에 다른 부지의 형태 조정은 가능하다"(공모지침서 제8조 ②-2-1). 위와 같은 5가지 조항을 볼 때, 부산항만공사는 2차 공모를 할 때부터 이미 복합도심지구와 IT·영상·전시지구의 이전배치, 경관수로의 변경, 해양문화지구의 형태변화, 해양문화지구에 들어가는 앵커시설 등에 대한 구상을 가지고 있었던 것으로 보인다. 이런 구상은 민간사업자에게 사업성을 높여주기 위한 것임에 틀림없다.

셋째, 기존 마스터플랜에 없었던 민간제안지구($16,000m^2$)를 설정하여 민간사업자로 하여금 민간제안지구에 공동주택을 지을 수 있도록 하였다. 관련 조항은 다음과 같다. "복합도심지구 및 민간제안지구에 대한 공동주택 비율은 공급대상토지 시설면적 합의 40% 이내로 계획을 수립하여야 한다." 민간사업자로 선정된 GS건설컨소시엄이 제출한 사업계획 변경안을 보면, 공모지침에서 허용한 민간제안지구를 관광유통지구 (16,529m²)라는 이름으로 전체 사업부지 정중앙 위치에 배치했다. 아파트가 들어간 고층의 복합용도 건물이 이 지구에 계획되어 있을 거라고 짐작된다. 북항재개발사업지 중심부의 관광유통지구에 전체시설면적 중 아파트 면적이 40%까지 달하는 복합용도의 주상복합단지가 세워질 가능성이 크다. 부산항만공사는 무슨 근거로 민간제안지구 16,000m²(±10% 내에서 조정가능)를 토지이용계획 대안에 넣으라고 했는지 밝혀져야 할 것이다.

넷째, 1차 공모 시와는 달리, 건설업체들의 요구를 받아들여, 토지가격을 낮출 수 있는 방식으로 토지를 매각하고,[11] 사업기간 역시 건설업체에게 유리하게 유연하게 조정할 수 있도록 했다.[12] 경실련 국책사업감시단장 신영철에 의하면, "(부산 북항재개발사업에서) 토지가격을 정액방식이 아니라, 낙찰률방식으로 적용한 것은 공공소유의 토지를 민간사업자 (SPC)에게 매우 싸게 팔려는 특혜 의혹이 있다"(신영철, 2012b). 그는 "감정 (鑑定)가격은 감정(感情)에 의하여 결정되는 가격"이라는 말로, 현재 토건

---

[11] "토지매매대금은 토지매매계약 체결시점에 각각의 해당부지에 대한 감정평가를 실시하여 그 감정가격에 개발업자가 제출한 제1항의 토지가격낙찰율을 적용하여 산출된 가격으로 결정한다"(공모지침서 제40조 ②). 한편 부지별 사업기간이 끝날 때까지 토지대금을 분할납부할 수 있도록 되어 있다(공모지침서 제39조 ②). 2009년 5월 있었던 1차 공모에서 BPA는 각 지구마다 적용단가와 기준가격을 제시했다(부산항만공사, 2009b: 13). 각 지구별 m²당 기준가격은 다음과 같다. 복합도심지구(4,300,000원), IT·영상·전시지구(2,735,000원), 상업업무지구(4,400,000원), 해양문화지구(4,865,000원). "토지가격낙찰률을 적용한 감정가격"으로 토지매매계약을 체결하는 것은 1, 2차 공모에서 같지만, 2차 공모에서는 1차 공모 때 제시되었던 적용단가와 기준가격이 삭제되었다. BPA가 2차 공모에서 매각토지에 대한 적용단가와 기준가격을 제시하지 않은 것은 토지가격의 인하와 관련이 있어 보인다. 감정평가를 어떻게 하느냐에 따라 다르겠지만, 해당부지에 대한 감정평가는 시가에 못 미치는 경우가 종종 있다. "토지가격낙찰률을 적용한 감정평가" 자체가 민간사업가에게 유리한 토지매각 방식이 아닌지 검토해볼 필요가 있다고 생각한다.

[12] "사업기간은 사업협약으로 정하되, 본 사업의 목적달성을 위하여 필요한 경우 BPA와 개발사업자는 상호협의하여 사업기간을 조정할 수 있다"(공모지침서 제4조 ④-2).

국가의 성격을 가진 한국의 상황에서는, 감정가격과 낙찰률방식으로 북항재개발 부지를 매각하는 것은 민간사업자인 GS건설컨소시엄에게 유리한 방식이라고 주장했다.

다섯째, 민간사업자와 부산항만공사가 사업협약을 체결하고 난 다음, 공동으로 특수목적회사인(SPC)인 프로젝트회사(PFV)를 설립하여 사업을 수행한다. 부산항만공사는 19%의 지분을 가진다. 공모지침서를 보면, 프로젝트회사의 자기자본금은 단계별 총사업비의 5% 이상 되어야 한다고 되어 있다. 총사업비에 대한 프로젝트회사의 자기자본금 비율 5%라는 것도 아주 낮은 수주이지만, 단계별 총사업비의 5%라는 것도 어떤 단계를 근거로 하는 것인지 모호하고, 자기자본금 출자시기를 건축착공 신고일까지로 늦춘 것도 문제가 있는 것으로 판단된다.[13] 부산항만공사가 프로젝트회사의 지분을 19% 가지는 것에 대한 논란이 있을 수 있다. 상부구조 건설은 이 프로젝트회사의 책임 하에 시행되는데, 아마 경영권은 지분의 반을 확보한 건설업체로 넘어갈 가능성이 크다. 복합도심지구, IT · 영상 · 전시지구, 민간제안지구(관광유통지구)의 상부시설 건설을 책임진 프로젝트 회사의 경영권을 건설업체가 확보하면, 앞으로 수익성을 높이기 위해서 세 지구에 대한 계획변경을 끊임없이 요구할 가능성이 크다. 이 지구들에 공공성을 담보하는 기능들은 갈수록 더 약화되고, 수익성을 위한 시설들이 늘어날 것이라고 생각한다. 부산항만공사는 경영권을 확보하지 못한 채 어떻게 프로젝트회사를 통제할 수 있을 것인가? 사업이 종료될

---

13) 한국에서 부동산개발업자, 건설업체, 금융기관이 공동으로 출자하여 설립한 프로젝트회사(PFV)는 자기자본금을 얼마 출자하지도 않은 채 부동산개발사업을 추진하는 경우가 많다. 그래서 총사업비에 대한 자기자본금의 비율이 상당히 낮다. 김경민에 의하면, 미국의 경우 총사업비의 20% 이상을 자기자본으로 확보하고 난 다음 사업을 진행하는 데 반면, 한국의 경우 자기자본금 비율이 5%도 되지 않는 프로젝트회사가 많다고 한다. 그래서 사업의 기반이 안정적이지 못하다(김경민, 2011). 부산항만공사와 민간사업자가 공동으로 만드는 프로젝트회사에 대한 고민을 더 깊이 해야 할 것이다.

때까지 끊임없이 계속되는 건설업체의 계획변경 요구를 부산항만공사는 어떻게 관리할 수 있을 것인가? 과연 부산항만공사가 부산시민을 위한 공공성을 지켜야 한다는 기치를 가지고 수익성을 추구하는 건설업체들을 통제할 수 있는가? 그런 의지와 능력을 가지고 있는가? 여기에 대해서 깊이 고민해야 할 것이다.

2) 북항재개발 계획변경안: 탐욕과 불의가 결탁하는가?

북항재개발 상부시설 민간사업자 재공모(북항재개발사업지내 유치시설용지 개발사업자 공모)에는 GS건설컨소시엄이 단독으로 참가신청을 했고, 2011년 8월 18일 부산항만공사는 GS건설컨소시엄을 우선협상대상자로 선정했다. GS건설컨소시엄은 GS건설, 현대건설, 대림산업, STX건설 등 국내 대형 건설사들로 이루어져 있다(〈그림 4〉 참조). GS건설컨소시엄이 제출한 사업계

〈그림 4〉 GS건설컨소시엄 참가 건설사

획서에는 토지이용계획 대안이 포함되어 있다. 부산의 시민사회에서는 몇 차례에 걸쳐 GS건설컨소시엄이 제안한 토지이용계획 변경안을 구하려고 부산항만공사에 문의했지만 받을 수가 없었다. 부산참여자치시민연대는 이와 관련하여 부산항만공사에 정보공개청구를 두 차례 했지만 검토 중, 협의 중이라는 이유로 GS건설컨소시엄의 토지이용계획 변경안을 받지 못했다.

2012년 2월 22일 부산항만공사는 GS건설컨소시엄에서 제안한 계획변

경안을 조정한 협의안을 부산항만공사의 계획변경안으로 발표하였다.[14] 부산항만공사가 〈부산항(북항) 재개발사업 사업계획 변경안〉을 발표한 다음 날 부산참여자치시민연대는 부산항만공사의 계획변경안에 반대하는 성명서를 발표했다. 부산경실련은 2주 후 부산항만공사의 계획변경안이 지닌 문제점들을 조목조목 지적하는 문건을 발표했다.

> 어제 발표된 북항재개발 토지이용계획 변경안은 충격적이다. 부산시민을 위한 공공성은 위축되고, 개발업자를 위한 수익성만 부풀려졌다 (…) 북항재개발은 공공사업이다. 북항재개발은 공공성을 핵심가치로 삼아야 한다. 부산항만공사가 부산시민을 위한 공공성을 무시하면서 개발업자를 위한 수익성을 추구한다면, 꼼수와 편법으로 마치 공공성을 더 늘린다는 듯이 부산시민들을 속인다면, 부산시민사회는 이를 용납할 수 없을 것이다(부산참여자치시민연대 성명서, 〈북항재개발은 개발업자가 아니라 부산시민을 위한 사업이 되어야 한다〉, 2012년 2월 23일).

변경안에 대한 시민의견 수렴 또한 충분하지 못했다. 2009년 유치시설 사업자 공모가 유찰된 이후 2차례 정도의 내부토론회가 개최되었으나, 2011년 8월 새로운 사업자 선정 이후, 공개된 여론수렴 절차는 제대로 이루어지지 못했다. 다양한 방식으로의 공청회나 토론회가 필수적이다. 2007년 당초 마스터플랜이 마련되기까지 많은 논란과 논의가 있었다. "공론조사"까지 동원되어 최종안이 마련될 수 있었다. 당시 계획의 원칙과 기준은 최대한 존중되어

---

14) GS건설컨소시엄의 계획변경안에 대해서 부산항만공사가 지적한 문제점은 3가지이다. 1)복합도심지구의 전면 배치, 2)네트워크형 녹지체계 구성에 따른 공원기능 집중도 저하, 3)학교시설부지의 비적절성 등이다. 부산항만공사는 이런 문제점들을 제기했고, GS건설컨소시엄과 협의를 거쳐서 민간사업자의 안을 조정한 안을 발표한 것이다. 그래서 이 계획변경안은 부산항만공사와 GS건설컨소시엄이 합의한 북항재개발 토지이용계획 변경안이라고 할 수 있을 것이다.

야 한다. 변경된 여건을 고려하더라도 시민적 합의가 전제되지 않으면 안 될 것이다. 북항재개발사업은 시민들에게 친수공간을 돌려준다는 근본취지를 훼손시켜서는 안 될 것이다(부산경제정의실천연합, 〈북항재개발, 수익성인가 공공성인가?〉, 2012년 3월 7일).

부산항만공사는 북항재개발 토지이용계획 변경안을 발표하면서 현재의 마스터플랜이 가지고 있는 문제점 3가지를 지적한다. 첫째, 토지활용도와 공간적 매력 저하로 민간투자 여건 악화. 둘째, 잘못된 공원 배치. 셋째, 낮은 주거비율로 인한 야간공동화. 기존 마스터플랜의 문제점을 이와 같이 바라보는 시각에는 계획을 바꾸고 싶어하는 욕망이 들어가 있는 것처럼 보인다. 욕망이 시선을 만들고 그 시선에 따라 문제가 보이는 것이다. 문제점들을 바라보는 시선에는 시설들이 들어서는 지구와 공원의 공간적 배치를 새롭게 하여 주거기능을 확대시키고자 하는 욕망이 들어 있는 것 같다. 결국, 더 좋은 장소에 아파트를 넣어서 아파트 분양수익을 극대화시키고자 하는 것이다. 부산시민을 위한 친수공간을 확보하는 환경적 재개발이라는 본래의 목표는 희미해지고, 민간사업자의 투자여건 강화라는 관점하에 주거공간의 전진 배치라는 새로운 목표가 만들어진 것처럼 보인다.

부산항만공사가 2012년 2월 22일 발표한 계획변경안의 주요 내용은 다음과 같다(〈그림 5〉 참조). 첫째, 복합도심지구의 전진 배치 혹은 중심부 배치이다(부산일보 2012년 2월 22일). 현재 마스터플랜에 의하면, 북항재개발 전체 사업부지에서 아파트를 지을 수 있는 유일한 지구가 복합도심지구이다. 복합도심지구에는 공동주택(아파트)의 면적이 지구 내 전체시설 면적의 40%까지 허용된다. 복합도심지구에 지어지는 아파트의 분양성을 높이기 위해서, 복합도심지구를 북항재개발사업지의 중심부 가까운 곳으로까지 배치하며 지구 바로 앞에 수로를 흐르게 하고 수로 양옆에 좁은

〈그림 5〉 부산항만공사의 북항재개발 변경안 (2012년 2월 22일)

띠 모양의 공원녹지를 계획한 것이다(부산경실련, 〈북항재개발, 수익성인가 공공성인가?〉, 2012년 3월 7일). 아파트를 지어(2,300세대 추정) 분양을 해서 수익을 남기는 것이 복합도심지구의 전진 배치와 좁고 긴 수로개설을 계획한 이유일 것이다. GS건설컨소시엄이 가장 중요하게 여기는 지점이 이 곳일 것이라고 생각한다. GS건설컨소시엄과 부산항만공사는 넓은 공원을 만들면 '야간공동화로 인한 우범지대화'가 되기 때문에 아파트단지가 옆으로 들어와야 한다는 황당한 논리까지 제시하면서 복합도심지구의 전진 배치를 정당화시키려고 한다. 본질적으로 이것은 민간사업자의 수익성을 높이기 위한 방안이며, 이미 2006년 12월 노무현 대통령이 너무 상업적이라고 지적해서 폐기된 계획안에서 제시되었던 방안과 유사한 부분이 많다. 참여정부 때 너무 상업적이라는 이유로 폐기되었던 안이 건설업체들의 요구로 인해 조금 변경된 형태로 MB정부 말기에 다시 등장한 것이다.

둘째, 관광유통지구의 신설이다. 부산항만공사의 변경안에 의하면, 복합도심지구 바로 옆에 그리고 사업지 중심부에 위치한 부지에 관광유통지구 16,592m^2를 신설한다. 백화점, 쇼핑몰, 대형할인점 등이 들어설 가능성이 크다. 주목해야 할 것은 이름은 관광유통지구이지만 이 지구는 민간제안지구이기 때문에 이 지구 전체시설면적의 40%까지 공동주택이 들어설 수 있다는 점이다.[15] 계획변경안이 승인된다면, 주상복합아파트를 포함해서 복합용도의 고층 건물들이 관광유통지구에 세워질 것이다. 결국, 관광유통지구와 복합도심지구 등 중심부를 가로지르는 좁은 수로 옆에는 고층아파트와 고층주상복합아파트, 복합용도의 고층건물들이 줄줄이 들어서게 된다고 보아야 한다. 물론 이런 계획은 북항재개발에서 부동산 개발이익을 극대화시키고자 하는 GS건설컨소시엄의 욕망에서 비롯된 것일 것이다. 욕망이 지나치면 탐욕이라고 부른다. 북항재개발사업은 개발업자를 위한 사업인가 부산시민을 위한 사업인가?

셋째, 수변공원의 재편이다. 넓은 공원을 분산 배치시키는 계획이다. 말이 좋아 분산 배치이지, 실질적으로는 축소 배치이다. 부산항만공사의 계획변경안에 의하면, 기존 마스터플랜에서의 공원계획이 이용도가 적고, 접근성이 떨어지며, 야간공동화와 우범지대화가 우려되기 때문에, 수변에 집중 배치된 공원을 분산 배치시켜야 한다는 것이다. 그리고 변경안에서 계획한 공원/녹지의 면적(215,259m^2)은 기존안(197,797m^2)에 비해서 17,462m^2 증가했음을 강조한다. 그래서 공공성이 강화된, 부산시민을 위한 변경안이라고 주장한다. 과연 그런가? 필자는 이 부분에서 환영, 허상, 속임수, 꼼수라는 용어를 떠올린다. 과연 공원/녹지가 증가했는가? 공원/녹지가 증가했다면 누가 싫은 소리를 하겠는가? 그러나 한마디로 말하면

---

[15] 민간사업자 공모지침서를 보면, "복합도심지구 및 민간제안지구에 대한 공동주택 비율은 공급대상토지 시설면적 합의 40% 이내로 계획을 수립해야 한다"라고 되어 있다(제8조 ③-8).

그렇지 않다. 전형적인 꼼수이다. 공원/녹지의 확대라는 주장은 허구이다. 기존안의 아일랜드형 해양문화지구를 보면, 해양문화지구의 외곽으로 환을 그리면서 해안산책로를 조성하는 것이 계획에 포함되어 있다. 해안산책로의 폭은 30m이며, 이미 자연녹지로 용도가 결정되어 있다. 기존 마스터플랜에서 해양문화지구의 해변을 둘러싼 30m 폭의 자연녹지는 공원/녹지가 아니라 해양문화지구의 면적에 합산되어 있다. 공원/녹지 면적에 잡혀 있지 않아도 어차피 공원/녹지의 기능을 수행할 이 자연녹지의 대부분을 변경안에서는 공원/녹지의 면적에 포함시켜 놓고 전체적으로 공원/녹지의 면적이 더 늘어난 것처럼 보이게 한다. 이것은 시민을 속이는 전형적인 꼼수이다. 한편, 연안여객터미널이 위치한 항만시설지구를 일부 매립하거나 수면 위에 데크를 설치해서 공원으로 만드는 것도 전체 공원면적이 더 증가한 것으로 보이게 했다.

현재 마스터플랜에서 계획한 4개의 근린공원은 모두 나름대로 규모가 있고, 서로 이어지면서 아일랜드형 해양문화지구를 둘러싸는 반환형태의 탁 트인 넓은 공원이다. 바다에 접해 있는, 탁 트여서 개방적이고 상쾌함을 주는 공원이라고 생각한다. 아파트 입주민들을 위한 공원이라기보다 북항을 찾는 모든 시민들을 위한 공원이다. 복합도심지구와 관광유통지구 앞으로 새로운 수로를 내고 수로 양옆에 좁은 공원/녹지를 조성하는 것은 복합도심지구와 관광유통지구에 지어지는 아파트의 분양성을 높이려는 의도에서 계획된 것이라고 판단된다. 결국, 해변 쪽에 집중 배치된 넓은 공원을 새로 낸 수로 양옆으로 분산 배치시키는 것은 부산시민을 위해서 그리고 공공성을 위해서 계획된 것이 아니라 건설업체들이 개발이익을 통해서 사적 이윤을 더 많이 가져가려는 의도에서 계획된 것이다. 변경안에서의 공원계획은 아파트 분양수익을 더 올리기 위한 공원계획이지, 부산시민을 위한 공원계획이 아니다. 변경안의 공원계획은 공공성을 훼손하면서 개발업자의 수익성을 추구하는 계획이다. 이런 공원계획을 가지고 어떻게 부산시민의 공공의 이익을 주장하는가?

넷째, IT·영상·전시지구의 축소와 주변부 배치이다. 지구의 이름도 IT·영상·전시지구에서 IT·전시지구로 바뀌었다. 영상을 뺀 것이다. 현재 마스터플랜에서 IT·영상·전시지구는 사업지의 중심부에 위치한다. 이 지구에는 문화, 관광, 영상 등의 기능이 들어간다. 부산항만공사에서 발표한 〈지구단위계획 보고서〉(2008년 11월)에 명시된 건축물에 대한 용도계획에 의하면, IT·영상·전시지구에 공동주택은 들어갈 수 없다. 또한 2개의 블록으로 구성된 IT·영상·전시지구에는 두 블록 간에 공개공지를 두어 이벤트광장을 조성하게 되어 있다. 건폐율은 60% 이하, 용적율은 600% 이하(인센티브 용적율 최대 700% 이하)이며, 최고높이는 왼쪽부터 140m, 80m로 제한되어 있다. 부산항만공사의 계획변경안에서 이름이 바뀐 IT·전시지구는 지구면적이 축소되었으며, 좌측 외곽부에 배치되어 있다. 아파트를 짓지도 못하고 높이도 규제받는 IT·영상·전시지구는 개발 사업자에게 매력적인 지구가 아닌 모양이다.

하지만 IT·영상·전시지구는 아파트건설회사에게는 매력적이지 않을지 몰라도 우리가 잘만하면 북항재개발의 성공을 좌우할 잠재력을 가지고 있는 지구이다. 그 잠재력이란 바로 문화와 예술의 힘이다. 부산이 창조도시를 내세우고 있고, 창조도시론의 핵심 가운데 하나가 문화예술분야의 육성을 통한 도시의 질적인 발전이라는 점을 고려한다면, IT·영상·전시지구의 홀대는 간단히 넘어갈 일이 아니다. IT·영상·전시지구는 부산북항이 문화예술산업을 통해서 부산경제에 공헌할 수 있는 잠재력을 지닌 지구이다. 아파트 분양을 통해 수익을 내려는 건설업체들의 이익을 위해서 북항의 미래를 담당할 가능성이 큰 IT·영상·전시지구를 축소하고 외곽으로 배치하는 것은 북항 전체의 활력이라는 측면에서 볼 때 무척 어리석은 일이다. 문화산업, 문화경제의 발전은 짧은 기간 내에 이루어지기 어렵다. 부산지역 문화예술인들의 노력과 부산시의 문화예술정책이 상승효과를 내면서 어우러져야 한다. 문화산업이 꽃필 수 있는 이 지구가 건설업체들의 부동산 수익에 좌지우지되어서는 안 될 것이다. 두 블록으로 구성된 IT·영상·전시지구에 제대로 된 문화예술을 넣자. 부산의 문화예술역량을 최대한 많이 모으자. 이 두 블록에 들어갈 문화예술의 내용을 잘 채워야 한다. 부산 문화예술의 역사와 전통, 창조성과 개방성이 여기서 꽃을 피우게 하자. 부산북항을 정말 특색 있는 장소로 만들자. 부산시민들과 대한민국 국민들이 넓은 수변공원과 함께 문화예술의 역량이 분출하는 이곳을 주목한다면 북항재개발은 성공할 가능성이 크다.

다섯째, 환승센터의 문제를 이야기하지 않을 수 없다. 2007년 7월 최초의 마스터플랜이 확정되고 난 이후 2008년 10월 무렵까지 비고란에 교통센터와 주차장 등 이라는 문구는 있지만 이 부지의 용도는 분명히 광장으로 계획되어 있었다. 그러다가 2008년 11월부터 광장이라는 용도는 사라져버렸고 대신 환승센터라는 시설물이 들어서는 것으로 바뀌었다. 버스와 택시 등 대중교통 시설이라는 점에서 공공성은 있지만 탁 트인 넓은 광장을 빼앗겼다는 아쉬움은 있다. 하지만 여전히 아직도 환승센터 부지의 좌측 1/3에 해당하는 부지의 용도는 자연녹지로 결정되어 있다. 부산항만공사의 계획변경안에서는 환승센터를 반으로 줄이고 줄어든 부지에 디지털미디어지구를 신설하여 방송사를 유치한다는 사안이 들어 있다. 일부 방송사들이 입주를 희망한다는 것이다. 원래 마스터플랜에서는 방송사는 IT·영상·전시지구에 들어가야 한다. IT·영상·전시지구에서 영상을 빼고 IT·전시지구로 이름을 바꾼 이유가 여기에 있어 보인다. 디지털미디어지구를 신설하여 방송사를 여기에 유치한다는 것이다. 앞에서도 언급했지만 디지털미디어지구가 위치한 지역의 용도는 자연녹지이다. 지구단위계획에 의하면 이 자연녹지지역에 들어서는 건축물의 경우는 건폐율 20%, 용적율 80%, 높이는 4층 이하의 적용을 받는다. 환승센터를 축소하고 축소한 그 지역에 방송사를 세운다면, 분명 지구단위계획을 새로 수립해야 한다. 고층빌딩의 방송국이 들어설 가능성이 크다. 부산항만공사와 GS건설컨소시엄이 방송사에 좋은 조건을 제시하는 반면, 방송사가 북항재개발에 대해서 비판적인 보도를 하지 않는다면 그 피해는 누구에게 돌아가는가? 방송사도 북항으로 이전해서 얻을 수 있는 수익을 먼저 생각하기보다 왜 부산항만공사와 GS건설컨소시엄이 방송사에 그렇게 좋은 조건을 제시하려고 하는지 꼼꼼히 생각해봐야 할 것이다.

여섯째, 신설된 공공포괄용지에 초등학교를 설립해서 복합도심지구에 지어지는 아파트의 분양성을 높이려 한다는 지적(부산일보 2012년 2월 22일; 부산경실련 발표문, 2012년 3월 7일)에도 주목해야 하며, 마리나시설의 문제에 대해서도 깊은 고민을 해야 할 것 같다. 계획변경안에서 마리나시설은 기존안에 비해서 대폭 확대되었다. 기존부지에서부터 해양문화지구의 좌측해안까지 확장된 것이다. 움푹 파인 만 양쪽에 시설이 들어선 마리나는 아무래도 일반 시민보다 경제적 수준이 높은 일부의 계층만 사용하기 십상이다. 아무리 싱가폴의 SUTL이 투자의향을 표명한다고 할지라도, 일반시민들이 편하게 이용해야 할 친수공간이 마리나시설을 위한 공간으로 바뀐다는 것은 다시 한번 생각해 보아야 한다.

4. 북항재개발 라운드테이블의 활동: 성과와 한계

부산항만공사는 계획변경안에 대한 시민사회의 강력한 비판에 직면하여, 라운드테이블을 구성하자는 시민사회의 요청을 받아들였다.[16] 2012

---

16) 부산 시민사회에서는 〈북항재개발 원탁회의〉 혹은 〈북항재개발 라운드테이블(Round-table)〉을 만들어서 지금까지의 북항재개발 논의구조를 개혁해야 한다고 수상했다. 낭시 북항재개발의 논의구조에 참여하는 주체들은 아주 제한적이었다. 북항재개발이 부산의 미래를 좌우할 수 있는 아주 중요한 사업임에도 불구하고, 이 사업에 본격적으로 참여하는 주체들은 개발업자, 건설업체, 부산항만공사, 국토해양부, 건축설계사무소, 건

년 6월 라운드테이블은 산하에 세 분과를 두고 36명의 위원으로 구성되었다. 세 분과는 도시계획 및 디자인분과, 문화예술 및 프로그램분과, 그리고 환경, 복지 및 시민참여분과이다. 한 달에 한 번씩 전체회의, 운영위원회 회의, 각 분과회의를 개최하는 것을 원칙으로 하였다. 지난 1년 동안 상당할 정도로 많은 회의를 거듭하였고, 여러 차례에 걸쳐 워크숍을 개최하기도 했다. 북항재개발 라운드테이블의 활동은 부산 지역사회에서 주목을 받았다. 항만재개발 사업이 진행되고 있는 전국의 각 지역(인천, 목포, 고현, 제주 등 14개 지역)에서도 부산 북항재개발 라운드테이블을 주목했다. 해양수산부 역시 "민관협의체를 통한 항만재개발"을 긍정적으로 평가하여, 항만재개발을 진행하는 다른 지역도 부산처럼 지역협의체를 만들 것을 권고했다. 항만재개발사업이 민간사업자가 추구하는 상업성에

설업계와 관련이 있는 도시계획 전문가 등으로 제한되어 있었다. 이런 논의구조로는 좋은 계획을 만들어 나가기 어렵다. 북항재개발사업의 3가지 목표 가운데 하나가 "시민참여형 항만재개발"이었으므로, 이 목표를 달성하기 위해서는 "시민참여형 항만재개발"을 가능하게 하는 라운드테이블을 먼저 만드는 것이 시급한 과제라는 것이 지역언론(부산일보)의 사설로 발표되기도 했다. 당시까지는 "시민참여형 항만재개발"이라는 목표를 심각하게 고려하지 않았기 때문에, 친건설업계형 논의구조를 만들었고 그래서 그곳으로부터 "친건설업계형 항만재개발"을 하기 위한 계획변경안이 나왔던 것이다. 다시 "시민참여형 항만재개발"이라는 목표로 되돌아가서 라운드테이블을 만들면 협력적 계획이 가능해진다. 협력적 계획이란 도시계획에 관련되어 있는 모든 주체들이 같이 모여, 동등한 권한을 가지면서, 토의하고, 토론해서, 계획의 내용에 대해서 합의하는 것을 의미한다. 몇몇 주체들에게 독과점되었던 계획의 권한을 분산시키는 계획방식인 것이다. "협력적 계획이론은 공간계획과 관련된 직간접적인 이해관계자들을 포괄적으로 구성하고 사회적 학습을 통한 참여와 협력을 통해 계획의 과정과 내용을 만들어가는 계획방식이다 (…) 협력적 계획은 정책형성과 계획 추진과정에서 발생하는 공공갈등을 조정해가는 기제로서의 의미를 내포하고 있다"(이홍권, 2009: 28-29). 부산항만공사, 건설업계, 국토해양부, 건설업계 혹은 관과 가까운 몇몇 도시계획 전문가뿐만 아니라 부산시민사회가 북항재개발 계획과정에 일정한 권한을 가지고 들어가야 하며, 적어도 부산시민사회의 생태/환경분야, 문화/예술분야, 역사분야, 건축분야, 도시인문학분야 등에서의 논의가 북항재개발 계획과정에 반영되어야 한다는 시민사회의 요구가 라운드테이블의 구성에 큰 영향을 끼쳤다.

치우치지 않으려면, 시민의 이익과 공공성을 중요시하는 민관협의체가 필요하다는 판단 때문이었을 거라고 짐작한다.

2012년 2월 BPA가 발표한 계획변경안을 자세히 심의하면서 지나친 상업성을 제어하고 공공성을 강화하려고 라운드테이블은 무척 많은 노력을 기울였지만, 그래서 변경안의 중요한 부분들을 수정해 나갔지만, 아쉽게도 계획변경안에 대해서 BPA와 최종적인 합의를 보지는 못했다. 마리나의 규모를 둘러싸고 BPA와 라운드테이블은 견해가 달랐기 때문이다. 마리나 우선협상자인 싱가폴의 마리나 운영사인 SUTL은 넓은 마리나를 원했고, 라운드테이블은 마리나의 규모를 줄일 것을 요구했다.

결국 BPA는 2013년 4월 말 라운드테이블과 최종합의 없이 마리나의 규모를 줄이지 않은 계획변경안을 해양수산부에 승인요청했다. 해양수산부에 승인요청한 계획변경안은 〈그림 6〉에 나와 있다. 이 계획변경안은 마리나를 제외하고는 BPA와 라운드테이블이 합의한 내용들이 반영된 안이다. 몇 가지 주요한 내용을 정리하면 다음과 같다.

첫째, 아파트가 들어서는 복합도심지구를 외곽으로 옮겼다. 라운드테이블이 구성되어 BPA와 협의를 할 때 가장 중요한 이슈로 논의된 사항이 복합도심지구의 위치 이전 문제였다. 2007년 마스터플랜에서 외곽에 위치했던 복합도심지구를 GS건설컨소시엄이 중앙 쪽으로 옮기려고 했지만, 라운드테이블의 반대로 다시 외곽 쪽으로 배치된 것이다.

둘째, 백화점 등 상업시설이 들어설 관광유통지구를 폐지한 것이다. 2007년 마스터플랜에는 관광유통지구가 없었는데, GS건설컨소시엄의 제안으로 사업지 정 중앙에 관광유통지구가 신설되었지만, 라운드테이블의 반대로 이를 폐지한 것이다.

셋째, 원도심과의 연결 및 접근성을 높여야 한다는 것이 중요한 과제로 제기되었고, 이를 위하여 원도심 방향으로 몇 개의 녹지축을 만들었다. 특히 중앙동에서 접근하는 지점에 넓은 폭의 녹지축을 만든 것은 접근성과

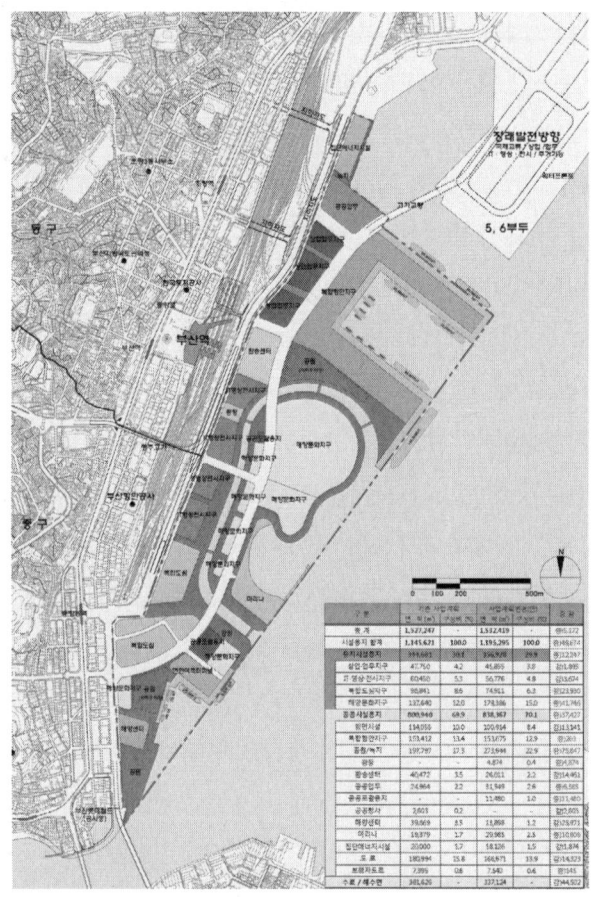

<그림 6> 부산항만공사의 계획변경 승인신청안(2013년 4월)

통경성을 높이는 데 도움이 될 것이다.

넷째, 연안여객터미널이 위치한 항만시설지구의 일부를 매립하여 공원으로 만들기도 했다. 공원의 핵심개념은 역사성이 될 것이다. 이 역사공원은 원도심과 복항재개발 지역을 연결하는 고리 역할을 할 수 있을 것이다.

다섯째, 수변공원의 문제는 많은 논란을 거쳤지만, 라운드테이블 내에서 일치된 의견을 만들어내지 못했다. 수변에 대형공원이 필요하다는 의

견과 수로를 사업지 안쪽으로 끌어들여 수로변 공원을 만드는 것이 더 좋다는 의견이 대립하여 라운드테이블 내에서도 논쟁이 있었지만, 수로를 만들지 않으면 사업을 철회하겠다는 GS건설컨소시엄의 입장을 라운드테이블이 완전히 거부하기에는 현실적인 어려움이 있었다. 한편, 수로를 받아들였지만, 수로변 공원녹지의 폭을 늘린 것은 의미가 있다. 라운드테이블 위원 중 도시계획가, 조경가, 그리고 건축가들이 대형 수변공원을 고집하지 않고 수로공원을 받아들인 것을 어떻게 평가해야 할까? 라운드테이블에 참여한 도시계획가, 조경가, 건축가들이 GS건설컨소시엄이 제시한 긴 띠 모양의 수로공원을 받아들인 것은 아쉬움으로 남아 있다.[17)]

부산항만공사와 라운드테이블이 마지막까지 합의를 보지 못한 것은 마리나에 관한 것이었다. 북항재개발 계획변경 승인요청을 받은 해양수산부는 보도자료를 내어 계획변경안에 대한 지역주민과 시민, 기관의 의견을 구했다. 보도자료를 통해 해양수산부는 마리나에 대해서 협의를 계속할 예정임을 밝혔다. "해양문화지구와 녹지에 맞닿은 마리나 시설부지(4,650m^2)의 활용계획에 대해서는 부산항만공사와 라운드테이블이 완전히 합의하지는 못했다. 해양수산부는 이번 사업계획 변경과는 별도로 부산항만공사와 라운드테이블이 이 사안에 대해 계속 논의하고 양자 간 협

---

17) 라운드테이블에 참여한 부산의 도시계획가, 조경가, 건축가들도 대형 건설업체의 이해에서 자유롭다고 말하기는 어려워 보인다. 그나마 건축가 모임인 〈포럼B〉에 속한 부산의 건축가들은 넓은 의미의 건설분야(토목공학, 도시공학, 도시계획, 건축, 조경 등)에서 활동하는 다른 전문가들에 비해서 부산의 난개발에 대해 비판적인 의견을 피력해 왔다. 대형 건설업체의 이해에서 자유롭지 못하지만, 그럼에도 불구하고 〈포럼B〉의 건축가들은 라운드테이블에서 중요한 역할을 수행했다. 한계를 뛰어넘지 못하더라도, 〈포럼B〉의 건축가들은 그 속에서 '부산시민의 이익'과 공공성을 강조하면서 대형 건설업체의 수익성과 부산시민의 공공성 사이에서 균형을 찾으려고 노력했다고 생각한다. 그러나 GS건설컨소시엄이 개발이익을 더 내기 위한 방안으로 대형 수변공원을 없애고 띠 모양의 긴 수로공원을 제시한 것을 〈포럼B〉의 건축가들조차 별 다른 비판 없이 받아들인 것은 아쉬움으로 남는다.

의가 완료되면 실시계획 단계에서 협의내용을 반영할 계획이다"(해양수산부 보도자료, 2013. 5.20).

부산항만공사가 라운드테이블과 최종합의 없이 해양수산부에 계획변경안 승인을 신청한 것에 대하여 라운드테이블은 전체회의를 개최하여 이를 강력히 비판하는 의견서를 해양수산부에 보내기로 결정했다. 2013년 5월 30일 라운드테이블이 해양수산부에 보낸 의견서를 보면, 라운드테이블은 마리나에 대한 전반적인 사항을 재검토해야 한다는 의견을 다음과 같이 제시했다.

마리나 시설이 북항재개발 한쪽 호안 전체를 점하는 것은 북항재개발 사업의 기본 취지에 맞지 않다. 원래 북항재개발은 몇십 년 동안 시민들이 접근할 수 없었던 항만지역을 시민들에게 돌려주자는 취지로 시작한 사업이다. 호안의 수제선 일부를 시민에게 돌려주지 않고 호안 전체를 마리나 시설로 채운다면 시민적 동의를 얻기 어려울 것이다. 마리나 꼬리 부분을 잘라 시민을 위한 공원으로 만들어야 한다. 마리나 사업방식과 사업내용을 신중하게 점검해야 한다. 라운드테이블의 자료공개 요청에도 불구하고 부산항만공사(BPA)는 SUTL의 마리나 사업제안서를 라운드테이블에 제공하지 않았다. 35년 BTO방식으로 SUTL이 북항마리나를 운영한다는 이야기만 있을 뿐, 마리나 사업방식과 사업내용은 아직까지 베일에 가려져 있다. 골프장 회원권을 분양하듯이 SUTL이 마리나 회원권을 분양해서 300억 원을 마련할 계획을 가지고 있다는 사실이 회의 도중에 확인되었다. 아직 우리나라에서 마리나 사업자가 마리나 회원권을 분양해서 마리나를 운영하는 사례는 없다. 법으로 허용이 되지 않는 사안이다. 만일 마리나 회원권 분양을 위해 마리나법의 개정을 추진하는 사람들이 있다면, 마리나를 상업적으로 오용, 남용하고 있다는 비판에 직면할 것이다. SUTL의 마리나 사업에 대해 사회적인 토의가 필요하다. 전문가들과 시민들이 참여하는 세미나를 개최하여 북항재개발 지역에 들어서는 마리나 사업 전반에 대해 본격적으로 검토해야 한다. 꼬리 부분을 어떻게 하는 것이 좋을지, 수제선을 시민들에 돌려주기 위해서 무엇을 해야 하는지, 마리나 회원권 분양이 부유층을 위한 마리나 사업은 아닌지, 그리고 월드클래스 마리나가 되기 위해서 무엇을 해야 하는지 등을 공개적으로 논의해야 한다(북항재개발 라운드테이블, 2013.5.30).

마리나 이외에도 라운드테이블은 의견서에서 다음과 같은 몇 가지 사항을 추가로 요청했다. 첫째, 실시설계와 지구단위계획에서 공공성을 확보해야 한다. 둘째, 역사문화자원을 최대한 보존하고 활용해야 한다. 셋째, 해양문화지구를, 이름에 걸맞게, 부산 문화발전의 거점으로 조성해야 한다. 넷째, 민간사업자와 맺는 사업협약과 실시협약을 공론화해야 한다.

해양수산부는 조만간 계획변경안 승인여부를 결정할 것이라 판단된다. 어떻게 결정할 것인지는 아직 불투명하다. BPA의 요청대로 결정할지 아니면 라운드테이블의 요청을 받아들여 협의를 더 하라고 할지 지금으로서는 판단하기 어렵다. 어느 쪽으로 결정을 하든지 간에 라운드테이블은 계속 운영될 예정이다. 라운드테이블이 스스로 해체를 결정하지 않는다면, 부산항만공사가 라운드테이블을 해체하기는 어려운 상황이다. "민관협의체를 통한 항만재개발"은 해양수산부의 권고사항이기 때문이다. 여전히 라운드테이블 앞에는 중요한 과제가 놓여 있다.

5. 북항재개발을 위한 제안

2012년 2월 22일 부산항만공사가 발표한 북항재개발 토지이용계획 변경안은 민간사업자인 GS건설컨소시엄의 이해가 상당부분 반영된 안이었다. 건설업체와 건축설계사무소, 그리고 건설업계와 관련이 깊은 몇몇 도시계획 전문가라는 사람들이 협의하여 만들었기 때문이다. 계획변경안은 부산시민을 위한 공공성을 축소하면서 민간사업자인 GS건설컨소시엄의 수익을 높여주려는 의도를 담고 있었다. 아파트 분양수익을 위하여 아파트를 중심부 가까이에 짓고, 이미 과거에 폐기된 안에 들어가 있었던 수로를 아파트 단지 옆에 개설하여 아파트의 분양가치를 높이며, 관광유통지구를 중심부에 위치시켜 역시 아파트가 들어간 복합용도로 개발해서 개발이익을 최대한 많이 가져가려는 안이었다. 2012년 6월 구성된 북항재개발 라운드테이블은 거의 1년 동안 부산항만공사와 협의하면서 공공성과 부산시민의 이익을 위해 이 계획변경안을 바꾸려고 노력했다. 복합도심지구, 관광유통지구 등 중요한 몇 가지 사안에 대해서는 공공성을 강화하는 쪽으로 바꿀 수 있었지만, 수변공원과 마리나에 대해서는 민간사업자인 GS건설컨소시엄과 SUTL의 요구를 막아내지 못했다. 대형 수변공원을 끝까지 주장하지 못하고, GS건설컨소시엄이 원한, 길게 이어진 수로공원에 라운드테이블은 결국 동의했다. 마리나에 대해서는 라운드테이블은 일관된 입장을 견지했다. 규모를 줄이자는 것이다. 그러나 결국 부산항만공사는 라운드테이블의 요청을 받아들이기를 거부했다. 앞으로 계속적으로 논쟁이 될 지점이다.

앞으로의 북항재개발을 위해서 필자는 다음과 같은 몇 가지 제안을 하고자 한다. 첫째, 사업방식에 대한 근본적인 재검토가 필요하다. 북항재개발에서 공공성을 담보해 낼 수 있는 사업방식을 확보해야 한다. 공공개발이라는 이름에 걸맞게 시행주체와 사업방식에 대한 고민을 진지하게 할 필요가 있다. 민자유치 도시개발 방식은 북항재개발에 공공성을 담아내기 위한 적합한 방식이 되지 못한다.[18] 특히 경쟁을 통해서 민간사업자를

---

[18] 항만재개발의 사업방식은 아주 중요한 사안이다. '부산시민의 이익'을 위해 시행하는 북항재개발의 경우는 더욱더 그러하다. 시민의 이익과 공공성을 담보할 수 있는 사업방식을 취해야 할 것이기 때문이다. 누가 사업시행자가 되는가 하는 것이 이 논제의 핵심

선정한 것이 아니라 공모에 단독으로 응모한 GS건설컨소시엄을 사업자로 정하는 것은 사리에 맞지 않다. 신영철에 의하면, "수억 원짜리 사업도 수의계약(단독제안)을 엄격히 제한하는데, 수조원의 초대형 사업을 단독제안자와 협상을 거친다는 것은 잘못이다"(신영철, 2012b). 부산항만공사가 4개의 대형 건설업체로 구성된 GS건설컨소시엄과 특수목적법인(SPC)를 설립해 북항재개발사업을 하는 방식은 문제가 있다.[19] 특수목적법인(SPC)인 프로젝트 파이낸싱 회사(PFV)를 설립하여 부산항만공사가 19%의 지분을 갖고 GS건설이 지분의 과반을 확보하여 경영권을 가져갈 가능성이 큰 현재의 방식으로는 공공성을 담보해내는 공공개발이 되기 어렵

이다. 공공기관이 사업시행자가 되는가 아니면 민간자본이 사업시행자가 되는가에 따라 사업의 내용과 사업의 과정이 달라질 수 있기 때문이다. 북항재개발사업의 현재 사업방식은 '부산시민의 이익'을 위한 방식이 아니라, '민간사업자의 이익'을 위해 고안된 사업방식인 것처럼 보인다. 현재의 사업방식으로는 공공성을 충분히 담아내기 어렵기 때문이다. 외국에서 진행된 항만재개발 사례들을 보면, 공공기관이 사업시행자로 항만재개발을 시행한 것을 알 수 있다. 런던 도클랜드 항만재개발은 런던 도클랜드 개발공사(LDDC)가, 시드니 달링하버 항만재개발은 달링 항만공사(DHA)가, 그리고 뉴욕 배터리 파크시티는 배터리파크시티 공사(BPCA) 등 공공기관이 사업시행자가 되었다. 이들의 경우, 항만재개발에 필요한 민간자본을 유치하지만, 사업시행자는 특수목적법인(SPC)이나 프로젝트 파이낸싱 회사(PFV)가 아니라 공사인 공공기관인 점에 주목할 필요가 있다. 런던, 시드니, 뉴욕에서는 공공기관인 공사에서 항만재개발을 시행하는데, 왜 유독 부산 북항재개발에서는 대형 건설업체들로 구성된 GS건설컨소시엄이 경영권을 지닌 PFV가 항만재개발의 사업시행자가 되어야 하는가? 잘 납득이 되지 않는다. 끝없이 수익을 추구하는 대형 건설업체들이 사업시행자가 되는 구조 속에서 시민사회에서 '부산시민의 이익'과 공공성을 아무리 요구한다고 해도 받아들여지기 어려운 것이 현실이다. 지금이라도 늦지 않다. 이 문제에 대해서 중앙정부(해양수산부)와 부산항만공사는 결단을 내려야한다.

19) 금융기관 등 재무투자자들이 컨소시엄에서 빠져 있는 것은 북항재개발사업을 PF사업으로 추진하는 데 큰 문제가 될 수 있다. 신영철에 의하면, "민간 PF(Project Financing)사업은 자금재조달이 가장 중요함에도 불구하고, 자금능력이 없고, 오히려 최근 APT 미분양 등으로 재정능력이 극도로 취약한 재벌급 건설업체가 주축이 되는 것은 문제이며, 그 결과, 서울용산국제업무지구의 경우, 주관사인 삼성물산은 사업성이 낮아지자 토지대금 납입 등을 연체하는 등 사업추진 자체가 난관에 처해질 수 있다"(신영철, 2012b).

다. 사업을 추진하는 데 있어 책임과 권한을 지닌 프로젝트 파이낸싱 회사(PFV)의 경영권을 민간건설업체가 쥐고 있는 상황에서 부산항만공사를 포함한 공공부문은 사업기간 내내 민간건설업체에게 끌려갈 수밖에 없다. 여태까지 우리나라에서 민자유치 방식을 도입한 공공개발사업 가운데 거의 대부분은 이런 식으로 진행되었다. 공공개발이 민간건설업체가 수익을 올리는 데 있어 좋은 장이 된 것이다. 북항재개발을 본연의 공공개발 사업방식을 통하여 추진할 가능성에 대해서 자세히 검토해볼 필요가 있다. 만일 공공개발 방식이 도저히 어렵고 민자유치가 유일한 대안이라고 판단될 때에도, 민간건설업체의 끊임없는 수익성 추구를 통제할 수 있는 조직체계가 필요하다. 공공부문이 경영권을 가지는 것도 한 가지 방식이 될 수 있다.[20]

둘째, 부산시민사회의 역량을 최대한 모아야 한다. 부산시민사회를 이루고 있는 여러 분야들은 뛰어난 역량과 저력을 가지고 있다. 생태/환경, 문화/예술, 역사, 건축, 인문학 등의 분야에서 쌓아온 부산시민사회의 축적된 역량을 최대한 모아서 북항재개발에 투입할 필요가 있다. 인간존재와 자연, 생태에 대한 철학적 고민, 시대와 사회에 대한 사회과학적 탐구, 지난날을 통해서 앞날을 내다보는 역사적 안목, 우리의 삶을 질적으로 풍요롭게 하는 문화예술의 시선, 이 모든 것이 북항을 부산시민에게 돌려주는 북항재개발 과정 속에 충분히 반영된다면, 재개발된 북항은 굉

---

20) 이 사안에 대하여 필자는 〈부산일보〉에 다음과 같이 기고한 바 있다. "민간건설업체가 경영권을 가지고 주도하는 북항재개발 사업방식을 재검토해야 한다. 복합도심지구와 IT·영상·전시지구의 사업방식은 최근 위기에 빠진 용산국제업무지구 사업방식과 유사하다. 특수목적법인(SPC)를 설립하여 사업을 시행하는데, 공공기관이 일정지분을 확보하지만 민간건설업체가 경영권을 가져가는 방식이다. 이 방식으로 사업을 진행한 사례를 보면, 공공기관은 민간사업자에게 계속 끌려 다녔으며, 그 결과 계획변경을 통해 상업성은 강화되고 공공성은 위축되는 현상을 초래했다. BPA는 부지를 매각하고 나오거나, 아니면 경영권을 확보하면서 개발사업을 시행하는 것도 대안이 될 수 있을 것이다"(윤일성, 〈북항재개발, 공공성을 확보하자〉, 부산일보, 2013.4.12).

장히 특별한 장소가 될 것이다. 도시는 도시계획 전문가들의 디자인으로만 이루어지지 않는다. 도시는 그려지는 것이 아니라 생성되는 것이라는 건축가 정기용의 말을 떠올리자. "도시는 디자인하는 것이 아니라 생성되는 것이에요. 사람과 자연과 역사가 어우러져서 생성되는 것입니다. 절대로 단숨에 디자인하는 것이 아니라"(정기용, 2011: 42). 돈을 더 많이 벌 목적으로 공간을 디자인하는 것이 아니라, 사람, 자연, 역사를 고민하면서 도시를 만들어나가자는 것이다. 아파트와 상업시설을 지어서 돈을 벌려는 그런 상업적인 북항재개발이 아니라, 사람/자연/역사에 대한 융숭한 인문학적 성찰이 들어가 있는 그래서 건설업자들의 돈벌이와 무관한, 부산시민들이 사랑하고 자랑스럽게 생각하는 북항재개발이 되도록 하자는 것이다. 부산시민사회는 그렇게 할 수 있는 충분한 역량을 가지고 있다. 단지 여태까지 도시개발을 건설업체와 건축설계사무소, 그리고 몇몇 도시계획 전문가에게만 맡겨놓았기 때문에 부산시민사회의 뛰어난 역량을 도시공간을 조성하는 데 제대로 발휘하지 못했을 뿐이다. 도시개발을 주도한 영역에 있는 사람들은 부산시민사회의 개입을 부담스러워 할지 모르지만, 부산시민의 입장에서 생각하면 부산시민사회의 깊이 있는 목소리는 부산시민에게 훨씬 더 도움이 되는 도시공간을 조성하는 첩경이 될 것이다.

셋째, 북항재개발에 문화와 예술을 넣어야 한다. 문화와 예술이 중심기능으로 들어갈 수 있는 지구는 IT·영상·전시지구와 해양문화지구이다. 기존 마스터플랜에서 수변공원과 함께 북항재개발사업지의 중심부에 위치하는 지구들이다. 수변공원과 마찬가지로 문화와 예술을 위한 공간은 건설업체들에게는 별로 매력이 없을지 몰라도 북항재개발사업의 성공 여부에 핵심적인 역할을 할 수 있는 지구들이다. 창조산업(IT, BT, 문화산업)의 육성을 통한 도시의 지속적인 발전을 추구하는 것이 창조도시론의 핵심이라는 것을 염두에 두면, 부산을 창조도시로 발전시켜나갈 수 있는 공간이 북항재개발사업지이고, 그중에서도 가운데에 위치한 IT · 영상 · 전시지구와 해양문화지구이다. 건설업체가 기존 계획으로는 이 두 지구를 통해서 단기간 내에 직접적인 수익을 가져가지 못한다고 해서, 기존 계획을 건설업체의 입맛대로 함부로 칼질할 일이 아니다. 이 두 지구에 어떤 문화와 예술을 담을지 부산의 문화/예술계는 지혜를 모아야 한다. 당장 수익을 남기지는 못하더라도, 장기적인 전망을 가지고 부산의 미래를 꿈꿀 수 있는 문화예술지구로 만들어야 할 것이다. 북항재개발 라운드테이블은 해양수산부에 보낸 의견서에서 해양문화지구를 상업지구로 만들려는 유혹을 넘어서서 부산 문화발전의 거점으로 만들어야 한다는 것을 강조했다.

해양문화지구에 들어서는 시설과 용도에 대해 본격적으로 논의해야 한다. 라운드테이블은 이미 해양문화지구를 부산문화의 거점으로 만들 필요가 있다는 점을 밝힌 바 있다. 북항을 문화예술의 중심지로 꽃피우기 위해 필요한 여러 가지 시설과 프로그램을 본격적으로 논의할 필요가 있다. 해양문화지구를 고층, 고밀도로 개발하거나, 상업적으로 개발하는 것은 시민의 동의를 얻기 어려울뿐더러 부산 발전에 도움이 되지 않는다. 해양문화지구라는 이름에 걸맞게 해양문화지구에는 여러 가지 문화시설과 문화프로그램들이 들어가야 하지 않겠는가? 이름만 해양문화지구이지 실제로는 상업지구처럼 조성한다면 이는 시민을 속이는 일이 될 것이다. 해양문화지구의 조성이 부산문화 발전의 디딤돌이 되기를 바란다(북항재개발 라운드테이블, 2013.5.30).

6. 나가는 말

2012년 2월 부산항만공사와 우선협상대상자인 GS건설컨소시엄이 협의하여 발표한 북항재개발 계획변경안은 충격적이었다. 상업형 재개발을 거부하고 친수형 재개발을 선택한 부산시민의 사회적 합의가 반영되어 있는 현재의 마스터플랜을 민간사업자의 수익성을 위해서 상당부분 변경하려고 했기 때문이다. 전체 사업지 좌측 외곽에 위치한 복합도심지구에만 들어가게 되어 있었던 주거기능을, 복합도심지구의 위치를 변경하고 관광유통지구를 신설함으로써, 사업지 중심부까지 확장시키려고 했다. 여기엔 복합용도개발이라는 도시계획계 일부의 주장이 활용되었다. 물론 이것은 개발업자인 GS건설컨소시엄의 이익과 직결되어 있었다.

2012년 2월 발표된 북항재개발 계획변경안은 퇴행적이었다. 현재의 마스터플랜에서 몇 걸음 뒤로 후퇴한 계획이었다. 북항재개발사업을 아파트라는 주거를 중심으로 계획한다면 이 사업은 성공할 수 없다. 물론 아파트를 지어 팔고 나가버리는 건설업체는 이익을 남길 수 있겠지만, 그것은 부산시민들이 바라는 북항재개발의 모습이 아니다. 아파트의 분양성을 높이기 위해서 북항재개발 계획변경을 요구하는 GS건설컨소시엄과 민간사업자의 요구를 상당부분 수용한 부산항만공사는 비판받아야 한다. 사회적 합의를 지키는 것은 원칙과 상식에 관한 일이다. 민간사업자에게 특혜를 주면서 이미 존재하는 사회적 합의를 깨뜨리는 것은 반칙에 해당한다. 이 점에서 볼 때, 북항재개발 변경계획안의 제안과 승인과정은 원칙과 상식, 그리고 반칙과 특혜가 힘겨루기를 하는 과정이 될 것으로 보인다. 부산항만공사, GS건설컨소시엄, 그리고 부산시민사회 모두 정의(正義)를 추구해야 한다. 도시공간을 만들어나가는 과정에서 정의를 추구한다는 것은 무엇을 의미하는가? 그것은 사적 이익이 아니라 공적 이익을 최고의 가치로 삼아야 하는 것을 의미한다. 보다 더 투명하고, 민주적인 과정을 밟아나가는 것도 도시개발에서 정의를 추구하는 일일 것이다. 정기용은 다음과 같이 말한다.

> 공간의 정의란 공간문화의 정의(正義)를 말한다. 그것은 광장이나 공원 같은 공적인 공간이 단순히 많아야 한다는 차원을 넘어서 공간을 생산하는 목적과 방법과 과정이 더 투명하고, 특정한 계층의 이익보다는 더 많은 사람들을 보살피는 쪽으로 옮아가는 것을 말한다. 또한 사적인 이익들이 충돌할 때나 사적인 이익과 공적인 이익이 충돌할 때 '나'보다 '우리'를 먼저 생각하여 해답을 구하는 것이 윤리적으로 우선되어야 함을 의미한다(정기용, 2008: 221-222).

위에 인용한 정기용의 말뜻에 따른다면, 부산항만공사와 GS건설컨소시엄은 개발업자의 이익보다 부산시민의 이익을 우선시하고, 아파트의 분양성보다 부산시민의 행복을 더 중요하게 생각해야 하며, 북항재개발 계획과정을 더 투명하게 만들어나가야 할 것이다. 1%를 위한 도시계획이 아니라 99%를 위한 도시계획을 고민해야 한다. 아파트가 아니라 크고 넓은 수변공원과 문화예술공간의 확보가 북항재개발의 키워드가 되어야 할 것이다.

부산항만공사는 건설업계의 이익을 보장해주는 기관이 되어서는 안 된다. 오히려 정 반대로 북항재개발사업에서 끊임없이 수익을 늘려나가려는 민간건설업계의 요구를 통제하고 견제해야 한다. 그것이 공공기관 본연의 임무이다. 부산항만공사는 부산시민사회를 협력의 파트너로 삼아야 한다. 그것은 민간사업자의 탐욕을 견제할 수 있는 하나의 방법이 될 것이다. 부산항만공사에게 넓은 안목과 시야가 요구된다. 그나마 다행인 것은 부산항만공사가 부산시민사회의 역량을 모아서 북항재개발 라운드테이블을 만든 것이다. 북항재개발 계획과정의 민주화와 투명성 제고를 위해서는 라운드테이블은 반드시 필요하며, 부산시민사회의 실질적인 참여는 라운드테이블의 핵심이다. 부산항만공사는 부산시민사회의 협력을 얻기 위해서라도 라운드테이블의 결정을 존중해주어야 한다. 그곳에서 여러 주체들이 같이 모여 대화하고, 토의하고, 토론하고, 협의하고, 합의해야 한다. 서두르지 말고 숙의해야 한다. 그것은 북항재개발사업을 성공적으로 이끌기 위한 디딤돌이 될 것이다. 마지막 한 마디로 이 글을 마친다. "비우자, 마음을 비우고, 탐욕을 버리고, 공간을 비우자."

참고문헌

국토해양부. 2008a.『북항재개발사업계획 및 사업구역 지정고시』. 국토해양부 고시 2008-164호. 2008. 5.

국토해양부. 2008b.『부산항(북항) 항만재개발사업계획(변경)수립』. 2008. 10.

국토해양부. 2008c.『부산항(북항)재개발사업 도시관리계획 결정(변경)』. 2008. 10.

국토해양부. 2010.『부산항(북항) 재개발사업 1단계 실시계획(변경)승인서』. 2010. 10.

김경민. 2011.『도시개발 길을 잃다』. 시공사.

김홍관. 2009. "도심 복합용도 활성화 방안".『북항재개발사업 민간투자 활성화를 위한 1차 토론회』. 2009. 11. 25.

김홍관. 2010. "북항재개발사업 민자유치활성화 촉진 전략".『북항재개발사업 민간투자 활성화를 위한 2차 토론회』. 2010. 3. 17.

노무현. 2006. "대통령 부산 북항재개발 종합계획 보고회 연설문". 2006. 12. 27.

부산경제정의실천연합. 2012. "북항재개발, 수익성인가 공공성인가?" 2012. 3. 7.

부산북항재개발 라운드테이블. 2013. "해양수산부와 부산항만공사에 드리는 〈북항재개발 계획변경안〉에 대한 라운드테이블 의견서". 2013. 5. 30.

부산참여자치시민연대. 2012. "북항재개발은 개발업자가 아니라 부산시민을 위한 사업이 되어야 한다". 2012. 2. 23.

부산항만공사. 2007. 『북항재개발 마스터플랜 선정을 위한 공론조사』. 2007. 10.

부산항만공사. 2008. 『부산항(북항)재개발사업 지구단위계획 수립 및 기본설계용역 지구단위계획 보고서』. 2008. 11.

부산항만공사. 2009a. 『북항재개발사업 민간투자 활성화를 위한 1차 토론회』. 2009. 11. 25.

부산항만공사. 2009b. 『부산항(북항) 재개발사업지 내 유치시설용지 개발사업자 공모지침서』. 2009. 5.

부산항만공사. 2010. 『북항재개발사업 민간투자 활성화를 위한 2차 토론회』. 2010. 3. 17.

부산항만공사. 2011. 『부산항(북항) 재개발사업지 내 유치시설용지 개발사업자 공모지침서』. 2011. 4.

부산항만공사. 2012. 『부산항(북항) 재개발사업 사업계획 변경안』. 2012. 2. 22.

성익제. 2010. "민간사업자 사업제안서 작성을 위한 발전방안," 『북항재개발사업 민간투자 활성화를 위한 2차 토론회』. 부산항만공사. 2010. 3. 17.

신영철. 2012a. 『공공건설사업 제도개선 연구』. 민주정책연구원.

신영철. 2012b. "민간투자방식의 문제점 및 개선방안: 부산 북항재개발사업 관련". 부산 북항재개발 라운드 테이블 워크숍. 2012. 9. 21. 부산 YWCA.

윤일성. 2012a. "해운대 관광리조트의 도시정치학: 탐욕과 불의의 도시개발". 『지역사회학』 13(2): 49-85.

윤일성. 2012b. "부산시 대규모 난개발에 대한 비판적 고찰: 토건주의적 성장연합의 개혁을 위하여". 부산대학교 한국민족문화연구소. 『한국민족문화』

42: 205-239.

이흥권. 2009. "「협력적 계획」의 관점에서 본 부산 북항 재개발 갈등 사례 연구". 서울시립대학교 도시행정학과 박사학위논문.

이흥권·서순탁. 2010. "공공갈등 조정기제로서「협력적 계획」의 적용 가능성에 관한 연구". 대한국토·도시계획학회지.『국토계획』 45(5): 5-25.

정기용. 2008.『사람·건축·도시』. 현실문화.

정기용. 2011.『정기용 건축작품집: 1986년부터 2010년까지』. 현실문화.

홍성태. 2011.『토건국가를 개혁하라: 개발주의를 넘어 생태복지국가로』. 한울

2부

도시재생

5장

도시 빈곤지역 재생의
새로운 패러다임을 위하여[1]

1. 들어가는 말

도시재생이라는 개념이 최근 많이 사용되고 있다. 마치 도시재개발이라는 개념을 대체하고 있는 듯하다. 도시재개발과 도시재생이라는 개념은 서로 다른 내용을 가진 개념처럼 보이기도 한다. 하지만 두 개념이 가지고 있는 내용의 차이점에 대해서 아직까지 이론적으로나 개념적으로 본격적인 논의가 이루어지고 있지 못하다. 자칫 잘못하면 도시재생이라는 이름을 내걸고 기존의 도시재개발에서 추구하던 내용과 방식을 그대로 답습할 가능성도 있다. 도시재생은 기존 도시재개발의 내용과 방식을 뛰어넘는, 그래서 진정 새로운 패러다임을 가진 도시정책이 되어야 한다. 이 글은 이런 문제의식에서 출발한다.

이 글은 도시 빈곤지역 재생을 위한 새로운 패러다임을 제안한다. 도시재생의 이론적, 개념적 기초를 탐구하고, 여기에 입각하여 도시재개발과

---

[1] 5장의 내용은 이후 장들에서 다루는 도시재생 논의의 서론에 해당하지만, 안타깝게도 글의 일부분은 미완으로 남아 있었다. 특히 6장, 7장과 중복되는 내용이 존재했고, 도표에 대한 설명도 없었다. 이에 따라 일관된 논의전개를 위해 6장, 7장과 중복되는 내용의 일부를 삭제하고, 도표를 적절한 위치에 재배치하는 등 편집 작업을 했음을 밝혀둔다 (편집자 주).

다른 도시재생의 내용과 방식을 제안하고자 한다. 이 글은 크게 세 부분으로 이루어져 있다. 첫째, 도시재개발의 문제점을 지적하고 도시재개발에 대한 대안으로 도시재생이 가진 의미를 개진한다. 둘째, 도시재생의 내용과 방식에 대한 이론적, 개념적 기초를 논의한다. 공공성, 성찰적 민주주의, 민관협력, 종합과 통합, 공동체 중심, 창조와 혁신 등 도시재생의 여섯 가지 핵심개념을 제안한다. 셋째, 도시 빈곤지역 재생을 위한 새로운 정책을 제안한다.

2. 도시재개발과 도시재생

1) 도시재개발의 문제점[2]

1980년대 초반 이래로 도시 빈곤지역의 주택재개발은 주로 합동재개발 방식을 통해서 진행되어왔다. 합동재개발 방식은 가옥주들의 재개발조합과 민간건설업체들이 합동으로 재개발을 수행하는 방식이다. 재개발조합은 토지를 제공하고, 민간건설업체는 재개발의 시공을 맡는다. 토지를 제공한 재개발조합의 조합원들은 자신들의 토지지분에 따라 새로 지어지는 아파트를 제공받고, 민간건설업체는 남은 아파트를 일반분양해서 사업의 수지를 맞춘다.

현행 합동재개발 방식은 철저히 시장주도적인 방식이다. 공공의 개입을 최소한으로 줄이면서 주택재개발을 시장에 맡겨버리는 방식이다. 하지만 가옥주들의 재개발조합과 민간건설업체 위주의 합동재개발 방식은 사업의 효율성과 형평성의 측면에서 많은 문제가 있다. 주민들의 재정착률이

---

[2] 이 소절의 내용은 윤일성(2006b)에서 관련부분을 요약정리한 것이다. (이 책 『도시는 정치다』의 7장-편집자 주)

저조하고, 세입자들을 위한 주거대책이 미비하며, 기존의 지역사회 공동체가 해체되는 것이다(김수현, 1995; 주택산업연구원, 1996; 윤일성, 2002).

'도시저소득주민의 복리증진'과 '도시환경개선'을 위해서 도시 빈곤지역의 공간구조를 정비한다는 취지를 가지고 1989년에 도입된 주거환경개선사업은 지자체나 도시개발공사, 대한주택공사 등 공공부문이 사업시행자가 된다는 점에서 기존의 주택재개발사업과는 차이가 있다. 주택재개발사업이 지역 주민들과의 마찰로 심각한 사회적 갈등을 일으키고 있을 때, 공공부문이 사업시행자가 되는 주거환경개선사업은 지역주민들에게 도움을 줄 수 있을 것으로 여겨지기도 했다.

하지만 처음의 기대와는 달리 주거환경개선사업 역시 주택재개발에 못지않을 정도로 많은 문제점을 지니고 있는 것으로 나타났다. 영세한 토지 및 건축물 소유자들이 배제되고, 다세대·다가구주택이 밀집된 과밀개발이 이루어지는 경우가 많으며, 현지개량방식이 적용되는 경우 세입자에 대한 대책은 전무하며, 지역공동체가 해체되고 있는 것이다(김우진, 1997; 서울시정개발연구원, 1999a; 윤일성, 2002). 이런 현상은 도시 저소득주민의 복리증진을 목적으로 시행되었던 주거환경개선사업이 초래한 역설적인 결과라고 할 수 있다. 도시저소득주민에게 피해를 주고, 주거환경을 악화시키는 현재의 주거환경개선사업을 전면적으로 재검토해야 한다. '저소득주민의 복리증진'과 '도시환경개선'이라는 주거환경개선사업의 목적을 이루기 위해서는 사업의 구체적인 내용들을 새롭게 바꾸어야 한다.

2) 도시재개발에 대한 대안으로서 도시재생

빈곤지역 중 도시재개발이 시행된 지역의 공동체는 대부분 해체되었다. 가난한 사람들이 궁핍한 삶을 살면서도 서로 기대어 정을 나누었던 마을공동체는 사라져버리고, 이제 그곳에는 중산층이 거주하는 아파트 단지만 우뚝 솟은 병풍처럼 산등성이에 자리 잡고 있다. 가난한 사람들이 모여 사는 산동네의 골목은 소통의 장소였다. 골목은 "지나가는 곳이 아니라 머무르는 곳이다. 통로가 아니라 삶의 공간인 것이다. 그래서 골목은 마당이다. 만나서, 모여서, 대화하면서, 정을 나누는 곳이다. 가난한 사람들이 서로의 애환을 나누면서 위로하고 위로받는 곳이다. 산동네에 사는 사람들의 삶은 궁핍하지만, 그럼에도 불구하고 사람 사는 훈훈한 정을 나누는 곳이 골목이다. 그래서 '그곳에 있는 사람들의 눈빛은 닮아 보인다'"(윤일성, 2006a: 191). 하지만 서울의 산동네 빈곤지역은 대부분 철거되었다. 소통의 가난한 공동체는 해체되고 이제 사진이나 영화에서밖에 찾아볼 수 없을 지경에 이르렀다. 평생 동안 가난한 산동네 골목 '안' 풍경을 사진에 담은 김기찬은 사라져버린 산동네 풍경을 그리워하면서 그의 마지막 사진집에 다음과 같은 말을 남겼다. "골목은 내 평생의 테마라 했는데 내 평생보다 골목이 먼저 끝났으니 이제 골목 안 풍경도 끝을 내지 않을 수 없다"(김기찬, 2003: 198). 김기찬의 골목안 풍경은 가난하지만 소통하는 아름다운 공동체에 대한 그리움과 향수를 담고 있지만, 한편으로는 왜 이런 소중한 공동체가 사라져야 할 운명을 앞두고 있는가에 대한 강력한 반문을 담고 있다.

무엇이 소통의 공동체인 가난한 지역공동체를 해체시켰는가? 그것은 기본적으로 인간의 이기심이다. 산동네 가난한 마을을 철거하고 아파트 단지를 지어서 돈을 벌고자 하는 인간들의 욕심 때문이다. 그 욕심은 주택재개발이라는 제도에 그대로 투영되어 있다. "지금의 주택재개발은 시장주도적 재개발이다. 지역주민의 삶을 개선시키기 위해서 공공부문이 예산을 투입하면서 재개발을 추진하는 것이 아니다. 도시 빈곤지역의 공간구조의 변화를 위해서 민간건설업체와 재개발조합이 많은 권한을 위임받아 주택재개발을 추진하는 것이다. 시장주도적 주택재개발은 사회적, 공동체적 문제들에 대해서는 별 관심이 없다. 오로지 재개발조합과 민간건설업체의 수익성에만 관심을 가지고 있을 뿐이다"(윤일성, 2006b: 72-73).

1980년대 초반 이후로 한국의 도시 빈곤지역은 많은 변화를 겪었다. 주택재개발사업과 주거환경개선사업으로 인하여, 도시 빈곤지역 지역공동체는 해체되고 중산층을 위한 아파트 단지로 바뀌었다.

소통의 공동체를 파괴시키는 도시재개발 제도를 바꾸어야 한다. 도시재개발을 통해 낙후된 지역의 낡고 보잘것없는 주택들을 철거하고 반듯한 현대식 아파트 단지를 건설한다 하더라도 그 지역에 살던 공동체 주민들이 그 지역을 떠나버릴 수밖에 없다면 그때의 도시재개발 사업은 지역주민들에게 하등의 의미가 없을 것이다. 아니 지역주민에게 고통을 주는 일이 될 것이다. 가난한 지역공동체를 해체시키는 도시재개발 사업은 이제 중지되어야 한다. 시장에 모든 것을 내맡겨버리는 도시재개발이 아니라 마을 공동체가 중심이 되어서 소통의 공동체라는 장점을 되살리면서 살기 좋은 마을로 만들어나가야 한다. 빈곤지역을 개선시키기 위해서는 마을 공동체가 중심에 있어야 할 것이다.

주택재개발사업과 주거환경개선사업을 왜 하는가? 도시 빈곤지역의 재생은 왜 하는가? 이 질문에 대한 근본적인 고민을 해야 한다. 지금까지 주택재개발과 주거환경개선사업은 물리적으로 낙후된 지역을 재정비하는 도시공학적인 사업으로만 인식되었다. 하지만 이제 우리는 도시재생의 의미를 재구축해야 한다. 사회적, 경제적으로 낙후된 지역을 종합적으로 개선시킴으로써 지역공동체 주민의 삶의 질을 향상시키는 것이 도시재생의 목적으로 설정되어야 한다. 도시재생의 이름하에 단지 도시공간구조의 변화만을 추구한다면 이는 진정한 의미의 도시재생이 아니다. 그때의 도시재생은 도시재개발과 하등 차이가 없다. 도시재생의 내용과 방식에 대한 깊이 있는 고찰이 필요한 시점이다.

피터 로버츠는 도시재생을 다음과 같이 정의한다. "(도시재생은) 도시문제를 해결하기 위한 종합적이고 통합적인 비전과 행위이다. 그것은 한 지역의 경제적, 물리적, 사회적, 그리고 환경적 조건을 영속적으로 개선시키는 것을 추구한다"(Roberts, 2000: 17). 공간의 물리적 재생만이 아니라, 경제, 사회, 문화적 요소가 종합되고 통합되면서 도시지역 공동체 주민의 삶의 질을 향상시키는 것이 도시재생의 핵심적 내용이 되어야 한다. 도시재생이 이루어지는 방식 역시 도시재개발이 이루어지는 방식과 달라야 한다. 지역공동체가 도시재생의 주체가 되어, 도시재생에 관련된 다른 주체들과 협력하면서 민주주의적인 과정을 거쳐서 도시재생을 이루어나가야 한다.

도시 빈곤지역 공동체 주민의 삶의 질 향상을 도시재생의 목적으로 설정하면, 지금처럼 도시 빈곤지역의 공동체가 해체되는 것을 막을 수 있다. "기존의 도시빈민들을 철거 이주시키고 그곳에 중산층을 위한 아파트 단지를 만들지 않는다면, 그리고 빈곤지역의 공간구조를 새롭게 정비하여 가난한 사람들의 주거생활을 개선시키고, 주민들의 경제적, 사회적 삶의 기회를 향상시키기 위한 정책을 도입한다면, 빈곤지역의 공동체는 다시 활기를 찾을 수 있을 것이다. 공동체가 해체되는 것이 아니라, 활력이 넘치는 새로운 공동체로 거듭날 수 있을 것이다"(윤일성, 2006b, 71). 도시재개발이 도시 빈곤지역의 공동체를 해체시킨다면, 도시재생은 해체될 위기에 처해 있는 도시 빈곤지역의 공동체를 부활시킬 수 있다.

3. 도시재생의 패러다임 전환을 위하여: 도시재생의 여섯 가지 핵심개념

1) 공공성

도시재생 개념의 첫번째 차원은 공공성이다. 이것은 누구를 위한 도시재생인가 하는 화두와 관련이 있다. 많은 사람들이 도시재생은 "국가, 도시, 지역, 지역주민 모두를 위해서" 수행되는 것이라고 주장하겠지만, 지역주민 모두가 다 혜택을 받는 것은 아닐 것이다. 공익(公益), 공공선(公共善), 공동선(共同善)을 내세우면서 자신이나 자신이 속한 집단의 이해를 밝히지 않는다면 그때의 공공(公共)이라는 이름은 특정 목적의 성취를 위한 수단으로 전락하기 쉬운 법이다.

필자는 도시 및 지역사회의 공공성(公共性)이 위기에 처해 있다고 생각한다. 도시 및 지역사회의 공공성 위기는 세 가지 측면에서 드러난다. 첫째, 도시 및 지역사회의 각 영역에서 공공성에 대한 담론과 공공성에 기반한 정책이 아직 많이 부족하다. 둘째, 도시 및 지역의 중요한 의사결정과정에서 공공성의 가치보다는 효율성의 가치가 더 중요한 판단기준이 되고 있다. 셋째, 공공성의 가치가 특정집단의 이익추구를 위한 수단으로 전락되고 있는 경향이 있다. 도시재생이라는 새로운 개념으로 지역사회의 발전을 도모하기 위해서는 이러한 공공성의 부재, 공공성과 효율성의 충돌, 공공성의 왜곡현상을 넘어설 수 있는 틀을 만들어야 한다. 도시재생을 논의하는 과정에서 새로운 공공성의 정립을 모색하는 것은 아주 중요한 일일 것이다.

한국의 도시 빈곤지역을 정비하기 위해서 적용된 주택재개발사업이나 주거환경개선사업이 많은 문제들을 가지고 있는 것은 기본적으로 이 사업들이 시장주도적 도시정비사업이기 때문이다. 한국에서나 외국에서나 시장주도적으로 개발된 지역에서는 지역 주민들의 의견이 개발의 내용에 잘 반영되지 않는다. 지역사회 공동체의 요구나 필요는 시장주도적 개발과정에 거의 반영되지 않는다. 시장주도적 도시개발은 개발업자의 수익성 및 공간구조의 물리적 변화만 추구하지 그 지역의 사회적, 공동체적 문제들에 대해서는 별 관심을 기울이지 않는다.

도시개발은 자연스럽게 이루어지는 과정이 아니라 인위적인 산물이다.

"도시개발은 여러 이해관계 속에서 진행된다. 도시공간의 많은 부분이 시장이라는 기제에 맡겨져 있는 자본주의 사회에서는 특히 그렇다. 도시의 공간이용을 바꿈으로써 이익을 얻으려고 하는 사람들이나 기업들이 존재한다. 자본주의체제의 재생산을 위해서나 혹은 다른 고유한 목표를 추구하면서 국가가 정책적으로 도시공간의 변화에 개입한다. 이들이 가지고 있는 이해는 때론 맞아떨어지기도 하고, 때론 상충되기도 한다. 그 속에서 도시개발을 통한 도시공간의 변화가 이루어지는 것이다. 그렇기 때문에 도시공간을 둘러싼 시장이라는 기제와, 시장에서 이익을 얻으려는 사람 및 기업과, 도시계획을 통해서 시장에 개입하는 국가의 관계를 분석하지 않고서는 도시개발이 왜 이루어지는지 이해하기 어렵다"(윤일성, 2002: 4-5).

지난 20여 년간 영국과 미국의 도시개발 사례를 관통한 어떤 흐름이 있다면 그것은 시장주도적 도시개발이다. 시장주도적 도시개발이 등장한 상황적 배경, 원인, 세력관계, 진행과정, 사회적 효과, 문제점 등을 분석하는 것은 아주 중요한 연구과제이다. 도시개발을 통해서 공공성과 수익성이 어떻게 추구되며, 그 두 가지 가치가 어떻게 상충되는가, 그리고 어떤 방식으로 타협을 이루어나가는가 하는 것은 아주 흥미 있는 주제이다. 이 주제에 대한 보편타당한 이론을 찾기란 쉽지 않다. 각 사회마다, 각 시대마다, 각 사업에 따라, 공공성과 수익성이 도시개발을 통해 제 모습을 드러내는 방식이 다르기 때문이다.

도시개발에 있어서 공공성과 수익성이 어떻게 결합되어야 할 것인가에 대한 논의는 어떤 이론을 토대로 개념적으로 연역해서 결론 내릴 수 있는 것이 아니다. 이론적으로 타당한 절대적 모델이라는 것이 도시개발의 영역에서 존재할 수 있을까? 중요한 것은 사회적 합의이고, 세력관계를 기반으로 한 사회적 합의에 의해서 보다 바람직한 도시개발의 방식이 정해질 수 있을 것이다. 지금까지 한국에서 진행된 도시재개발에서는 공공성에 대한 논의가 아주 부족했다. 그것은 도시재개발 방식이 수익성을 추구하는 시장주도적인 도시개발이었기 때문이다. 이제 도시재생이라는 새로운 개념을 모색할 때, 공공성의 회복이라는 주제는 반드시 부각되어야 한다. 공공성의 회복이라는 이야기는 수익성을 부정하는 것이 아닐 것이다. 오히려 공공성과 수익성의 양립가능성을 의미한다. 잃어버렸거나 무시한 공공성이라는 가치를 다시 세우자는 것을 의미하는 것이다. 한국에서 도시재생을 논의할 때 과연 공공성과 수익성이 어떻게 결합되어야 할 것인가에 대한 성찰적인 고민을 해야 되고, 그 토대 위에서 바람직한 대안을 모색해야 할 것이다.

2) 성찰적 민주주의

지역공동체가 좋은 공동체로 되기 위해서는 공론의 장이 잘 형성되어야 한다. 공론의 장에서 다양한 의견들이 소통되어야 한다. 그것은 토의와 토론을 통해서이다. 힐리(Healey)는 도시 공동체 내의 참여 민주주의와 공적 영역의 확장에 지대한 관심을 가지고 있는 대표적인 학자이다. 도시계획에서 '상호존중에 토대를 둔 성찰적 대화를 통한 합의'의 중요성을 강조하는 힐리는 다음과 같이 말한다. "이러한 방식으로 접근한다면, 지식과 성찰적 담론의 힘과 유익한 논쟁을 통해, 그리고 차이와 갈등을 뛰어넘는 상호존중과 상호이해와의 차이를 존중하는, 합의형성의 학습을 통해 사람들이 대화수준에서 지배적 담론의 힘에 도전할 수 있을 것이다. 철학자들과 정치학자들이 새로운 참여 민주주의의 실현을 회복하고 공적 영역을 재구성하는 방법을 탐색함에 따라, 이러한 가능성이 그들의 관심을 끌고 있다. 우리가 지방의 계획과정에 대한 새로운 접근방법을 개발하는데 도움을 주는 것은 바로 이러한 개념이다"(Healey, 1997: 109).

힐리는 하버마스의 의사소통 행위이론을 토대로 지역공동체의 발전 방안을 모색한다. 참여, 이해, 토의, 협의, 합의 등은 지역공동체를 잘 만들어나가기 위해서 고민해야 하는 핵심적 개념들이다. 이상적인 대화상황이 현실에 존재하는가에 대한 비판이 있지만 그럼에도 불구하고 왜곡된 대화상황을 비판적으로 성찰하면서 이상적인 대화상황을 구성하려는 노력은 소중하다. 이런 노력은 성찰적 대화로 구체화된다. 현실 권력의 작용으로 왜곡된 대화상황을 성찰함으로써 수평적인 의사소통이 가능해진다. 다양한 이해들이 대화에 등장하고 토의된다. 다양성을 존중하고, 차이를 토론하고, 조정하고 협의하고 합의하는 것은 성찰적 대화에 기반한다. 협력적 계획을 강조하는 힐리는 다음과 같이 말한다.

지역 내 이해관계를 가진 모든 사람들을 인정하고 접촉하고자 노력해야 한다. 이것은 하나의 배분적 원칙이다. 포괄적 이해관계자를 최대로 인정하는 것에 대한 정당화는 공유공간에서 공존의 딜레마를 다루기 위한 안정적이고, 지속적이며, 합법적인 방법을 발견하려는 탐색으로부터 도출된다. 이것은 근린지구, 도시 및 도시지역 수준의 공간적 변화에 관한 집합적 관심사를 관리하기 위한 지속가능한 실천에 대한 일련의 탐색으로 표현될 수 있다. 모든 이해관계자가 그 과정에서 인식되지 않는다면, 정책과 정책실천들은 도전받게 되고 손상되며 경시될 것이다. 만일 참여자들이 그들의 차이를 뛰어넘어 합의를 구축하는 방법을 학습하지 못한다면, 정책방향에 관한 합의는 지속되지 못하고 해체될 것이다. 만약 이해관계자들이 서로 다른 문화적 공동체를 배경으로 하고 있다면, 사회적으로나 정치적으로 이를 끌어안는 방법으로 합의를 형성할 것을 요구할 것이다. 왜냐하면 합의는 신뢰와 이해를 확장할 수 있는 의사소통적 실천에 대한 세심한 관심을 요구하기 때문이다(Healey, 1997: 112).

하지만 공론의 장에서 참여 민주주의적 원칙들을 잘 지켜나가면 지역공동체의 발전은 저절로 이루어지는 것인가? 과연 소통의 공동체가 공동체의 발전을 담보하는 것인가? 지역 공동체 내에 참여 민주주의와 공적 영역이 확장되어 원활한 토의구조가 확보되면 그 공동체는 아름다운 공동체가 될 것인가? 지역공동체 내에 합리적인 의사결정과정이 존재하면 공동체는 아름다워지는가? 하지만 토의와 토론을 중시하는 토의 민주주의(deliberative democracy)는 아름다운 공동체를 이루기 위한 필요조건이지 충분조건은 아니다. "나는 토의를 사유와 동의어로 취급하지 않는다"라고 말하는 왈쩌(Walzer)는 토의 민주주의의 한계를 다음과 같이 지적한다(왈쩌, 2001: 71).

물론, 토의 민주주의는 평등주의적 이론이다. 토의 민주주의는 말하고 토의하는 사람들의 평등을 전제하며, 이 출발점으로부터 평등주의적 결정들을 산출하고 정당화한다. 그 과정은 최선의 조건 하에서 토의하는 최선의 사상가들의 최선의 생각이 다름 아닌 현존 권력의 이해관계를 반영한다는("지배적 관념은 (…) 지배계급의 관념이다") 비난을 피하기 위해 신중히 설계되었다. 진정한 토의과정은 참가자들이 이를테면 무지의 베일 뒤에서 토의할 것을 요구함으로써 저 강력한 이해관계들을 간단히 배제하거나, 혹은 토론에서 약하고 억압받는 집단들의 이해관계를 포함하여 모든 이해관계들이 동등하게 대변되도록 보장함으로써 이해관계들간의 균형을 잡는다. 그러나 이 모든 것은 유토피아적 시간과 공간 안에서 이루어지는 것인 반면, 현실세계에서 토의 민주주의 이론은 역사상 실제적 평등주의를 확립할 수 있는 유일한 종류의 정치를 평가절하하는 것으로 보인다 (…) 이상화된 토론은 현실에 실새하는 어떠한 정치질서에서도 실현되거나 효력을 볼 수 있는 가능성이 없다. 우리는 그것의 실현을 목표로 삼아야 하는가? 이것이 우리의 유토피아인가? 헌신적 민주주의자들의 꿈이 정치적 갈등과 계급투쟁 그리고 인종적·종교적 차이가 모두 순수한 토의로 대체된 세계인가?(왈쩌, 2001: 88-89).

현실 세계는 불평등한 세계이고, 토의과정과 토의내용은 현실세계의 불평등한 권력관계에서 완전히 자유롭지 못하다. 물론 공동체 내의 불평등한 권력관계의 발현을 토의를 통해서 어느 정도 시정할 수는 있겠지만 토의적 공동체만으로는 아름다운 공동체가 되기에는 부족하다. 충분한 토의를 거치고도 비합리적인 결정을 할 수도 있고, 비도덕적인 결정을 내릴 수도 있다. 참여 민주주의와 공적 영역을 충분히 갖추고 있으면서도 자기중심적 이기적인 결정을 내릴 수도 있는 것이 현실이다. 이 점을 고려할 때, 진정 아름다운 공동체를 만들기 위해서는 토의와 합의를 위한 형식적 절차를 구비하는 것 못지않게 중요한 것이 공공선(公共善)에 대한 성찰이다. 지역공동체에서 중요한 문제를 결정할 때 자유와 평등, 그리고 사회정의 같은 가치들을 같이 고민해야 하는 것이 필요하다. 이것은 곧 성찰의 공동체가 되어야 함을 의미한다. 이 점에서 '자유주의를 보완하려는 공동체주의자'인 왈쩌의 논의를 본격적으로 검토할 필요가 있을 것이다.

2003년 깐느에서 폭발적인 논쟁을 불러일으킨, 라스 폰 트리에 감독의 영화〈도그빌(Dogville)〉(2003)은 충분한 토의를 통해서 마을공동체의 중

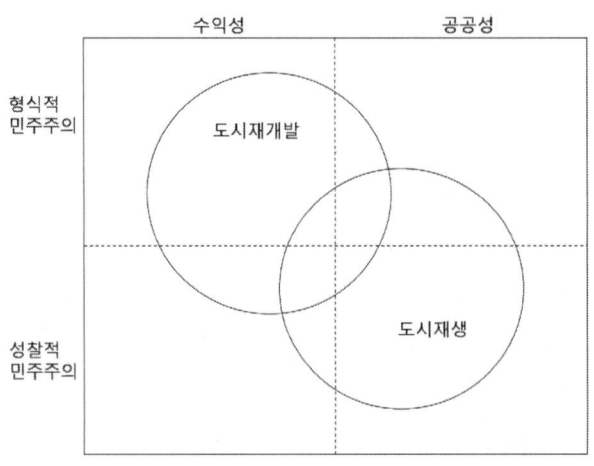

〈그림 1〉 도시재개발에서 도시재생으로 1: 공공성과 성찰적 민주주의

요한 일들을 결정해나가지만, 성찰하지 못하고 자신들의 이익만 추구할 때 그때의 공동체 결정은 얼마나 비인간적, 비도덕적이 될 수 있는가를 통렬히 고발한다. 마을공동체 구성원들의 이익만을 추구하는 것에서 벗어나서 공공선(公共善)을 추구하는 공동체가 진정 아름다운 공동체일 것이다.

공공성, 성찰적 민주주의 개념의 위상을 〈그림 1〉과 같이 나타낼 수 있을 것이다.

3) 민관협력

한국에서는 최근 민간부문이 주도하는 시장주도적 도시개발이 도시개발의 주된 기법으로 정착되어가는 경향이 있다. 민간의 자본, 창의성, 효율성, 경영마인드 등을 기반으로 해서 수행하는 도시개발이 증가하고 있다. 시장주도적 도시개발의 가장 중요한 방식이 민간과 공공이 공동으로 사업을 시행하는 민관협력(public-private partnership) 방식이다. 하지만 시장주도적 도시개발에 붙어 있는 이미지는 실제와 일치하지 않는 경우가 많다. 시장이라는 허울 좋은 수사에 눌려, 혹은 선진 국가들에서 주된 도시개발 기법으로 사용한다는 논리에 사로잡혀, 시장주도적 도시개발의 문제점과 한계를 도외시한다면 정말 잘못된 일이다. 시장주도적 도시개발은 모든 문제를 해결할 수 있는 도깨비 방망이가 아니다.

민관협력의 과정을 보면, 도시개발에 있어서 시장의 기능이 강조되고, 국가는 시장기제의 원할한 작동을 보조해주는 역할을 부여받는다. 민간부문이 주도하는 민관협력방식이 도시개발을 위한 주요 수단이 된다. 도시개발은 민간부문의 자본, 리더쉽, 경험을 통하여 진행되어야 한다. 지방정부는 더 이상 도시개발의 주체가 될 수 없다. 지방정부는 민관협력을 통해서 민간주도의 도시개발을 보조해주는 역할을 수행해야 한다.

서구 선진 사회에서 적용된 민관협력의 유형은 다양하지만, "대체적으로 기업뿐만이 아니라 지역공동체의 여러 단체들과 협력하여 사업을 추진해 나가는 경향이 있다. 많은 경우, 지역공동체의 참여는 민관협력으로 진행되는 도시개발이 성공하게 되는 중요한 요인인 것으로 평가된다"(권태환·윤일성·장세훈, 2006: 312). 하지만 한국에서 진행된 민관협력을 통한 도시개발의 경우 사정은 다르다. 한국에서 시행되는 민관협력 방식은 주로 공공부문이 민간개발업자와 함께 사업시행자가 되어 민간개발업자의 구상과 전략을 토대로 도시개발을 추진하는 것이다. 민간부문에는 민간개발업자, 지역주민, 시민사회단체 등 여러 주체들이 있지만, 한국에서 시도되는 시장주도적 도시개발에서 민간부문은 곧 민간개발업자를 의미한다. 그래서 민관협력을 통한 도시개발에는 지역주민과 시민사회단체의 요구는 거의 수용되지 않는 반면에 민간개발업자의 이해만 수용될 뿐이다. 민간개발업자는 사업의 수익성을 최우선적으로 추구하기 때문에, 수익성에 영향을 끼치는 전체경제상황의 변동이나 부동산시장의 움직임에 따라서 사업의 진폭을 조정한다. 민관협력을 통한 도시개발은 결국 시장에 맡겨져 있는 것이다. 공공성에 입각한 종합적인 계획에 따라 사업이 진행되지 못하고, 시장상황에 따라 사업이 단기간에 급속히 이루어지거나 혹은 사업이 이루어지지 않기도 한다.

한국사회에서 도시재생을 추진하기 위해서는 민간자본의 투자가 필요할 것이다. 민간자본을 끌어들이기 위한 국가의 노력도 의미가 있다. 하지만 민관협력의 진정한 의미는 민간자본만을 끌어들이는 데 있는 것은 아니다. 민간부분에는 기업만 있는 것이 아니다. 시민사회의 각 영역에서 활동하는 시민단체들과 각 지역사회에서 중요한 일을 수행하는 주민단체들도 있다. 시민단체와 주민단체의 역량을 도시재생사업에 최대한 활용해야 할 것이다. 시민단체 그리고 주민단체와 협력하여 진정한 의미의 민관협력 구조를 만들어나가야 한다. 이 부분은 한국의 민관협력 방식으로 추진되어온 한국의 도시개발에서 그동안 빠뜨린 부분이다.

　서구 선진사회에서 시행된 민관협력을 통한 도시개발의 경우에는 대부분 시민사회와 지역사회 공동체의 참여를 중요한 내용으로 한다. 한국의 도시재생에서 추구하는 민관협력은 불완전한, 그리고 민간자본의 수익성만 보장해주기 위한 민관협력이 아니라, 완전한 그리고 민간부분의 다양한 활력을 끌어오기 위한 민관협력이 되어야 한다.

4) 종합과 통합

　그동안 한국에서 진행된 도시재개발 사업을 보면 대부분 공간환경의 변화에 초점을 맞추었고, 그 외의 지역의 경제적, 사회적, 문화적 측면들이 상대적으로 도외시되었다. 도시재생의 목표를 '도시 및 지역주민들의 삶의 질 향상'으로 설정하면, 도시재생사업의 내용을 목표에 맞추어 잘 채워야 할 것이다. 여기에는 공간환경의 변화만이 아니라, 지역사회의 경제적 재활성화, 사회적 약자의 삶을 업그레이드시킬 수 있는 사회적 통합,

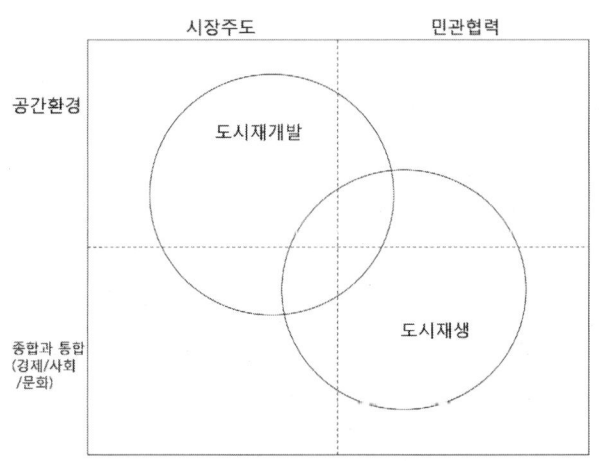

〈그림 2〉 도시재개발에서 도시재생으로 2: 민관협력과 종합/통합

지역 커뮤니티의 재생, 지역의 문화자원의 보존 및 창출 등에 대한 내용을 종합적으로 담아야 한다. 삶의 다양한 그리고 중요한 영역들의 내용을 질적으로 향상시킬 수 있는 종합적이고 통합적인 도시재생을 추구해야 할 것이다. 도시 공간계획의 틀에 갇히지 말고, 그것을 뛰어넘을 수 있는 종합적인 대안을 모색해야 할 것이다. 이제는 '도시기반시설의 정비'에서 눈을 돌려 '도시 자산'의 보존과 창조적 발전을 추구해야 한다.

민관협력, 종합과 통합 개념의 위상을 아래 〈그림 2〉와 같이 나타낼 수 있을 것이다.

5) 공동체 중심[3]

도시재생을 통해서 빈곤지역을 재활성화시키기 위해서는 공동체가 중심이 되어야 한다. 기존의 공동체가 해체된다면, 노후화된 주택이 철거되고 현대식 주택이 들어서면서 그 지역이 말쑥하게 단장된다고 하더라도 지역 주민들에게 무슨 의미가 있겠는가? 지역 주민에게 혜택이 돌아가지 않는, 오히려 그들 공동체를 해체시켜버리는 빈곤지역 정비기법들은 이제 더 이상 적용되어서는 안 된다. 주민에 의한, 주민을 위한, 주민 스스로의 공동체 계획이 필요하다.

공동체 계획은 지역사회 발전을 위한 대안적인 계획이다. 공동체 계획은 계획과정 전체를 포괄하는 개념이다. 즉, 공동체 계획이란 계획주체와 계획내용 그리고 사회적 상호작용에 있어서 지역사회 공동체 중심으로 구상하고 집행해나가는 것을 의미한다. 지역사회 공동체의 재활성화를 위해서, 지역 주민을 포함한 지역사회의 여러 주체들이 사회적 상호작용

---

[3] 이 소절의 내용은 윤일성(2006b, 이 책 『도시는 정치다』의 7장)과 부분적으로 중복된다. 그러나 이후 논의의 전개에 필요한 내용이기 때문에 별도의 편집 작업을 하지 않았음을 밝힌다(편집자 주).

을 거치면서 공동의 문제를 인식하고, 해결책을 모색하고, 실천해나가는 것이다. 공동체 계획은 계획의 내용만을 의미하지는 않는다. 그 속에는 사회적 과정이 담겨 있기 때문이다.

빈곤지역의 공동체는 공동체 발전을 위한 대안을 모색해야 한다. 공동체 계획(community planning)을 준비하는 것이 한 가지 대안이 될 수 있을 것이다. 공동체 계획의 개념은 계획내용과 계획과정 양자를 모두 포괄한다. 공동체 계획은 지역공동체 주민들이 계획의 주체가 되어, 만나서 의견을 나누면서 공동의 문제를 인식하고, 해결방안을 강구하고, 협의하면서 해결방안을 도출하고, 이를 실현시켜나가는 계획과정 전체를 의미한다.

공동체 계획은 종합적 계획이다. 공동체 계획의 내용을 보면, 공동체의 공간구조를 개편하는 것만을 목적으로 하지 않는다. 공동체의 문제 전반에 걸쳐 해결책을 모색하는 것을 목적으로 한다. 결국, 공동체 계획은 다음의 두 가지 내용을 담아야 한다. 첫째, 지역공동체의 공간구조를 개선시킬 수 있는 방안이다. 둘째, 지역주민에게 경제적, 사회적 삶의 기회를 더 많이 가져다줄 수 있는 방안이다. 공동체 계획에 담겨야 할 내용은 다음과 같다.

> 공동체 계획은 빈곤지역의 물리적 공간구조만을 바꾸기 위한 계획은 아니다. 그것은 빈곤문제를 극복하기 위한 계획이다. 공동체 계획은 물리적 공간구조의 개선을 포함하여, 그 지역의 경제적, 사회적 문제들을 같이 풀어가기 위한 종합직인 계획이다. 지역의 빈곤을 소래한 원인을 검토하고, 빈곤에서 탈피하기 위한 여러 가지 방안들을 공동체 계획에 담아야 한다. 지역사회에 존재하는 여러 가지 사회적 문제들이 있다면 그것을 해소하기 위한 방안 역시 공동체 계획에 담아야 할 것이다(윤일성, 2006b: 76).

공동체 계획의 계획과정에서 또한 중요한 것은 지역주민들의 적극적인 참여와 소통, 그리고 협의와 협력이다. 만나서 정을 나누고 서로 위로하는 인격적인 소통을 토대로 계획의 내용을 놓고 머리를 맞대어야 한다. 참여해야 한다. 참여해서 협의하는 구조를 합리적으로 만들어야 한다. 지역주민의 의견을 민주적으로 수렴하는 과정을 잘 만들어야 한다. 소통과 참여 그리고 협의구조의 존재는 지역주민의 역량을 강화시킬 수 있는 계기가 될 수 있다.

힐리가 주장하는 협력적 계획(collaborative planning)은 참여, 소통, 협의, 협력 등을 강조한다는 점에서 공동체 계획에 해당한다고 할 수 있다. 힐리는 협력적 계획의 다섯 가지 원리를 다음과 같이 제시한다. 첫째, 다양한 이해관계자들의 존재를 인정해야 한다. 그들의 다양한 사회적 연결망과 복잡한 권력관계를 인식해야 한다. 둘째, 국가나 공공부문의 계획권력을 외부로 이전시켜야 한다. 셋째, 각 지역공동체에서 추진되는 비공식적인 이니셔티브를 존중해야 한다. 넷째, 정치공동체의 모든 구성원들을 규합해야 하고, 그들의 문화적 다양성을 인정해야 한다. 다섯째, 이해관계자들의 관심사가 지속적이고 공개적으로 토의될 수 있어야 한다. 정치공동체에 많은 정보들이 제공되어야 하고 비판적으로 검토되어야 한다(Healey, 1997: 343; 윤일성, 2006b: 77).

공동체 계획은 공동체 이기주의적 혹은 공동체 자기중심적 계획이 되어서는 안 될 일이다. 민주주의적 소통구조 속에서 공동체 계획이 입안되는 과정에서 공동체 이기주의에 대한 성찰이 이루어져야 한다. 이기주의적 계획이 아니라 정의로운 계획이 되어야 한다.

한편 공동체 계획이 실현되기 위해서는 협력의 과정이 아주 중요하다. 지역주민들과 외부 지원단체, 그리고 지방정부가 협력구조를 구축할 필요가 있다. 지방정부는 지역주민의 공동체 계획을 적극적으로 지원해야 할 것이다. 도시 빈곤지역의 재활성화를 위해서는 정부의 역할이 대단히 중요하다. 도시 빈곤지역 재활성화를 위한 정부의 정책수립과 지원행정이 요구된다.

6) 창조와 혁신

도시재생을 위해서는 기존의 제도와 관행을 뛰어넘을 수 있는 다양한 아이디어들을 적극적으로 수용할 필요가 있다. 최근 도시연구에서 논의되고 있는 '문화도시 만들기'나 '창조도시 만들기'의 연구성과들을 적극적으로 도시재생에 받아들일 필요가 있다. 창조도시를 만들기 위한 김민수의 다음과 같은 제안은 참고할 만하다. ① 그릇키우기에서 내용다지기로 ② 큰 것에서 작은 것으로 ③ 세계적, 외형적인 것에서 지역밀착적인 것으로 ④ 토지이용의 틀에서 진정한 경제 논의와 소프트웨어 전략으로 ⑤ 개발·관행에서 벗어나 재생·혁신으로(김민수, 2007: 148). 도시재생 프로그램은 기존의 도시재개발 프로그램을 답습해서는 안 된다. 기존의 절차를 그대로 따르고 기존의 도시재개발 내용을 그대로 가져오는 것이 아니라, 관행을 혁신하고, 지역의 특성을 충분히 반영한 창조적인 아이디어

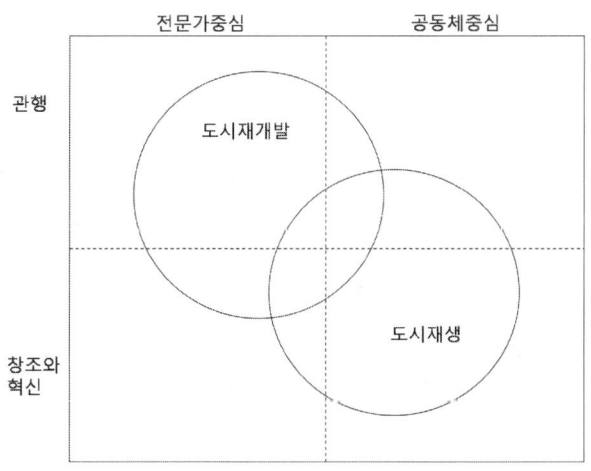

〈그림 3〉 도시재개발에서 도시재생으로 3: 공동체 중심과 창조/혁신

가 들어가 있는 도시재생이 되어야 할 것이다.

마지막으로 공동체중심, 창조와 혁신 개념을 〈그림 3〉과 같이 나타낼 수 있다.

이제까지 도시재생의 새로운 패러다임의 여섯 가지 핵심개념인 공공성, 성찰적 민주주의, 민관협력, 종합과 통합, 공동체중심, 창조와 혁신을 살펴봤다. 이들 여섯 가지 개념은 서로 긴밀한 관계를 맺으며, 아래 〈그림 4〉와 같이 도시재생의 새로운 패러다임을 구성하는 역할을 한다.

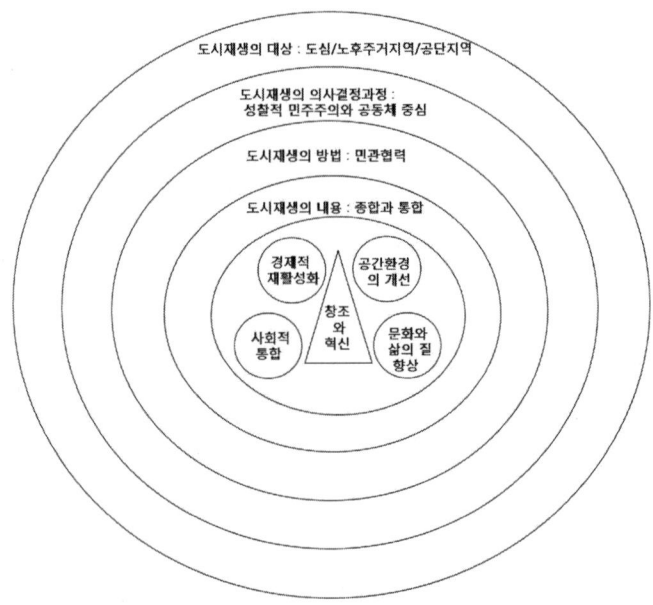

〈그림 4〉 도시재생의 패러다임

4. 도시 빈곤지역 재생을 위한 정책제안

우리는 영국의 도시 빈곤지역 재생프로그램들을 적극적으로 검토할 필요가 있다. 중앙정부는 지역공동체가 주도적으로 입안한 공동체 계획을 정책적으로 지원해야 한다. 즉, 중앙정부는 도시 빈곤지역을 재생시키기 위해서 정책적 개입을 적극적으로 해야 하고, 정책프로그램을 통해서 지역공동체가 중심이 된 공동체 계획을 만들 수 있도록 해야 한다.

필자는 정부가 가칭 〈도시 빈곤지역 재생 지원사업〉을 추진할 것을 제안한다. 여기에는 다음의 몇 가지 사항이 포함되어야 한다.

첫째, 사업의 재정적 기반을 마련해서 재생사업을 재정적으로 지원해야 한다. 중앙정부 차원에서 '도시 빈곤지역 재생 지원 기금'을 만들어서 도시 빈곤지역 재생을 재정적으로 지원하는 것이다. 〈도시 빈곤지역 재생 지원사업〉은 도시재생사업의 하위 프로그램이나 혹은 독자적인 사업으로 자리매김할 수 있다. 참여정부 시기에 여러 부처에서 살기 좋은 지역(도시, 마을) 만들기 프로그램들을 각기 따로 운영해왔다. 물론 나름대로 긍정적인 성과도 있었지만, 다른 지역에 비해서 도시 빈곤지역에 대한 지원은 상대적으로 작았다는 점은 아쉬움으로 남는다. 이제는 도시 빈곤지역에 집중적으로 사업지원을 해야 할 것이다. 한편, 각 부처별로 분산되어 시행되고 있는 살기 좋은 지역(도시, 마을) 만들기 프로그램들을 통합해서 효율적으로 운영할 필요가 있다. 흩어져 있는 프로그램들을 통합해서 보다 큰 행정과 재정을 운영하면서 도시 빈곤지역을 집중석으로 지원하는 것이 〈도시 빈곤지역 재생 지원사업〉의 핵심이다. 1년 단기사업에서부터 3년 혹은 5년 중기 사업에 이르기까지 지원사업을 다양하게 운영할 필요가 있다.

둘째, '다 함께 해결하기(joined-up policy approach)'를 추구하는 사회적 민관협력을 구축하는 것이다. 빈곤지역별로, 공공부문, 민간 기업부문, 시민사회단체, 자원봉사부문, 지역공동체 등 도시 빈곤지역 재생에 관심을 가진 많은 주체들이 같이 모여 빈곤지역 재생을 위한 공동체 계획을 구상하는 것이 중요하다. 공동체 계획에는 사회적 민관협력의 내용, 민주주의적 계획과정, 종합적이고 통합적인 계획 등 도시재생의 여섯 가지 핵심개념과 관계된 부분들이 상세히 들어갈 필요가 있다. 빈곤지역의 물리적 공간 구조 계획, 지역주민의 경제적, 사회적, 문화적 삶의 수준을 높이기 위한 방안, 민주적인 의사결정과정, 여러 주체들 간의 협력내용, 지방정부의 행정지원 등이 구체적으로 담겨 있어야 할 것이다.

셋째, 지원-평가-선정시스템을 구축하고 이를 투명하게 운영해야 한다. 중앙정부에서 지원하는 도시재생사업에 각 도시 빈곤지역이 지원하게 하고 이를 공정하게 심사하여 지원하는 것이다. 정책적으로 어느 지역을 특정해서 지원하는 것도 의미가 있겠지만, 경쟁을 통해서 선정하는 방식을 원칙적으로 운영해야 한다. 심사위원회를 구성하여 각 지역에서 제출한 공동체 계획을 심사한다. 도시재생의 여섯 가지 핵심개념들과 연계된 심사표를 만들어 이에 따라 신청된 사업계획을 엄밀하게 심사해야 한다. 사업의 효과적인 수행을 위해서는 선정되어 진행되고 있는 사업에 대한 효율적인 평가를 시도해야 할 것이다.

넷째, 이 사업을 전국적으로 광범위하게 시작하기 전에 몇 개의 지역을 선정하여 시범사업을 시행할 필요가 있다. 시범사업이 성공적으로 수행된다면 이것이 가져오는 파급효과는 상당히 클 것이라고 생각한다. 지역공동체의 주민들은 도시재생과 도시재개발을 비교해서 판단할 수 있을 것이다. 가옥주와 세입자가 대립하면서 갈등하고 공동체가 해체되는 도시재개발이 아니라, 중앙정부의 도시재생 지원사업을 통하여 지역주민 모두 그 지역에서 더 나은 공동체를 만들어나갈 수 있는 도시재생을 지역주민들이 공동체 발전을 위한 새로운 길로 인식할 수 있을 것이다. 하나가 성공한다면, 가능성이 구체화되는 경험을 한다면, 그 경험은 더 많은 것을 가져올 수 있는 것이다. 그것은 도시재개발을 대체하는 도시재생으로까지 이어질 수 있을지도 모른다.

참고문헌

권태환·윤일성·장세훈. 2006. 『한국의 도시화와 도시문제』. 다해.

김민수. 2007. "'창조도시' 부산을 향한 비전과 과제". 〈제1회 동북아 도시발전 포럼: 21세기 도시발전과 창조도시의 형성〉. 2007. 11. 23. 부산 파라다이스 호텔.

김수현. 1995. "계속되는 재개발문제와 그 해결방향". 『공간과 사회』 제3호. pp.173-201.

김우진. 1997. "주거환경개선사업의 문제점과 개선방향". 『도시연구』 제3호. pp.159-174.

서울시정개발연구원. 1999a. 『주거환경개선사업에 대한 평가분석과 개선방안』.

서울시정개발연구원. 1999b. 『마을단위 도시계획 실현 기본방향(1): 주민참여형 마을 만들기 사례연구』.

윤일성. 2002. 『도시개발과 도시불평등』. 한울.

윤일성. 2006a. "도시빈곤에 대한 두 가지 시선: 최민식과 김기찬의 사진 연구". 『경제와 사회』 72호(겨울호). pp. 173-205.

윤일성. 2006b. "지역사회 공동체 재활성화와 민관협력: 공동체 중심의 도시빈곤지역 재활성화". 『지역사회학』 제8권 1호. 주택산업연구원. 1996. 『주택개량재개발사업 지연요인 분석 및 개선방안』.

최병두. 2002. 『근대적 공간의 한계』. 삼인.

왈쩌, 마이클. 2001. 『자유주의를 넘어서』. 철학과현실사.

Ball, M. and Maginn, P., 2005, "Urban Change and Conflict: Evaluating the Role of Partnership in Urban Regeneration in the UK", *Housing Studies*, 20(1), pp.9-28.

Bauman, Z., 2001. *Community: Seeking Safety in an Insecure World*. Cambridge: Polity.

Healey, P., 1998, "Building Institutional Capacity through Collaborative Approaches to Urban Planning", *Environment and Planning A*, 30(9), pp.1521-1714.

Healey, P., 1997. *Collaborative Planning: Shaping Places in Fragmented Societies*. (권원용·서순탁 역. 『협력적 계획』. 한울.)

Rawls, J., 1993. *Political Liberalism*, Columbia University Press. (장동진 역. 『정치적 자유주의』. 동명사.)

Roberts, P., 2000, "The Evolution, Definition and Purpose of Urban Regeneration", in P. Roberts and H. Sykes (eds.), *Urban Regeneration: A Handbook*, London: Sage.

Smith, M. and Beazley, M., 2000, "Progressive Regimes, Partnerships and the Involvement of Local Communities: A Framework for Evaluation", *Public Administration*, 78(4), pp.855-878.

6장

영국 도시재생 정책의 변화과정과 교훈[1]

1. 들어가는 말

피터 로버츠는 도시재생을 다음과 같이 정의한다. "(도시재생은) 도시문제를 해결하기 위한 종합적이고 통합적인 비전과 행위이다. 그것은 한 지역의 경제적, 물리적, 사회적, 그리고 환경적 조건을 영속적으로 개선시키는 것을 추구한다"(Roberts, 2000: 17). 하지만 영국에서 이런 내용을 지닌 도시재생이 제 모습을 드러낸 것은 그리 오래된 일이 아니다. 이런 정의에 적합한 도시재생이 시도된 것은 1990년대에 접어들면서부터이다.

영국은 도시재생의 실험장이다. 1950년대 이후 영국에서는 낙후된 도시지역을 재생시키기 위해 다양한 도시재생 프로그램들이 실행되었다. 각 시기별로, 중앙정부의 정치적 성격에 따라, 도시재생에 대한 개념규정과 목표, 목적, 방법 등이 달랐다. 대처정부가 집권했던 1980년대에는 '토지와 부동산'을 강조하는 민간개발업자 위주의 시장주도적 도시재생이 진행되었다면, 1990년대 이래 현재까지는 '사람과 공동체'를 중시하는 사회

---

[1] 이 논문은 부산대학교 자유과제 학술연구비(2년)에 의하여 연구되었다. 이 논문의 초고는 2009년 12월 후기사회학대회에서 발표되었다. 뛰어난 토론을 해준 전성표 선생님과 유익한 지적을 해준 익명의 논평자들에게 감사드린다.

적 파트너십에 입각한 도시재생이 이루어지고 있다. 특히 1997년 집권한 블레어 노동당 정부는 주민참여와 지역공동체의 주도를 강조하는 획기적인 도시재생 정책을 시행하였다.

이 글에서는 1990년대 이후부터 현재까지 지난 20년 동안 여러 모습으로 진화해온 영국의 도시재생 경험을 정리한다. 메이저의 보수당 정부를 거치고, 블레어의 노동당 정부에 이르기까지 영국 도시재생의 기본 방향과 중요한 도시재생 정책들을 고찰하고 난 다음, 영국의 도시재생 경험이 한국의 도시재생에 주는 교훈을 살펴보고자 한다. 이 글은 크게 세 부분으로 구성되어 있다 첫째, 1990년대 전반기 메이저 보수당 정부의 도시재생 정책을 고찰한다. 도시재생의 중요한 원칙들을 정리하고, 대표적인 도시재생 정책 두 가지, 즉 '시티 챌린지(City Challenge)'와 '통합재생예산(SRB, Single Regeneration Budget)'을 면밀히 고찰한다. 각 정책의 내용과 문제점, 그리고 구체적 사례 등이 논의된다. 둘째, 1997년 이후 블레어 노동당 정부의 도시재생 정책을 다룬다. 노동당의 이념과 가치에 부합하는 새로운 도시재생 정책인 '커뮤니티를 위한 새로운 계약(NDC, New Deal for Community)'의 내용과 문제점 그리고 구체적 사례를 고찰한다. 셋째, 도시재생에 관한 논의가 시작되고 있는 현재 한국사회에 영국의 도시재생 경험이 가져다줄 수 있는 교훈을 정리한다. 위에서 언급된 세 가지 도시재생 정책을 심도 있게 연구하는 것은 한국의 도시재생이 추구해야 할 방향, 내용, 방식 등을 논의할 때 의미 있는 도움이 될 수 있기 때문이다.

2. 메이저 보수당 정부의 도시재생 정책

1) 메이저 보수당정부와 도시재생

오틀리는 1990년에 집권한 보수당의 존 메이저 정부의 정책이 대처정부의 중요 원칙들에서 크게 벗어나지 못했다고 주장한다(Oatley, 1998). 하지만 도시재생에 관한 한 이 논의는 맞지 않는 듯이 보인다. 왜냐하면 도시재생의 새로운 원칙들이 도입되었기 때문이다. 대처정부의 시장 위주의 혹은 부동산 개발 위주의 도시재생은 더 이상 추진되지 않았다.[2] 반면 도시재생의 중심 내용이 사회적 이슈와 관계된 정책이 도입되었다. 게다가 파트너십을 지향하는 새로운 거버넌스의 구조가 도시재생의 핵심적인 추진체계로 등장했다. 지역공동체 역시 도시재생의 주요한 파트너로 인식되었다. 1990년대에 도시재생의 새로운 원칙들이 도입된 것은 1980년대 부동산 개발 위주의 도시재생에 대한 반성 때문이었다. 1980년대의 도시재생은 비민주적인 과정과 절차에 기반했으며, 그 지역의 사회적 약자에게 도시재생의 혜택이 돌아가지 못했고, 개발업자의 개발사업을 위하여

---

2) 1979년에 집권한 대처정부는 영국의 도시재생에 중요한 변화를 가져왔다. 대처정부는 공공부문의 역할 축소와 민간기업부문의 역할 증대에 기초한 도시재생 정책을 입안하였다. 대처정부의 도시재생 정책의 핵심은 민간기업부문이 도시재생의 내용과 과정을 주도하는 것이다. 대처정부의 도시재생은 다음과 같은 논리 위에서 진행되었다. 도시재생에 있어서 시장(市場)이 중요한 역할을 해야 하고 국가는 시장이 원활히 작동하도록 도와주는 역할만 수행한다. 도시재생은 이제 지방정부가 아니라 민간기업부문이 주도하는 시장주도적 방식으로 진행되어야 한다. 민간기업부문의 자본, 리더십, 창의성, 구상, 경영능력, 경험 등이 도시재생의 주요 수단이 되어야 한다. 지방정부는 기업과 더불어, 민관협력을 통해서, 민간기업부문이 주도하는 도시재생을 보조해주는 역할을 수행해야 한다. 대처정부는 기업주도, 시장주도의 도시재생을 추진하기 위하여 도시개발공사(UDC)를 설립하였고, 이 시기 가장 대표적인 도시재생 사례는 런던 도클랜드 재생사업이다. 1980년대 대처정부의 도시재생 사업의 논리와 런던 도클랜드 재생사업에 대해서는 윤일성(1997)을 참조할 것.

공적 자금을 낭비한 것이라는 비판들은 새로운 도시재생 정책의 수립에 디딤돌 역할을 한 것이다.

메이저 보수당 정부 하에서 1991년에 시티 챌린지(City Challenge), 1994년에 통합재생예산(SRB) 등 새로운 도시재생 프로그램들이 등장했다. 대처정부에서 많은 권한을 잃었던 지방정부가 도시재생의 의사결정과정에서 중요한 역할을 수행하는 주체로 다시 들어왔다. 지방정부는 지역공동체, 민간개발업자, 공공부문, 자원봉사부문 등을 포괄하는 파트너십을 형성하는 촉진자의 역할을 수행했다. 지역공동체의 참여가 강조되었으며, 더 이상 부동산 개발 위주의 도시재생은 추진되지 않았다(Ball & Maginn, 2005: 14).

① 파트너십과 지역공동체의 참여

도시재생을 위한 파트너십의 형성은 대처의 보수당 정부에서도 중요한 과제로 다루어졌다. 하지만 이때의 파트너십은 중앙정부와 민간기업의 파트너십을 의미했다. 시민사회단체, 지역주민단체, 자원봉사단체, 지역주민들은 파트너십에 참가할 수 있는 기회를 갖지 못했다. 하지만 메이저의 보수당 정부에서는 다주체접근(multi-agency approach)이라는 개념 하에 가능한 한 지역공동체의 도시재생에 관련된 모든 주체들이 협력하여 만드는 파트너십을 강조하였다. 도시재생에 관련된 모든 주체들이 가진 자원과 역량을 모두 모으고, 협력하여, 장기적인 재생전략을 만들어서 실현시켜 나가는 것이 도시재생에 있어 가장 중요한 부분이 된 것이다. 지방정부는 도시재생에 필요한 파트너십을 형성하는 데 촉진자로서의 역할을 수행함으로써 대처의 보수당 정부에서 잃어버렸던 도시개발과 관련된 권한을 부분적으로 되찾았다.

"지역공동체는 (도시재생 사업에) 참여할 권리를 가지고 있다"라는 원칙을 제시하면서, 메이저의 보수당 정부는 지역공동체를 도시재생 사업에 참여시키는 것이 더 효과적이라고 판단했다. 그것은 세 가지 이유 때문이다. 첫째, 더 나은 의사결정과정을 확보할 수 있다. 둘째, 프로그램을 실행하는 데 더 효과적이다. 셋째, 도시재생 프로그램이 더 지속가능해질 수 있다(Atkinson, 1999: 65). 파트너십 내에서의 의사결정에 지역공동체가 참여하는 것은 아주 중요하다. 파트너십은 주민참여의 통로이자, 지역공동체의 역량을 강화시키는 촉매자의 역할을 수행할 수 있기 때문이다.

아트킨슨에 의하면, 파트너십이 수행하는 기능은 3가지이다. 대표(representative) 기능, 관리경영(managerial) 기능, 그리고 실행(implementing) 기능이다. 파트너십에 대한 전통적인 생각은, 파트너십은 대표의 기능과 관리경영의 기능을 수행하고, 실행의 기능은 다른 조직이 책임지는 것인 반면, 1990년대 메이저 정부의 도시재생에서 강조된 파트너십은 위의 세 가지 기능을 모두 가지고 있었다(Atkinson, 1999: 68).

② 사회적 도시재생

메이저정부는 대처정부와 달리 부동산개발을 통한 도시재생을 추구하지 않았다. 대신 지역공동체의 고용, 교육, 범죄, 주거, 환경, 삶의 질 등을 종합적으로 고려하는 도시재생을 시도하였다. '토지와 부동산'에서부터 '사람과 공동체'로의 방향전환은 획기적인 일이었다(Tiesdell and Allmendinger, 2001: 330). 물리적 공간환경의 변화를 추구하는 시장주도적 도시재생에서 벗어나서 지역공동체에서의 삶을 종합적으로 발전시키려는 사회적 도시재생(Social Regeneration)을 추구하는 것은 메이저정부 이래로 현재까지 도시재생의 중요한 목표로 설정되어 있다.

③ 경쟁지원 방식의 도입

메이저정부는 도시재생 프로그램들을 만들고, 도시재생을 위한 예산을 편성해서 도시재생을 적극적으로 지원하였다. 이런 프로그램 하에서 도시재생 사업을 수행하기 위해서는 먼저 각 지역공동체에서 다양한 주체들로 구성된 파트너십을 형성해야 한다. 각 파트너십은 지역공동체의 도시재생 계획을 입안하여 중앙정부에 사업신청을 해야 하는데, 여러 지역공동체에서 신청한 사업계획을 중앙정부에서 심의하여 몇 가지 사업을 선정하고 이를 지원한다. 이를 경쟁지원 방식(competitive bid-based approach)이라고 한다. 경쟁지원 방식의 도입은 지역공동체 파트너십의 형성을 권장하는 효과를 가져 왔다. 한편, 한 번 사업에 선정되고 난 이후에도 주기적으로 사업의 성과를 평가하는 방식을 같이 도입했는데, 이러한 사업성과에 대한 평가는 사업의 효율적인 추진에 도움을 주었다.

2) 새로운 제도의 탄생: 시티 챌린지와 통합재생예산

① 시티 챌린지(City Challenge)

1990년대에 접어들어, 보수당의 존 메이저정부는 도시 빈곤지역을 재생시키기 위하여 예전과 다른 새로운 정책들을 도입했다. 대표적인 도시재생 정책으로는 1991년에 도입된 시티 챌린지(City Challenge)와 1994년에 도입된 통합재생예산(Single Regeneration Budget)을 들 수 있다. 그 정책들을 통해서 메이저정부는 도시재생 정책을 더 일관성 있고, 종합적인 정책으로 만들려고 했으며, 지방정부와 지역공동체의 역할을 강화시키고자 하였다.

시티 챌린지는 "공공이 주도한 것도 아니며, 민간이 주도한 것도 아니다. 그러나 그것은 다음과 같은 이론에 기반했다. 지역을 재생시켜 경쟁력을 회복하기 위해서는, 지역이 처해 있는 다양한 문제들을 직시하고, 기회를 활용하고, 지역조직과 지역주민들을 프로그램의 형성과 실행에 참여시키는 것이 필요하다"(Fearnley, 2000: 569). 1980년대 대처정부의 시장주도적 도시재생 정책에 비하면 시티 챌린지는 도시재생 정책의 획기적인 변화로 볼 수 있다. 시티 챌린지는 다음의 네 가지 사항을 기본 내용으로 한다. 첫째, 도시재생은 지역공동체가 중요한 역할을 하는 파트너십에 의해 추진되어야 한다. 둘째, 경쟁을 전제한 지원과 심사과정을 통해서 사업이 선정되어야 한다. 셋째, 지방정부가 사업계획의 입안과 수행에 중요한 전략적 주체가 되어야 한다. 넷째, 사업 기간 동안 사업을 지속적으로 평가한다(Smith and Beazley, 2000: 860).

1980년대를 통틀어 도시재생 정책의 수립과 실행에서 철저히 소외되었던 지방정부는 시티 챌린지 프로그램을 통해서 다시 도시재생 과정에서 주도적인 역할을 하게 되었다. 지방정부는 다른 주체들과 파트너십을 구성해서 도시재생 계획을 입안하고, 이를 토대로 중앙정부의 시티 챌린지 예산을 신청할 수 있게 된 것이다. 민간기업부문 역시 중요한 역할을 담당했다. 지역공동체 혹은 지역주민 역시 도시재생 과정에 보다 더 적극적으로 참여할 수 있는 기회를 제공받았다. "지역의 행위자들은 그들 자신의 방식으로 그들 자신의 문제를 규명하고 해결하기를 장려받아야 한다"는 것이 기본적인 원칙으로 제시되었다(Fearnley, 2000: 569). 시티 챌린지는 지역의 중요한 조직들의 자원을 도시재생에 끌어들이고 지역의 견해를 끌어안는 방식을 발전시켜나가려고 했던 것이다.

결국, 시티 챌린지는 공공부문, 민간기업부문, 지역공동체 등 세 파트너가 파트너십을 맺어서 도시재생을 추구하는 것을 기본 내용으로 한 것이다. 이런 파트너십을 통해 도시재생을 추구하는 것은 예전에 볼 수 없었던 근본적인 변화였다. 맥파레인은 시티 챌린지에서 추구한 파트너십 모델이 "근본적인 개념"인 것을 다음의 두 가지 이유에서 찾는다. 첫째, 직접적인 재정투자를 하지 않는 지역공동체부문에게 의사결정권을 공유하게 했기 때문이다. 둘째, 지역공동체에게 상당한 권한을 준 것은 지방정부에 의해 대표되지 않는 지역의 이해공동체가 존재한다는 것을 인식했기 때문이다(Macfarlane, 1993; Fearnley, 2000: 572).

시티 챌린지는 종합적인 도시재생을 추구했다. 즉, 시티 챌린지는 기존의 도시재생 정책과 달리, 빈곤지역이 직면한 다양한 문제들을 부각시키면서, 문화적, 경제적, 공간환경적, 사회적 재생을 통합시키는 것을 추구했다. 도시빈곤지역을 재생시키기 위하여, 개발의 기회를 활용하면서 빈곤한 지역공동체를 보조해주는 시티 챌린지는 종종 민간개발업자의 투자를 끌어들이려고 했다.

편리는 시티 챌린지의 특성을 6가지로 정리한다. 첫째, 경쟁지원 방식, 둘째, 작은 지역에 초점을 맞춤, 셋째, 종합적인 재생. 지역의 다양한 사회적, 경제적 문제들을 풀어나가면서 그와 동시에 개발기회를 찾고 활용하는 것, 넷째, 파트너십. 중요한 파트너들이 지역의 성공적이고 지속가능한 재생을 위해서 함께 협력함, 다섯째, 성과에 대한 관리. 양적인 성과를 성공적으로 달성했는가를 판단함, 여섯째, 한시적 프로그램. 5년 이내에 비전과 목표를 달성해야 함(Fearnley, 2000: 570).

시티 챌린지의 특성을 잘 나타내는 구체적인 사례로 뉴햄(Newham)시의 스트라트포드(Stratford) 시티 챌린지를 들 수 있다. 스트라트포드 지역은 뉴햄시의 도심에 위치한 빈곤지역인데, 쇼핑센터와 역이 노후화되었고, 높은 실업율과 범죄율을 보였으며, 교육환경 역시 좋지 못했고, 소수인종이 상당히 거주하고 있었다. 주택부문 역시 상당 부분 노후화되었다. 이 지역은 박탈을 경험하는 가난한 지역이지만, 그럼에도 불구하고 뉴햄시의 도심으로서 상당한 개발기회를 지니고 있었다. 뉴햄시는 이 지역의 많은 문제점들을 개선시키기 위하여 전략적 계획을 입안하여 1993년 시티 챌린지에 응모하여 선정되었다. 뉴햄시는 시티 챌린지 사업을 담당하는 조직으로 SDP(Stratford Development Partnership)를 시정부의 자회사인 주식회사로 설립하였다. 이사회엔 공공부문, 민간부문, 지역공동체 등 세 부문을 대표하는 21명의 이사들이 있었다. 1인 1표의 규정을 가지고 있었으며, 세 부문은 각기 비토권을 부여받았다(실제 비토는 5년의 사업기간 중 단한 번 사용되었다). 역할은 다르지만 동등한 지위를 지닌 세 파트너가 의사결정과정에 참여하는 형식을 갖춘 것이다(Fearnley, 2000: 570-572).

스트라트포드 시티 챌린지 사업은 1998년에 종료되었다. 5년 동안 시행된 이 사업을 종합적으로 평가하면 다음과 같다. 첫째, 지역의 필요보다 지역의 기회에 기반한 프로젝트들이 중심이 되었다. 한편, 주어진 기간에 예산을 빨리 사용하고 적절한 사업성과를 가시적으로 볼 수 있는 프로젝트에 관심이 집중되었다. 즉, 몇 개 사이트의 물리적인 공간환경의 변화가 사업의 주된 목표가 된 것이다. 그래서 도심 인근의 쇠퇴지역에 극장과 공연장을 신축하고 거리조명을 새로 하며 거리조형물을 만드는 것이 핵심 사업으로 등장했다. 뒤이어 식당과 카페 등이 도심에 들어서면서 새로운 고용창출을 가져오기도 했지만 효과는 그리 크지 않은 것으로 평가된다. 노후화된 주택을 재개발하는 것 역시 중요한 사업으로 시도되었고, 여기에 민간기업부문의 자금이 투입되었다(Fearnley, 2000: 576-577). 둘째, 주민참여는 형식적이며, 보여주기 위한 것이 되었고, 최소한에 그쳤다. 지방정부 주도로 공동체 포럼(Community Forum)이 구성되었고, 프로그램에 대한 초기 논의에 공동체 대표들의 참여는 거의 없었다. 도시재생을 위한 프로그램들은 지역공동체와 더불어 만드는 것(doing with)이 아니라 지역공동체에 만들어 주는 것(doing to)이 되어버렸다. 지역공동체의 참여와 역량강화는 단지 레토릭에 불과했다. 자원봉사부문이나 지역공동체가 주도한 프로그램들은 거의 없었다(Fearnley, 2000: 578-580).

1991년에 시작된 시티 챌린지는 1994년에 통합재생예산에 통합되었다. 시티 챌린지가 시행된 지역은 1992년에 11개, 1993년에 20개, 총 31개 지역이다(Rhodes et als., 2003: 1401). 시티 챌린지에서 종합적이고 통합적인 계획 내용을 강조했지만, 실제 시행된 시티 챌린지를 보면 주거환경의 물리적 변화를 추구하는 내용이 가장 중요한 사업으로 진행되었음을 알 수 있다. 110,000호의 주택이 건설되거나 보수되었다(Kintrea, 2007: 272). 주거환경 개선 프로그램들은 범죄 예방이나 환경개선, 고용창출, 직업훈련 등 지역공동체를 위한 다른 사업과 연결되어서 추진되었다.

1991년에 시행된 시티 챌린지는 그 후 약 20년 동안 영국에서 시행된 중요한 도시재생 정책, 즉 통합재생예산(SRB)과 공동체를 위한 새로운 계획(NDC)의 핵심 내용을 담고 있었다는 점에서 중요하게 평가되어야 한다. 지난 20년 동안 시행된 도시재생 정책이 예전과 근본적으로 다른 것이었다면 시티 챌린지는 근본적인 변화를 태동시킨 기원으로 여겨질 수 있다. 하지만 뒤에 통합재생예산으로 통합되면서 발전적으로 해체된 시티 챌린지는 몇 가지 한계를 지닌 것으로 평가된다.

첫째, 지방정부와 지역공동체에 중요한 역할을 부여했지만, 중앙정부의 영향력은 여전히 강력했다. 시티 챌린지의 핵심은 지역공동체가 파트너십을 조직하여 중앙정부에서 제공하는 예산지원을 경쟁을 통해서 받는 것이다. 중앙정부의 재정지원을 받기 위해서 지역의 여러 주체들이 서로 협력하여 파트너십을 구축하는 것이다. 위에서 아래로 내려가는 도시재생 정책, 즉 명령과 통제 위주의 도시재생 정책이 아니라 상향식 도시재생 정책이 본격적으로 추진된 것이다. 하지만 아래에서 위로 올라가는 상향식 도시재생 정책을 원칙적으로 고수했으나 여전히 재정적 자원을 배분하는 과정은 중앙정부에 맡겨져 있었다. 지역공동체에 속한 여러 주체들과 기관들을 모니터링하고 통제하는 역할 역시 중앙정부에 맡겨져 있었다(Tiesdell and Allmendinger, 2001: 324-325).

둘째, 시티 챌린지에서 가장 중요하고 논쟁적이었던 경쟁지원 방식은 더 어려운 빈곤지역에게 불리하게 작용했다. 공공부문, 민간기업부문, 자원봉사부문이 지역공동체와 함께 파트너십을 구성하여 중앙정부의 시티 챌린지에 사업신청을 해야 하는데, 경쟁지원 방식 자체가 도시재생 계획의 내용을 공공성 위주보다는 시장의 요구에 더 가깝게 만드는 데 일정한 영향을 한 것으로 평가된다(Foley and Martin, 2000: 481). 정말로 정부의 지원이 필요한 빈곤한 지역보다 사업성이 더 있다고 판단되는 덜 빈곤한 지역에서 여러 주체들의 파트너십이 만들어지고 시티 챌린지를 통해 도시재생을 추구했던 것이다.

셋째, 시티 챌린지는 지역공동체의 참여를 강조했지만, 하나의 레토릭에 불과하다는 비판을 받을 정도로 지역공동체의 참여는 미미했다. 모든 지역은 다양한 공동체를 가지고 있고, 그 속엔 서로 다른 이해, 배경, 경험을 가진 사람들이 존재하는데, 종종 이런 지역공동체의 복잡성이 누가 지역공동체를 대표하는가에 대해서 합의에 이르지 못하게 하기도 한다. 지역공동체 내부의 복잡성이 공동체의 참여를 어렵게 만드는 것이다(Atkinson, 1999: 66). 시티 챌린지의 경우, 도시재생을 위한 전략계획을 구성하고 중앙정부에 지원하는 과정에서 지역공동체의 참여는 최소한에 그쳤다(Atkinson and Cope, 1997). 시티 챌린지에서 요구한 형식에 따라 지역공동체의 대표들이 지방정부의 공무원들, 그리고 지역기업인들과 같이 앉아서 회의를 할지라도, 그 지역 도시재생에 관한 계획을 지역주민들에게 자세히 소개하는 경우는 별로 없었다. 지역공동체와 자원봉사부문은 파트너십의 대의원 수는 채웠으나, 기업과 지방정부처럼 자원, 권력, 영향력은 가지지 못한 것도 시티 챌린지의 중요한 한계로 지적된다. 지역공동체와 자원봉사부문은 도시재생의 아젠다 설정에서 별다른 역할을 하지 못했다. 이들은 처음부터 지방정부, 지역기업과 같이 그 지역의 도시재생을 추진한 것이 아니라 다른 파트너들이 이미 정해놓은 몇 가지 선택지를 뒤에 같이 논의하는 수준에서 참여를 했을 뿐이다. 이 점에서 지역공동체의 참여는 "목소리를 내는 것이 아니라 단지 출석한 것에 불과했다"(Foley and Martin, 2000: 481). 펀리는 지역공동체의 참여가 기대 이하로 미미했던 시티 챌린지의 경험을 비판하면서, 지역공동체의 참여와 참여적 의사결정 구조의 도입을 위해서는 주민참여의 절차를 명시할 것을 강조한다. 주민참여의 절차가 명시되지 않으면, 지역공동체의 참여는 종종 하나의 레토릭으로 끝날 수 있기 때문이다(Fearnley, 2000: 581).

② 통합재생예산(Single Regeneration Budget)

통합재생예산(SRB)은 1994년에 5개의 정부 부처에서 시행하는 20여 개의 도시재생 프로그램을 통합하여 만든 사업이다.[3] 시티 챌린지도 여기에 통합되었다. 시티 챌린지의 경우에서와 마찬가지로, 통합재생예산을 배당받기 위해서는 지역공동체의 여러 주체들은 파트너십을 형성해야 한다. 통합재생예산은 지역공동체, 민간기업부문, 공공부문, 자원봉사부문 등 여러 주체들로 형성된 파트너십을 통해서 도시 빈곤지역을 재생시키는 것을 목적으로 하는데, 지방정부는 이런 파트너십을 형성하는 데 있어서 중요한 역할을 수행한다. 한편 중앙정부는 심사과정에서 경쟁을 통해 사업을 선정한다(Smith and Beazley, 2000: 861).

통합재생예산은 중앙정부 산하의 지역개발기구(RDA, Regional Development Agencies)에서 담당한다. 지역개발기구는 지역 광역권을 대상으로 지역정책을 집행하는 기구로 현재 잉글랜드에서는 런던을 포함하여 9개의 지역에서 운영된다. 통합재생예산은 지역공동체의 고용과 직업훈련, 범죄예방, 환경 및 물리적 하부구조, 주택 등 다양한 방면에 지원되었다.

통합재생예산은 실제 1995년에서 2001년까지 6년 동안 57억 파운드

---

[3] 이전까지 중앙정부의 각 부처별로 시행되던 20가지 이상의 도시재생 관련 프로그램들이 1994년 통합재생예산(SRB)이라는 단일한 프로그램으로 통폐합되었다. 환경교통지역부(DETR)가 통합재생예산 프로그램의 운영을 맡게 되었다. 통폐합된 프로그램 가운데 6가지 사업은 통합된 프로그램 속에서도 예전과 같은 사업으로 한동안 계속 시행되었고(UDCs, 도클랜드 경전철, English Partnership, Housing Action Trust, Estate Action, 시티 챌린지), 나머지 사업들은 통합적으로 운영되었다(Urban Programme, Task Force, Business Start-up Scheme, Local Initiative Fund 등). 1994년 도시재생 프로그램들을 통폐합하여 한 부서에서 관장하는 통합재생예산으로 만든 것은 획기적인 조치였다(Brennan et als., 1999: 2069-2071).

(약 12조 원)를 지역공동체에 지원하여 1,028개의 도시재생 사업을 수행하였다(Ball and Maginn, 2005: 15).[4] 1,028개의 도시재생 사업 가운데 런던에서 진행된 사업은 약 4분의 1에 해당한다(Rhodes et als., 2003: 1404). 6차 라운드에 걸쳐 집행된 통합재생예산의 3분의 1 정도가 주택부문에 투입되었다(Kintrea, 2007: 272-273). 도시 빈곤지역을 재생시키기 위해서 중앙정부가 6년 동안 57억 파운드의 예산을 지출한 것은 획기적이다. 6년간 1년 평균 약 10억 파운드(2조 원)를 통합재생예산을 통해 빈곤지역 재생에 투입했다는 사실은 중앙정부에게 도시재생 사업이 중요한 사업이었음을 의미한다. 연도별 사업건수를 보면, 매년 160개에서 200개 정도의 사업이 선정되어 시행되었다. 사업의 대부분은 작은 지역공동체 단위로 시행되었으며, 지방정부 규모로 시행된 경우도 일부 있다. 사업지구 수의 42%에 해당하는 지역이 백만 파운드(20억 원)에서 5백만 파운드(100억 원)의 예산지원을 받았다. 사업기간은 1년부터 7년까지 다양하며, 2/3 이상이 사업이 5년 이상의 사업기간을 가지고 있었다(Rhodes et als., 2003: 1404-1405).

통합재생예산의 지원목적은 일곱 가지로 제시되었다. 첫째, 지역의 (특히 젊은 층과 배제된 사람들의) 고용창출과 교육, 직업훈련을 향상시킨다. 둘째, 실질적인 경제성장과 부의 창출을 장려한다. 이를 위해 기업을 지원하면서 지역경제의 경쟁력을 향상시킨다. 셋째, 주택부문을 개선시킨다. 이를 위해 주택의 물리적 개선, 선택의 기회 강화, 더 나은 관리와 유지 등을 추구한다. 넷째, 소수 인종 및 소수 민족 집단에게 혜택이 놓아갈 수 있도록 한다. 다섯째, 범죄를 방지하고 지역공동체의 안전을 증진시킨다. 여섯째, 환경 및 하부구조를 개선하며, 좋은 디자인을 추구한다. 일곱째,

---

4) 6년 동안 진행된 통합재생예산 도시재생 사업에 투입된 총 자금은 260억 파운드(약 52조 원)이며, 여기엔 민간기업 부문이 투자한 90억 파운드(약 18조 원)가 포함되었다(Rhodes et als., 2003: 1401). 중앙정부의 통합재생예산 자체는 57억 파운드 집행되었다.

건강, 문화, 스포츠 등을 통해 지역주민의 삶의 질을 향상시킨다(Rhodes et als., 2003: 1407).[5]

통합재생예산을 받아 쇠퇴해가는 지역을 재생시킨 구체적인 사례로 브리스톨의 하트클리프(Hartcliffe)와 위디우드(Withywood) 도시재생을 들 수 있다.[6] 브리스톨 남부 외곽에 위치한 하트클리프와 위디우드 지역은 담배공장 등에서 일하던 노동자들이 주로 거주하는 지역이었는데, 1980년대 중반 담배공장을 비롯한 여러 공장들이 문을 닫으면서 지역경제가 상당히 어려워졌고, 그에 따라 빈곤, 실업, 범죄 등 각종 사회문제가 심각했으며, 이 지역에 대한 사회적인 인식 역시 악화되었다. 1980년대 중반 이후 이 지역의 재생이 계속 논의되어오다가(1990년대 초반 시티 챌린지에 두 번 응모하였으나 선정되지 못했다), 1999년 통합재생예산(SRB)에 신청하여

---

5) 통합재생예산의 사업목적이 비록 5가지로 제시되었다고 하지만, 가장 중요한 사업은 물리적 공간환경의 개선과 주택부문의 개선이었다. 이는 통합재생예산의 예산구조를 보면 짐작할 수 있을 것이다. 로데스와 동료들은 통합재생예산을 받아 도시재생을 시행한 7개 지역에 대한 사례연구를 수행했다. 7개 지역에서 지출된 통합재생예산을 항목별로 보면, 물리적 공간환경의 개선에 40%, 그리고 주택부문의 개선에 21.2%가 지출되었다. 뒤를 이어 고용 및 직업훈련(9.6%), 창업 및 사업에의 지원(9.1%), 교육(6.0%), 커뮤니티 개발(5.5%), 스탭임금 및 관리비(4.4%), 범죄 및 안전(2.1%), 의료(2.1%)가 이어진다(Rhodes et als., 2005: 1934). 물리적 공간환경과 주택부문의 개선에 드는 비용이 통합재생예산의 60% 이상 차지하는 것은 도시재생 사업의 성과를 단기간에 가시적으로 보여줄 필요가 있었던 현실과 관련이 있는 것으로 보인다.
6) 브리스톨시는 노동당이 집권하여 지역 수준에서의 참여민주주의를 강력히 구현하고자 노력한 도시로 알려져 있다. 지역공동체 주민들과 지역의 자원봉사단체들은 정기적으로 시정의 자문에 응했고, 그들의 대표들은 공공부문, 민간기업부문과 동등한 자격으로 도시재생에 참여했다. 통합재생예산을 통한 도시재생 사례들 가운데서 브리스톨 하트클리프와 위디우드 지역의 도시재생은, 다른 지역과 달리, 주민참여가 상당히 잘 이루어진 사례로 평가된다. 1999년 통합재생예산을 받은 이후, 브리스톨의 낙후된 남부지역은 뒤이어 '커뮤니티를 위한 새로운 계약'(NDC)이라는 새로운 도시재생 프로그램의 지원을 받았고, 브리스톨 지방정부에서도 이 지역의 도시재생을 위해서 지방정부 예산을 상당 부분 투입했다. 브리스톨의 도시재생 사례는 높은 수준의 사회자본과 정치적 제도를 가지고서, 의사결정과정에서의 지역공동체 개입과 참여 민주주의를 만들어 나간 성공적인 사례로 평가된다(Bull and Jones, 2006).

선정되면서 도시재생의 전기를 잡았다. 이 지역이 7년 동안 1,200만 파운드(240억 원)의 통합재생예산을 받은 데에는 HWV(Hartcliffe and Withywood Ventures)라는 사회적 기업의 성격을 지닌 지역사회 조직의 역할이 가장 큰 것으로 평가된다. HWV는 지역주민, 지역사회 활동가, 지방의원 등이 1985년 공동으로 창립한, 지역사회의 재생을 목적으로 하는 개발트러스트였다. HWV는 1995년 게이트하우스 센터라는 건물을 건립하여 여기에 유아원, 자원봉사단체, 영리단체 등을 입주시켰다. 통합재생예산에 도시재생 사업을 신청하기 위해서는 지역주민, 공공부문, 민간기업부문, 자원봉사부문의 파트너십 형성이 필수적이었고, 이 지역은 HWV를 중심으로 하여 1998년 HWCP(Hartcliffe and Withywood Community Partnership)을 구성했고, 이듬해 성공적으로 통합재생예산을 확보하였다. HWCP의 이사회엔 선출된 지역주민이 과반수를 차지했으며 지역의 기업과 공공기관의 사람들도 여기에 포함되었다. 전문인력을 갖춘 HWCP가 통합재생예산을 관리했으며, 교육, 직업훈련, 고용, 사회복지 등 다양한 분야에 걸친 프로젝트들을 시행하였다(서종균·신현방·임정민, 2008).

〈표 1〉은 1995년부터 2000년까지 5년 동안 진행된 839개의 통합재생예산의 사업성과를 정리한 것이다(제6차 라운드인 2000/2001년에 지원된 189개의 사업에 대한 성과는 이 표에 빠져 있다). 사업성과를 정리한 이 표를 통해 우리는 통합재생예산이 어떤 사업들에 지출되었는지 구체적으로 알 수 있을 것이다. 가령, 사업이 시작된 후 5년째인 1999/2000년에 나타난 사업성과를 보면, 103,925개의 직업이 창출되었거나 안정적으로 유지되었다. 약 120만 명의 학생들이 교육 혜택을 보았으며, 약 1만 개의 새로운 사업들이 창출되었다. 새로 지어지거나 보수된 주택이 56,000호에 육박하며, 공동체의 안전을 위한 범죄예방 프로그램의 혜택을 본 지역주민들이 4백만 명이 넘는다. 상당한 규모의 오픈 스페이스가 확보되었으며, 개발을 위한 토지 역시 상당 부분 정비되었다. 약 4,000호의 건물이 보수되

〈표 1〉 통합재생예산의 사업성과: 실제와 예상

	실제					예상
	Round 1 1995/96	Round 1-2 1996/97	Round 1-3 1997/98	Round 1-4 1998/99	Round 1-5 1999/2000	Round 1-5 평생
일자리 수 (창출/안정적 유지)	39,320	78,300	107,530	183,200	103,927	696,000
교육 혜택을 받은 학생 수	531,900	687,860	968,760	1,486,540	1,195,668	5,371,000
신규 사업 창출 수	10,460	16,360	19,480	11,680	9,946	87,600
주택 수 (신규/보수)	6,960	20,530	36,090	60,680	55,983	308,000
공동체 안전사업으로 혜택받은 주민 수	1,062,120	1,561,440	2,420,950	2,887,160	4,145,511	12,700,000
오픈스페이스로 개선된 토지(ha)	320	650	770	1,550	5,600	7,100
개발을 위하여 개선된 토지(ha)	180	270	450	640	533	4,400
지원받은 자원봉사 단체/지역공동체단체	5,410	13,010	20,500	27,660	35,442	136,000
민간기업 부문의 투자 (백만 파운드)	263	577	911	846	898	6,700

자료: Rhodes et als. (2003): 재구성.

었으며, 35,400개 이상의 자원봉사 단체와 지역공동체 단체가 예산지원을 받았다.

5년 동안 진행된 사업이 이루어냈거나 혹은 앞으로 가지고 올 사업성과를 예상하는 부분을 보면, 약 70만 개의 직업을 창출하거나 안정적으로 유지할 것이며, 530만 명 이상의 학생들이 교육 혜택을 볼 것이며, 87,600개의 새로운 사업이 창출될 것이고, 3십만 호 이상의 주택이 새로 지어지거나 보수될 것이며, 136,000개의 자원봉사 단체와 지역공동체 단체가 재정적 지원을 받을 것으로 예상하고 있다.

통합재생예산은 도시빈곤지역을 재생시키기 위해서 다음과 같은 몇 가지 중요한 기치를 표방했다. 첫째, 총체적, 전략적 접근이다. 빈곤지역의 뿌리 깊은 문제들을 해결하기 위해서는 그 문제들을 초래하는 경제적, 공간환경적, 사회적 요인들을 종합적으로 고려하는 것이 필요하며, 이를 위해서는 전략적으로 접근해 들어가야 한다. 둘째, 지역과 관련된 주요한 이해당사자와 주체들의 파트너십을 전면에 내세워야 한다. 셋째, 지역의 여러 주체들이 지역의 필요한 곳에 자원을 배분할 수 있도록 상향식 접근이 이루어져야 한다(Rhodes et als., 2005: 1926).

통합재생예산은 파트너십을 기본으로 하지만 파트너십의 폭이 예전의 도시재생 정책에 비해 확대되었다. 중앙정부의 여러 부처나 기구들이 파트너십에 참여하도록 장려했기 때문이다. 지역 단위의 아주 작은 도시재생 프로그램의 경우에도 중앙부처의 관련된 부서가 파트너로 등장했던 것이다. 이것은 곧 관련된 중앙부처의 예산의 일부가 각 지역으로 투입된다는 것을 의미한다. 파트너십을 형성하면서 중앙정부의 예산이 지원받을 필요가 있는 특정한 지역에 직접 투입되는 것은 1990년대 이전엔 볼 수 없었던 현상이었다.

과거의 도시재생 프로그램들과 비교할 때 통합재생예산은 다음과 같은 특징들을 지니고 있다. 첫째, 시티 챌린지의 경우와 마찬가지로 경쟁지원방식(competitive bid-based approach)의 채택이다. 지역공동체는 공공부문, 민간기업, 자원봉사부문과 파트너십을 형성하여 통합재생예산에 사업을 신청하고, 이를 각 지역의 지역개발기구(RDA)가 심사하여 선정 지원한다. 경쟁지원방식의 이면에는, 경쟁은 도시재생에 혁신을 가져올 것이며 중요한 행위주체들이 함께 협력해서 일을 수행할 것이라는 인식이 깔려 있다. 둘째, 중앙정부가 예산을 편성하고 그 예산을 지원받기 위해서는 지역공동체들 사이에 경쟁해야 하는 정책을 실시하면서 도시재생 과정의 관리에 대한 중앙정부의 책임이 강조되었다. 중앙정부는 도시재생에 관한 가이드라인을 제시했고, 주기적인 사업평가를 실시하였다. 셋째, 통합재생예산의 지원을 받는 지역의 공간적 범위에 대한 제한이 없었다. 지역의 범위 설정은 전적으로 파트너십을 맺는 주체들에 의해서 결정되었다. 1990년대 중반까지만 하더라도 지역재생사업이 적용되는 지역은 정부에 의해서 정해졌지만 통합재생예산의 경우 도시재생사업 신청을 하는 파트너십에 의해 지역이 정해진 것이다. 이는 예전에 도시재생에 대한 정부 차원의 고려가 적용되지 않았던 지역도 도시재생사업에 신청할 수 있음을 의미했다. 이는 과거의 경우에 비해 볼 때 아주 큰 변화였다. 아직 낙후되진 않았지만 쇠퇴의 조짐이 보이는 지역은 과거의 경우 도시재생사업을 시행하기 어려웠지만, 이젠 사업신청을 하여 경쟁을 통해 사업을 시행할 수 있게 되었다(Rhodes et als., 2003: 1401-1402).

통합재생예산 역시 몇 가지 문제점을 지닌 것으로 평가된다. 첫째, 가장 빈곤한 지역이 지원을 받지 못하는 경우가 많았다. 시티 챌린지와 마찬가지로 통합재생예산은 지역공동체 차원에서 파트너십을 구성해서 지역재생을 추구하는 것을 내용으로 한다. 하지만 가장 낙후된 지역, 가장 도시재생이 필요한 지역의 경우 파트너십을 구성하기가 쉽지 않고, 그래서 통합재생예산에 지원하기가 어렵다는 것이 통합재생예산의 문제점으로 지적되었다.

둘째, 파트너십의 구성과 운영에 있어 너무 지방정부 주도로 진행되었다. 사업에 선정된 도시재생 사업 중 50% 이상의 사업에서 핵심적인 파트너는 지방정부였다. 민간부문이 주도하거나, 지역공동체 혹은 자원봉사부문이 핵심파트너가 된 사업은 그리 많지 않았다(Rhodes et als., 2003: 1414).

셋째, 물리적인 공간환경과 주택부문의 개선은 상당히 빠르게 이루어져서 지역주민들에게 좋은 평가를 받았고, 범죄와 안전 부문에 있어서도 상당한 진전이 있었지만, 직업훈련과 일자리 창출 등 노동시장에 대해서는 별다른 효과가 없는 것으로 나타났다. 이는 빈곤지역의 노동시장이 워낙

취약했기 때문이며, 단기간 내에 이를 개선시키기가 어려운 것임을 보여 준다고 할 수 있겠다(Rhodes et als., 2005: 1945).

3. 블레어 노동당 정부의 도시재생 정책

1) 블레어 노동당 정부와 도시재생

1997년에 집권한 블레어의 노동당 정부는 노동당의 이념과 가치가 구현된 도시재생 정책을 마련하고자 했다. 핵심적인 키워드 두 가지는 지역공동체의 필요와 지역공동체의 참여이다. 1997년 이후부터 2002년 통합재생예산이 끝날 때까지, 블레어의 노동당 정부는 통합재생예산으로 도시재생 사업을 지원할 경우 지역공동체의 참여를 더 강화시켰다.[7] 한편 통합재생예산의 문제점을 인식한 노동당정부는 도시재생 정책의 새로운 원칙을 정리했다. 노동당 도시재생 정책의 새로운 원칙은 다음과 같은 두 가지 사항을 핵심 내용으로 가지고 있다. 첫째, 도시재생을 위한 기금은 경쟁을 통해서가 아니라 사회적으로 배제되고 낙후된 그리고 도시재생이 시급히 필요한 지역에 배분되어야 한다. 예산을 지원받기 위해서는 도시재생이 필요한 낙후지역에 대한 기준(지역쇠퇴지수)을 충족시켜야 한다. 둘째, '다 함께 해결하기'라는 파트너십에 입각한 도시재생 방식을 통해 낙후지역과 그 지역에 사는 가난한 사람들에 대한 사회적 배제를 극복

---

7) 지방정부가 아니라 지역공동체가 주도한, 통합재생예산을 통한 도시재생 사업은 통합재생예산이 시행된 첫 해인 1995/1996년에는 2개밖에 선정되지 못했고, 그다음의 2년 동안도 5개밖에 지원받지 못했다. 하지만 블레어의 노동당이 집권하고 난 다음 1999/2000년에 선정된 통합재생예산을 통한 도시재생 사업 중에서 지역공동체 혹은 자원봉사부문이 주도한 사업은 22개로 그해 선정된 전체 사업 수의 13%를 차지했다 (Foley and Martin, 2000: 483).

해야 한다(Foley and Martin, 2000: 482; Ball and Maginn, 2005: 14). 이 두 가지 핵심 원칙에 따라 1998년 노동당 정부는 사회적으로 배제된 낙후지역을 재생시키기 위해서 '커뮤니티를 위한 새로운 계약(New Deal for Community, NDC)'이라는 새로운 도시재생 정책을 출범시켰다. 39개의 도시재생사업이 이 정책을 통해 시행되었으며, 투입된 총 예산은 20억 파운드(약 4조 원)이다(Ball and Maginn, 2005; Lawless, 2006).

① 사회적 배제에 대한 관심

사회적 배제(social exclusion)의 개념에 관한 많은 논의가 있지만, 그 개념이 지닌 공통적인 내용은 다음의 세 가지이다. 첫째, 사회적 배재는 경제적 빈곤을 포함하지만 그것을 넘어선 다차원적 개념이다. 삶의 사회적, 경제적, 정치적 영역을 가로지르는 박탈, 그래서 복합적인 박탈을 포함한다. 경제적으로 빈곤하며, 사회적으로 삶의 기회를 잃어버리고, 정치적으로 주목받지 못한 채 관심 밖으로 내동댕이쳐진 지역과 사람들을 사회적 배제란 개념으로 다시 논의해야 한다. 둘째, 사회적 배제는 불이익을 유지 혹은 강화시키는 메커니즘과 연관이 있다. 사회적으로 배제된 사람들은 이런 과정에 의해 장기적인 삶의 기회가 심각하게 제한받고 있다. 특정한 사람들에게 삶의 기회를 배제하는 메커니즘을 개선해야 한다. 셋째, 사회적 배제는, 늘 그렇지는 않지만, 종종 특정한 지역에서 집중적으로 드러난다. 사회적으로 배제된 특정 지역이 사회적 낙인에서 벗어날 수 있도록 정책적으로 개입해야 한다(Kennedy and Fitzpatrick, 2001).

블레어의 노동당 정부는 사회적 배제를 줄이는 것을 중요한 정책과제로 설정하였다. 사회적으로 낙후된 지역에 사는 가난한 사람들에게 삶의 기회를 제공함으로써 빈곤에서 벗어날 수 있는 가능성을 모색하고자 하였다. 사회적으로 배제된 지역을 재생시키기 위해서는 통합재생예산에서 중요한 원칙으로 사용하는 경쟁지원 방식을 넘어설 필요가 있다는 논의를 따라 경쟁이라는 방식을 적용하지 않고 사회적으로 배제된 지역이라고 인정되는 지역에 대해서 도시재생 프로그램을 가동시켰다.

② 지역공동체 중심의 파트너십

메이저의 보수당 정부가 추진했던 도시재생에 대한 다주체접근(multi-agency approach)은 블레어의 노동당 정부에서도 계속 받아들여졌다. 하지만, 메이저 보수당 정부의 도시재생 정책에서는, 지역공동체의 도시재생과 관련된 여러 주체들로 구성된 파트너십이 중요한 역할을 수행해야 한다는 것이 계속 강조되었지만, 많은 경우 지역주민들은 다른 주체들만큼 파트너십의 형성과 운영에 적극적으로 참여하지 못했다라는 비판이 계속 제기되었고, 이런 비판에 입각하여 블레어의 노동당 정부는 지역공동체의 역할을 더 강화시키는 방향으로 파트너십을 형성할 것을 강조하였다.

2) 새로운 제도의 탄생: 커뮤니티를 위한 새로운 계약(NDC)

통합재생예산이 가장 낙후된 지역의 도시재생에 기회를 주지 못하고 있다는 비판이 제기되면서 노동당 정부는 가장 낙후된 지역을 재생시키기 위한 다른 도시재생 정책을 고안했다. 1998년에 만들어진 커뮤니티를 위한 새로운 계약(NDC)은 블레어 노동당 정부가 첫 번째로 시도한 도시재생 정책이다. 노동당 정부의 사회적 배제 대책반(SEU)은 도시재생 정책이 과거 몇십 년 동안 영국에서 진행되었지만 영국에는 여전히 복합적으로 박탈되었으며 가장 가난한 빈곤지역이 적어도 4,000곳이 있음을 제시하면서 NDC라는 새로운 형태의 도시재생 정책의 도입이 필요함을 강조했다(SEU, 1998). NDC는 "가장 빈곤한 지역의 문제들을 해결하기 위한 근본적이면서 장기적인 접근"으로 제시되었다(DETR, 1998).

NDC는 도시재생에 대한 블레어 노동당 정부의 획기적인 정책이다. 중앙정부의 사회적 배제 대책반(SEU)이 발간한 *Bringing Britain Together: A National Strategy for Neighourhood Renewal*(1998)에는 낙후지역의 새로운 도시재생을 위한 4가지 기본 원칙이 제시되어 있다. 첫째, '다 함께 해결하기'이다. 여기에서 중요한 것은 참여자들 사이의 역할배분과 조정(do-ordination)이다. 프로그램들의 조정, 중앙정부와 지방정부간의 조정, 재생과정에 참여하는 모든 이해당사자간의 조정 등이 이루어져야 한다. 둘째, 총체적(holistic) 접근이다. 도시재생의 사회적, 경제적 차원이 물리적 공간환경의 차원과 함께 종합적으로 고려되어야 한다. 도시재생에 대한 총체적 접근은 빈곤과 박탈에 대한 이해와 연결되어 있다. 빈곤과 박탈은 다차원에 걸쳐서 복합적으로 연결되어 있기 때문에 각 차원을 따로 분리해서 접근하면 빈곤과 박탈을 극복하기 어렵다는 인식이 도시재생에 대한 총체적 접근으로까지 이어진 것이다. 셋째, 지역적(local) 접근이다. 넓은 지역을 대상으로 도시재생 정책을 시행하면 효과가 작다는 그동안의 경험을 토대로, 도시재생 사업이 적용되는 지역의 지리적 범위를 작게 잡아야 한다. 넷째, 지역공동체의 참여(participation)이다. 지역의 문제와 지역의 필요를 가장 잘 제시할 수 있는 주체는 지역공동체의 주민들이며, 낙후지역의 도시재생이 성공하기 위해서는 강력한 주민참여가 이루어져야 한다(SEU, 1998; Dargan, 2007: 348).

폴리와 마틴은 NDC의 도입배경을 다음과 같이 정리한다. 통합재생예산은 진정한 지역공동체의 참여를 보장하지 못했다. 이는 예산을 지원받기 위한 경쟁을 도입하고, 경쟁지원 방식으로 사업을 선정한 것과 관계가 있다. 한편 지방정부가 주로 주도권을 행사하고 지역공동체는 실행계획이 마련된 뒤에 참여하는 것이 일반적이었기 때문에 지역공동체가 도시재생 실행계획에 영향을 끼칠 기회를 가지지 못했다. 통합재생예산의 핵심인 경쟁요인을 제거하고, 지역공동체에게 참여의 진정한 기회를 주어야 한다. 이러한 인식으로부터 NDC라는 전혀 새로운 도시재생 정책이 태동하게 된 것이다(Foley and Martin, 2000: 483).

가장 낙후된 지자체 88개 지역에서 39개 사업이 NDC 사업으로 선정되었다(1998년 17개 사업, 1999년 22개 사업). 통합재생예산을 통한 재생사업이 시행된 지역의 수가 6년 동안 1,028개인 것에 비추어 보면 NDC 사업이 적용된 지역의 수는 아주 작다. 그러나 NDC 사업의 사업규모는 더 크고, 기간은 더 긴 것이 특징이다. NDC 사업의 기간은 10년이며, 39개 사업에 10년 동안 20억 파운드(4조 원)가 지원되는데, 이는 한 사업당 평균 5천만 파운드(1,000억 원)의 정부예산이 투입되는 것을 의미한다(Lawless, 2006: 1992). 즉, NDC 사업이 이루어지는 지역은 중앙정부로부터 한 해 평균 100억 원씩 10년간 예산지원을 받는 것이다. 이 사업이 실시된 지역의 평균 인구수는 11,000명이었다(중앙정부의 가이드라인에 의하면 사업지역에 거주하는 가구 수는 4,000가구 이하여야 한다). 이 점은 통합재생예산과 비교할 때, NDC 사업의 공간적 규모는 상당히 작은 편이었음을 알려준다. 39개의 사업은 각각 다른 문제와 기회를 가지고 있었지만, 이 사업들의 초점은 고용, 주택 및 공간환경, 교육, 의료, 범죄 등 다섯 분야에 맞추어져 있었다(Kintrea, 2007: 278).

각 NDC는 위의 다섯 분야에 존재하는 문제를 해결할 전략과 전달계획을 마련하기 위하여 파트너십을 구성해야 한다. 이전의 도시재생 정책과 달리 정부는 지역공동체가 파트너십을 주도하는 것을 의도했다. NDC를 경영하는 파트너십에는 지방정부, Primary Care Trust(의료), 경찰, 주택조합, Job Centre Plus(고용), 지역교육청이 참여했지만, 파트너십 이사회의 과반수를 점한 것은 지역주민이었다(Fuller and Geddes, 2008: 277).

커뮤니티를 위한 새로운 계약이 통합재생예산과 다른 점은 다음의 두 가지이다. 첫째, 가장 낙후된 지역을 사업대상지로 선정했다. 이는 통합재생예산의 지원을 받는 도시재생지역이 상대적으로 덜 낙후된 지역이라는 비판을 성찰적으로 받아들인 결과이다. 둘째, 통합재생예산의 경쟁지원

방식을 받아들이지 않고, 도시재생 사업을 가장 필요로 하는 지역을 우선적으로 선정 지원했다. 이는 가장 낙후된 지역은 파트너십을 형성할 가능성이 상대적으로 작다는 비판을 고려한 것이다.

커뮤니티를 위한 새로운 계약 역시 시티 챌린지, 통합재생예산과 마찬가지로 지방정부와 다른 주체들로 구성된 파트너십에 기초하고 있었다. 하지만 이 프로그램에서는 지역공동체의 참여가 더욱더 중요한 변수로 고려되었다. 도시재생의 전략과 계획을 만드는 것은 각각의 파트너십이 책임지고 해야 하는 일이었다. 각각의 파트너십은 사업계획을 중앙정부에 제출하고, 이곳에서 이를 심사하여 예산을 지원한다. 심사하는 과정에는 각 지역의 쇠퇴 정도를 측정하는 지역쇠퇴지수가 활용된다. 지역쇠퇴지수는 각 지역의 소득, 고용, 건강 및 장애, 교육, 주택, 서비스에의 접근도 등을 종합적으로 반영한 지표이다. 예산은 10년 동안 지원된다. 지역 간 배분의 형평성을 추구하면서 영국을 9개의 지역으로 나누고 각 지역당 적어도 한 개의 지자체를 선정하였다.

도시 빈곤지역에 기금이 지원되는 분야는 다섯 분야이다. 그것은 고용, 주택 및 공간환경, 교육, 의료, 범죄이다. 주택 및 공간환경뿐만이 아니라, 경제적, 사회적 분야도 우선순위에 들어갔다는 것은 도시 빈곤지역 재생을 위해서는 포괄적이고 종합적인 접근이 필요하다는 인식이 반영된 결과이다. 커뮤니티를 위한 새로운 계약이 도입된 초기에는 주택부문의 개선은 가장 중요한 사업목표가 아니었다. 하지만 이 사업이 진행된 대부분의 지역에서 주택의 개선은 가장 중요한 관심사로 등장했다. 이 사업이 시행된 지역의 경우 평균적으로 보면 58%의 주민들이 사회주택에 거주했으며, 주택과 물리적 공간환경의 개선은 이들의 중요한 관심사였다(Kintrea, 2007: 278).

뉴캐슬(Newcastle)의 웨스트 게이트(West Gate) 지역은 NDC 사업이 이루어진 39개 지역 가운데 하나이다. 노동당이 집권한 뉴캐슬시는 1988년 가을 40개의 공공기관(파트너십의 당사자가 될 수 있는 주체들)이 참석하는 회의를 소집하여 웨스트 게이트 지역을 재생시키기 위하여 중앙정부에 NDC 사업 신청을 하기로 결정했다. 웨스트 게이트 지역은 방글라데시계 아시아인들과 흑인들이 많이 거주하는 뉴캐슬의 대표적인 빈곤지역인데, 3,975가구가 거주하는 지역을 NDC 사업지역으로 상정하였다. 1998년 말 이 지역의 도시재생 사업계획을 중앙정부에 제출했으나 지역공동체의 참여에 대한 충분한 증거가 없다는 이유로 NDC 사업에 선정되지 못했다. 다시 NDC 사업에 지원하기 위하여 1999년 5월 주민들이 참석한 대규모의 공청회를 개최하였고, 1999년 6월 지역 파트너십을 구성했다. 지역 파트너십은 NDC에 신청할 사업계획안을 컨설팅 회사(DTZ Pieda)에 맡겼다. 2000년 3월에 다시 사업신청을 했고, 2000년 4월 이 지역은 NDC 사업지역으로 선정되었다. 10년 동안 4,890만파운드(약 980억 원)를 중앙정부로부터 지원받게 된 것이다(McCulloch, 2004: 139-140).

사업계획안은 지역주민들이 제안한 526개의 지역 프로젝트 아이디어에 기초해서 작성되었음을 명시하면서(실제로는 지역활동가 6명이 팀을 구성해 지역주민들의 다양한 아이디어를 정리한 것), 웨스트 게이트 도시재생은 건물보다 사람들에게 투자하는 지역공동체 주도의 도시재생이 될 것을 강조한다. 사업계획안에 제시된 예산지출 계획의 특징을 보면 다음과 같다. 첫째, 고용과 사업기회의 창출(job and business)에 가장 큰 비중을 두고 있다. 실업자에게 직업훈련을 제공하는 것과 지역주민들이 일할 수 있는 지속가능한 기회를 제공하는 것과 관련된 프로젝트들이 제시되었다. 눌째, 다음으로 예산지출이 많이 잡혀 있는 항목은 주택과 물리적 환경부문의 개선이고, 지역공동체의 개발은 그와 비슷한 비중으로 예산이 배정되어 있다. 지역공동체의 개발에 책정된 예산은 18%에 달한다. 지역주민의 참여를 활성화시키고, 지역에 대한 긍정적인 스토리텔링을 발굴하며, 지역공동체의 여러 단체들에게 공동체 자금을 지원하는 것 등의 프로젝트 등이 제시되어 있다. 셋째, 교육, 의료, 범죄 등 NDC 사업의 분야에 맞추어 다양한 프로그램들이 계획되어 있다. 맥쿨로크는 이 사업계획안이 지역주민들 보다도 다른 파트너들, 가령 뉴캐슬시, 공공기관들, 기업 등의 견해를 훨씬 더 많이 반영하고 있음을 비판한다(McCulloch, 2004: 141-142).

지역 파트너십의 경영관리 조직은 ISG(Intrim Steering Group)로 불렸고, 뒤에 웨스트 게이트 쉐도우 보드(West Gate Shadow Board)로 개칭되었다. 임원진의 구성을 보면, 총 23명인데, 지역주민 대표 12명(과반수 이상),[8] 구의원 4명, 공공기관 대표 5명(경찰, 의료기구, 교육청 포함), 민간기업부문 대표 1명, 그리고 자원봉사부문 대표 1명이다. 구의원 가운데 1명이 파트너십의 회장을 맡았다. 지역주민 대표 12명은 4개 구역에서 각 3명씩 선거를 통해 선출되었다. 투표율은 지방선거 때보다 훨씬 높은 40% 이상을 기록했다. 지역 파트너십의 운영은 매끄럽지 못했다. 사사건건 의견이 대립되었고, 논의가 계속적으로 지연되었으며, 잦은 논쟁은 심각한 갈등으로까지 이어졌다. 지역주민 대표들은 파트너십 내에서 제대로 대우받지 못하고 있다는 불만을 계속 제기했다. 지역주민 대표들 사이에서도 의견 불일치와 그로 인한 갈등이 빈번하게 일어났다. 지역주민 대표들은 지역공동체의 의견을 원만하게 수렴하지 못했으며, 그 결과 지역공동체는 단합된 의견을 강력하게 제시하지 못했다. 지역공동체는 하나가 아니라 다양하게 분화되어 있었고, 도시재생과정에서 비롯되는 마찰로 지역공동체에 내재한 갈등이 심화되기도 했다(McCulloch, 2004).

지역 파트너십의 실무조직으로 중앙정부가 제시한 NDC의 다섯 가지 주제와 병행하여 5개의 포커스 그룹(Focus Group)을 만들었다. 5개 포커

---

8) NDC 파트너십 임원진의 내부구성은 지역주민 대표의 수가 공공부문/민간기업부문/자원봉사부문의 대표들의 합과 같거나 혹은 지역주민 대표의 수가 과반수 이상이 되어야 하는데, 뉴개슬 웨스트 게이트의 경우에는 후자의 형태를 따랐다(Dargan, 2007: 349-350).

스 그룹은 범죄와 안전, 주택과 공간환경, 교육과 직업훈련, 고용과 사업창출, 의료 포커스 그룹이었다. 포커스 그룹들이 다양한 프로젝트들의 구체적인 계획을 마련하고, 집행하고, 관리하는 일을 담당했다. 포커스 그룹에는 각 분야의 전문가들이 고용되어 일을 했고, 이들은 각 포커스 그룹과 관련된 파트너들(의료, 경찰, 고용, 교육을 담당하는 지역 공공기관들)에 의해 큰 영향을 받았다. 각 포커스 그룹에는 한두 명의 지역주민 대표와 지역 자원봉사자가 들어갔지만 이들은 포커스 그룹에서 별다른 영향력을 발휘하지 못했다. NDC 정책을 입안한 중앙정부는 지역주민들이 강력한 리더십을 행사하기를 원했지만, 실재적으로 권력이 존재한 장소는 지역주민이 아니라 다른 파트너들에 의해서 통제되는 포커스 그룹이었다. 포커스 그룹들이 전문가들의 편견에 사로잡혀 있다는 것을 비판하면서 지역주민 대표들은 지역공동체 포커스 그룹을 비공식으로 따로 만들었다. 하지만 내부갈등과 역량부족으로 인하여 별다른 활동을 하지 못하였다 (McCulloch, 2004; 143, 153-154).

뉴캐슬 웨스트 게이트 NDC를 연구한 다간에 따르면, 이 지역의 행위자들이 가지고 있는, NDC에 대한 기대와 결과(혹은 성과)에 대한 생각 사이에 모순이 존재하는데, 그 내용은 다음과 같다. 먼저, 도시재생에 대한 기대의 측면을 보면, 도시재생의 초점을 어디에다 두어야 하는가에 대한 지역 행위자들의 생각은 크게 두 가지로 모아진다. 첫째, 장소가 아니라 사람에 대한 강조이다. 박탈당한 가난한 지역이라고 낙인찍힌 지역에 거주하는 지역주민들에게 필요한 것은 자존감과 자신감의 회복이다. 도시재생의 초점은 그 지역의 사람들이 되어야만 한다. 둘째, 물리적 공간환경의 재생이 아니라 사회적 재생에 대한 강조이다. NDC는 물리적 재생을 추구하는 프로젝트가 아니라 사회적 재생을 추구하는 프로젝트들의 예산을 지원해야 한다. 하지만, 도시재생의 결과(혹은 성과)가 어떻게 나타날 것이라고 생각하는 바는 도시재생에 대해서 기대한 바와 사뭇 다르다. 대부분의 지역 행위자는 도시재생의 결과가 지역의 물리적 공간환경을 바꾸는 가시적인 방식으로 나타나야 한다고 여긴다는 것이다. 도시재생에 대한 기대와 결과에 대한 생각 사이에 존재하는 이 모순을 다간은 하나의 역설이라고 주장한다(Dargan, 2007: 356). 이런 역설이 NDC 사업의 다섯 가지 항목 중 주택과 공간환경의 개선이 지역주민들의 주된 관심사였던 것을 이해하는 데 도움을 줄 수 있을 것이다.

39개 지역에서 시행된 커뮤니티를 위한 새로운 계약(NDC) 역시 몇 가지 중요한 한계를 지닌 것으로 평가된다. 첫째, 지역공동체의 참여가 중요한 형식적인 요건이었지만, 실질적으로는 잘 이루어지지 않았다. 10년 동안 진행될 사업당 평균 5천만 파운드(1,000억 원)가 지원되는데, 지역공동체 주도로 예산을 편성하고 집행할 구도가 주어졌지만, 실제적으로 지역공동체는 중요한 영향력을 발휘하지 못한 것으로 평가된다. 지방정부는 NDC를 중요한 기구로 고려하지 않았으며 때로는 NDC의 활동을 방해하기도 했다. 즉, 지역공동체는 NDC를 운영하기 위하여 참여할 책임을 부여받았지만, 지방정부로부터 적절한 권한과 권력을 이행받지 못했던 것이다. 파트너십 구성에 있어 지역공동체 주도의 구조와 체계, 지역의 책임 등 새로운 원칙을 도입했지만, 실제 파트너십 구성은 기존의 국가기구, 도시기구를 중심으로 이루어진 것으로 평가된다(Fuller and Geddes, 2008: 275).

둘째, 지역공동체의 참여를 강조한 것이 지역공동체의 역량강화로 이어지지 못했다. 도시빈곤지역을 재생시키기 위한 책임을 지역공동체에게 부여했지만, NDC는 지방정부에 의존했으며, 지역공동체는 시장과 중앙정부에서 결정하는 정책을 따르면서 이에 구속되는 결과를 초래했다. 즉, 지역공동체는 지방정부에 의해 통제되었으며, 다른 파트너들에게도 도전하지 못했다. 소수의 중요한 사람들이 지역공동체의 대표로 NDC에 참여했지만, 영향력을 발휘하기에는 시간, 권력, 자원이 불충분했다. 그래서 NDC가 지역주민들에게 책임을 질 수 있는 범위까지 지역공동체는 역량이 강화되지 못했다. NDC를 위한 레토릭 가운데 하나가 지역공동체의 역량강화였지만 실제로는 잘 이루어지지 못한 것으로 평가된다(Foley and Martin, 2000; Dargan, 2007; Fuller and Geddes, 2008: 272). NDC는 지역주민이 주도하는 도시재생을 표방했지만, 유감스럽게도, 현실은 그렇지 못했다. 지역주민들은 조직된 힘을 충분히 가지지 못했고, 심지어 도시재생의 과정 속에서 지역공동체의 갈등이 심화되기도 했다. 맥쿨로크에 의하면, 지역공동체의 주도와 주민참여라는 형식은 단지 중앙정부로부터 예산을 지원받기 위한 조건에 불과했고, 실제 도시재생의 과정에서는 공동체적 모습을 찾아보기가 쉽지 않았다. 활동이 두드러진 공동체가 존재했다면 그것은 단지 지역정책 지식인들의 공동체였다(McCulloch, 2004: 158-159).

셋째, 지역공동체의 대표들과 공공부문의 파트너들 사이에 긴장이 종종 있었다. 지방정부 등 공공기관들은 경험, 지식, 자원을 가지고 파트너십 운영에 대한 '게임의 규칙'을 설정했으며, 그 위에서 지역공동체 대표들이 행동하기를 원했다. 또한 그들은 온건하고 수동적인 사람들이 지역공동체의 대표로 NDC에 참여하기를 원했으며, 이 때문에 그 지역의 급진적인 지역활동가들과 마찰을 빚기도 했다(Fuller and Geddes, 2008: 274).

블레어 노동당 정부가 추진한 NDC는 예전의 도시재생 정책들에 비하여 훨씬 더 진보적인 정책이라고 평가된다. 중앙정부가 주도한 개혁적인 도시재생 정책이며, 경쟁을 배제하고 더 필요한 빈곤지역을 지원하는 점과 지역공동체를 도시재생의 핵심으로 가져왔다는 점에서 메이저의 보수당 정부가 추진한 통합재생예산과 다른 정책이다(Oatley, 2000). NDC는 통합재생예산과 달리 공동체주의적 정서를 토대로 한 정책이다(Hill, 2000; Lawless, 2006: 2009). 그러나 한편 풀러와 게데스는 NDC를 블레어의 노동당 정부가 취한 신자유주의적 경제운용의 논리가 구현된 도시재생 정책임을 강조한다. 시장의 우위를 반영한 시장친화적 내용들이 NDC 프로그램에 뚜렷이 나타나며, 지역기업인들이 파트너십 이사회의 주요 구성원으로 활동하였고, NDC가 시장에 도전하거나 기업에 특별히 요구한 것도 없다는 점에서 NDC 정책은 신자유주의적 정책과 친화성이 있다는 것이다(Fuller and Geddes, 2008: 264). 무엇보다도, 지역공동체를 강조한 NDC는 도시지역의 빈곤을 전체 경제과정과 계급관계에 비추어서 파악하지 않고 지역에 기반한 것으로만 파악함으로써 빈곤의 원인과 책임을 지역공동체에서 찾고자 했다. 이는 도시빈곤을 더 넓은 차원의 경제적, 정치적 과정의 결과로 보지 못하는 것이다. NDC에 참여한 지역공동체 운동가들도 여기에 대해서는 별다른 비판을 하지 못했고, 이에 따라 지역공동체의 운동은 이웃과 지역사회의 지평을 넘어서지 못하게 되는 결과를 초래한 것이다(Fuller and Geddes, 2008: 262-263).

4. 영국 도시재생 정책 변화과정의 교훈

1) 부동산 재생에서 사회적 재생으로

1980년대 대처의 보수당 정부에서 추진한 도시재생은 기본적으로 시장주도적 그리고 부동산개발 위주의 도시재생이었다. 이런 도시재생은 낙후된 지역의 사회적, 공동체적 문제들에 대해서 별다른 관심을 두지 않았다. 민간기업부문이 주도한 이 시기 도시재생은 지역의 물리적 공간환경의 변화를 통한 수익 창출에 초점이 맞추어져 있었다. 이런 시장주도적 도시재생은 심각한 사회적 갈등을 초래했다. 중앙정부의 지원을 받는 민간개발업자의 수익성 추구는 지방정부와 지역주민들로부터 많은 비판을 받았다. 도시재생의 혜택 역시 지역주민에게 돌아가지 못했다.

1990년대에 들어와서 메이저 보수당 정부는 기존의 도시재생에 대한 사회적 비판을 수용하면서 새로운 도시재생 정책을 시행했다. '토지와 부동산'에서부터 '사람과 공동체'를 위한 도시재생을 강조했다. 지역공동체의 도시재생과 관련된 여러 주체들로 파트너십을 만들고, 물리적 공간환경을 포함하여 다양한 경제적, 사회적 문제들을 개선해나가는 종합적인 도시재생을 추구했던 것이다. 1991년 시행된 시티 챌린지에서부터 종합적인 도시재생을 추구하는 원칙이 제시되었고, 1994년 통합재생예산(SRB)을 거쳐 1998년 커뮤니티를 위한 새로운 계약(NDC)에 이르면서 영국의 도시재생은 다섯 가지 분야(고용, 주택과 공간환경, 의료, 교육, 범죄)의 종합적인 개선을 목표로 했다. 영국의 도시재생은 1980년대의 부동산 재생에서 1990년대의 사회적 재생으로 획기적인 전환을 경험했다고 할 수 있다. 1997년에 집권한 블레어의 노동당정부는 사회적 도시재생을 더욱 강화시켜나갔다.

영국의 도시재생이 부동산 재생에서 사회적 재생으로 방향을 전환한 것은 한국에 아주 중요한 교훈을 준다고 생각한다. 그동안 한국에서 진행된 도시재개발 사업은 '사람과 공동체'가 아니라 철저하게 '토지와 부동산'을 강조한 사업이었다. 대부분 공간환경의 변화에 초점을 맞추었고, 지역의 경제적, 사회적, 문화적 측면들은 도외시되었다. 그 결과 많은 사회적 갈등을 초래했고, 재개발의 혜택을 지역주민이 고루 받을 수 없었다. 영국이 그러했던 것처럼, 이제 한국의 도시재생은 방향을 전환해야 한다. 도시재생의 목적을 '도시 및 지역주민들의 삶의 질 향상'으로 설정할 필요가 있다. 그리고 도시재생 사업의 내용을 이 목적에 맞도록 잘 만들어나가야 할 것이다. 여기에는 물리적 공간환경의 변화만이 아니라, 지역사회의 경제적 재생, 사회적 약자의 삶을 업그레이드시킬 수 있는 사회적 통합, 지역 커뮤니티의 재생, 지역의 문화자원의 보존 및 창출 등에 대한 내용을 종합적으로 담아야 한다. 삶의 다양한 그리고 중요한 영역들의 내용을 질적으로 향상시킬 수 있는 종합적이고 통합적인 도시재생을 추구해야 할 것이다. 그것은 곧 도시 공간계획의 틀에 갇히지 말고, 그것을 뛰어넘을 수 있는 종합적인 대안을 모색해야 하는 것을 의미한다.

2) 사회적 파트너십의 형성

영국의 도시재생은 1990년 이래 지금까지 파트너십에 의해서 이루어지고 있다. 물론 파트너십은 다양한 형태로 구성되어왔지만, 파트너십의 구성은 다음의 중요한 두 가지 특성을 지닌다. 첫째, 공공부문, 민간기업부문, 자원봉사부문, 지역주민 등 여러 주체들이 같이 참여한다. 둘째, 파트너십의 의사결정과정에 지역공동체가 보다 더 적극적으로 참여할 필요가 있다. 결국, 다주체적 접근(multi-agency approach)과 지역공동체의 참여가 파트너십의 구성과 운영의 핵심에 있는 것이다. 이는 사회적 파트너십에 대한 강조라고 할 수 있을 것이다.

지난 약 20년 동안 영국에서는 도시재생을 둘러싼 파트너십의 구성 및 운영 그리고 의사결정과정에 대한 논의들이 계속되어왔다. 볼과 매긴에 의하면, 지난 10년 동안 영국에서 논의된 도시재생에 관한 연구들은 다음의 세 가지 주제에 초점을 두고 있다: 1) 파트너십의 일반적인 역할, 2) 파트너십에서의 지역공동체 역량강화의 정도, 3) 특정 도시재생 프로그램들에 대한 평가(Ball and Maginn, 2005: 16). 볼과 매긴은 파트너십에 관한 논점들을 다음과 같이 정리한다. "(파트너십 내에서의) 권력관계의 성격은 무엇인가? 합의된 결정을 내리는 데 있어 파트너들은 얼마나 효율적인가? 의사결정과정에서 발생하는 갈등과 지연된 협상들은 도시재생 프로그램의 효과에 어떤 영향을 끼치는가? 파트너십은 지역공동체에 혜택을 가져다주는가? 아니면 관리가 되지 않은 채 비용만 많이 드는 그래서 아무런 혜택도 낳지 못하는 파트너십인가?"(Ball and Maginn, 2005: 16).

영국의 도시재생에서 파트너십을 어떻게 구성하고, 운영하는가 하는 것은 한국의 도시재생에 중요한 교훈을 줄 수 있다고 생각한다. 영국의 도시재생에서 시도된 파트너십의 유형은 다양하지만, "대체적으로 기업뿐만이 아니라 지역공동체의 여러 단체들과 협력하여 사업을 추진해나가는 경향이 있다. 많은 경우, 지역공동체의 참여는 민관협력으로 진행되는 도시개발이 성공하게 되는 중요한 요인인 것으로 평가된다"(권태환·윤일성·장세훈, 2006: 312). 하지만 한국에서 진행된 민관협력을 통한 도시개발의 경우 사정은 다르다. 도시개발이나 도시재생 분야에서 민관협력을 추구할 때 '민'은 민간기업부문만을 의미하는 것이 다반사였다. 시민사회단체나 지역주민단체들과 공동으로 협력하여 도시개발이나 도시재생을 추구하는 것은 고려대상이 아니었다.[9] 한국에서 도시재생을 추진하기 위해서는 민간부문의 참여가 필요할 것이다. 민간자본을 끌어들이기 위한 국가의 노력도 의미가 있다. 하지만 파트너십의 진정한 의미는 민간자본만을 끌어들이는 데 있는 것은 아니다. 민간부분에는 기업만 있는 것이 아니다. 시민사회의 각 영역에서 활동하는 시민사회단체들과 각 지역사회에서 중요한 일을 수행하는 지역주민단체들도 있다. 그리고 자원봉사단체들도 있다. 이런 시민적 자원의 역량을 도시재생 사업에 최대한 활용해야 할 것이다. 즉, 민간부문의 여러 주체들과 협력하여 진정한 의미의 파트너십 구조를 만들어나가야 한다. 한국의 도시재생에서 추구하는 파트너십은 민간자본의 수익성만 보장해주기 위한 파트너십이 아니라, 민간부분의 다양한 활력을 끌어오기 위한 파트너십이 되어야 할 것이다.

---

[9] 한국의 도시개발에서 시행되는 민관협력 방식은 주로 공공부문과 민간개발업자가 공동사업시행자가 되어 민간개발업자의 구상과 전략을 중심으로 사업을 추진하는 것을 의미힌다. 민간부문에는 민간개빌입자 이외에도 시민사회단체, 지역주민단체 등 여러 주체들이 있지만, 그들의 목소리는 도시개발 과정에 잘 반영되지 못했다. 민관협력을 통한 도시개발에는, 지역주민과 시민사회단체의 요구는 거의 수용되지 않는 반면에 민간개발업자의 이해만 적극적으로 추구될 뿐이다.

3) 지역공동체의 참여와 공동체 계획

영국에서 시행된 파트너십을 통한 도시재생 사업의 경우에는 지역공동체의 참여를 중요한 내용으로 한다. 지역공동체의 형식적인 참여가 아니라 실질적인 참여, 그리고 파트너십을 이끌어가는 주도적인 참여를 추구한다. 하지만, 영국의 도시재생에서 지난 20년 동안 지역공동체의 실질적이고 주도적인 참여가 계속적으로 강화되어왔지만, 지역공동체가 주도하는 도시재생은 중앙정부가 추구하는 기본 방향에 불과하고 도시재생이 시행된 지역의 현실은 그렇지 못하다라는 문제제기에 주목할 필요가 있다. 중앙정부로부터 도시재생 예산을 확보하기 위하여 주민참여를 형식적으로 여기기도 한다는 것이다. 그만큼 지역주민이 참여하고 주도하는 도시재생이 어렵다는 것이다. 자칫 잘못하면 도시재생의 과정에서 지역주민들의 의사를 결집시키기 못하고 서로 반목한 채 갈등만 증폭될 수도 있다.

한국의 경우, 도시재생을 통해서 빈곤지역을 재생시키기 위해서는 지역공동체가 여러 주체들로 구성된 파트너십의 중심이 되어야 한다. 지역공동체의 도시재생과 관련된 전반적인 과정에 지역주민은 적극적으로 참여할 필요가 있다. 지역주민에게 혜택이 돌아가지 않는 도시재생 사업이 전개되어서는 안 된다. 도시재생을 추구하는 지역공동체는 우선 주민들의 역량을 강화시켜나갈 필요가 있다. 한편, 한국의 도시재생에서 지역공동체의 역할을 강조해야 하지만, 어려운 현실에 대한 객관적인 인식도 잃어버려서는 안 된다. 지역공동체가 주도하는 도시재생이라는 대안은 무척 지난한 과정을 겪을 수 있으며, 단기간에 이루어지기 어려울 수도 있다는 점에 유념해야 할 것이다.

영국의 도시재생을 보면, 도시재생 프로그램에 신청하는 지역의 경우, 파트너십을 구성하여 지역공동체 재생을 위한 사업계획서를 제출하도록 되어 있다. 이때의 사업계획서는 곧 공동체 계획이다. 중앙정부는 공동체 계획을 심의하여 경쟁과정을 거쳐 도시재생 사업을 선정하고 이를 지원한다. 어찌 보면 도시재생 사업의 선정에서 가장 결정적인 역할을 하는 것은 지역공동체가 파트너십을 구성하여 만든 도시재생 사업계획서인 공동체 계획인 것이다.

지역공동체의 참여와 이를 토대로 한 공동체 계획을 강조하는 영국의 도시재생 경험은 한국의 도시재생에 좋은 교훈을 주는 것으로 생각된다. 공동체 계획은 지역공동체의 재생을 위한 대안적인 계획이다. 공동체 계획을 입안하기 위해서는 지역공동체와 관련된 여러 주체들이 서로 협력해야 한다. 공동체 계획은 계획의 내용만을 의미하는 것이 아니라 계획과정 전체를 포괄하는 개념이다. 공동체 계획은 지역공동체를 중심으로 파트너십을 구성하는 여러 주체들이 서로 협력하여 문제를 진단하고 해결책을 모색하면서 지역공동체의 재생을 추구하는 것을 목적으로 한다. 계획전문가에게 계획의 작성을 다 맡겨버리는 것이 아니라 지역주민들이 적극적으로 의견을 개진하고, 토의하면서, 계획 작성에 깊이 관여할 필요가 있다.

공동체 계획은 종합적 계획이다. 공동체 계획은 공동체의 공간구조를 개편하는 것만을 목적으로 하지 않는다. 공동체의 문제 전반에 걸쳐 해결책을 모색하는 것을 목적으로 한다. 결국, 공동체 계획은 다음의 두 가지 내용을 담아야 한다. 첫째, 지역공동체의 물리적 공간구조를 개선시킬 수 있는 방안이다. 둘째, 지역주민에게 경제적, 사회적 삶의 기회를 더 많이 가져다줄 수 있는 방안이다. 필자는 다른 글에서 종합적인 공동체 계획에 대하여 다음과 같이 논의한 바 있다.

공동체 계획은 빈곤지역의 물리적 공간구조만을 바꾸기 위한 계획은 아니다. 그것은 빈곤문제를 극복하기 위한 계획이다. 공동체 계획은 물리적 공간구조의 개선을 포함하여, 그 지역의 경제적, 사회적 문제들을 같이 풀어가기 위한 종합적인 계획이다. 지역의 빈곤을 초래한 원인을 검토하고, 빈곤에서 탈피하기 위한 여러 가지 방안들을 공동체 계획에 담아야 한다. 지역사회에 존재하는 여러 가지 사회적 문제들이 있다면 그것을 해소하기 위한 방안 역시 공동체 계획에 담아야 할 것이다(윤일성, 2006: 76).

4) 중앙정부와 지방정부의 역할

1990년 이후 지난 20년 동안 영국의 도시재생 경험을 보면, 중앙정부는 행정적, 재정적으로 도시재생을 적극 추진했다. 중앙정부에 도시재생을 담당하는 기구를 설치하고, 도시재생 예산을 편성해서, 중요한 도시재생 정책들을 시행하였다. 지방정부는 지역공동체 수준에서 파트너십을 구성하는 데 있어서 아주 중요한 촉진자의 역할을 수행했다. 중앙정부 차원에서 제시되는 도시재생 프로그램에 지역공동체가 신청할 수 있도록 하는 여러 가지 여건을 지방정부가 만들어주는 것이다. 지방정부는 지역공동체에서 만드는 공동체 계획을 초기 단계에서부터 적극적으로 지원하는 역할을 담당하는 것이다.

영국의 경우, 중앙정부 차원에서 도시재생 프로그램을 적극적으로 운영하는 것과 지방정부 차원에서 지역공동체의 도시재생을 위한 공동체 계획을 지원하는 것은 우리에게 중요한 교훈이 될 수 있을 것으로 생각한다.

도시 빈곤지역의 재생을 위해서는 정부의 역할이 대단히 중요하다. 도시 빈곤지역 재생을 위한 정부의 정책수립과 지원행정이 요구된다. 필자는 다른 글에서 〈도시 빈곤지역 재생 지원사업(가칭)〉을 정부가 추진할 것을 제안한 바 있다(윤일성, 2006: 88). 우선 중앙정부는 〈도시 빈곤지역 재생 지원기금(가칭)〉을 만들고, 이를 통해 도시 빈곤지역을 재생시키기 위한 공동체 계획을 재정적으로 지원해야 한다. 지방정부는 지역공동체와 관련된 여러 주체들이 파트너십을 형성하는 것을 지원할 필요가 있다. 한편, 중앙정부와 지방정부는 이 사업을 담당하는 부서를 두어서 책임 있게 이 사업을 진행시켜나가야 한다. 몇 개의 시범지역을 우선적으로 선정하여 사업을 시행해야 한다. 시범사업이 성공적이라는 평가를 받으면 도시 빈곤지역의 미래에 대한 새로운 가능성이 열릴 수 있을 것이다.

5. 나가는 말

최근 몇 년 동안 한국에서는 도시재생이라는 새로운 주제에 대해 여러 갈래의 논의들이 전개되었다. 국토해양부 산하에 도시재생사업단이 만들어졌고, 곧 도시재생에 관한 법과 제도를 정비할 것으로 알려져 있다. 도시재생에 대한 국내의 논의는 대도시 도심의 노후지를 고밀도로 복합적으로 개발하는 것에 초점을 두고 있는 것처럼 보인다. 아마 이것은 일본의 도시재생 경험이 국내에 많이 소개된 것과 연관이 있다고 생각한다. 도시재생이라는 용어는 영어 Urban Regeneration의 일본 번역어이다. 국내의 도시계획 연구자들이 일본의 경험을 논의하면서 이 용어를 사용하기 시작했고 이젠 자연스러운 용어로 정착한 느낌이다. 일본에서 도시재생은 2000년 무렵부터 대도시 도심의 낙후지를 고밀도로 개발하는 것을 지칭하는 용어로 사용되었다. 하지만 일본의 도시재생 정책은 도심지의 고밀도 개발을 추구하지만, 그에 못지않은 비중으로 기존의 마을만들기 사업을 강화하는 것도 중요한 내용으로 포함하고 있다. 이 부분은 국내에 제대로 소개되고 있지 못한 느낌이다. 한편, 지역의 역사문화자원의 복원을 핵심내용으로 하는 도시재생은 한국과 일본 모두 비중 있게 논의되고 있다.

영국의 경우 도시재생 정책은 1990년대 이후 지난 20년 동안 도시 빈곤지역에 대한 사회적 재생에 초점을 맞추었다. 낙후된 물리적 공간환경에 대한 부동산 개발이 아니라, 도시 빈곤지역의 경제적, 사회적, 공간환경적, 그리고 공동체적 문제들을 종합적으로 해결하는 것이 도시재생의 목적으로 설정되면서, 중요한 도시재생 정책들이 입안되어 시행되었다. 중앙정부는 상당한 예산을 편성하여 도시 빈곤지역의 사회적 재생에 투입하였다. 도시재생 사업을 시행하기 위해서는 공공부문, 민간기업부문, 자원봉사부문 그리고 지역공동체가 파트너십을 구성해서 사업신청을 해야 하고, 중앙정부는 이를 심사하여 예산지원을 했다. 지방정부는 그 지역에 위치한 빈곤지역에서 도시재생을 위한 파트너십이 구성되는 데 촉진자의 역할을 수행했다. 중앙정부는 지역공동체가 적극적으로 참여하고 주도하는 도시재생을 원했지만, 지역공동체가 주도하는 도시재생의 레토릭은 실제와 상당한 차이가 있음이 중요한 문제로 제기되었다. 영국 도시재생 정책의 변화과정을 연구한 이 글이 대도시 도심의 노후지 부동산 개발에 치중한 한국의 도시재생 논의에 새로운 전기를 마련할 수 있기를 바란다.

참고문헌

권태환·윤일성·장세훈. 2006.『한국의 도시화와 도시문제』. 다해출판사.

서종균·신현방·임정민. 2008.『영국의 사회적 기업 방식을 통한 지역재생 사례 연구』. 주택도시연구원.

양재섭. 2006.『도시재생정책의 국제비교 연구: 영국과 일본을 중심으로』. 서울시정개발연구원.

윤일성. 2006. "지역사회 공동체 재활성화와 민관협력: 공동체 중심의 도시 빈곤지역의 재활성화".『지역사회학』 8(1): 69-92.

윤일성. 2002.『도시개발과 도시불평등』. 한울출판사.

윤일성. 1997. "시장주도적 도시개발의 가능성과 한계: 영국 런던 도클랜드 재개발을 중심으로". 『한국사회학』 31: 387-426.

Atkinson, R. 1999. "Discourses of Partnership and Empowerment in Contemporary British Urban Regeneration." *Urban Studies*, vol. 36, no. 1: 59-72.

Atkinson, R. and Cope, S. 1997. "Community Participation and Urban Regeneration in Britain." in *Contested Communities*, edited by P. Hoggett, Bristol: Policy Press.

Atkinson, R. and Moon, G. 1994. *Urban Policy in Britain: The City, the State, and the Market*. London: Macmillan.

Ball, M. and Maginn, P.J. 2005. "Urban Change and Conflict: Evaluating the Role of Partnerships in Urban Regeneration in the UK." *Housing Studies*, vol. 20, no. 1: 9-28.

Brennan, A., Rhodes, J., and Tyler, P. 1999. "The Distribution of SRB Challenge Fund Expenditure in Relation to Local-area Need in England." *Urban Studies*, vol. 36, no. 12: 2069-2084.

Dargan, L. 2007. "Conceptualising Regeneration in the New Deal for Communities." *Planning Theory and Practice*, vol. 8, no. 3: 345-362.

Bull, A. and Jones, B. 2006. "Governance and Social Capital in Urban Regeneration: A Comparison between Bristol and Naples." *Urban Studies*, vol. 43, no. 7: 767-786.

Department of Environment, Transport and the Regions(DETR). 1998. *A New Deal for Communities*. London.

Fearnley, R. 2000. "Regenerating the Inner City: Lessons from the UK' City Challenge Experience." *Social Policy and Administration*, vol. 34, no. 5: 567-583.

Foley, P. and Martin, S. 2000. "A New Deal for Community? Public Participation in Regeneration and Local Delivery." *Policy and Politics*, vol. 28, no. 4: 479-491.

Fuller, C. and Geddes, M. 2008. "Urban Governance under Neoliberalism: New Labour and the Restructuring of State-Space." *Antipode*, vol. 40, no. 2: 252-282.

Hill, D.M. 2000. *Urban Policy and Politics*, Basingstoke: Macmillan.

Jessop, B. and Stones, R. 1992. "Old City and New Times: Economic and Political Aspects of Deregulation." in *Global Finance and Urban Living: A Study of Metropolitan Change*, edited by L. Budd and S. Whimster, London: Routledge.

Kennedy, C. and Fitzpatrick, S. 2001. "Begging, Rough Sleeping and Social Exclusion: Implications for Social Policy." *Urban Studies*, vol. 38, no. 11: 2001-2016.

Kintrea, K. 2007. "Policies and Programmes for Disadvantaged Neighbourhoods: Recent English Experience." *Housing Studies*, vol. 22, no. 2: 261-282.

Lawless, P. 2006. "Area-based Urban Interventions: Rationale and Outcomes: The New Deal for Communities Programme in England." *Urban Studies*, vol. 43, no. 11: 1991-2011.

Macfarlane, R. 1993. *Community Involvement in City Challenge: a Good Practice Report*. London: NCVO.

McCulloch, A. 2004. "Localism and its Neoliberal Application: A Case Study of West Gate New Deal for Communities in Newcastle upon Tyne, UK." *Capital and Class*, Issue 83: 133-165.

Meegan, R. and Mitchell, A. 2001. "'It's not Community Here, It's Neighbourhood': Neighbourhoos Change and Cohesion in Urban Regeneration Policies." *Urban Studies*, vol. 38, no. 12: 2167-2194.

Oatley, N. 2000. "New Labour's Approach to Age-old Problems." *Local*

Economy, vol. 15: 86-97.

Oatley, N. 1998. "Transitions in Urban Policy: Explaining the Emergence of the Challenge Fund Model." in N. Oatley (ed), *Cities, Economic Competition and Urban Policy*. London: Paul Chapman.

Rhodes, J., Tyler, P., and Brennan, A. 2005. "Assessing the Effect of Area Based Initiatives on Local Area Outcomes: Some Thoughts Based on the National Evaluation of the Single Regeneration Budget in England." *Urban Studies*, vol. 42, no. 11: 1919-1946.

Rhodes, J., Tyler, P., and Brennan, A. 2003. "New Developments in Area-based Initiatives in England: The Experience of the Single Regeneration Budget." *Urban Studies*, vol. 40, no. 8: 1399-1426.

Rhodes, J., Tyler, P., Brennan, A., Stevens, S. 2002. *Lessons and Evaluation Evidence from Ten Single Regeneration Budget Case Studies*. London: DTLR.

Roberts, P. 2000. "The Evolution, Definition and Purpose of Urban Regeneration." in P. Roberts and H. Sykes (eds.), *Urban Regeneration: A Handbook*. London: Sage.

Smith, M. and Beazley, M., 2000, "Progressive Regimes, Partnerships and the Involvement of Local Communities: A Framework for Evaluation." *Public Administration*, vol. 78, no. 4: 855-878.

Social Exclusion Unit(SEU). 1998. *Bringing Britain Together: A National Strategy for Neighbourhood Renewal*. London.

Tiesdell, S. and Allmendinger, P. 2001. "The New Right and Neighbourhood Regeneration." *Housing Studies*, vol. 16, no. 3: 311-334.

7장

지역사회 공동체 재활성화와 민관협력: 공동체 중심의 도시 빈곤지역 재활성화

1. 들어가는 말

지난 20여 년 동안 한국의 도시 빈곤지역, 특히 서울의 빈곤지역은 많은 변화를 겪었다. 주택재개발사업과 주거환경개선사업이 주거 빈곤지역을 정비하기 위한 기법으로 적용되면서 가난한 사람들이 살던 동네는 노후주택들이 철거되고, 중산층이 거주하는 아파트 단지로 변해버렸다. 그 와중에 빈곤지역의 공동체는 해체되어왔다.

주택재개발사업과 주거환경개선사업을 하는 기본적인 이유가 무엇인가? 도시재활성화를 왜 시도하는가? 이 질문에 대해서 우리는 근본적으로 성찰해야 한다. 지금까지 주택재개발과 주거환경개선사업은 건축학적인 혹은 도시공학적인 사업으로 여겨졌다. 즉, 물리적으로 낙후된 지역을 새롭게 성비하는 사업으로만 인식되었다. 하지만 우리는 도시재활성화의 원래 의미를 다시 한번 되새겨야 한다. 사회적, 경제적으로 낙후된 지역을 활력이 넘치는 지역으로 변화시킴으로써 지역공동체의 도시빈곤을 완화시키는 것이 도시재활성화의 근본 개념으로 상정되어야 한다. 지역주민의 삶의 질을 향상시키는 것을 고려하지 않고 단지 도시공간구조의 변화만을 추구한다면 이는 잘못된 것이다. 앞으로 도시재활성화는 그 지역에 사는 모든 주민의 삶의 질을 높이는 것을 목적으로 해야 한다. 도시재활성화는 물리적 공간적 변화를 추구하는 것으로만 이루어질 수 없다. 물리적 공간적 정비를 포함하면서, 공동체 전체의 삶의 질을 높이는 것이 진정한 도시재활성화의 의미일 것이다. 즉 공간적 재활성화가 아닌 사회적 재활성화가 도시재활성화의 기본 개념으로 되어야 한다.

사회적 재활성화를 도시재활성화의 목적으로 설정하면, 지금처럼 도시빈곤지역의 공동체가 해체되지는 않을 것이다. 기존의 도시빈민들을 철거 이주시키고 그곳에 중산층을 위한 아파트 단지를 만들지 않는다면, 그리고 빈곤지역의 공간구조를 새롭게 정비하여 가난한 사람들의 주거생활을 개선시키고, 주민들의 경제적, 사회적 삶의 기회를 향상시키기 위한 정책을 도입한다면, 빈곤지역의 공동체는 다시 활기를 찾을 수 있을 것이다. 공동체가 해체되는 것이 아니라, 활력이 넘치는 새로운 공동체로 거듭날 수 있을 것이다.

이 글은 세 부분으로 구성된다. 첫째, 주택재개발사업과 주거환경개선사업으로 대표되는, 도시 빈곤지역 주거지 정비사업의 문제점을 검토한다. 둘째, 지역사회 공동체가 중심이 되어서 지역사회 공동체의 재활성화를 추구하는 새로운 도시정책, 즉 공동체 계획을 논의한다. 셋째, 지역 주민이 중심이 된 공동체 계획을 지역사회 공동체에 적용시킬 수 있는 정책적 방안을 제안한다. 그것은 민관협력이다. 여기서 민관협력이란 공공부문이 지역공동체와 협력하여 지역 주민이 추진하는 공동체 계획이 실현될 수 있도록 도움을 주는 것을 의미한다.

2. 도시 빈곤지역 주거지 정비사업의 문제점

1980년대 초반 이래로 도시 빈곤지역의 주택재개발은 주로 합동재개발

방식을 통해서 진행되어왔다. 합동재개발 방식은 가옥주들의 재개발조합과 민간건설업체들이 합동으로 재개발을 수행하는 방식이다. 재개발조합은 토지를 제공하고, 민간건설업체는 재개발의 시공을 맡는다. 토지를 제공한 재개발조합의 조합원들은 자신들의 토지지분에 따라 새로 지어지는 아파트를 제공받고, 민간건설업체는 남은 아파트를 일반분양해서 사업의 수지를 맞춘다.

현행 합동재개발 방식은 철저히 시장주도적인 방식이다. 공공의 개입을 최소한으로 줄이면서 주택재개발을 시장에 맡겨버리는 방식이다. 하지만 가옥주들의 재개발조합과 민간건설업체 위주의 합동재개발 방식은 사업의 효율성과 형평성의 측면에서 많은 문제가 있다. 주민들의 재정착율이 저조하고, 세입자들을 위한 주거대책이 미비하며, 기존의 지역사회 공동체가 해체되는 것이다(김수현, 1995; 주택산업연구원, 1996; 윤일성, 2002).

첫째, 재개발지역 주민들의 재정착율이 상당히 낮다. 서울의 경우 가옥주들의 재정착율은 지역에 따라 낮게는 4~5%, 높게는 40% 정도였으며, 세입자들을 위한 재개발임대주택을 공급하지만 재개발이 끝난 지역에 다시 들어와 사는 세입자들은 많지 않다. 가옥주들의 재정착율이 낮은 이유는 다음과 같다. "재개발이 시행되면 가옥주의 토지지분보다 큰 평수의 아파트가 지어지는 것이 보통인데 이때 가옥주는 자기 지분을 제외한 나머지 평수에 대한 분양금을 지불해야 함으로써 경제적 부담이 크기 때문이다 (…) 그래서 많은 가옥주들은 가능한 큰 규모의 아파트 분양권을 얻어서 전매를 통해 프리미엄을 확보한 뒤 타 지역으로 이수해서 개발이익을 얻는 것을 선택하였던 것이다"(윤일성, 2002: 150-151).

둘째, 합동재개발 방식으로 진행되는 도시재개발에서 세입자들은 재개발 임대주택 입주권과 주거대책비 가운데 하나를 선택할 수 있다. 재개발조합은 그 지역에 재정착하기를 원하는 세입자 가구 수만큼 재개발 임대주택을 지어야 하지만 그곳에 입주하는 세입자들은 그리 많지 않다. 주거대책비를 선택하여 500만 원 정도의 보상금을 받고 그 지역을 완전히 떠나는 세입자가 훨씬 많다. 한편, 재개발 임대주택을 선택하는 세입자에 대한 재개발 기간 동안의 임시거주 대책 또한 마련되어 있지 않다. 그래서 많은 세입자들이 재개발 임대주택에 입주하고 싶어도 2년 반 내지 3년 정도 걸리는 공사기간 동안의 임시거주대책이 없어 주거대책비를 받고 그 지역을 떠나는 것이다.

셋째, 합동재개발을 통해 주택재개발이 진행된 거의 모든 지역에서 기존의 지역사회 공동체는 해체되었다. 가옥주 중 일부만 재개발 공사가 끝나고 나면 그 지역에 다시 돌아오고, 많은 가옥주와 대부분의 세입자들은 그 지역을 떠났다. 재개발이 끝난 후 아파트 단지가 들어서면 새로운 중산층 주거지가 만들어지는 것이다.

지금의 주택재개발은 시장주도적 재개발이다. 지역주민의 삶을 개선시키기 위해서 공공부문이 예산을 투입하면서 재개발을 추진하는 것이 아니다. 도시 빈곤지역의 공간구조의 변화를 위해서 민간건설업체와 재개발조합이 많은 권한을 위임받아 주택재개발을 추진하는 것이다. 시장주도적 주택재개발은 사회적, 공동체적 문제들에 대해서는 별 관심이 없다. 오로지 재개발조합과 민간건설업체의 수익성에만 관심을 가지고 있을 뿐이다. 도시빈곤 해결을 위한 지자체의 적극적인 역할모색이 필요하다. 이제부터라도 공공부문이 적극적으로 나서서, 빈곤지역의 주거문제를 해결하기 위한 종합적인 틀을 새로 마련해야 한다. 지역주민의 요구를 민주적으로 반영하는 것이 무엇보다 중요하다.

'도시저소득주민의 복리증진'과 '도시환경개선'을 위해서 도시 빈곤지역의 공간구조를 정비한다는 취지를 가지고 1989년에 도입된 주거환경개선사업은 지자체나 도시개발공사, 대한주택공사 등 공공부문이 사업시행자가 된다는 점에서 기존의 주택재개발사업과는 차이가 있다. 주택재개발사업이 지역 주민들과의 마찰로 심각한 사회적 갈등을 일으키고 있을 때, 공공부문이 사업시행자가 되는 주거환경개선사업은 지역주민들에게 도움을 줄 수 있을 것으로 여겨지기도 했다. 하지만 처음의 기대와는 달리 주거환경개선사업 역시 주택재개발에 못지않을 정도로 많은 문제점을 지니고 있는 것으로 나타났다(김우진, 1997; 서울시정개발연구원, 1999a; 윤일성, 2002).

첫째, 영세한 토지 및 건축물소유자들이 배제되고 있다. 이들은 자신의 토지 및 주택을 소위 집장사라고 불리는 부동산업자와 건축업자들에게 팔고 그 지역을 떠나는 경우가 대부분이다. 부동산업자와 건축업자들은 인근의 몇몇 필지를 사들여 합필개발을 통해 다세대·다가구주택을 건설한다. 결국, 다세대·다가구주택이 밀집된 과밀개발이 이루어진다.

둘째, 현지개량방식이 적용되는 경우 세입자에 대한 대책은 전무하다. 세입자에 대한 대책은 전적으로 가옥주에게 달려 있다. 세입자들은 지구 내 미개량주택이나 혹은 인근 지역의 비슷한 조건의 주택으로 옮겨가며, 현지개량이 끝난 주택에 다시 들어와 세를 사는 세입자는 거의 없다. 서울의 경우, 개량이 끝난 주택의 임대료는 개량 전에 비해 두 배 이상 상승한 것으로 알려져 있다(서울시정개발연구원, 1999a). 주거환경개선지구에서 개량주택에 입주해 살고 있는 세입자들은 대부분 외지에서 이주해 온 사람들인 것이다.

셋째, 지역사회 공동체가 해체되고 있다. 영세한 토지 및 건축물소유자가 배제되고, 세입자들은 정당한 보상을 받지 못한 채 살던 지역을 떠나게 되면서 지역사회 공동체가 해체되고 있다. 기존의 공동체는 개량된 다세대·다가구주택들이 늘어선 새로운 공동체로 재구성되고 있다. 주거환경개선지구에 예전부터 거주하던 사람들은 그 지역을 떠나고, 새로운 사람들이 들어오면서 지역공동체의 내부구성이 변하고 있는 것이다.

이런 현상은 도시 저소득주민의 복리증진을 목적으로 시행되었던 주거환경개선사업이 초래한 역설적인 결과라고 할 수 있다. 도시저소득주민에게 피해를 주고, 주거환경을 악화시키는 현재의 주거환경개선사업을 전면적으로 재검토해야 한다. '저소득주민의 복리증진'과 '도시환경개선'이라는 주거환경개선사업의 목적을 이루기 위해서는 사업의 구체적인 내용들을 새롭게 바꾸어야 한다.

3. 공동체 중심의 도시 빈곤지역 재활성화

1) 도시 빈곤지역과 공동체 계획

한국의 도시 빈곤지역을 정비하기 위해서 적용된 주택재개발사업이나 주거환경개선사업이 많은 문제들을 가지고 있는 것은 기본적으로 이 사업들이 시장주도적 도시정비사업이기 때문이다. 한국에서나 외국에서나 시장주도적으로 개발된 지역에서는 지역 주민들의 의견이 개발의 내용에 잘 반영되지 않는다. 지역사회 공동체의 요구나 필요는 시장주도적 개발 과정에 거의 반영되지 않는다. 시장주도적 도시개발은 개발업자의 수익성 및 공간구조의 물리적 변화만 추구하지 그 지역의 사회적, 공동체적 문제들에 대해서는 별 관심을 기울이지 않는다. 암브로즈는 시장주도적 도시개발을 다음과 같이 비판한다.

> (신자유주의에 입각한 도시실험으로부터 우리가 배운) 최대의 교훈은 시장 지향적인 조직들에게 도시개발을 전적으로 맡겨 놓아서는 안 된다는 것이다. 그것은 도시공간 형성에 대한 통제가 경제적으로, 사회적으로, 생태학적으로 너무나 중요하기 때문이다. 시장지향적인 조직들은 종종 단기적으로 사고하고, 투기적인 접근을 중시하며, 다른 사람들의 자산을 허비하기도 한다. 그들은 자기파괴적인 성향을 가지고 있는 것이다. 실제 그랬던 것처럼,

정부가 시장에 대한 규제자로서의 역할과 장기적인 공공이익의 옹호자로서의 역할을 방기할 때, 시장지향적 조직들의 이러한 특성들은 더욱더 두드러지게 나타난다. 이런 상황 속에서는, 자유방임적인 접근은 심지어 자체의 논리 위에서도 실패로 끝나는 경우가 많았으며, 확실히 우리의 삶에 더 큰 불평등을 초래했다(Ambrose, 1994: 219; 윤일성, 2002에서 재인용, 괄호 안은 필자가 첨부).

빈곤지역을 재활성화시키기 위해서는 공동체가 중심이 되어야 한다. 기존의 공동체가 해체된다면, 노후화된 주택이 철거되고 현대식 주택이 들어서면서 그 지역이 말쑥하게 단장된다고 하더라도 지역 주민들에게 무슨 의미가 있겠는가? 지역 주민에게 혜택이 돌아가지 않는, 오히려 그들 공동체를 해체시켜버리는, 빈곤지역 정비기법들은 이제 더 이상 적용되어서는 안 된다. 주민에 의한, 주민을 위한, 주민 스스로의 공동체 계획이 필요하다.

공동체 계획은 지역사회 발전을 위한 대안적인 계획이다. 공동체 계획은 계획과정 전체를 포괄하는 개념이다. 즉, 공동체 계획이란 계획주체와 계획내용 그리고 사회적 상호작용에 있어서 지역사회 공동체 중심으로 구상하고 집행해나가는 것을 의미한다. 지역사회 공동체의 재활성화를 위해서, 지역 주민을 포함한 지역사회의 여러 주체들이 사회적 상호작용을 거치면서 공동의 문제를 인식하고, 해결책을 모색하고, 실천해나가는 것이다. 공동체 계획은 계획의 내용만을 의미하지는 않는다. 그 속에는 사회적 과정이 담겨 있기 때문이다.

공동체 계획이란 지역사회 공동체를 개발함에 있어 도시계획 전문가들이 핵심적인 주체가 되는 위로부터의 계획이 아니라, 지역 주민들이 도시개발의 주체가 되는 아래로부터의 계획이다. 공동체 계획의 중심에는 지역 주민이 있어야 한다. 지역 주민의 적극적인 참여가 공동체 계획의 출발점이며, 핵심 내용이다. 계획을 구상하고, 실현시켜나가는 과정에 있어서 지역 주민이 전면에 나서야 한다. 지역 주민이 중심이 되어 공동체 계획을 만들고, 그것을 실천에 옮겨나가기 위해서는 지역사회에서의 주민조직이 필요하다. 지역사회에는 여러 가지 조직이 존재한다. 결속력이 느슨한 조직에서부터, 아주 높은 결속력을 가진 조직들이 다양하게 존재한다. 공동체 계획을 위해서 이들 기존의 주민조직 간의 네트워크를 결성하는 것은 주민의 역량을 높이는 데 아주 중요한 사항이다. 지역 주민들은 주민조직들 간의 네트워크를 통해서 역량을 증진시켜나가는 것과 동시에 외부 지원세력을 적극적으로 모색할 필요가 있다. 주민들의 공동체 계획에 공감하고 지원의사를 표명하는 지방정부나 도시전문가 혹은 시민단체와 연대하는 것은 공동체 계획을 실현시키는 데 큰 힘이 될 수 있기 때문이다. 지역사회 공동체 내부의 주민조직들 간에 네트워크를 구축하고 외부의 지원세력과 연대하기 위해서는 참여자들 사이에 신뢰가 필수적이다. 신뢰를 기반으로 하여 서로 협력하는 파트너십을 형성해야 할 것이다.

공동체 계획은 빈곤지역의 물리적 공간구조만을 바꾸기 위한 계획은 아니다. 그것은 빈곤문제를 극복하기 위한 계획이다. 공동체 계획은 물리적 공간구조의 개선을 포함하여, 그 지역의 경제적, 사회적 문제들을 같이 풀어나가기 위한 종합적인 계획이다. 지역의 빈곤을 초래한 원인을 검토하고, 빈곤에서 탈피하기 위한 여러 가지 방안들을 공동체 계획에 담아야 한다. 지역사회에 존재하는 여러 가지 사회적 문제들이 있다면 그것을 해소하기 위한 방안 역시 공동체 계획에 담아야 할 것이다.

미국에서 시도되고 있는 종합적 커뮤니티 구축사업(CCIs, Comprehensive Community Building Initiatives)은 지역사회 공동체가 중심이 되어 빈곤지역을 재활성화시키는 것을 목표로 하고 있다. 이 사업이 추구하는 것을 정리하면 다음과 같다(서울시정개발연구원, 2004: 28-36). 첫째, 지역사회의 사회적, 경제적, 물리적, 문화적 요소를 모두 강화시키고자 한다. 물리적 공간구조만을 개선하기 위한 사업에서 벗어나서, 그 지역의 총체적인 생활환경 수준을 높이는 것을 목표로 한다. 하지만 종합적인 계획이라고 해서 모든 문제를 다룬다는 것은 아니다. 해결해야 할 중요한 문제들의 우선순위를 정할 필요가 있다. 둘째, 지역사회 공동체의 변화를 시도하는 이니셔티브는 지역 주민에게 있다. 계획을 구상하는 단계에서부터 집행하는 과정에 이르기까지 지역주민들의 참여가 필수적이다. 형식적인 참여를 넘어서서 실질적인 참여가 이루어져야 한다. 구상에서부터 집행에 이르기까지 의사결정과정에서 지역 주민이 핵심적인 역할을 담당해야 한다. 셋째, 지역 주민들은 지역 주민들 간에 그리고 외부단체와 협력해야 한다. 지역 주민은 지방정부, 시민단체, 도시 전문가 혹은 기업과 공동의 목표를 설정하여 이의 달성을 위해 협력해야 한다. 협력을 통해서 파트너십을 형성해나가야 한다. 상호 간의 신뢰가 협력의 전제조건이 될 것이다. 넷째, 지역사회의 사회적 자본을 최대한 활용해야 한다. 좋은 가치와 규범을 되새기고, 지역사회 공동체를 재활성화시키는 데 도움이 되는 많은 자원들을 최대한 활용해야 한다. 공동체에 도움을 줄 수 있는 지역사회 내부와 외부에 있는 많은 기관들과의 상호작용을 극대화해야 한다. 협력 네트워크를 구축하고, 협력할 수 있는 기회를 최대한 많이 만들어야 한다.

공동체 계획에서는 민주주의적 절차, 협의, 계획의 공공적 통제 등이 중요하다. 아래로부터의 계획인 공동체 계획을 실행시키기 위해서는 국가의 재정과 사회적 자원을 이용하는 것이 필요하다. 그리고 그 과정에서 주민들의 권한을 강화시켜야 한다. 공동체 계획은 어떤 부분을 어떻게 바꾸어 나가는지 혹은 어디에 무엇이 들어가는가에 대한 자세한 내용을 담아내는 것이다. 하지만 공동체 계획에 담긴 내용도 중요하지만, 더 중요한 것은 지역 주민들이 계획주체가 되어서 지역 주민들 스스로 의견을 모으고 그리고 다른 주체들과 협의하는 과정이다.

지역 주민들의 참여와 협의, 다른 주체들과의 협력 등을 강조하는 공동체 계획은, 공동체 재활성화를 위한 마스트 플랜을 만드는 것보다 모여서 협의하고 협력하면서 구상하고 실천해나가는 과정 자체를 더 중요하게 여긴다는 점에서, 힐리가 주장하는 협력적 계획(collaborative planning)과 통하는 부분이 많다(Healey, 1997). 힐리는 협력적 계획을 가능하게 하기 위한 다섯 가지 원리를 다음과 같이 주장한다. 첫째, 다양한 이해관계자들의 존재를 인정해야 한다. 그들의 다양한 사회적 연결망과 복잡한 권력관계를 인식해야 한다. 둘째, 국가나 공공부문의 계획권력을 외부로 이전시켜야 한다. 셋째, 각 지역공동체에서 추진되는 비공식적인 이니셔티브를 존중해야 한다. 넷째, 정치공동체의 모든 구성원들을 규합해야 하고, 그들의 문화적 다양성을 인정해야 한다. 다섯째, 이해관계자들의 관심사가 지속적이고 공개적으로 토의될 수 있어야 한다. 정치공동체에 많은 정보들이 제공되어야 하고 비판적으로 검토되어야 한다(Healey, 1997: 343).

협력적 계획을 위해서는 계획을 위한 새로운 제도가 요구된다. 전통적인 계획체계로는 협력적 계획을 이루어나가기 어렵다. 전통적인 계획체계에 내재한 규칙들 즉 자원배분 절차, 계획과정 절차 등은 협력적 계획을 가로막는 장애물이 되기도 한다. 힐리는 협력적 계획을 가능하게 하기 위한 새로운 제도의 도입을 추구하는데, 계획의 실제 영역과 계획의 설계 영역 등 두 가지 영역으로 나누어서 새로운 제도에 담아야 할 내용을 다음과 같이 서술한다.

협력적 계획노력은 두 가지 수준에서 제도설계에 관심을 기울이고 있다. 그 첫 번째는 전략적 공간계획과 환경관리에서 개별적 노력과 관계된 연성적 기반에 관한 것이다. 이것은 계획의 실제 영역이다. 참여자들과 네트워크를 통해 연계된 사람들은 전략과 프로젝트에 관한 공적 추론에 참가하며, 이를 통해 미래의 활용을 위해 지방화된 준거틀을 창출한다. 나는 이해관계, 공론의 장, 일상행위와 스타일, 담론과 합의의 본질에 대해 관심을 기울인다면, 계획의 실제가 보다 협력적이고 포괄적 추론과 논쟁 형태로 전개될 수 있다고 주장하였다. 그러나 제도 설계와 관련한 물적 기반에 대한 고려가 없다면, 현재의 추상적 거버넌스 체계에 뿌리를 두고 있는 지배집단의 권력에 이의를 제기하거나 변화를 모색하기 어려워질 것이다. 이것은 계획체계의 설계 영역이다. 나는 이 장에서 권리와 의무의 구성, 자원할당기제, 성과기준, 그리고 권한을 신중하게 평가함으로써 계획체계가 비판되고 새롭게 창안될 필요가 있다고 주장했다. 이것은 과제의 구조를 형성한다. 보다 협력적이며 포괄적인 형태의 계획실천을 촉진하기 위해서는 계획체계를 변화시키기 위한 정치적 노력이 요구된다. 정치적으로 동원되는 투쟁은 제도설계와 관련한 물적 기반을 발전시키고 과제 구조를 창출한다. 그리고 과제 구조는 모든 이해관계자들과 그들의 다양한 의사소통적 실천을 인식하면서 공적 추론과 논쟁을 통해 과제가 이행될 것을 요구하게 된다(Healey, 1997: 366-367).

김형국은 협력적 계획을 다음과 같이 정리한다. 첫째, 경제, 사회, 문화, 환경 등 여러 과제를 종합적으로 다룬다. 둘째, 지역사회 공동체에 관심과 이해가 있는 다양한 주체들의 참여를 추구한다. 셋째, 계획내용을 구상하고 수립하는 초기 단계뿐만이 아니라 계획을 집행하는 전 과정을 포함한다. 넷째, 일시적인 사업으로 끝나는 것이 아니라, 지역사회의 지속가능한 발전을 위해 제도적인 자산을 형성한다(김형국, 2002). 결국, 공동체 계획은 지역 주민들이 핵심주체가 되어 지역사회 공동체에 이해관심이 있는 다른 주체들과 상호작용을 맺으면서 지역사회 공동체의 역량을 형성해 나가는 것을 목적으로 한다.

공동체 계획에서, 지방정부를 포함한 공공부문은 지역 주민들을 도와주는 중요한 주체이다. 공동체 계획에서, 공공부문은 도시전문가들과 협의하여 계획을 마련하고 그것에 따라 지역 주민들에게 무엇인가를 공급해주는 역할을 더 이상 수행하지 않는다. 공공부문은 지역 주민들이 주도하는 계획을 도와주는 조력자의 역할을 수행하는 것이다.

도시 빈곤지역은 사회적으로 배제된 지역이다. 그 지역에 사는 사람들 또한 사회적으로 배제된 삶을 살아가는 경우가 많다. 사회적 배제(social exclusion)의 개념을 둘러싸고 다양한 논의가 있지만, 그 개념이 지닌 공통적인 내용은 다음과 같다. 첫째, 사회적 배제는 빈곤을 포함하지만 그보다는 범위가 넓은 다차원적 개념이다. 삶의 사회적, 경제적, 정치적 영역을 가로지르는 박탈을 포함한다. 둘째, 사회적 배제는 불이익을 유지시키는 과정들과 관련이 있다. 사회적으로 배제된 사람들은 장기적인 삶의 기회가 심각하게 제한받고 있는 사람들이다. 셋째, 사회적 배제는 종종 특정한 지역이나 사회집단에 집중되어 있다(Kennedy and Fitzpatrick, 2001: 2003; 윤일성, 2005: 247).

도시 빈곤지역이 사회적으로 배제되는 과정은 크게 내적 과정과 외적 과정 두 가지로 나누어 볼 수 있지만 그 두 과정은 보통 중첩되어 있다. 도시 빈곤지역은 그 지역이 속한 도시의 전체 체계에서 떨어져 있다. 도시의 여러 기능과 유기적으로 연결되지 못하고, 그래서 도시정책의 혜택을 거의 받지 못한 채 외딴 섬처럼 분리되어서 존재한다. 전체 도시의 공간이용계획 및 정책과 결합되지 못한 것은 빈곤지역이 배제된 채 남아 있는 외적 과정이다. 빈곤지역의 내부구성이나 이미지 등 역시 그 지역을 배제시키는 데 영향을 끼친다. 그것은 사회적 배제의 내적 과정이다. 내적으로 활력을 잃어버리고, 외부의 관심을 받지 못하는 지역은 소외되게 마련이다.

사회적 배제라는 개념으로 도시의 빈곤지역을 이해하는 연구자들은 배제된 빈곤지역을 다시 사회 속으로 통합시키기 위해서는 다양한 도시정비정책과 사회복지서비스를 정부가 그 지역에 공급해야 한다고 강조한다(Turok et al., 1999). 빈곤지역의 문제는 사회적으로 배제된 어느 집단이 국가의 지원과 사회복지의 혜택을 받을 수 없었기 때문에 나타난 현상이다. 사회적으로 배제된 사람들이 사회적 배제를 겪지 않도록 하기 위해서는 정부의 지원과 사회복지가 필요한 것이다.

사회적 배제에서 벗어나 도시 빈곤지역을 재활성화시키기 위해서는 도시 빈곤지역에 대한 정부의 정책적 개입이 요구된다. 공공성에 입각한 도시계획적 관심에서 멀어져 있던 빈곤지역을 공공적인 도시계획과 통합시켜야 한다. 지금까지 진행되어왔던 시장중심적 도시정비는 지역사회 재활성화에 전혀 도움을 주지 못했다. 주민들이 원하고 요구하는 내용들을 지역발전계획에 충실히 담아야 한다. 미국의 종합적 커뮤니티 구축사업(CCIs)에서 보듯이, 우리도 이제는 사회적으로 배제된 도시 빈곤지역을 재활성화시키기 위한 제도를 마련할 필요가 있다. 이런 제도를 시행함으로써 사회적으로 배제된 지역의 주민들을 계획과정에 참여시켜서 그들이 요구하는 것을 계획내용에 담을 수 있는 것이다. 빈곤지역 재활성화를 위한 이런 제도를 시행하면, 계획과정을 거치면서 지역사회의 사회적 관계가 발전적으로 재구성되어 지역사회 공동체의 역량이 강화될 수 있을 것이다.[1]

2) 부산시 물만골 공동체의 공동체 계획

부산시 연제구에 위치한 물만골은 부산의 대표적인 도시 빈곤지역이다. 황령산 남서쪽 13만 평이 물만골에 속하며 여기에는 430가구, 1,500여 명이 살고 있다. 1990년대 중반 주택재개발을 추진하기 위하여 개발조합이 구성되었으나, 아파트 위주의 재개발에 반대하는 동네 주민들을 중심으

---

[1] 남원석에 의하면, 1990년대 이후 서구에서는 좌파와 우파 모두 지역공동체의 역량강화, 즉 임파워먼트(empowerment)를 강조하고 있다. 지역공동체 임파워먼트의 세 가지 수준(개인적 수준, 조직적 수준, 사회적 수준)의 내용을 이론적으로 규명하고, 지역 주민운동조직과 지방정부의 상호작용을 사례 분석한 남원석은 지역공동체의 역량강화를 위해서 지역 주민운동조직은 지방정부와의 협력을 적극적으로 모색할 필요가 있음을 강조한다(남원석, 2001).

로 기존의 동네 주민조직들을 통합하여 1999년 2월 물만골 공동체가 만들어졌다. 물만골 공동체는 공동체 계획을 가지고 있다. 물만골 공동체는 대안적인 공동체를 추구한다. 그것은 생태공동체이다. "물만골 공동체는 도시빈민지역의 현안인 주거문제 해결을 극복한 삶의 공동체를 꿈꾸며, 환경과 생태 그리고 인간이라는 주제가 어울리는, 도시빈민의 손으로 만들어지는 생명이 있는 삶터 공동체의 모범을 이루고자 한다"(이희찬, 2004: 65). 물만골 공동체는 2002년 2월 환경부로부터 자연생태 우수마을로 지정되었고, 2002년 5월 부산녹색환경상 대상을 수상하였다. 물만골 공동체는 도시 빈곤지역에 거주하는 주민들이 아파트 위주의 주택재개발에 대한 압력을 거부하고 자신들의 삶터를 생태공동체로 만들고자 노력한 보기 드문 사례이다. 물만골 공동체는 또한 지역 주민들의 경제적, 사회적 삶의 기회를 향상시키기 위해서 여러 가지 사업들을 시행하기도 했다. 대안적 주거지 개발을 모색하고, 지역 발전을 위한 여러 사업을 진행하는 근간에는 주민자치가 존재한다. 적극적인 주민참여를 통해 물만골 공동체의 공동체 계획이 구상되고 집행된다.

물만골 공동체에서 추진하는 마을 공동체의 물리적 공간구조의 모습은 생태공동체이다. 지역의 자연환경과 유기적으로 결합된 주거지를 만들고자 한다. 주변의 자연환경 및 생태와 조화되지도 못하고 오히려 좋지 못한 영향을 끼치는 아파트 단지를 거부한다. 주택재개발에 대한 외부로부터의 압력에 저항하면서 생태공동체 만들기의 꿈을 실현시키기 위해서 지역 주민들은 그 지역의 토지를 공동으로 매입하였다. 현재 13만 평 가운데 3분의 2 정도를 매입한 것으로 알려져 있다. 13만 평에 대한 구입을 완료하면, 11만여 평에 산재해 있는 기존의 노후된 주택들을 정비해서 새로운 주거지를 7~8만 평으로 축소하고 나머지 5~6만 평에 해당하는 부지를 생태공간으로 만들 계획이다. 새 주거지에는 24평 기준으로 500 내지 600채의 주택을 아파트가 아닌 여러 가지의 주택형태로 지을 계획을 가지고 있다. 주거지 개발 역시 자연과 환경을 고려한 개발이 되어야 함은 물론이다. 이윤을 추구하는 기존의 주택재개발에 반해서, 물만골 공동체는 별다른 이윤이 생기지 않더라도 자연과 공생하는 주거지를 만들고자 하는 것이다. 생태공동체를 위한 자연친화적 주거지 개발은 아직 본격화되고 있지는 않지만, 생태공동체에 대한 꿈을 계속 키워오면서 물만골 공동체는 황령산 생태계 복원사업과 음식물 쓰레기 자원화 사업을 실시하고 있다.

생태공동체 조성을 위한 토지매입사업은 눈여겨볼 필요가 있다. 토지매입 방식은 '주민 공동명의의 개별 지분 방식'이다. 3년 이상 물만골에 거주한 주민은 토지의 공동구입에 참여할 수 있다. 세대별로 새마을금고에 매월 적립배당액을 저축하고 일정한 자금이 모이면 해당 토지를 구입해 나갔다. 토지 구입을 늘려나가는 과정에서 구입자금이 모자라면 새마을금고에서 융자를 받고 주민들이 매월 융자금을 갚아나가기도 했다. 주민 공동명의로 토지를 구입하면서 주민들은 다음과 같은 약속을 하였다. 토지에 대한 개별 지분을 가지고 있다고 하더라도 자기의 지분을 공동체 밖의 다른 사람들에게 팔 수 없다. 이사를 가는 사람들은 자기의 지분을 구입한 가격으로 공동체에 넘겨야 하는 것이다. 물만골 공동체가 구입한 토지는 공동체가 주체적으로 생태공동체를 만들어나가는 데 있어 가장 중요한 부분이라 할 수 있을 것이다.[2]

---

[2] 공동체의 토지소유는 물만골 공동체의 운영에 핵심적인 사항이다. 생태공동체로의 기본 구상에 있어서 경제적인 기반이 되기 때문이다. 하지만 일정한 부지를 공동체의 명의로 완전 소유하는 것이 아니라, 그 부지에 대한 일부 지분을 공동체 구성원들의 명의로 구입하는 방식을 취했기 때문에 생태공동체로 마을을 조성하기 위해서는 역시 부지의 일정 지분을 소유하고 있는 (공동체의 회원이 아닌) 외지 지주와의 협의가 필수적이다. 만약 토지에 대한 지분을 가진 지주가 물만골 공동체의 기본구상에 동의하지 않을 경우 생태공동체로의 꿈은 실현되기 어려울 수도 있을 것이다. 토지를 공동체 명의로 완전 소유하지 않고, 일정 지분을 공동체 구성원들이 지주로부터 구입하는 방식이 과연 최선의 방식이었는지에 대해서는 고민할 필요가 있다. 게다가 공동체의 핵심적인 몇몇 구성

물만골 공동체는 지역 주민들의 경제적 삶의 기회를 향상시키기 위해서 그 동안 여러 가지 사업을 실시했다. 1997년 IMF 경제위기 이후에 지역의 빈곤문제가 심각해지자 1998년 무렵부터 물만골 공동체는 몇 가지의 자활사업을 실시했다. 그 가운데 대표적인 것이 자원재활용사업, 의류생산사업, 건설사업 등인데, 물만골 공동체에는 각각의 사업을 담당하는 소공동체가 존재한다. 65세 이상의 노인들로 구성된 노인회를 중심으로 자원재활용 공동체가 만들어져 있는데 여기에서는 헌옷, 폐지, 고철, 중고가구 등을 재활용한다. 물만골의 노인들은 상당수가 자원재활용 일을 하면서 물만골 공동체의 일익을 담당한다. 부녀회가 주축이 된 의류생산 공동체는 공장 작업복이나 재래시장에 납품하는 바지 등을 생산한다. 마을의 기혼 여성 중 30% 정도가 미싱기능을 보유한 것으로 알려져 있다. 물만골 주민 중 많은 수가 건설일용노동일을 하고 있는데, 그들 중 일부가 건설 공동체를 꾸려나가고 있다. 목수, 조적, 미장 등 각각의 역할이 나누어져 있으며, 주로 물만골 외부의 건설공사를 수주 받지만 필요할 경우 물만골의 공사도 담당한다. 자원재활용 공동체, 의류생산 공동체, 건설 공동체 모두 수익금의 일부를 물만골 공동체에 납부한다. 물만골의 노인과 여성들이 물만골 공동체의 수익사업의 중요한 부분을 담당하고 있는 것은 주목할 만하다.

또한 물만골 공동체는 지역 주민들의 사회적 삶의 기회를 확장시키기 위해서 많은 노력을 기울였다. 먼저 공동체 내에는 2002년 4월에 문을 연 의료복지 상담소가 있다. 자원봉사를 하는 의사 2명으로 운영되며 마을의 환자들에게 도움을 주고 있다. 신부님이 운영하는 공부방, 수녀님이

원들이 공동체 주민들과 아무런 상의 없이 인근 부지를 매입한 사실이 최근 드러나면서 물만골 공동체는 심각한 어려움을 겪고 있다. 주민들은 비상대책위원회를 꾸려 이 문제를 해결하려고 하고 있지만 여전히 어려운 상화 속에 있는 것으로 보인다(국제신문, 2006.9.2).

운영하는 놀이방도 지역의 교육에 중요한 역할을 담당한다. 맞벌이 부부가 많은 빈곤 지역의 현실에서, 놀이방과 공부방의 존재는 특히 중요하다. 놀이방과 공부방에 대한 지역 주민의 신뢰는 대단히 크다. 공부방의 역사는 10년이 넘는데 40명 정도의 초등, 중등 학생들이 오고, 20명 내외의 대학생 자원교사들이 방과 후 교육을 담당한다. 이곳 공부방 출신의 자원교사들도 몇 명 배출되었다. 공부방의 프로그램은 정규 교육과정과 대안 교육과정 등 다양하게 구성되어 있다.

물만골 공동체의 주민들은 자치에 대한 열망이 가득하다. 그만큼 주민들 간에 결속력도 크다. 주민들의 자치 역량도 크다. 물만골 공동체에서는 마을의 문제에 대한 중요한 사안들을 주민총회에서 주민 합의를 통해 결정한다. 한 가구당 한 명씩 참석하는 주민총회가 최고의 의사결정기구이다. 주민총회는 한 달에 한 번씩 개최된다. 물만골 공동체의 운영위원장, 운영위원(6명), 대의원(27명)은 주민 총회에서 선거를 통해 선출된다. 심지어 통장까지 주민총회에서 선출한다.[3] 이런 점을 보면, 물만골 공동체는 민주적 공동체의 성격을 갖는다. 노인회, 부녀회, 청년회 등 소규모 공동체는 주민총회의 하부조직이지만 상당한 정도의 자치권을 위임받고 있다. 자주 모여서 회의하고 토론하는 과정을 거치면서 주민들의 자치역량이 상당한 수준에 올라가 있다. 마을의 문제를 가지고 같이 고민하면서 지역 주민의 공동체의식 역시 상당한 수준으로 높아져 있다. 대동제, 알뜰장터, 재롱잔치, 신년하례회, 마을풍물놀이, 경로잔치 등 여러 마을행사들은 물만골 공동체 주민들의 공동체의식을 높이는데 큰 역할을 한 것으로 보인다.

---

[3] 2005년 10월 물만골에서는 주민들의 후친을 받은 2명의 후보자 중에서 선거를 통해서 1명을 통장으로 선출했다(국제신문, 2005.10.7). 통장을 관에서 임명하지 않고 물만골 공동체의 주관 하에 1세대 1표 직접 비밀선거로 선출하는 것은 다른 지역에서는 찾기 어려운 모습이다. 통장 직선제는 지역자치의 중요한 내용으로 평가될 필요가 있다.

4. 도시 빈곤지역 재활성화와 민관협력

1990년대에 접어들어, 보수당의 존 메이저 수상이 집권했던 시절 영국은 도시 빈곤지역을 재활성화하기 위하여 두 가지 중요한 프로그램을 도입하였다. 1991년에 도입된 City Challenge(CC)와 1994년에 도입된 Single Regeneration Budget(SRB)이 그것이다. City Challenge는 다음의 네 가지 사항을 강조했다. 1) 재활성화는 지역공동체가 참여하는 파트너십에 의해 수행되어야 한다. 2) 재활성화 기금은 지역공동체의 소요에 의해서가 아니라, 경쟁에 입각한 지원과 심사과정을 통해서 배분되어야 한다. 3) 지방정부가 중요한 전략적 주체가 되어야 한다. 4) 재활성화사업 기간 동안 사업을 계속적으로 평가하며, 기금지원은 성과에 따라서 가변적이다(Smith and Beazley, 2000: 860). City Challenge는 몇 년 뒤 Single Regeneration Budget으로 발전적으로 통합되었다. SRB는 5개의 정부 부처에서 시행하는 20개의 재활성화 프로그램을 통합하여 만든 사업인데, 이 기금을 지원받기 위해서는 여러 주체들로 파트너십을 형성해야 하며, 심사과정에서 경쟁을 통해 사업을 선정한다(Smith and Beazley, 2000: 861). 1994년에 출범한 SRB는 2002년까지 57억 파운드(약 10조 원)를 지역공동체에 지원하여 1,028개의 도시재활성화사업을 수행하였다(Ball and Maginn, 2005: 15). SRB는 광범위한 민관협력(public-private partnership)을 통해서 도시 빈곤지역을 재활성화시키는 것을 목적으로 한다. 파트너십은 지역공동체, 민간부문, 공공부문, 자원봉사부문 등 여러 주체들로 형성된다. 지방정부는 이런 파트너십을 형성하는 데 있어서 촉진자의 역할을 수행한다.

1997년에 집권한 노동당의 블레어 수상은 SRB의 기본적인 틀을 그대로 유지하면서 민관협력의 기조 위에서 지역공동체의 참여를 더 강화시켰다. 한편 1998년 노동당 정부는 사회적으로 배제된 지역을 재활성화시키기 위해서 New Deal for Community(NDC)라는 새로운 프로그램을 만들었다. 현재까지 이 프로그램의 지원을 받은 도시재활성화사업은 39개이며, 지원금액은 19억 파운드(약 3조 2천억 원)이다(Ball and Maginn, 2005: 15). 노동당의 도시정책은 다음의 두 가지를 강조했다. 첫째, 도시재활성화를 위한 기금은 경쟁을 통해서가 아니라 정말 필요한 지역에 배분되어야 한다. 기금을 지원받기 위해서는 중앙정부에서 정한 재활성화가 필요한 지역에 대한 기준을 충족시켜야 한다. 둘째, '다 함께 해결하기'라는 정책적 접근(joined-up policy approach)'을 채택함으로써 사회적 배제를 해소해야 한다(Ball and Maginn, 2005: 14). 도시 빈곤지역에 기금이 지원되는 분야는 다섯 분야이다. 그것은 직업, 범죄, 교육, 의료, 주거 및 물리적 공간환경이다. 물리적 공간환경뿐만이 아니라, 경제적, 사회적 분야도 우선순위에 들어갔다. 이것은 빈곤지역 재활성화를 위해서는 주거 및 물리적 공간환경만 개선하는 것으로는 충분하지 못하다는 인식이 반영된 결과이다. 중앙정부에 빈곤지역 재활성화를 담당하는 새로운 조직이 생기고(Neighbourhood Renewal Unit, NRU), 지방 수준에서는 빈곤지역 재활성화를 위한 지역전략파트너십(Local Strategic Partnership, LSPs)이 만들어졌다. 지역전략파트너십은 공공부문, 민간부문, 자원봉사부문, 그리고 지역공동체를 대표하는 사람들로 구성되었다. 더 작은 지역공동체 수준에서 지역재활성화를 추진하기 위해서 35개의 지역재활성화 프로그램(Neighbourhood Management Scheme, NMS)이 만들어졌다. 이들은 지역주민들의 필요와 관심에 우선순위를 두는 프로그램이다. 이 프로그램 역시 여러 주체들의 파트너십으로 운영되는데, 의사결정 과정에서 지역공동체의 참여가 가장 중요하다(Ball and Maginn, 2005: 15-16).

영국에서는 민관협력을 도시재활성화를 이루어지기 위한 중요한 수단으로 활용해왔다(윤일성, 2002: 75). 민관협력을 통해서 도시재활성화를 추진할 경우 지역공동체의 참여는 성공의 중요한 요인이 된다. 베일리의 지적처럼, "관리와 실행에 지역공동체가 참여하는 것은 필수적이다"(Bailey et al, 1995: 219). 미어는 지역공동체가 참여하는 민관협력을 의미 있는 민관협력(meaningful partnership)이라는 개념으로 논의한다. "도시개발에서 의미 있는 민관협력은 반드시 구축되어야 하는데 여기에는 공공부문, 기업, 시민지도자들만 포함되는 것이 아니라 노동계와 지역공동체의 대표들도 참여해야 한다. 민관협력이 의미 있게 되느냐의 여부는 여러 참여자들이 서로 간에 맺는 계약에 달려 있을 것이다"(Mier, 1993: 44; 윤일성, 2002: 75).

도시 빈곤지역 재활성화를 위해서 영국에서 시도된 민관협력은 우리에게 많은 시사점을 제공한다. 공공부문이 적극적으로 개입해서, 지역 주민들로 하여금 공동체 계획을 입안하게 하고 지역주민들이 공동체 계획을 실행해나가는 것을 도와주는 것이 중요하다. 빈곤지역의 지역사회 공동체를 재활성화하기 위해서는, 공간구조의 재편을 포함하여 지역의 경제, 사회, 환경 등을 종합적으로 개선시켜서 지역주민의 삶의 질을 높여나가야 한다. 공공부문이 지역사회 공동체 재활성화에 적극적으로 개입해야 한다. 물론 이때의 개입은 지원을 의미한다. 중앙정부와 지방정부의 지역사회 공동체에 대한 경제적, 행정적 지원을 강화시켜야 하고, 지역 주민과 외부 지원단체들의 참여를 확대시켜야 한다. 도시 빈곤지역을 재활성화시키기 위해서 중앙정부는 정책적 개입을 적극적으로 해야 한다. 빈곤지역마다 지역사회 공동체가 중심이 된 공동체 계획을 만들 수 있는 조건을 중앙정부는 제공할 필요가 있다. 지역주민들이 공동체 계획을 입안할 때 외부 지원단체들과 협력하는 것을 평가해서 공공부문이 이를 우선적으로 지원하는 것도 공동체 계획의 성공을 위한 한 가지 방법이 될 수도 있다.

지역 주민이 중심에 서지 않는다면 지역사회 공동체의 재활성화는 이루어지기 어렵다. 빈곤지역을 공간적으로, 경제적으로, 사회적으로 재활성화시키기 위해서는 지역 주민이 핵심 주체가 되어야 한다. 지방정부, 시민단체, 도시전문가 등은 지역 주민이 공동체 계획을 만들고 실현시켜나가는 것을 돕는 역할을 담당해야 한다. 지역주민의 의지와 참여 없이 지역

재활성화를 위한 공동체 계획은 만들어질 수 없다. 주민들의 역량을 결집시키기 위해서는 기존의 주민조직을 적극적으로 활용해야 한다. 지역 공동체에 기존의 주민조직이 있으면 주민조직들의 네트워크를 형성하는 것이 도움이 될 것이다. 마을 만들기의 다양한 사례들을 연구한 한 보고서에 의하면, 공동체 주민들 대부분의 동의가 필요한 지역재활성화사업은 주민조직의 적극적인 참여 없이는 이루어지기 어렵다. "주민 전체나 대다수 주민의 동의와 참여를 전제로 하지 않는 사안을 다루는 마을 만들기의 경우, 주민조직이 없는 상태에서도 별다른 문제 없이 진행될 수 있지만, 생활환경 개선이나 지역활성화처럼 다수 주민의 호응 하에 마을 만들기 활동이 적극적이고 지속적으로 이루어지기 위해서는 주민들의 힘을 모을 수 있는 주민조직이 존재하고 또한 적극적으로 활동해야 가능할 수 있음을 사례들은 보여주고 있다"(서울시정개발연구원, 1999b: 111).

도시 빈곤지역 재활성화를 위해서는 도시전문가나 시민단체들의 역할도 중요하다. 특히 빈곤지역의 물리적 공간구조를 개선시키기 위한 계획을 수립하는 데 있어서 도시계획가나 건축가 등 도시전문가들의 참여는 지역 주민들에게 큰 힘이 된다. 태백시 철암마을 지역재활성화 과정을 분석한 심재만에 따르면, 지역 주민과 건축가집단의 협력이 지역재활성화의 근본 동력이 되었다. 생태마을시민연대라는 주민 조직을 결성한 지역 주민들은 철암지역건축도시작업팀과 연대하여 대안적 지역재활성화 방안을 추진하였던 것이다(심재만, 2004). 태백시 철암마을의 경우, 주거환경, 문화환경, 교육환경 등을 개선하기 위해 초기 공동체 계획을 수립할 당시 건축가들의 참여는 지역 주민들에게 큰 도움이 되었다. 시민단체에서 활동하는 도시전문가들도 적극적으로 빈곤지역 재활성화에 참여할 필요가 있다. 시민단체나 도시전문가는 또한 지역 주민들과 지방정부 사이에서 중재와 조정 역할을 수행할 수도 있다.

도시 빈곤지역의 재활성화를 위해서는 공공부문, 특히 정부의 역할이 아주 중요하다. 지역 주민이 중심이 되어 공동체 위주의 재활성화를 추진하도록 정부는 여러 가지 차원에서 지역 공동체를 지원해야 한다. 정부의 역할은 재활성화를 주도하는 것이 아니라 지원하는 것이다. 주민들이 스스로 공동체 계획을 만들 수 있는 여건을 정부가 제공한다면 공동체 재활성화에 큰 도움이 될 수 있다. 도시 빈곤지역의 재활성화에 있어서 가장 중요한 주체는 지역 주민이다. 그러나 주민들의 노력만으로 도시 빈곤지역을 재활성화시키는 것은 여간 어려운 일이 아니다. 그래서 주민들의 공동체 계획을 지원하기 위한 체계적인 시스템을 구축하는 것이 필요하다. 이 점에서 빈곤지역 재활성화를 유도하고 지원하는 정부의 역할이 중요하다. 특히 지방정부는 도시 빈곤지역 재활성화를 위한 지원행정을 마련해야 한다. 이와 같은 지방정부의 지원행정이 마련된다면 주민자치를 실현하는데 아주 중요한 도움을 줄 수 있을 것이다.

영국에서는 중앙정부가 도시 빈곤지역을 재활성화시키기 위해서 여러 사업을 수행해왔다. 위에서 언급했듯이, 대표적인 사업으로는 SRB(Single Regeneration Budget)와 NDC(New Deal for Community)가 있다. 물론 이 사업들은 지원사업이다. 빈곤지역에서 지역 공동체가 핵심주체가 되어 여러 다른 주체들과 파트너십을 형성해서 지원사업에 신청하면 정부에서 심사하여 지원하는 것이다. 우리도 이런 시스템을 도입할 필요가 있다. 도시 빈곤지역의 경제적, 사회적, 공간적 문제를 종합적으로 개선시키기 위한 정부의 과감한 지원이 필요하다.

정부는 '도시 빈곤지역 재활성화 지원사업'을 추진해야 한다. 이를 시행하기 위해서는 적어도 다음의 세 가지 사항이 마련되어야 한다. 첫째, 공동체 계획에 대한 재정지원이다. 중앙정부 차원에서 '도시 빈곤지역 재활성화 지원 기금'을 만들 필요가 있다. 중앙정부 차원에서 도시 빈곤지역 재활성화를 재정적으로 지원하는 것이다. 기금의 지원을 받기 위한 몇 가지 요건을 정할 필요가 있다. 지역사회 공동체가 중심이 된 공동체 계획이 마련되어야 함은 필수 요건이다. 그 속에는 물리적 공간구조의 개선 내용, 지역주민의 경제적, 사회적 삶의 기회를 향상시키기 위한 방안, 지역 주민의 의사를 민주적으로 수렴하는 과정, 관련 전문가들과의 협력내용, 지방정부의 행정지원 등이 명시되어야 할 것이다. 둘째, 중앙정부와 지방정부에서 '도시 빈곤지역 재활성화 지원사업'을 담당하는 부서를 둘 필요가 있다. 이 부서에서는 기금 운용을 책임지고, 사업을 홍보하며, 관리해야 할 것이다. 셋째, 이 사업을 전국적으로 추진하기 위해서는 먼저 몇 개의 도시 빈곤지역을 선정하여 빈곤지역 재활성화를 위한 시범사업을 수행할 필요가 있다. 몇 개의 시범사업이 성공적으로 수행된다면, 도시 빈곤지역에서는 지금까지의 정비방식인 주택재개발사업이나 주거환경개선사업이 아닌, 지역사회 공동체를 위한 새로운 발전의 길이 열릴 가능성이 커질 것이다.

5. 맺으면서

공동체 계획은 대안적 계획이다. 공동체 계획은 계획의 주체, 계획의 과정, 지원방식 등 세 가지 차원에서 대안적인 내용을 지니고 있다. 먼저, 지역사회 공동체의 주민들이 계획의 주체가 되어야 한다. 한편 공동체 계획은 협력의 과정을 중시한다. 주민들 간의 네트워크가 필요하고, 주민들과 외부 지원단체들이 연대할 수 있는 계기들을 만들어야 한다. 또한 지방정부를 비롯한 공공부문은 공동체 계획을 실현시키기 위해 적극적으로 지원해야 한다.

도시 빈곤지역의 재활성화를 목표로 한 공동체 계획에는 다음의 세 가지 부문에 대한 내용이 담겨야 한다. 첫째, 지역사회 공동체의 물리적 공간구조를 개선시키기 위한 방안이다. 둘째, 지역 주민의 경제적, 사회적 삶의 기회를 향상시키기 위한 방안이다. 셋째, 지역사회 공동체의 역량을 강화시키기 위한 방안이다.

  도시 빈곤지역의 공동체를 해체시키면서 물리적 공간구조의 변화만 추진하는 기존의 빈곤지역 정비방식은 이제 중지되어야 한다. 도시 빈곤지역의 지역사회 공동체를 위한 새로운 가능성을 모색해야 한다. 지역사회 공동체가 중심 주체가 되고, 공공부문의 지원 하에 외부 지원단체와 협력하면서 사업을 시행해나가는 '도시 빈곤지역 재활성화 지원사업'은 빈곤지역이 공동체 해체의 압력에서 벗어나 새로운 공동체로 거듭날 수 있는 중요한 계기가 될 수 있을 것이다.

참고문헌

김수현. 1995. "계속되는 재개발문제와 그 해결방향". 『공간과 사회』 3:173-201.

김우진. 1997. "주거환경개선사업의 문제점과 개선방향". 『도시연구』 3:159-174.

김윤이. 2004. "주민을 중시한 사회통합형 주거지 정비에 관한 연구: 일본과 영국의 주거지정비 사례를 중심으로". 『도시연구』 9:115-142.

김형국. 2002. 『고장의 문화판촉: 세계화시대에 지방이 살 길』. 학고재.

남원석. 2001. "지방정부와 주민운동조직의 협력에 대한 평가: 임파워먼트(empowerment)와 제도의 상호작용을 중심으로". 『도시연구』 7:178-208.

배웅규. 2004. "도시정비사업 활성화를 위한 참여주체별 협력방안". 도시정비정책의 전망과 공공의 역할 정책토론회 발표논문. 2004. 5. 11. 대한주택공사.

서울시정개발연구원. 1999a. 『주거환경개선사업에 대한 평가분석과 개선방안』.

서울시정개발연구원. 1999b.『마을단위 도시계획 실현 기본방향(1): 주민참여형 마을만들기 사례연구』.

서울시정개발연구원. 2004.『커뮤니티 활성화를 통한 뉴가버넌스 실현방안』.

신명호 외. 2000. "도시 공동체운동의 현황과 전망".『도시연구』 6:51-81.

심재만. 2004. "마을실천계획을 통한 지역사회 역량형성에 관한 연구: 철암동 지역재활성화 과정을 사례로".『도시연구』 9:162-193.

윤일성. 2002.『도시개발과 도시불평등』. 한울.

윤일성. 2005. "영국의 노숙자 연구: 원인과 정책을 중심으로".『한국인구학』, 28(1):235-275.

이근행. 2006. "한국 공동체운동의 형성과 전개에 관한 연구". 성공회대학교 NGO대학원 석사학위논문.

이희찬. 2004. "도시빈민지역의 새로운 희망 나누기: 부산시 연산2동 '물만골 공동체'".『월간 국토』 267:61-65.

조명래. 2002. "지구화, 거버넌스, 지방자치".『도시연구』 8:211-233.

주택산업연구원. 1996.『주택개량재개발사업 지연요인 분석 및 개선방안』.

최병두. 2002.『근대적 공간의 한계』. 삼인.

Ambrose, P., 1994, *Urban Process and Power*, London: Routledge.

Bailey, N., MacDonald, K., and Barker, K., 1995, *Partnership Agencies in British Urban Policy*, London: UCL Press.

Ball, M. and Maginn, P., 2005, "Urban Change and Conflict: Evaluating the Role of Partnership in Urban Regeneration in the UK", *Housing Studies*, 20(1), pp.9-28.

Cowan, D. and Marsh, A., 2004, "Community, Neighbourhood, Responsibility: Contemporary Current in Housing Studies", *Housing Studies*, 19(6), pp 845-83.

Healey, P., 1998, "Building Institutional Capacity through Collaborative

Approaches to Urban Planning", *Environment and Planning A*, 30(9), pp.1521-1714.

Healey, P., 1997, *Collaborative Planning: Shaping Places in Fragmented Societies*, UBC Press (권원용·서순탁 (역). 『협력적 계획』. 한울).

Jewson, N. and MacGregor, S., 1997, "Transforming Cities: Social Exclusion and the Reinvention of Partnership", in *Transforming Cities: Contested Governance and New Spatial Division*, London: Routledge.

Kennedy, C. and Fitzpatrick, S., 2001, "Begging, Rough Sleeping and Social Exclusion: Implications for Social Policy", *Urban Studies*, 38(11), pp.2001-2016.

Mier, R., 1993, *Social Justice and Local Development Policy*, Newbury Park: Sage.

Pierre, J., 1998, *Partnership in Urban Governance: European and American Experience*, London: Macmillan.SEU, 1998, *Bringing Britain Together: A National Strategy of Neighbourhood Renewal*, London: SEU.

Smith, M. and Beazley, M., 2000, "Progressive Regimes, Partnerships and the Involvement of Local Communities: A Framework for Evaluation", *Public Administration*, 78(4), pp.855-878.

Turok, I., Kearns, A., and Goodlad, R., 1999, "Social Exclusion: In What Sense a Planning Problem?", *Town Planning Review*, 70(3), pp.43-63.

8장

도시재생 R&D 사업의 사회적 영향 및 파급효과

1. 도시재생 사업의 사회적 영향

1) 도시재생 사업의 사회적 영향

피터 로버츠는 도시재생을 다음과 같이 정의한다. "(도시재생은) 도시문제를 해결하기 위한 종합적이고 통합적인 비전과 행위이다. 그것은 한 지역의 경제적, 물리적, 사회적, 그리고 환경적 조건을 영속적으로 개선시키는 것을 추구한다"(Roberts, 2000: 17). 피터 로버츠에 의하면, 도시재생은 도시공간의 물리적, 공간적 환경만을 변화시키는 것을 추구하는 사업이 아니다. 그 이외에도 그 지역의 사회적, 경제적, 환경적 조건을 개선시키는 것을 추구한다. 이 점에 비추어 볼 때, 진정한 도시재생 사업은 우리나라의 도시개발 사업을 획기적으로 바꿀 수 있는 아주 중요한 사업으로 자리매김할 수 있다. '토지와 부동산'만을 강조하는 사업이 아니라 '사람과 공동체'도 더불어 생각하는 도시재생 사업은 여러 가지 측면에서 사회적 영향을 끼칠 수 있다. 도시재생 사업에는 주거환경을 포함한 공간환경의 변화와 함께, 지역사회의 경제적 활력의 회복, 지역주민의 삶을 개선시킬 수 있는 지역 커뮤니티의 재생, 지역의 역사 및 문화자원의 보존 및 창출 등에 대한 내용이 포함되어야 한다. 즉, 지역사회의 종합적이고 통합적인 도시재생을 추구해야 하며, 그것을 위해서는 물리적 공간계획의 틀을 넘어서는 종합적인 대안을 모색해야 하는 것이다.

종합적이고 통합적인 도시재생을 시도한 모범적인 정책으로는 영국의 대표적인 도시재생 정책인 통합재생예산(SRB, Single Regeneration Budget)을 들 수 있다. 통합재생예산의 지원목은 일곱 가지로 제시되었다. 첫째, 지역의 (특히 젊은 층과 배제된 사람들의) 고용창출과 교육, 직업훈련을 향상시키며, 기회의 평등을 추구한다. 둘째, 실질적인 경제성장과 부의 창출을 장려한다. 이를 위해 기업을 지원하면서 지역경제의 경쟁력을 향상시킨다. 셋째, 주택부문을 개선시킨다. 이를 위해 주택의 물리적 개선, 선택의 기회 강화, 더 나은 관리와 유지 등을 추구한다. 넷째, 소수 인종 및 소수 민족 집단에게 혜택이 돌아갈 수 있도록 한다. 다섯째, 범죄를 방지하고 지역공동체의 안전을 증진시킨다. 여섯째, 환경 및 하부구조를 개선하며, 좋은 디자인을 추구한다. 일곱째, 건강, 문화, 스포츠 등을 통해 지역주민의 삶의 질을 향상시킨다(Rhodes et als., 2003: 1407; 도시재생사업단, 2008: 223). 영국의 도시재생 사업은 단순한 공간환경의 변화만을 도모하는 것이 아니라 그것을 포함하여, 경제, 사회, 환경 등 다양한 요소들의 종합적이고 통합적인 재생을 추구하는 것이다.

도시재생 사업의 사회적 영향은 다방면에 걸쳐 나타날 것이다. 여기서는 다음 네 가지의 사회적 영향에 주목한다. 첫째, 도시공간의 주거환경의 개선이다. 재생사업의 성과가 공간적으로 그리고 시각적으로 드러나는 부분이다. 둘째, 도시공간의 경제적 환경의 변화이다. 재생사업이 시행되는 지역의 경제활동이 급격하게 변할 수 있다. 셋째, 도시공간의 사회적 환경의 변화이다. 도시재생 사업의 결과 주민구성의 특성이 변할 수 있고, 지역 커뮤니티의 성격 역시 예전과 달라질 수 있다. 넷째, 도시재생을 둘러싼 사회적 갈등의 완화이다. '사람과 공동체'를 생각하는 도시재생 사업은 사업의 사회적 과정을 민주적으로 운영해야 하며, 그렇게 함으로써 사업의 진행과정에서 발생할 수 있는 사회적 갈등을 사전에 방지할 수 있을 것이다. 사회적 갈등을 어떻게 잘 다루는가 하는 것은 도시재생 사업의 평가에 있어서 아주 중요한 부분이 될 것이다. 다섯째, 도시 및 지역 공동체의 변화이다. 한 지역 공동체의 인위적인 급속한 변화는 여러 가지 사회적 문제점을 낳는다. 기존공동체와 적절한 조화 속에서 도시재생이 이루어진다면, 공동체의 성격이 변화하는 과정에 생길 수 있는 여러 사회적 문제들에 대해서 적절하게 대처할 수 있을 것이다.

■ 도시공간의 주거환경의 개선

도시재생이 가져올 긍정적인 영향은 우선적으로 주거환경이 개선된다는 점이다. 도시공간의 건축적 구성, 환경적 쾌적성 등도 도시재생 사업이 시행되기 전보다 훨씬 좋아질 것이다. 도시재생 사업의 결과 주거환경이 개선되면, 지역사회의 삶의 질 역시 향상될 것이다.

■ 도시공간의 경제적 환경의 변화

도시재생의 결과 그 지역의 경제활동의 성격이 상당히 변할 수 있다. 경제적 환경이 바뀐다는 것은 지역의 물적인 토대가 바뀐다는 것을 의미하며 그것이 주는 의미는 상당히 크다. 일자리와 고용, 그리고 경제적 활동의 변화는 그 지역을 새로운 지역으로 바꾸는데 큰 역할을 한다. 도시재생 사업이 초래할 경제활동의 변화에서 생길 수 있는 여러 가지 문제늘에 대하여 대책을 강구해야 한다. 특히, 도시재생 사업을 시행할 때 자영업자, 영세상인 등에 대한 적절한 보상을 제공해야 할 것이다.

■ 도시공간의 사회적 환경의 변화

도시재생은 한 지역의 사회적 환경의 변화에 큰 영향을 끼친다. 특히 거주민의 구성에 큰 변화를 가져온다. 원주민들은 재생이 끝난 지역에 다시 정착할 수도 있고, 그 지역을 떠날 수도 있다. 한편 도시재생이 끝난 지역으로 사람들이 이주해 오기도 한다. 주민들의 이웃관계의 내용이 급격하게 바뀔 가능성을 염두에 두고, '사람과 공동체'의 발전을 추구하는 도시재생 사업을 펼쳐야 할 것이다. 도시재생 사업이 진행되는 지역에서는 단기간에 상당히 많은 수의 사람들이 그 지역 밖으로 이주할 것이다. 인구 이동에 대한 정확한 조사를 통해서 이주자의 규모와 이주 지역 등에 대한 예측을 하여 사회적 문제가 되지 않도록 적절한 대책을 강구해야 한다. 한편, 세입자 등 사회적 약자들이 이 과정에서 소외되지 않도록 적극적으로 배려해야 할 것이다.

■ 도시재생을 둘러싼 사회적 갈등

도시재생 사업의 과정에서 이해가 대립되는 경우가 있거나, 주민참여가 적절하게 이루어지지 않으면 심각한 사회적 갈등을 초래할 수 있다. 도시재생 과정에서 발생할 수 있는 사회적 갈등을 줄이기 위해서는 다주체 접근(multi-agency approach)이라는 개념 하에 지역공동체의 도시재생에 관련된 여러 주체들이 협력하여 파트너십을 구성할 필요가 있다. 도시재생에 관련된 여러 주체들이 서로 협력하면서 도시재생을 위한 전략을 수립하고 이를 실현시켜나가야 할 것이다. 여러 주체들의 협력구조는 도시재생 과정에서 발생할 수 있는 사회적 갈등을 사전에 예방하거나, 혹은 갈등이 생기더라도 그것을 원만하게 조정하는 데 큰 도움이 될 것이다.

■ 도시 및 지역 공동체의 변화

도시재생 사업의 결과 지역공동체의 성격이 바뀔 가능성이 크다. 가능한 한, 기존의 공동체가 완전히 해체되고 새로운 공동체가 형성되는 것과는 달리, 기존의 공동체와 새로운 공동체가 적절한 조화를 이루는 도시재생 사업이 되어야 할 것이다.

2) 도시재생 사업의 사회적 영향에 대한 평가

대규모 개발사업의 경우 환경영향평가를 반드시 거쳐야 한다. 그러나 아쉽게도 환경영향평가는 형식적인 평가에 그치는 경우가 많다. 특히 사회·경제환경 분야에 대한 평가는 제대로 이루어지고 있지 않다. 대규모 도시재생 사업의 경우 이 사업이 끼칠 사회적인 영향은 지대하다. 도시재생으로 인한 사회적 영향에 대한 다각도의 평가는 필요하다. 사회영향평가의 의미, 내용, 원칙 등에 대한 충분한 논의가 진행되어야 할 것이다.

■ 환경영향평가의 한계

현재 시행되는 환경영향평가는 어떤 사업이 시행될 경우 예측되는 자연환경의 변화를 평가하는 것에 주안점을 두고 있다. 그러므로 지역 공동체에 끼치는 경제적, 사회적 영향에 대한 종합적인 평가를 내리기에는 많은 한계를 지니고 있는 것이다. 현재 진행되는 환경영향평가의 내용은 다음과 같은 3개 범주의 23개 항목이다. 자연환경분야 5개(기상, 지형·지질, 동·식물, 해양환경, 수리·수문), 생활환경분야 11개(토지이용, 대기질, 수질, 토양, 폐기물, 소음·진동, 악취, 전파장해, 일조장해, 위락·경관, 위생·공중보건), 사회·경제환경 7개(인구, 주거, 산업, 공공시설, 교육, 교통, 문화재). 여기서 주목해야 할 것은 사회·경제환경분야이다. 사회·경제환경분야에 7개의 항목이 있지만 교통을 제외하곤 주요 항목으로 평가되고 있지 않으며, 평가가 이루어진다 하더라도 형식적인 평가에 그치는 경우가 대부분이다.

■ 사회영향평가의 필요성

사회영향평가(Social Impact Assessment)는 정책, 계획, 사업 등을 시행할 경우 그것이 이 사회에 끼치는 사회적 영향을 예측하는 것과 더불어 부정적인 영향을 해결하기 위한 대책을 제시하는 것이다. 이시재에 의하면, "사회영향평가는 사람들에게 미칠 회피 가능한 비용을 줄일 수 있을 뿐만 아니라, 개발행위가 사람들의 생활에 어떤 영향을 미칠지를 미리 예측함으로써 상황에 대한 정확한 판단을 가능하게 하고, 개발행위가 궁극적으로 허용된다 하더라도 프로젝트의 부분적인 변경 등을 통해서 지역주민들에게 피해를 최소한으로 줄일 수 있다. 사회영향평가는 정책결정과 기획, 그리고 갈등관리의 차원에서도 꼭 필요한 절차이다"(이시재, 2002: 108-9).

구도완·김성주(2006)는 사회영향평가를 하는 이유를 다음과 같이 제시한다. "첫째, 사업이나 정책, 제도 등이 사회에 미치는 영향을 예측하여 정책결정자들이 올바른 정보에 바탕을 두고 결정을 하도록 사회영향평가를 한다. 둘째, 사회갈등, 공동체의 해체 등 부정적인 사회적 영향을 줄이기 위해서도 사회영향평가는 필요하다. 셋째, 사회영향평가는 잘 설계해서 시행될 때, 주민들의 참여 절차로 활용될 수도 있다. 사회영향평가를 수행할 당시의 현황과 이후의 변화 방향에 대해 주민들이 참여해서 함께 조사하고 대안을 토론함으로써 시민참여에 바탕을 둔 정책이나 사업을 추진할 수 있다. 넷째, 자연환경과 생활환경을 주된 평가대상으로 삼고 있는 환경영향평가 제도의 한계를 보완할 수 있다"(구도완·김성주, 2006: 10).

이정환 역시 사회영향평가의 가치를 다음과 같이 지적한다. "사회영향평가의 가치는 사회적 변화가 왜, 어떻게 일어나는지를 밝혀내고, 예상되는 부정적, 긍정적 영향을 지역사회에 이해시키고, 부정적 영향을 회피·완화할 수 있는 대안을 강구하고, 지역사회를 계획수립과 사업추진 등에 참여시키고, 사회적 갈등을 예방하거나 조정하는 것이다. 이로 인해 합리적인 의사결정이 이루어지고 지속가능한 발전을 추구할 수 있게 된다"(Barrow, 2000; 이정환, 2004: 131).

이상과 같은 여러 연구들에서 제시된 사회영향평가의 필요성은 크게 세 가지 정도로 요약될 수 있다. 첫째, 사회적 영향에 대해 예측을 할 수 있다. 둘째, 공동체의 해체 등 부정적인 영향을 방지하거나 줄이는 데 도움이 된다. 셋째, 사회적 합의를 이끌어내거나 혹은 사회적 갈등을 완화시키는데 도움을 준다.

■ 도시재생 사업과 사회영향평가

도시재생 사업이 지역주민들의 삶에 어떤 영향을 끼쳤는가? 지역주민들이 도시재생 사업에 적극적으로 참여했는가? 도시재생의 과정에서 예상되는 사회적 갈등은 무엇이며, 이를 어떻게 해결할 것인가? 도시재생으로 인하여 이해관계가 어떻게 대립되며, 이를 어떻게 조정할 것인가? 하는 문제들을 도시재생 사업 사회영향평가에서 충분히 고려해야 한다.

도시재생 사업에 사회영향평가를 도입한다면 적어도 다음과 같은 네 가지 측면에서 큰 효과를 기대할 수 있다고 판단된다.

첫째, 사회영향평가는 도시재생 사업이 실시되는 지역의 주민참여를 확대하여 사회적 갈등을 사전에 예방하고 의사결정이 합리적으로 이루어지도록 하는 장점을 지니고 있다. 단기적으로는 도시재생 사업이 지연될 수 있을지도 모르지만 장기적으로는 불필요한 사회적 갈등으로 인한 비용을 치르지 않아도 되기 때문에 오히려 도시재생 사업을 수행하는 데 효율적이다.

둘째, 주민참여가 활성화될 것이다. 도시재생 사업 사회영향평가를 통해서 주민들의 참여가 적극적으로 이루어지면 도시재생에 대한 주민들의 주체적인 역량이 제고될 것이다.

셋째, 사회적 약자를 배려하는 사업이 될 것이다. 도시재생 사업을 통해 이익을 보는 사람들과 손해를 보는 사람들을 정확하게 판단하여 손해를 보기 쉬운 사회적 약자에 대한 대책을 모색해야 한다. 특히 도시재생 사업으로 인하여 그 지역을 떠나야 되는 사회적 약자들의 주거권을 보호하기 위한 다양한 방안을 모색해야 한다.

넷째, 사회적 갈등이 완화될 것이다. 도시재생 사업의 순조로운 시행을 위해서는 지역주민의 이해관심을 정확하게 파악하는 것이 중요하다. 지역주민의 이해관심의 해결이 도시재생 사업의 관건이 되기 때문인 것이다. 사회영향평가를 통해서 지역주민들의 이해관심의 차이를 파악하고 그 때문에 빚어지는 사회적 갈등을 예방하거나 조정하면 도시재생 사업의 성공가능성을 높일 수 있다.

■ 사회영향평가의 내용

미국 정부 사회영향평가 공동위원회가 제안하는 사회영향평가(1994) 5개 항목의 30개 변수는 다음의 〈표 1〉에 제시된다.

구도완은 1990년대 이후 한국에서 진행된 중요한 사회영향평가를 정리한다. 시화간척사업, 영월댐 건설사업, 동강 생태계 보전지역 등 세 가지 사업에 대한 사회영향 평가의 조사항목, 주요변수, 조사방법은 〈표 2〉에 나타나 있다. 아직까지 국내에서는 사회영향평가에 포함되어야 하는 변수와 측정도구들에 대한 체계적인 연구가 부족한 상태이다. 사회영향평가에 포함되는 변수들에 대한 합의와 변수들에 대한 측정지표의 표준화가 아직 이루어지지 않았다는 한계는 있지만 위의 세 가지 사회영향평가는 중요한 시금석이 될 것이라고 생각한다.

구도완은 현 단계에서는 사회영향평가를 전면적으로 도입하는 것보다 환경영향평가의 하위범주에 속해 있는 사회 및 경제환경과 관련된 항목에 대한 평가를 강화하는 것이 더 효과적인 것으로 제안한다. 이와 더불

⟨표 1⟩ 사회영향평가를 위한 분석 변수

1. 인구특성	인구변화 인종구성 이주민 임시노동자들의 이출입 계절적 거주자	3. 정치적 사회적 자원	권력과 권위의 분배 주요행위자의 확인 이해관계를 가진 공중 리더십의 능력과 특성
2. 공동체와 기관구조	자원집단 이해집단의 활동 지방정부의 크기와 구조 변화의 역사적 경험 고용/소득 특성 소수민족의 고용형평성 지역/지방/중앙의 연결성 산업/상업의 다양성 계획구역활동의 존재	4. 개인과 가족변화	위해, 건강, 안전의 인식 이주관심 정치적 사회기구의 신뢰 주거안정 사교의 밀도 정책에 대한 태도 친구, 가족 네트워크 사회복지에 대한 관심
		5. 공동체의 자원	커뮤니티 하부구조의 변화 미국원주민 토지이용패턴 문화, 역사, 고고학적 자원에 대한 영향

출처: 미국 정부 사회영향평가 공동위원회(1994), 이시재(2002)

어 사회적 중요성이 큰 정책, 계획, 사업의 경우에는 별도의 사회영향평가를 지속적으로 시행하는 것을 제안한다(구도완, 2002: 150). 사회적 영향의 특성, 정도를 체계적으로 평가할 객관적 지표의 개발이 요구되고, 사회적 영향의 양적 그리고 질적 변화를 규명하는 것이 앞으로의 과제일 것이다(구도완, 2002: 148).

이정환은 현행 환경영향평가제도 하에서 사회영향평가의 개념이 반영되도록 평가항목을 조정할 것을 제안한다(이정환, 2004). 이정환이 제안하는 7개 항목의 내용은 다음과 같다. 인구·주거(인구구성과 변화, 이동인구, 거주변동, 이주·정착), 산업·경제(국가경제, 사업타당성(BC분석), 지방정부 재정, 지역주민의 고용·소득, 물가변동, 산업구조), 공공시설(정부기관, 교육시설,

〈표 2〉 국내 사회영향평가 사례 비교

	시화 간척사업	영월댐 건설사업	동강 생태계 보전지역
조사 항목	사업의 특성 인구, 산업, 리더십 종교 등 의례생활 사업에 대한 태도 등	인구 등 행정현황 지가변동률 지역주민들의 태도 지역 및 전국적 운동의 역사와 현황 정책제언	인구, 가구수 이해당사자 지역의 리더십 마을별 주민태도 정책제언
주요 변수	시간변수 (사업계획 이전, 구체화, 실시, 완료 후) 동적 변수 (마을내 사회조직 변화, 보상, 산업·인구과정 변화, 의례 및 생활사 변화)	사회문화적 영향 지역의 이해관계 지역주민들의 태도 등	생태계 보전지역 정책 부채의 양과 질 마을의 위치 직업 환경부와 지방자치단체의 정책
조사 방법	비공식적 인터뷰 참여관찰 생애사 청취 가구조사 등	문헌연구 설문지 조사 심층면접	문헌연구 심층면접

출처: 구도완(2002)

보건시설, 환경기초시설, 편의(문화) 시설), 교통(교통량, 주차, 교통수단, 교통안전), 문화자원(지역문화전통, 지정문화재, 매장문화재, 역사자원), 지역사회(사업에 대한 태도, 이해집단·관계, 공동체 관계(갈등), 생활수준), 토지이용(토지 용도와 변경, 도시계획, 지가변동).

구도완과 이정환 모두 현재 상황에서는 사회영향평가제도라는 새로운 제도를 만드는 것보다 현재 진행되는 환경영향평가의 사회환경분야를 새롭게 재편하여 보다 충실한 평가를 하는 것이 더 효과적인 것이라는 판단을 하고 있다. 사회환경평가 제도의 구축은 장기적인 과제로 설정되고 있는 것이다. 결국 기존의 환경영향평가의 내부구성을 재편하는 것 그리고 독립적인 사회영향평가를 시도하는 것 모두 사회적 영향을 제대로 평가하는 것이 중요하다는 인식하에서 나온 정책적 제안이다. 사회환경평가를 통해서 도시재생 사업이 가져올 사회적 영향을 예측하는 것은 아주 중요하다 할 것이다.

■ 사회영향평가의 원칙

미국 정부 사회영향평가 공동위원회는 사회영향평가를 시행할 때 따라야 하는 원칙을 9가지로 제시한 바 있다. 9개의 원칙은 크게 3가지로 나누어 살펴볼 필요가 있다. 1) 주민참여(원칙 1, 2, 3. 주민의 입장에서 그리고 특히 사회적 약자를 배려하면서 평가함). 2) 과학적이고 객관적인 평가(원칙

〈표 3〉 사회영향평가의 원칙

1. 주민참여	모든 잠재적인 영향권 내에 있는 개인과 집단의 확인 및 참여
2. 영향의 형평의 분석	누가 이익을 얻고 누가 손해를 볼 것인지 명확히 하고, 사회적 약자에 대한 강조
3. 평가의 초점	평가의 초점은 영향을 받는 주민들의 판단을 존중해서 결정해야 한다.
4. 방법, 가정, 의의의 규정	평가방법, 가정, 또 그 의의를 명확하게 확인할 필요가 있다.
5. 사회적 영향의 피드백	사회영향평가를 개발추진자에게 지속적으로 피드백해야 한다.
6. 사회영향평가 전문가활용	사회영향평가는 사회과학자 등 전문가가 실시해야 한다.
7. 모니터링/ 완화프로그램	반드시 사후모니터링, 완화프로그램을 만들어야 한다.
8. 데이터 원천의 확인	데이터의 원천을 밝힌다.
9. 데이터부족에 대한 대책	중요 데이터가 부족할 경우 어떻게 대처할 것인가 방침을 정해야 한다.

출처: 미국 정부 사회영향평가 공동위원회(1994), 이시재(2002)

4, 6, 8, 9. 사회영향평가의 데이터를 전문가를 통하여 과학적이고 객관적으로 평가함). 3) 실천적 기여(원칙 5, 7. 피드백을 통하여 부정적인 영향을 최소화함). 이상 9가지 원칙은 〈표 3〉에 요약되어 있다.

2. 도시재생 R&D 사업의 사회적 의미

도시재생 R&D 사업[1]의 사회적 의미는 크게 세 가지로 나누어 볼 수 있다. 첫째, 도시재생에 대한 새로운 패러다임의 구축이다. 도시재생 R&D 사업을 수행함으로써 도시재생의 내용과 방식에 대한 전반적인 새로운 패러다임이 만들어질 수 있다. 둘째, 도시재생 담론의 활성화이다. 도시재생 R&D 사업은 도시재생 담론의 확장에 다각도로 아주 큰 기여를 할 것이다. 셋째, 도시재생 제도와 정책의 도입을 위한 학문적 토대 마련이다. 도시재생 R&D 사업은 도시재생 제도와 정책의 구축을 위해서 반드시 진행되어야 하는 필수적인 사업이다. 심도 깊은 도시재생 R&D 사업은 보다 나은 제도와 정책의 도입을 위한 중요한 토대가 될 것이다.

---

1) 본 글에서 저자는 도시재생 R&D 사업에 대해 구체적인 정의를 내리고 있지는 않다. 그러나 '도시재생의 문제를 도시변화의 큰 흐름 속에서 진단하고 재생의 전략과 구체적 실천방안을 모색하기 위해 2006년 국토해양부(당시 건설교통부)는 "미래사회 삶의 질 향상을 위한 가치 창조자"라는 비전으로 10대 전략 프로젝트 VC-10(Value Creator-10, 도시재생, 지능형 국토정보, 스마트 하이웨이 등 포함)을 선정하였다. 도시재생사업단은 사전기획연구를 토대로 한 도시재생 R&D 사업을 추진하기 위해 2006년 12월에 설립되었다. 도시재생사업단은 도시재생 기술수준 제고, 도시재생 사업 효율성 제고, 환경오염 및 에너지 사용 저감, 사회적 지속가능성 증진이라는 목표로 연구를 수행 중에 있다.(임서환, 2008: 8)' 이상의 내용을 보면 도시재생 R&D 사업은 사전기획연구를 토대로 재생의 전략과 구체적인 실천 방안을 모색하기 위해 국가가 정책적으로 시행하고 있는 사업으로 이해할 수 있다.(편집자 주)

■ 도시재생에 대한 새로운 패러다임의 구축

기존의 도시재개발과 다른 내용과 방식을 지닌 도시재생의 패러다임을 구축하는 것은 아주 중요하다. 도시재생은 사회적, 경제적으로 낙후된 지역을 활력이 넘치는 지역으로 변화시킴으로써 지역공동체를 발전시키는 것을 목적으로 한다. 즉, 도시재생은 낙후된 지역의 공간적 재생뿐만 아니라 경제, 사회, 문화적 요소가 종합되고 통합되면서 도시지역 공동체 주민의 삶의 질을 총체적으로 향상시키는 것을 의미한다. 도시재생의 목적을 위와 같이 설정한다면, 도시재생의 내용은 부동산 재생이 아니라 사회적 재생이 되어야 할 것이다. "그동안 한국에서 진행된 도시재개발 사업은 '사람과 공동체'가 아니라 철저하게 '토지와 부동산'을 강조한 사업이었다. 대부분 공간환경의 변화에 초점을 맞추었고, 그 외의 지역의 경제적, 사회적, 문화적 측면들이 상대적으로 도외시되었다. 그 결과 많은 사회적 갈등을 초래했고, 재개발의 혜택을 지역주민이 고루 받을 수 없었다. 이제 한국의 도시재생은 방향을 전환해야 한다. 도시재생의 목적을 '도시 및 지역주민들의 삶의 질 향상'으로 설정할 필요가 있다. 그리고 도시재생사업의 내용을 이 목적에 맞도록 잘 만들어나가야 할 것이다. 여기에는 물리적 공간환경의 변화만이 아니라, 지역사회의 경제적 재생, 사회적 약자의 삶을 업그레이드시킬 수 있는 사회적 통합, 지역 커뮤니티의 재생, 지역의 문화자원의 보존 및 창출 등에 대한 내용을 종합적으로 담아야 한다. 삶의 다양한 그리고 중요한 영역들의 내용을 질적으로 향상시킬 수 있는 종합적이고 통합적인 도시재생을 주구해야 할 것이다. 그것은 곧 도시 공간계획의 틀에 갇히지 말고, 그것을 뛰어넘을 수 있는 종합적인 대안을 모색해야 하는 것을 의미한다"(도시재생사업단, 2008: 227). 도시재생의 패러다임이 잘 정립되고 이에 따라 성공적인 도시재생 사업이 이루어진다면, 도시재생 R&D 사업은 한국 도시계획사의 한 페이지를 장식할 것이다.

■ 도시재생 담론의 활성화

도시재생 R&D 사업으로 인하여 한국에서 도시재생에 대한 담론이 짧은 기간 내에 급속히 팽창했다. 몇 년 사이에 도시재생에 대한 많은 연구들이 진행되고, 학술대회 등을 통해 도시재생에 대한 밀도 있는 논의들이 많이 이루어지고 있는 상황이다. 도시재생 사업 이전에 그리고 더불어 진행되는 도시재생 담론의 활성화는 도시재생 사업의 성공적인 수행에 큰 역할을 할 것이다.

■ 도시재생 제도와 정책의 도입을 위한 학문적 토대 마련

도시재생 R&D 사업은 도시재생을 위한 제도와 정책의 형성에 큰 역할을 할 것이다. 새로운 제도와 정책의 도입은 충분한 시간을 두고 깊이 있는 연구와 충분한 토의를 거친 뒤에 시도되어야 한다. 하지만 많은 경우 시간에 쫓겨, 때로는 충분한 검토없이 제도와 정책이 도입되어 혼선을 초래하거나 심각한 사회적 갈등을 유발하기도 한다. 이런 점을 두고 볼 때, 도시재생 R&D 사업은 새로운 제도와 정책의 도입 이전에 이루어지는 연구사업이 얼마나 중요한지 보여주는 모범적인 사례가 될 수 있다.

3. 도시재생 R&D 사업의 사회적 파급효과

도시재생 R&D 사업의 파급효과는 크게 세 가지로 나누어서 고찰될 수 있다. 첫째, 도시재생의 내용에 끼치는 파급효과이고, 둘째, 도시재생 제도 및 정책에 끼치는 파급효과이며, 셋째, 도시재생의 사회적 역량에 끼치는 파급효과이다. 도시재생의 내용에 끼치는 파급효과는 네 가지로 정리된다. 첫째, 한국형 도시재생에 대한 탐구와 실천의 모색이다. 둘째, 종합

적이고 통합적인 도시재생의 가능성이다. 셋째, 컴팩트 시티와 커뮤니티의 새로운 가능성이다. 넷째, 도시재생과 관련된 사회적 갈등의 완화이다. 도시재생 제도 및 정책에 끼치는 파급효과는 두 가지 측면에서 찾아볼 수 있다. 첫째, 정부의 도시재생 제도와 정책의 수립이다. 둘째, 도시재생을 위한 민관학의 협력 네트워크 구축이다. 도시재생의 사회적 역량에 끼치는 파급효과 역시 상당할 것이라고 생각된다.

1) 도시재생의 내용에 끼치는 파급효과

■ **한국형 도시재생에 대한 탐구와 실천의 모색**

선진국의 도시재생 경험을 통해서 성공요인과 실패요인을 체계적으로 분석하는 것은 중요하다. 하지만 더 중요한 것은 해외 사례를 통해 한국의 현실에 적용가능한 도시재생의 교훈을 얻어내는 것일 것이다. 이 점에서 볼 때, 도시재생 R&D 사업을 통해서 적용가능한 한국형 도시재생 패러다임을 창출하는 것은 아주 중요한 과제이다. 도시재생 R&D 사업은 이런 과제를 수행하는 데 있어 중요한 기여를 할 것으로 판단된다.

도시재생사업단의 한 연구는 한국적 도시재생의 기본방향을 다음과 같이 여섯 가지로 제안한다. 첫째, 분야별 분립주의에서 장소중심의 통합주의로. 각 부처별로 시행하고 있는 도시재생 관련 정책을 통합해서 시너지 효과를 만들 수 있도록 해야 한다. 즉, 한 장소에서 시도될 수 있는 개별적 사업들을 통합해서 운영하는 방안을 마련해야 한다. 둘째, 기성시가지의 적극적 재활용. 대단위 개발이 경기의존적이어서 여러 가지 부작용을 가져오는 점을 성찰하고, 수복형 도시재생 등 소단위의 도시재생도 적극적으로 고려해야 한다. 셋째, 정부주도하의 지역사회 주축의 파트너십. 민간과 공공, 지역주민과 시민단체 등 도시재생에 관련된 여러 주체들이 협력하는 파트너십을 통해 도시재생을 시도하는 것이 중요하다. 넷째, 물리적 개선을 넘어선 '지속가능발전' 조건의 구축. 한 지역의 지속가능한 발전을 위해서는 다각도의 노력이 필요하다. 공간정책을 포함하여 여러 가지 정책이 동시에 강구되어야 할 것이다. 다섯째, 대단위 단순개발에서 소단위 복합개발로. 노후화된 주거지를 대규모 고층아파트 단지로 바꾸는 단순개발을 지양하고 다양한 주거유형과 다양한 기능이 들어가는 복합개발을 추구해야 한다. 여섯째, 영세중소기업과 자영업의 보호. 한 지역의 역사성과 개성을 찾아볼 수 있는 소규모 경제활동의 가치를 고려하여 가능한 한 이를 보호 육성할 필요가 있다(도시재생사업단, 2008: 155-157).

■ 종합적이고 통합적인 도시재생의 가능성

도시재생은 한 지역의 종합적이고 통합적인 재생을 목적으로 한다. 물리적 공간적인 재생만을 추구하는 것이 아니라는 점을 다시 한 번 강조해야 할 것이다. 최근에는 세계의 여러 도시들에서 도시의 역사와 문화를 중심으로 도시재생을 추구하는 경향이 두드러지고 있다.

도시재생 R&D 사업을 통해서 도시재생의 의미가 단순한 부동산 개발이 아닌 종합적이고 통합적인 재생으로 인식되고, 그럼으로써 보다 성공적인 도시재생이 가능해질 수 있을 것이다.

■ 컴팩트 시티와 커뮤니티의 새로운 가능성

복합기능이 어우러진 컴팩트 시티, 토지이용의 고도화를 추구하는 입체도시에 대한 연구사업은 부동산 개발이익만을 추구하는 단순한 입체도시의 한계를 넘어서서 경제적, 사회적, 물리적, 환경적인 측면을 모두 고려하는 종합적이고 통합적인 도시재생에 대한 모범적인 제안을 할 것이라고 기대된다. 한편, 저소득층 커뮤니티 재생에 대한 연구사업 역시 공간적 재생이 아니라 종합적이고 통합적인 재생에 대한 대안을 추구할 것으로 기대된다.

고밀도의 단순한 입체도시가 아닌 종합적이고 통합적인 요소들이 내재된 입체도시와, 더불어 같이 사는 커뮤니티에 대한 새로운 대안을 모색하는 것은 도시재생에 대한 사회적 인식을 새롭게 할 것이다.

■ 도시재생과 관련된 사회적 갈등의 완화

종합적이고 통합적인 도시재생은 부동산 개발사업과 성격이 기본적으로 다른 사업이다. 도시재생 R&D 사업은 보다 나은 도시재생에 대한 규범을 제시할 수 있기 때문에 실제 도시재생 사업이 진행되는 과정에 발생할 수 있는 사회적 갈등을 완화시킬 것이다. 도시재생의 과정에서 민관협력이라는 방식을 최대한 도입한다면 사회적 갈등을 예방하거나 완화시킬 수 있다. 도시재생이 원활히 수행되기 위해서는 무엇보다도 민관협력이 제도적으로 구축되어야 한다. "한국에서 도시재생을 추진하기 위해서는 민간부문의 참여가 필요할 것이다. 민간자본을 끌어들이기 위한 국가의 노력도 의미가 있다. 하지만 파트너십의 진정한 의미는 민간자본만을 끌어들이는 데 있는 것은 아니다. 민간부분에는 기업만 있는 것이 아니다. 시민사회의 각 영역에서 활동하는 시민단체들과 각 지역사회에서 중요한 일을 수행하는 주민단체들도 있다. 그리고 자원봉사단체들도 있다. 시민단체, 주민단체, 자원봉사단체의 역량을 도시재생사업에 최대한 활용해야 할 것이다. 민간부문의 여러 주체들과 협력하여 진정한 의미의 파트너십 구조를 만들어나가야 할 것이다"(도시재생사업단, 2008: 228-229).

2) 도시재생 제도 및 정책에 끼치는 파급효과

■ 정부의 도시재색 제도와 정책의 수립

도시재생 R&D 사업을 통해서 정부는 중장기 도시재생 제도와 정책을 마련할 가능성이 크다고 판단된다. 장기간의 연구에 기초한 제도와 정책의 도입은 바람직하다. 도시재생의 제도와 정책이 성공한다면, 도시재생 R&D 사업은 장기간의 연구를 통해 제도와 정책을 구축한 모범적인 사례로 평가될 수 있을 것이다.

■ 도시재생을 위한 민관학의 협력 네트워크 구축

도시재생을 연구하거나, 집행하거나, 관심을 가지고 있는 연구자, 실무담당 공무원, 기업, 시민단체, 주민단체 등이 모여 도시재생의 내용과 방법을 같이 논의할 수 있는 민관학의 네트워크를 구축할 수 있다. 민관학의 협력 네트워크는 도시재생 사업을 순조롭게, 효율적으로 진행시키는 데 있어서 아주 중요하다. 도시재생 R&D 사업은 중앙정부 차원에서, 지방정부 차원에서, 그리고 각 도시재생사업별로 민관학의 협력 네트워크를 만들어내는 데 기여를 할 것이라고 판단된다.

도시재생과 관련된 여러 주체들의 적극적인 참여를 통하여 사회적 합의구조를 창출할 수 있고, 여러 주체들의 사회적 합의구조가 마련되면 충분한 토론과 참여로 인하여 사회적 갈등을 줄일 수 있을 것이다.

3) 도시재생의 사회적 역량에 끼치는 파급효과

■ 도시재생의 역량강화

도시재생 R&D 사업을 통한 도시재생의 역량강화는 세 가지 차원에서 이루어질 수 있다. 첫째, 도시재생에 대한 담론을 활성화시킴으로써 도시재생에 대한 학문적 논의를 풍부하게 하고, 질적으로 심화시킨다. 둘째, 도시재생을 담당하는 공공부문의 실무인력에게 도시재생에 대한 교육 및 연수의 기회를 제공함으로써 도시재생을 수행하는 역량을 강화시킨다. 셋째, 기업, 시민단체, 지역주민 등 여러 민간 주체들에게 도시재생 담론에 참여할 수 있는 기회를 제공함으로써 도시재생을 이해하고 참여할 수 있는 역량을 강화시킨다. 도시재생 R&D 사업을 통해 도시재생에 관한 학문역량, 실무역량, 민간역량이 강화된다면, 보다 바람직한 도시재생이 이루어질 것이다.

■ 공동체 계획: 도시재생 역량의 실천

도시재생 R&D 사업을 통해 강화된 학문역량, 실무역량, 민간역량은 도시재생 사업을 수행하는 데 있어 큰 역할을 할 것이다. 특히, 각 분야의 강화된 도시재생 역량은 네트워크를 통해서 상호작용을 하면서 다시 순환적으로 각 분야의 역량을 강화시킬 수 있다. 이렇게 강화된 역량을 도시재생의 실천공간으로 모이게 하는 것은 아주 중요하다. 공동체 계획이 이런 공간이 될 수 있다.

공동체 계획은 낙후된 지역의 도시재생을 위한 대안적인 계획이다. 공동체 계획을 입안하기 위해서는 공공과 민간, 지역주민과 시민단체 그리고 전문가 등 지역공동체와 관련된 여러 주체들이 서로 협력해야 한다. 공동체 계획에는 낙후된 지역을 재생시키기 위한 종합적이고 통합적인 재생의 내용들이 포함되어야 한다. 공동체 계획은 계획의 내용만을 의미하는 것은 아니다. 공동체 계획은 계획과정 전반을 수행해나가는 과정을 의미하기도 한다. 도시재생에 관한 학문역량, 실무역량, 민간역량을 최대한 활용하여 낙후된 지역의 문제를 파악하고, 공동체 계획을 입안하고 실천하면서 지역공동체의 재생을 추구해야 할 것이다.

■ 도시재생 R&D의 사회적 공유

도시재생 R&D의 연구성과를 최대한 많이 학술적, 실무적 논의에 부쳐야 할 것이다. 왜냐하면 토의, 토론, 논쟁을 통해서 더 뛰어난 연구결과가 도출될 것이기 때문이다. 이런 점에서 각종 학술회의 발표문과 결과보고서, 그리고 연구논문들을 가능한 한 많은 사람들이 참조할 수 있도록 해야 할 것이다. 도시재생 R&D의 사회적 공유는 도시재생 사업이 성공적으로 수행되기 위한 필수요건이라고 해도 과언이 아니다.

참고문헌

구도완. 2002. "환경영향평가제도와 사회영향평가". 『ECO』 3권. pp.133-156.
구도완·김성주. 2006. "은평 뉴타운사업의 사회영향평가". 『ECO』 10권 2호. pp.7-43.
도시재생사업단. 2008.『총괄과제: 도시재생 기반구축 및 실용화 전략』.
이시재. 2002. "사회영향평가의 이론과 방법". 『ECO』 3권. pp.106-132.
이정환. 2004. "사회영향평가 제도화 방안 연구". 『ECO』 6권. pp.127-165.
임서환. 2008. "도시재생 동향 및 R&D 사업의 추진현황". 『콘크리트학회지』 제20권 4호. pp.8-10.

Barrow, C.J,. 2000, *Social Impact Assessment: An Introduction*, Arnold.
Roberts, P., 2000, "The Evolution, Definition and Purpose of Urban Regeneration", in P. Roberts and H. Sykes (eds.), *Urban Regeneration: A Handbook*, London: Sage.
Rhodes, J., Tyler, P., and Brennan, A., 2003, "New Developments in Area-based Initiatives in England: The Experience of the Single Regeneration Budget", *Urban Studies*, vol. 4, no. 8, pp. 1399-1426.

3부

도시문화

9장

도시빈곤에 대한 두 가지 시선: 최민식과 김기찬의 사진 연구

1. 들어가는 말

문학평론가 김윤식은 뛰어난 작가들을 천재작가와 거장(巨匠) 혹은 대가(大家)로 구분해서 이야기한 바 있다. 그에 따르면, 천재작가는 기존의 논의 수준을 뛰어넘는 문제작을 세상에 내어놓는 작가이다. 하지만 몇 개의 문제작을 내어놓았다고 해서 천재작가가 거장이나 대가가 되는 것은 아니다. 거장이나 대가로 평가받기 위해서는 세 가지의 조건을 갖추어야 한다. 첫째, 오래 살아야 한다. 작가가 오래 산다는 것은 오랜 기간 동안 작품 활동을 꾸준히 하는 것을 의미한다. 둘째, 그 기간 동안 문제작을 계속해서 생산해내어야 한다. 셋째, 내어놓는 작품 중에 태작(怠作, 대충 만든 별 볼품없는 작품)이 있어서는 안 된다. 이상은 천재작가이고, 박경리는 거장 혹은 대가이다.

김윤식이 제시한 거장의 세 가지 조건을 놓고 보면, 사진작가 최민식과 김기찬은 거장 혹은 대가의 반열에 드는 작가이다. 최민식은 79세로 아직도 왕성한 작품 활동을 하고 있고, 김기찬은 작년(2005년) 여름 68세의 나이로 세상을 떠났다. 최민식은 30세 무렵부터 약 50년 정도 사진을 하고 있고, 김기찬은 약 40년 가까이 작품 활동을 했다. 두 작가 모두 문제작으로 평가될 수 있는 (그리고 평가되어야 하는) 사진집을 여러 차례 발표했으며, 그들의 사진집 중 대충 만들어낸 흔적이 있는 사진집은 없다. 그들은 거장이다. 대가이다.

　거장 혹은 대가 중에도 시종일관 한 가지 주제를 탐구하는 작가도 있고 다양한 주제를 가지고 고민하는 작가도 있을 것이다. 최민식과 김기찬은 전자에 속한다. 그들은 평생 일관된 주제를 가지고 사진 작품 활동을 하였다. 그것은 도시에서 마주치는 가난이다. 최민식은 부산에서, 김기찬은 서울에서, 가난한 사람들의 삶과 그들이 사는 공간을 사진에 담았다. 40년 혹은 50년 동안 같은 주제를 가지고 작품 활동을 한다는 것은 예사로운 일이 아니다. 아니 경이로운 일일 것이다. 그러나 그들 모두 도시 속 가난한 사람들을 사진에 담았지만, 최민식과 김기찬의 사진은 다르다. 형식이 다르고, 내용이 다르고, 느낌이 다르다. 결국, 두 사람의 시선이 다른 것이다. 최민식은 '활활 타오르는 불길'의 작가이고, 김기찬은 '따사로운 온기'의 작가이다.

　이 글은 최민식과 김기찬의 사진 세계를 조망한다. 작품론적 관점이 아니라 작가론적 관점으로 접근한다. 중요한 작품들에 담긴 여러 가지의 의미를 읽어내려고 하겠지만, 이글에서 필자는 정신분석학이나 기호학 등 엄밀한 이론에 기대어, 이론을 구성하는 분석적 개념들로 텍스트를 독해하는 수준의 논의를 하지는 않는다. 작품을 이론적으로 읽어내는 것은 아주 중요하겠지만 그런 수준의 작품론은 필자의 능력을 넘어서는 것이다. 대신 이 글에서는 두 작가의 말과 글을 통해서 자신들의 작품에 무엇을 담으려고 했는지를 탐구한다. 작가의 의도, 동기, 의미부여 등을 정리하면서 두 작가의 사진론을 구축하려고 한다. 하지만 이 글은 작가의 의도만으로 작품을 해석하려는 의도적 비평이 가진 한계를 인식한다(배렛, 2000: 79-80). 몇 개의 작품 해석에는 필자의 세계관이 반영되어 있다. 해석은 작가만의 것이 아니라 독자의 것이기도 하기 때문이다.

이 글에서 제기하는 질문들은 다음과 같다. 최민식과 김기찬이 평생 동안 그들의 사진에 담아서 보여주려고 했던 것은 무엇인가? 어떤 형식과 내용을 가지고 있는가? 그들의 사진 세계가 공유하고 있는 점과 서로 다른 점은 무엇인가? 도시빈곤, 도시 속 가난함이 보는 시선에 따라서 어떻게 다르게 보이는가? 그리고 왜 다르게 보이는가?

최근 몇 년 동안 두 사람의 사진 세계에 대한 공감대가 확산되고 있는 듯이 보이지만, 아쉽게도, 최민식과 김기찬의 사진은 아직까지 한국에서 정당한 평가를 받지 못하고 있다. 그들의 사진 세계는 재평가되어야 한다.

2. 최민식의 사진 세계

1) 영원한 주제, 인간

최민식 사진의 영원한 주제는 인간이다. 최민식은 1968년부터 2004년까지 『인간, Human』이라는 제목의 사진집을 14권 발간했다. 사진작가가 약 40년 동안 한 가지 제목으로 사진집 14권을 시리즈로 출판한 것은 세계 사진사에서도 유래를 찾아보기 어려울 것이다. 『인간, Human』이라는 제목은 예사로운 제목이 아니다. 왜 인간인가? 인간이라는 제목으로 무엇을 보여주고 싶은 것일까?

인간이라는 단어의 의미에는 개개인이 가지고 있는 특성보다는 모든 개인들이 공통적으로 지닌 어떤 특성이 들어가 있다. 인간이라는 개념은 보편적인 것을 내포하고 있다. 보편적인 개념 인간을 사진집 제목으로 달았다는 것으로부터 우리는 최민식이 보편성을 추구하는 사진작가임을 엿볼 수 있을 것이다.

최민식의 사진『인간』은 개개인들의 구체적 삶의 단면들로 이루어져 있다. 또한 최민식의 사진『인간』은 개인과 사회 그리고 역사의 관계를 끊임없이 묻고 있다. "나의 작품 『인간』은 그 자체가 부분이기는 하지만 종합된 하나의 '세계'이며 '시대'이고 '사회사'이자 '인간사'라고 할 수 있을 것이다"(최민식, 1996: 101). 부분을 통해서 전체에 다가가고자 하는, 즉 개개의 인간들을 통해서 사회와 시대를 조망하고자 하는 최민식의 시선은 구체성과 보편성을 아우른다. 단지 구체성과 보편성을 아우를 뿐만이 아니라, 시작과 끝을 명확히 하고 있다. 구체적인 것을 보여줌으로써 보편적인 것을 생각할 수 있게 만드는 것, 구체성에서 출발해서 보편성을 획득하는 것, 김우창이 추구하는 비평 방식인 '구체적 보편성'을 최민식은 그의 사진 속에서 시도하고 있다.[1] 최민식에 의하면, "내 사진의 중심테마

---

1) 여기서 나는 김우창의 개념, '구체적 보편성'을 주목한다. 김우창이 아직까지 엄밀한 개념 정의를 시도하고 있지 않지만, '구체적 보편성'이 의미하는 바는 다음과 같다. 이 개념은 보편성을 지향하지만, 그때의 보편성은 추상적 보편성이 아니라 구체적인 실존의 계기들을 껴안은 보편성이다. 즉, 구체적 범주와 추상적 범주의 상호침투를 지향한다. 김우창이 구축해온 비평세계의 특성을 '구체적 보편성의 모험'으로 규정한 문광훈에 의하면 '구체적 보편성'은 다음과 같은 내용을 지닌다. "하나의 대상에 대한 고찰은 그에게 있어 그 대상뿐만이 아니라 그것의 조건과 가능성을 함께 고려하는 것을 의미한다. 그의 탐구는 고고학적으로 발생론적으로 그리고 실존적으로 이루어지는 것이다. 처음부터 규정된, 어떤 추상적이고 일반화된 원리를 사실의 낱낱 속으로 연역하는 것이 아니라, 나날의 구체를 이루는 그때그때의 현실의 구조로부터 그 가능성을 모색하는 그의 탐구방식은 언제나 기존 현실의 개별적 사례를 놓치지 않는다. 그러면서 그것은 이를 포함하는 보다 넓고 포괄적인 역사적 둘레에 대한 고찰로 넘어간다. 그리하여 그의 반성은 사실의 구체성이 은폐함 없이 그 전체적 구조에 닿아 있고, 포괄적인 보편 원리를 염두에 두면서도 개체의 생생한 긴박성을 간과하지 않는다 (…) 그의 탐구 의지는 사실의 구체를 관통하는 보편적 이념의 현실화 의지 이외의 다른 것이 아니다"(문광훈, 2001: 67). 김우창은 정년퇴임을 기념한 대담에서 '구체적 보편성'에 대한 자신의 생각을 다음과 같이 밝혔다. "구체적인 삶, 그 삶은 내 의지와 내 현실적인 수단에 의해서 움직이지만 그것을 규정하는 큰 테두리가 있으니까, 구체적인 삶과 큰 테두리와의 관계를 밝히는 게 중요하지 않겠느냐 하고 생각한 것이 사실입니다. 즉 큰 테두리 속에서 어떻게 작은 실존적인 상황이 성립하느냐가 나의 주제였던 것 같습니다. (…) 그러나 대체적으로 지금에 와서 깨닫게 되는 것은 내가 할 수 있는 일이란 구체적인 사실을 가로지르

는 인간, 그것도 두 번 다시 돌아오지 않는 순간적이고 진실한 인간이다. 인간의 얼굴의 운명적인, 수없는 표현 속에서 신의 걸작을 발견할 수 있다는 것은 위대하다. 나의 절규는 인간을 그 특이성이 아니고 보편성으로 보자는 것이다. 어디에 가더라도 같은 인간은 없으나, 어디를 가더라도 인간은 인간이라는 사실이다"(최민식, 1996: 210).

최민식의 『인간』은 거의 대부분 인물사진들로 채워져 있다. 주로 클로즈업(close-up)된 인물사진들이다. 사진작가가 대상에 가까이 다가가서 찍은 사진들이다. 가까이 다가가서 클로즈업으로 찍은 인물사진을 통해서 최민식은 인물의 내면세계를 포착하려고 한다.

2) 최민식의 사진론: 다큐멘터리 사진과 리얼리즘

최민식의 사진은 다큐멘터리 사진이다. 동시대 인물들에 대한 기록이다. 동시대 인물들을 기록하고자 했던 그의 열망은, 추운 겨울 어느 날 거리에서 연탄난로 위에 군밤을 굽고 있는 얼굴에 주름 가득한 할머니를 담은 사진 옆에 놓인 작가의 진술에 잘 드러나 있다. "부산 초읍에 위치한 어린이대공원 입구에 노점상이 수십 명 늘어서 있었다. 할머니는 내게 사진을 찍어서 무엇에 쓰는지 조용히 물었다. 나는 그때 이 질문에 답하지 못했지만, 다만 나와 같은 시공간에 존재하는 이들의 삶을 기록하지 않고는 견딜 수 없을 뿐이었다"(최민식, 2003: 138). 기록에의 열망은 혼이 담긴 내용을 추구한다. 최민식의 사신은 형식이 아니라 내용을 중시한다. 기법이나 기교를 배척하고 마음과 혼을 담으려 한다.

사진작가가 어떤 마음과 혼을 지닌 채 사진에 어떤 내용을 담아야 하는가? 최민식에 의하면, 사진작가는 사회적 양심을 지녀야 하며, 사진에는

고 있는 여러 힘들, 결국 추상적인 개념으로 표현되는 힘들과 그 상호관련들을 밝히는 작업이라는 생각이 듭니다"(김우창 외, 2004: 82-83).

이웃의 고통과 그것을 초래하는 사회구조의 모순, 그리고 희망을 담아야 한다. 최민식은 그의 저서 『리얼리즘 사진의 사상』에서 자신의 사진은 리얼리즘을 추구하고 있음을 선언한다. 그의 리얼리즘 사진론은 두 가지 축을 가지고 있다. 현실 고발이 한 축이고, 극복에의 예감이 또 다른 축이다. 이 두 가지 내용은 다음과 같은 그의 말에 압축적으로 나타난다.

> 리얼리티한 작가란 본래부터 가난한 이웃들의 삶의 한복판에 서서 그들과 똑같이 고통 받고 신음하며 또 그것을 표현하고, 그 고통과 신음의 원인들을 찾아 방황하고, 그 고통을 없애며 미래의 축복받은 아름다운 세계를 꿈꾸고, 그 꿈의 열매를 가난한 이웃들에게 선사함으로써 가난한 이웃들을 희망과 결합시켜 주는 사람이다(최민식, 1992: 83).

최민식의 사진은 사실주의적이다. 있는 그대로 재현한다는 점에서 사실주의적이다. 하지만 그의 리얼리즘 사진론은 단순한 사실적 재현만을 의미하는 것은 아니다. 무엇을 재현할 것인가에 핵심이 있다. 그는 사진을 통해서 불평등한 사회적 관계에서 비롯된 고통을 재현하려고 한다. 최민식 리얼리즘의 핵심은 사진을 통하여 그 시대의 본질적인 모순을 드러내는 것이다. 그는 말한다. "사실주의적이란 사진작품이 그 시대의 사회적, 역사적 현상 가운데 본질적인 요소들을 재현한다는 뜻이다 (…) 현실의 본질이 모순이라는 것이 리얼리즘 사진의 명제라면, 이 모순의 극복이 리얼리즘 사진의 기본 정신이다"(최민식, 1992: 68). 최민식에 의하면 이 시대의 본질적인 모순은 강자와 약자의 격차 혹은 빈부격차이다. 그의 사진이 도시의 가난한 사람들에게 집중되어 있는 것은 이런 이유 때문이다. 가난하고 힘없는 자의 아픔과 고통을 재현함으로써 절망적인 현실을 극복하는데 도움을 주는 것이 그의 리얼리즘 사진이 추구하는 것이다.

최민식의 사진은 정치적이다. 로슬러는 다큐멘터리 사진을 비정치적 다큐멘터리 사진과 정치적 다큐멘터리 사진 두 가지로 분류한다. "부자들로부터 사랑을 받는" 비정치적 다큐멘터리 사진은 "도시의 파편화된 심리적 소외를 다루기도 하고 이국적 취향을 피상적으로 다루기도 한다." 정치적 다큐멘터리 사진은 "사람들의 노동과 직업에 수반되는 착취, 도시를 지배하는 자본가에 의한 착취, 인종주의, 성차별주의, 계급차별, 군산복합체에 의한 착취" 등을 다룬다(로슬러, 1992: 372-373). 로슬러의 분류를 따른다면 최민식의 사진은 정치적 다큐멘터리이다. 그의 사진이 정치적이라는 것은 그의 사진이 현실의 사회문제들을 적극적으로 고발하고 있다는 것을 의미한다.[2] 최민식 사진에 내재한 정치성을 조세희는 다음의 말로 표현한다. "그의 사진이 누구보다 정치적이고 역사적이고, 또 누구보다 사회적인 것으로 사람들의 눈에 비쳐진다고 이상하게 생각할 것은 하나도 없다 (…) 이러한 사진을 보는 것은 우리가 생각도 하기 싫어하는 악몽을 다시 꾸는 것과 같다. 최민식은 바로 이 악몽과 같은 우리 땅 현실과 맞서며 사진가가 된 사람이다"(조세희, 2003: 5).

최민식의 사진은 순간을 포착한 사진이다. 그는 앙리 카르티에-브레송(Henri Cartier-Bresson)이 주창한 '결정적 순간'을 사진의 핵심적 계기로 간주한다. '결정적 순간'이란 사진의 내용과 형식이 일치되는 순간이다. 사

---

[2] 현재 세계적인 다큐멘터리 사진작가로 인정받고 있는 스티브 맥커리(Steve McCurry)와 세바스찬 살가도(Sebastião Salgado)의 사진을 이 관점으로 비교하는 것은 재미있을 것이다. 맥커리의 사진이 비정치적 다큐멘터리라면(그의 사진 100여 점은 2006년 10월 대구사진비엔날레에 전시되었다), 살가도의 사진은 정치적 다큐멘터리라 할 수 있을 것이다 (그의 사진 170여 점은 2005년 7월 서울 김영섭화랑에서 전시되었다). 맥커리가 현란한 칼라 원색을 사진에 충분히 담아내면서 주로 아시아 사람들의 전통과 문화 그리고 일상적 삶을 마치 인류학적 보고서를 쓰듯이 보여줌으로써 우리에게 강한 인상을 심어주었다면, 살가도는 빈곤, 기아, 전쟁 등 최악의 상황 속에서 살아남기 위해 투쟁하는 인간의 고난을 보여줌으로써 인류가 추구해야 하는 인간의 존엄성 회복과 인류애를 흑백이미지 속에서 환기시켰다. 최민식의 사진은 살가도의 사진과 가깝다. 그것은 최민식이 가장 좋아하는 사진작가로 살가도를 꼽는 이유일지 모른다.

진작가가 어떤 의미작용과 사진의 형태 구성을 동시적으로 인지하는 어느 한 빛나는 순간이 '결정적 순간'이다. '결정적 순간'은 작가의 사상, 정염, 감정, 빛, 구도의 모든 것이 일치된 순간이다. "사진은 즉각적 행위이고, 데생은 명상이다"라는 카르티에-브레송의 언급은 사진이 눈 깜짝할 찰나인 순간에 의해서 만들어지는 예술이라는 점을 단적으로 보여준다(카르티에-브레송, 2004). 최민식은 사진에서 '결정적 순간'의 빛나는 계기를 다음과 같이 말한다. "'결정적 순간'이란 사진의 특성을 표현하는 데 꼭 있어야 할 요소다. 외부 현상과 나 사이에 불꽃이 인 순간, 모든 것은 결정된다"(최민식, 2003: 94). 최민식은 '결정적 순간'을 비연출을 기반으로 한 스냅숏(snapshot, 속사)으로 포착하려고 한다.[3]

3) 도시빈곤에 대한 시선: 휴머니즘과 분노

최민식의 사진은 가난에 대한 사진이다. 도시에 사는 가난한 사람들에 대한 사진이다. 최민식의 『인간』은 저마다 알 수 없는 슬픈 이야기를 간

---

[3] '스냅숏(shotshot)의 완성'이라는 부제가 붙은 그의 글 「사진의 본질적 표현인 스냅숏」에서 최민식은 다음과 같이 말한다. "일상의 생활 속에서 인간의 애환 등 여러 모습의 감정이 한 사람 한 사람의 표정에서 생생한 인간의 역사를 발견할 수 있으며, 그 표정의 순간 포착이 스냅숏이다. 소재 발견에서 시작하여 기동성, 대담성, 인내심, 카메라 앵글, 카메라 포지션 등 스냅수법이 요구된다. 거기에는 조용한 정물이나 풍경에 카메라를 향하는 것이 아니라, 인간을 촬영하는 데 매우 중요한 포인트가 있다. 많은 피사체 속에서 인간을 기록한다는 것은 가장 어려운 문제이다. 상대는 움직이는 인간이며 그 피사체를 비정한 카메라의 메카니즘을 최대한 활용하여 신속히 포착하여 영상화시키는 것이 스냅사진의 기초적인 비결이다. 그래서 셔터찬스와 프레밍은 스냅숏에서 빼놓을 수 없이 중요한 것이다"(최민식, 1992: 429). 하지만 스냅숏은 피사체가 놓여있는 저변을 제대로 포착하기 어렵다는 한계를 지닌다. 김대식에 의하면, 최민식의 스냅숏은 자연스러운 피사체의 모습을 순간적으로 잡아내고 있지만, 그 순간을 뒷받치고 있는 맥락을 깊이 있게 보여주지 못하는 한계가 있다(김대식, 1999: 45). 피사체와 피사체가 놓인 맥락을 한꺼번에 포착하는 것, 그것은 스냅숏의 과제일 것이다.

직한 사람들로 구성되어 있지만, 그 슬픈 이야기의 근저에는 가난이 짙게 깔려 있다. 최민식 역시 가난한 어린 시절을 보냈다. 진저리나게 배고팠던 시절 겪었던 뼈저린 가난은 그가 가난한 사람들을 사진의 대상으로 삼게 된 가장 중요한 이유인 것처럼 보인다. 최민식의 『인간』은 그의 체험이다. 가난의 체험과 가난을 사진의 소재로 삼은 점의 관계에 대해서 최민식은 다음과 같이 말한다. "가난에 대한 체험과 심경을 문자가 아닌 이미지로 기록하고자 했다"(최민식, 2003: 44).

최민식이 사진을 하게 된 결정적 계기는 일본 도쿄에서 미술공부를 하던 서른 살 무렵 어느 고서점에서 책 한 권을 그가 우연히 발견한 것이라고 한다. 그 책은 1955년 에드워드 스타이켄(Edward Steichen)의 주관으로 미국 뉴욕현대미술관(MOMA)에서 전시된 사진전, 『인간 가족(The Family of Man)』전의 사진집이다.[4] 그는 『인간 가족』을 본 순간 평생 사진을 하

---

4) 최민식은 스타이켄의 『인간 가족』에서 무엇을 보았을까? 사진집 『인간 가족』의 서문에 해당하는 스타이켄의 글을 보면, 뉴욕현대미술관의 의뢰를 받아 스타이켄은 3년 동안 전 세계에서 들어온 2백만 장 이상의 사진 중에서 최종적으로 503장을 선택했다. 이 사진들은 인간의 출생에서부터 죽음에 이르기까지 삶의 전 영역을 다룬 사진들이다. "연인들의 사랑, 결혼, 육아에 관한 사진, 서로 즐겁고 때로는 고난과 시련을 겪기도 하고, 뿌리 깊은 헌신과 반목이 교차하는 가족에 관한 사진, 따뜻함과 위대함, 마음의 고통과 행복의 절정이 담겨 있는 가정에 관한 사진, 태어나서 죽어 묻히기까지 삶을 살아가는 개인과 가족에 관한 사진, 인간과 환경과의 관계에 관한 사진, 인간이 물려받은 지구의 아름다움과 풍요로움, 그리고 그 유산에 인간이 덧붙였던 좋고 위대한 것들, 어리석고 파괴적인 것들에 관한 사진, 종교보다는 종교적인 것에 관한 사진, 사회의식보다는 기본적인 인간의식에 띈힌 사진, 인간의 꿈과 얼멍에 관한 사진, 불타오르는 창조력인 사랑과 진실에 관한 사진, 거짓 속에 내재하면서 우리를 갉아 먹는 악에 관한 사진"(Steichen, 1955: 1-2). 인간은 전 세계에 흩어져서 살고 있지만 본질적으로 같다는 것을 이 사진집은 보여주려고 한다. 즉 보편적 휴머니즘의 관점에서 인간의 본질적인 일체성을 다룬 것이다. 가난한 나라에 사나 부자 나라에 사나 인간은 다 같으니 서로 이해하고 협력하여 보다 나은 세계를 만들어나가자는 함의가 이 사진집에 내재되어 있는 것이나.
1956년 파리에서 『인간 가족』의 전시회가 개최된 후 롤랑 바르트는 이 전시회가 보여주려고 했던 보편적 휴머니즘의 한계를 지적했다. 바르트에 의하면, 중요한 것은 보편성이 아니라 특수성이며, 추상성이 아니라 구체적인 개별성이다. 바르트는 그의 『신화론』에

기로 결심한다(최민식, 1996: 107-109). 최민식은 인생의 전 영역을 다룬 스타이켄의 『인간 가족』 중에서 가난의 고통을 다룬 부분에서 큰 감명을 받은 것 같다.[5] 최민식의 사진집 『인간』은 가난한 사람들을 소재로 하고 있다. 그는 가난한 사람들을 위해서, '낮은 데를 향해서 치열하게 움직인 카메라'를 가지고, 가난을 사진의 소재로 삼는 것이 자신의 과업이며 사명이라고 생각한다. 그는 다음과 같이 말한다.

> 가난한 이웃에게 애정의 눈길을 보내지도 않고 이 세상의 부조리를 신랄하게 비판하지 못할 때 작가의식이란 존재할 수가 없다. 사진은 존재와 기교만 가지고는 되지 않는다 (…) 진정한 작가정신은 곧 건강한 비판정신이며, 진정한 사진가는 언제나 소외된 계층의 편에 서야 한다(최민식, 1996: 103).

가난한 사람들을 바라보는 최민식의 시선은 두 가지로 나누어서 살펴볼 수 있다. 첫 번째는 가난한 자의 진실된 삶에 대한 애정이며, 두 번째는 가난을 방기한 사회에 대한 분노이다. 먼저 그는 '서민의 진실'을 소중하

서 『인간 가족』에 내재한 보편적 휴머니즘이 하나의 모호한 신화임을 비판한다. 서로 조금씩 다르지만 동일한 생로병사의 길 위에 서 있는 인간 공동체에 대한 강조는 역사성을 도외시한다. "전시회가 보여준 출생과 죽음은 어떤가? 이것들은 자연적인 사건이고 보편적인 현상이다. 하지만 우리가 그것들로부터 역사를 제거한다면 그것들에 관해선 아무것도 말할 것이 없을 것이다"(Barthes, 1970: 228). 아이가 어떻게 태어났는지, 산모가 어떤 고통을 받았는지, 아이에게 어떤 미래가 있는지, 식민지의 노동자와 서양의 노동자는 어떻게 다른 조건 속에서 일하는지, 중요한 것은 구체적이고 개별적인 역사이다.

5) 최민식은 가난한 농부의 아들로 태어나 어린 시절을 보냈다. 가난한 농민의 자녀로서 겪었던 그의 개인적인 사회계급적 체험은 그의 사진에 짙은 흔적을 새겨 넣었다. 어린 시절의 빈곤한 삶은 가슴 아프지만 소중한 체험으로 남아 그의 사진에 지대한 영향을 끼쳤다. 임영균과의 대담에서, 그는 사진을 시작한 계기를 다음과 같이 밝혔다. "정말 밥도 못 먹고 살았던 그 쓰라린 체험이 『인간 가족』에서 느끼는 감정과 동일했어요. 그 감정적 체험이 아마 저를 다큐멘터리 사진을 하게 만든 것 같아요. 아마 그러한 체험이 없었으면 그 책을 처음 접했을 때 그런 감동이 그토록 절실하게 와닿지는 않았을 거에요. 제 사진에 찍힌 사람들을 제 자화상이라고 생각해요"(임영균, 1998: 140).

게 생각한다. 가난을 겪고 있는 사람들이 보여주는 인간미와 관대한 자기
희생으로부터 진정한 삶의 의미를 배운다고 그는 말한다. 다음과 같은 그
의 글에서 우리는 그가 가난하고 소외받은 인간이 지니고 있는 삶의 진실
을 찾으려 한다는 것을 느낄 수 있다.

> 나는 세상에서 잊힌 사람들을 찍는다. 볼품없이 일그러지고 불쌍한 자들, 가
> 까이 가고 싶지조차 않은 자들의 외로운 외침을 듣는다. 내가 사람들에게 전
> 하고 싶은 것은 자신의 운명과 대결해 싸우고 있는 고독한 인간의 모습이다.
> 사진 속의 슬픔을 간직한 그들이 내게 걸어와 눈물 흘린다. 나는 허리를 굽혀
> 그들의 눈물을 닦아주고 그들의 서러운 인생 얘기에 귀를 기울이고 싶다. 비
> 록 단 한 장의 사진에 불과하지만 그 안에는 사람의 인생이 담겨 있다(최민
> 식, 2005: 221).

하지만 그는 가난에 대해서 분노한다. 그의 사진에서 '서민의 진실'을
잔잔히 묘사하는 것보다 더 두드러진 시선은 분노의 시선이다. 그의 사진
은 가난하고 소외받은 사람들에 대한 기록이다. 그 기록은 처절하고 참
혹하다. 기록하는 작가가 내뱉는 천둥과도 같은 고함소리가 들리는 듯하
다. 절망에 빠진 사람들의 모습에 작가는 분노한다. "어떻게 이럴 수가 있
는가"(최민식, 2003: 18). 그의 사진은 우리에게 끊임없이 "왜?"라는 질문을
던진다. '암담한 삶', '우리를 집어삼키려 하는 삶', '아무도 손을 내밀지 않
는 삶', '낮은 곳으로 허물어져 가는 사람들', '지분 없는 사람들', '수모를
당하는 사람들', '태어날 때부터 배경이 어둠뿐인 사람들', '머리는 헝클어
지고 입은 닫혀 있는 사람들', '냉혹한 세계의 칼날에 찔리고 잘리는 사람
들', '보잘것없는 삶에 절망하는 사람들', '내동댕이쳐진 사람들', '벗어나
기 힘든 운명에 친친 감긴 사람들', '거적 같은 현실 속의 사람들' 속에서
우리는 무엇을 하고 있느냐고(인용부호 안의 개념들은 최민식·조은(2004)의

책에서 언급된 단어들을 필자가 조합해서 만든 것임). 그는 가난의 상처와 가난의 결과에 아파한다. "나는 가난이 갖는 상처 때문에도 울었지만 그것이 사람의 영혼을 묶고 모든 희망을 근거 없이 수포로 만들어버리는 것에 고통을 느꼈다"(최민식, 1996).

가난한 사람들을 통해서 드러난 사회의 모순을 분노에 찬 목소리로 고발하는 것, 이것이 최민식 사진의 핵심이라 할 수 있을 것이다.[6] "나의 카메라 워크는 절대로 가난한 사람에 대한 동정심이나 호기심을 드러낸 것이 아니라, 사회의 모순과 부조리에 대한 통찰과 분노의 사회 고발인 것이다. 나의 사진은 고난과 시련을 겪는 인간으로서의 아픔 그 자체에 초점을 맞추었다"(최민식, 2004: 13). 2003년 열화당에서 발행한 사진집 『최민식』에는 최민식의 사진 61점과 각각의 사진에 대한 작가의 해설이 실려 있다. 사진 한 장 한 장에 대한 작가의 해설을 보면, 최민식이 사진을 찍는 순간순간 얼마나 분노하고 있었음을 잘 알 수 있다.

최민식의 사진에는 어린아이들이 많이 등장한다. '태어날 때부터 배경이 어둠뿐인' 아이들이다. "어린아이들 속에서만 이 세계에서 천국의 그림자를 엿볼 수 있다"고 하지만 최민식 사진 속 아이들이 놓여 있는 세계는 천국이 아니다. 거리의 벽 한쪽 모퉁이에 쪼그리고 앉아 국수 한 가닥을 빨아올리는 아이, 고아원 한쪽 방에 빼곡히 앉아 찾아온 낯선 사람을 힘없이 쳐다보는 아이들, 지게꾼 아버지와 함께 길모퉁이 계단 위에 모로 누워 자고 있는 아이, 가게 진열장에 전시된 아기 천사 석고상을 쳐다

---

[6] 최민식은 가난에 분노하는 사진가이지만, 최민식 사진 전체가 가난을 고발하면서 분노하고 있는 것은 아니다. 『인간』 연작 중 초기 작품집에 실린 사진들은 가난에 분노하는 사진들이 압도적이지만, 1984년에 출간된 『인간』 5집부터는 작품세계의 폭이 넓어진 것처럼 보인다. 그때부터 최민식은 비록 부분적이지만 사랑, 결혼, 출산, 육아, 소년기, 청년기, 죽음 등 인간사의 희노애락을 자신의 작품집에 담기 시작했다고 해도 무리가 아니다. 김대식은 1980년대를 거치면서 최민식 사진의 폭이 넓어졌음에 주목한다(김대식, 1999: 44-45).

보면서 석고상과 같은 포즈로 껴안고 있는 어린 남매(때 묻고, 해어지고, 구멍 난 그들의 옷을 보라), 구포다리 밑 빈민 천막에서 잘 나오지 않는 젖을 먹으려고 엄마의 양쪽 가슴을 빨고 있는 쌍둥이, 공동묘지 무덤 한 자리 위에 세워진 천막 밖에서 힘없이 먼 산을 바라보는 어린 소녀, 말쑥한 차림의 귀부인과 그녀의 딸을 지나쳐 가는 껌팔이 소녀, 남포동에서 비닐 우산을 파는 아이들, 일 나간 엄마를 기다리며 동네 언덕에서 하염없이 울고 있는 여자 아이, 학교에 가지 못한 채 때 묻은 포대기로 갓 난 동생을 업고 선창가에 나와 있는 여자 아이. 최민식 사진 속 아이들은 불행하다. "깊은 내면에, 그 침묵의 장소에, 한 아이의 두려움이 웅크리고 있다" (Lillian Smith; Steichen, 1955: 48).

최민식의 사진 〈광복동, 부산, 1960〉(사진 1)에는 어린 남매가 화방 앞에서 진열장의 아기 천사 석고상을 보면서 아기 천사와 같은 모습으로 서로 껴안고 있다. 사진의 중앙에는 서로 껴안고 있는 두 명의 아기 천사 석고상이 있다. 어른 석고상 4개가 두상으로 흉상으로 혹은 입상으로 아기 천사 석고상을 둘러싸고 있다. 마치 소중한 아기들을 보호해주듯이. 진열장 안의 석고상 세계는 신들이 사는 천국이다. '구름 속 성'이다. 사랑으로 위해주고 감싸주는 세상이다. 아기 천사들은 행복하다. 고귀하고 아름다운 존재이다. 진열장 밖에서 아기 천사들을 보고 있는 두 남매는 어떤가? 누나에게 껴안긴 어린 남동생의 팔은 처져 있다. 배고프고 힘이 하나도 없다. 줄무늬 처진 어깨띠 런닝은 윗부분이 찢겨 있고 구멍 또한 나 있다. 바지 없이 팬티만 입고 있다. 옷과 몸이 때에 절었다. 어린 남동생을 두 팔로 껴안고 있는 누나 역시 아래 부분이 뜯겨나간 낡고 때 묻은 조그만 원피스를 입고 있다. 이 아이들은 아기 천사들을 흉내 내고 있다. 아이들의 현실은 비참하다. 엄마도 없고 아빠도 없다. 이 세상에는 이들 둘뿐이다. 기거할 데 없이 거리를 돌아다닌다. 아니 거리에서 숨죽여 숨어 다닌다. 거리는 위험한 곳이다. 무서운 곳이다. 아무에게도 눈에 띄지 않고 싶다.

〈사진 1〉 광복동, 부산, 1960

"의자에 앉을 때에는 의자 무늬로 몸을 바꾸었고/ 벽에 기댈 때는 벽이 되었다/ 흥건한 얼룩이 되어 바닥에 누웠다/ 아무도 그를 눈치 채지 못했다"(정병근, 「露宿 1」에서). 두 남매는 무엇을 생각하는 것일까? 누나의 마음은 어떠할까? 아기 천사처럼 되고 싶은 마음일까? 아니면 아기 천사를 둘러싼 어른 석고상처럼 어린 동생을 보호해주고 싶은 마음일까? 울고 싶을까? 우는 동생을 달래주고 싶을까? 이들은 다시 아기 천사들을 흉내낸다. 결핍의 세계에서 행복한 세상을 꿈꾼다. 두 세계는 유리창의 이쪽과 저쪽이지만, 이쪽에서 저쪽으로 건너갈 수 없다. 막고 있는 유리는 냉정하다. 이 세상의 벽인 유리는 차갑다. 옷이 찢겨지고 뜯겨진 것은 현실이라는 날카로운 유리 때문이다. 그래서 여기 이 남매는 너무 아프다. "훤히 보이는 저곳에 갈 수 없다니!/ 이쪽과 저쪽, 소리와 적막 그 사이에/ 통증 없는 유리의 칼날이 지나간다"(정병근, 「유리의 技術」에서). 어린 남매가 아기 천사들을 보면서 행복한 세상을 꿈꾼다면, 아니 꿈꿀수록, 비참한 현실과 간절한 소망의 간극은 우리를 더욱 슬프게 한다. 그 간극이 도무지 좁혀질 수 없음을 우리가 느낄 때 우리는 절망한다.

이 사진 속 어린 남매는 『레미제라블』의 불행한 아이 코제트이다. 한 밤중에 밖에 나가 물을 길어 오라는 고약한 여인숙 주인의 등쌀에 온갖 궂은 일을 도맡아서 하는 어린 코제트는 할 수 없이 외딴 길로 나선다. 그리고 「구름 속 성 (Castle on a Cloud)」을 노래 부른다. "나만이 아는 성이 있죠/ 밤마다 찾아가지요/ 청소할 필요도 없죠/ 구름 속 나의 성에선/ 장난감도 가득하고/ 아이들도 아주 많죠/ 야단치는 사람 없죠/ 구름 속 나의 성에선/ 하얀 옷의 예쁜 천사가/ 자장가도 불러 주죠/ 그리고 아주 가만히 말하죠/ 코제트, 널 사랑한다고/ 아무도 외롭지 않죠/ 아무도 울지를 않죠/ 울면 절대 안 되죠/ 구름 속 나의 성에선"(「구름 속 성」, 뮤지컬 『레미제라블』에서). 순수하고 고귀하며 빛나야 하는 어린아이들이 왜 이 땅에서는 비참한 고통을 겪어야 하는가? 최민식은 다시 분노한다. "어떻게 이럴 수가 있는가"(최민식, 2003: 18).

최민식의 사진 〈자갈치 시장, 부산, 1972〉(사진 2)에는 단속반원에 끌려가는 자갈치 노점상 아줌마의 모습이 담겨 있다. 이 사진의 해설에서 최민식은 다음과 같이 말한다. "노점상을 하는 여인이 단속반에 끌려가는 순간을 재빨리 포착했다. 자신보다 두 배 가까이 큰 건장한 남자에게 힘없이 끌려가는 이 아지매가 할 수 있는 저항이란, 뒤통수에 대고 내뱉는 몇 마디 푸념뿐이었다"(최민식, 2003: 110). 이 사진에는 서로 다른 두 세계가 공존한다. 권력을 가진 자의 세계와 힘없는 자의 세계이다. 권력을 가진 자는 권력을 행사하고, 힘없는 자는 누구에게도 잘 들리지 않는 혼자만의 푸념만 남길 뿐이다. 이 사진은 대조되는 두 세계를 순간적으로 포착하고 있다. 끌려가는 아줌마의 얼굴에는 당혹스러움이 절절 넘쳐나지

〈사진 2〉 자갈치 시장, 부산, 1972

만, 노점상 아줌마의 멱살을 낚아 채 가는 모자 쓴 사람의 얼굴은 그림자에 가려 잘 보이지 않는다. 이 사진은 일상적인 삶에서 지배와 피지배의 관계가 적나라하게 드러나는 현장이다. 이 사진에서 우리가 느끼는 감정은 롤랑 바르트가 코엔 웨싱의 사진 〈니카라과, 1979〉를 보고 느낀 감정과 비슷할 거라고 생각한다. 총을 든 군인들이 지키고 있는 거리를 걸어가는 수녀들을 찍은 사진을 보고 감동을 받은 바르트는 그 감동의 원인을 '상호관련적 이원성' 때문이라고 했다(Barthes, 1981: 26-28). 수녀들의 세계와 군인들의 세계, 기도로 만들어가는 평화의 세계와 총칼로 억압하는 전쟁의 세계는 서로 극단적으로 다른 세계이다. 하지만 두 세계는 서로 관련되어 있다. 관련성의 내용은 전쟁으로 위축된 평화이다. 총칼 든 군인들로 인하여 짓밟히는 평화의 장소가 니카라과인 것이다. 최민식의 이 사진 역시 두 세계의 모습을 대조적으로 보여준다. 모자 쓴 단속반원의 행정적 권력의 세계와 수건으로 머리를 두른 노점상 아줌마의 일상적 생존의 세계는 서로 다르다. 하지만 두 세계는 먹살잡음으로 관련되어 있다. 끌고 가는 자의 횡포와 끌려가는 자의 절박함이 이 사진에 잘 나타나 있다. 횡포한 권력 앞에서 힘없이 당하는 자의 절박함을 이렇게 생생하게 표현한 작품이 또 있을까? 끌려가는 노점상 아줌마의 얼굴에는 "보들레르가 말한 '삶의 중요한 상황에 처해 있을 때 그 몸가짐에서 느낄 수가 있는 감정이입적인 진실'이 담겨 있다"(Barthes, 1981: 28). 최민식은 힘없이 당하는 사람들에게 공감하며, 횡포한 권력에 분노한다.

최민식의 사진 속에 담긴 그의 분노는 지향점이 있다. 그것은 휴머니즘에 입각한, 정의롭고 차별 없는 사회이다. 그는 그의 사진이 항상 '인간을 사랑하는 인도주의', 즉 휴머니즘에 입각해 있다고 한다(최민식·조은, 2004: 7). 그의 휴머니즘은 인간을 사랑하고 인간의 존엄성을 지키려고 하며 인류 공동의 행복을 추구한다. 불행한 사람들, 불평등한 사회관계 속에서 차별받고 소외당하는 사람들이 더 이상 있어서는 안 된다는 것이다. 우리 모두 같은 인간이기 때문에 형제애를 가지고 불행한 사람들을 도와야 한다는 것이다. 그의 휴머니즘은 나음과 같은 그의 글에서 질정을 이룬다.

> 감히 말하자며 나의 사지 작업은 가난하고 소외된 사람들이 이 세상에 존재하는 한 영원히 계속될 것입니다. 나는 이 세상 끝까지 가난하고 소외받은 이들과 함께 살다가 죽을 것입니다(최민식·조은, 2004: 7-8).

최민식은 사진을 독학으로 공부했다. 그리고 그는 부산에서 혼자서 사진작업을 계속해왔다. 중심이 아니라 변방에서 사진을 하면서 서울 중심의 사진예술 공동체와 충분한 교류를 가지지 못했던 것이 그의 사진이 한국에서 아직까지 제대로 평가받지 못하는 이유들 가운데 하나인 것처럼 보인다.

최민식 사진에 대한 비판은 크게 두 가지 측면에서 제기되었다. 첫째, 사진 형식상의 문제이다. 카메라의 앵글이 다양하지 못한 점이 문제로 지적되었다. 피사체의 위, 아래, 정면, 뒷면, 옆면 등 다양한 각도에서 대상을 찍으면서 의미를 찾아내어야 하는데, 최민식은 피사체에 가까이 다가가서 정면에서 사진을 찍기 때문에 그의 사진에는 별다른 변화가 없고 지루하다는 것이다. 가까이 다가가서 정면에서 사진을 찍는, 그의 앵글의 특징 때문에 최민식의 사진에는 깊이가 없다는 점도 문제로 지적되었다. 대상이 위치해 있는 공간과 배경이 잘 나오지 않기 때문에 사진이 평면적이고, 그래서 화면에 깊이감이 부족하다는 것이다.

둘째, 사진의 주제에 대한 비판이다. 이런 비판은 최민식 사진에 대한 비판의 핵심을 이루는 것처럼 보인다. 가난, 불행, 불평등, 차별, 소외 등 사회학적 주제들이 그의 사진에 깊이 뿌리박혀 있다. 최민식의 사진 주제들은 한국의 사진예술 공동체, 특히 대학의 사진학과를 중심으로 제도권에 속해있는 사진비평가들에게 그리 큰 관심을 끌지 못했다. 비판적인 사회의식이 깊이 담겨 있는 사회학적 주제들은 심지어 그들에게 큰 부담을 주었는지도 모른다. 그래서 최민식을 '버려진 빈민 등 감정적으로 부담스러운 주제에 천착한 작가', '싫증내지 않고 동어반복을 거듭한 작가'라고 평가하기까지 했다. 평생 사회학적 주제들에 천착한 최민식의 사진에 대해 주명덕은 부정적인 평가를 내리기도 했다. 같은 내용을 계속 반복함으로써 작가가 초기에 가지고 있었던 중요한 문제의식을 신파화 내지 희화화시킨 사진이라는 것이다(조우석, 1998).

최민식과 한국의 사진예술 공동체의 불화는 몹시 유감스러운 일이다. 한 사진작가가 다양한 주제들을 다양한 형식들에 담아내면서 사진세계의 폭을 넓혀나가는 것도 의미 있겠지만, 사진의 주제와 형식을 평생 동안 일관되게 유지하면서 사진세계의 깊이를 심화시키는 것도 그에 못지않게 의미 있을 것이다. 최민식의 사진세계는 후자에 속한다. 최민식 사진의 주제와 형식이 범상하지 않다면, 사진작가로서의 그의 삶과 그의 사진세계는 높이 평가되어야 할 것이다. 최민식에 대한 기존의 비판은 정당하지 못하다.

3. 김기찬의 사진 세계

1) 영원한 주제, 골목 안 풍경

김기찬 사진의 영원한 주제는 '골목 안'이다. 김기찬은 1988년부터 2003년까지 『골목안 풍경』이라는 제목으로 7권의 사진집을 출간했다. 그리고 2005년 여름 68세 나이로 세상을 떠났다. 그의 사진은 최근까지 제대로 평가를 받지 못했다. "누구도 비평적인 차원에서 그의 사진이 가지는 속삭임과 외침, 설득력과 호소에 귀 기울여 본 적이 없다"(이영준, 2003). 죽기 직전 마지막 3년 동안 몇 번의 상을 수상했을 따름이다.

김기찬은 지난 30여 년 동안 '골목 안'을 사진에 담았다. "내 사진 테마는 골목 안 사람들의 애환, 표제는 골목 안 풍경, 이것이 곧 내 평생의 테마이다"(김기찬, 2003: 198). 김기찬 사진집의 제목은 '골목 풍경'이 아니라 『골목안 풍경』이다. 그래서 우리는 '안'에 관심을 가져야 한다. 왜 '골목 풍경'이 아니고 『골목안 풍경』인가? 김기찬은 왜 '안'이라는 한 단어를 사진집의 제목에 넣었을까?

김기찬은 1968년 어느 봄날, 가난한 사람들이 모여 사는, 서울 중림동 산동네에서 골목길을 운명적으로 만난다. '골목 끝에서 이루어진 운명적인 만남'을 김기찬은 다음과 같이 회상한다. "아이들이 까맣게 골목길에 모여서 왁자지껄 떠들고, 어떤 아줌마는 세숫대야에 목욕 용품을 담아 집을 나서고 있었어요. 엿장수의 가위질 소리가 멀리서 들리고…. 유난히 봄햇살이 따뜻했던 서른여섯 해 전 그날, 난 평생의 주제를 1초도 안 걸리는 순간 결정하고 말았지요"(경향신문, 2004.8.5). 하지만 그가 산동네 골목길로 들어간 것은 우연이 아니다. 그는 그 전부터 가난한 사람들을 사진에 담아 왔다. 그는 서울역 앞 행상들을 찍으면서 사진을 시작했다. 그러다가 서울역 주변 사람들로 사진의 대상을 넓혀나가면서, 그들의 삶터인 주거현장, 중림동에 관심을 가지게 되었던 것이다. 그는 말한다. "아! 내가 거기에 들어가야 하겠다'는 생각이 들었죠. 그렇게 해서 들어갔더니 '골목'이에요"(김기찬·강수미, 2003: 67). 그는 서울 판자촌 달동네의 골목으로 들어갔다. 골목을 돌아다니면서 골목 안 사람들을 만나 그들을 기록했다. 그의 사진은 골목 안이라는 삶의 현장에 대한 기록이다. 그는 자신이 사진에 담았던 아저씨, 아주머니, 아이들, 노인들과의 만남을 다음과 같이 묘사한다.

카메라를 둘러맨 낯선 이방인의 골목 출입을 허용한 골목 안 사람들. 골목 입구에 서서 아직도 찍을 것이 더 있느냐며 웃음 짓던 젊은 엄마들, 등나무 터널 밑 구멍가게 긴 의자에 술이 거나하게 취해 앉아 통행세 대신 음료수 한 잔이라도 대접해야 직성이 풀려 나를 놓아주던 박씨 아저씨, 놀부네 가게 앞 아낙네들, 고사리 같은 손으로 V자를 만들며 나를 반기던 동네 꼬맹이들. 녀석들을 피해 맨 꼭대기 은행나무 길을 오르면 축대 높은 집 앞에 햇살을 피해 노인들이 앉아 있었다(김기찬, 2003: 197).

판자촌 산동네의 공간은, 단기간에 획일적으로 건축된 아파트 단지와 달리, 상당한 기간 동안 서서히 다양한 과정을 통해 형성된 공간이다. 그래서 획일적이지 않은 자연적인 아름다움을 간직한 공간이다. 아파트가 닫힌 공간구조와 소통의 단절을 보여준다면, 산동네의 공간은 골목으로 인하여 끝없이 열려 있고 사람들은 함께 소통하면서 살아간다. 골목길이 만들어진 과정 역시 사람들의 소통을 기반으로 한다.

김기찬 사진의 주제는 골목 '안'이다. 흘러가거나 이어져 있는 통로인, 물리적으로 좁다란 골목이 아니라 그 안에 살고 있는 사람들의 이야기이다. 골목 '안'은 지나가는 곳이 아니라 머무르는 곳이다. 통로가 아니라 삶의 공간인 것이다. 그래서 골목은 마당이다. 만나서, 모여서, 대화하면서, 정을 나누는 곳이다. 가난한 사람들이 서로의 애환을 나누면서 위로하고 위로받는 곳이다. 산동네에 사는 사람들의 삶은 궁핍하지만, 그럼에도 불구하고 사람 사는 훈훈한 정을 나누는 곳이 골목이다. 그래서 '그곳에 있는 사람들의 눈빛은 닮아 보인다'.

그러나 김기찬이 사랑했던 서울의 산동네 골목들은 이제 더 이상 남아 있지 않다. 산동네 골목도 사라지고, 골목 안 풍경을 찍었던 김기찬도 세상을 떠났다. 김기찬은 죽기 2년 전, 평생 사랑했던 골목과 헤어져야 하는 아쉬움을 글로 남겼다. 그 글은 우리를 가슴 저리게 만든다. 사랑하는 자를 떠나보내는, 남아 있는 자의 상처는 크고 깊다. 죽음에 이를 정도로.

> 어느새 그 아이들은 어른이 되었고, 어른들은 노인이 되었다. 어든세 실 기와쟁이 윤노인도 이제는 세상에 없다. 세월만 간다고 투덜거렸는데 세월만 간 것이 아니었다. 1980년대 중반부터 시작한 재개발사업은 공덕동으로 번지고 공덕동에서 인왕산 밑 행촌동으로 건너뛰었다. 1997년, 결국은 중림동도 그 운명을 다했다. 높다란 아파트가 들어섰고 그곳에 살던 골목 안 사람들은 모두 어디론가 흩어져 버렸다. 골목은 내 평생의 테마라 했는데 내 평생보다

골목이 먼저 끝났으니 이제 골목 안 풍경도 끝을 내지 않을 수 없다(김기찬, 2003: 198).

2) 김기찬의 사진론: 기록과 예술, 혹은 예술적 다큐멘터리

30세에 사진을 시작하고, 40세부터 죽을 때까지 30년 동안 프랑스 파리의 도시 풍경을 사진에 담은 으젠느 앗제(Eugene Atget)는 다음과 같이 말했다. "파리의 옛 도심 모습을 하나도 빠뜨리지 않고 모두 소유하고 있다고 저는 자신 있게 말할 수 있습니다"(앗제, 2003). 앗제는 파리를 사실주의적으로 기록했다. 앗제의 사진 대부분을 모아서 미국으로 가져간 베레니스 애보트(Berenice Abbott)는 앗제를 '파리를 사랑한 도시역사가', '카메라의 발자크'로 불렀다(Krase and Adam, 2000: 22). 하지만 앗제가 사진에 담은 파리 풍경에는 근대성의 도시적 상징으로 여겨지는 쭉쭉 뻗은 대로, 에펠탑, 지하철(메트로), 백화점, 고급 쇼핑 아케이드 등은 보이지 않는다. 앗제의 파리는 세월의 풍상을 겪은 낡은 건물, 좁은 골목, 파헤쳐진 도로 쇄석, 상점 간판, 벽에 붙어 있는 덕지덕지한 광고판, 공중변소, 그리고 가스등이 있는 도시이다.[7] "앗제의 파리는 보행자, 노동자 계급, 좁고 지저

---

7) 「사진의 작은 역사」라는 유명한 글에서 발터 벤야민은 앗제의 파리 사진을 다음과 같이 묘사한다. "앗제는 '대단한 광경이나 소위 랜드마크라고 하는 큰 건축물들'을 항상 지나쳤다; 그가 지나치지 않았던 것은 길게 늘어서 있는 구두들; 파리의 안뜰, 그곳에는 밤부터 아침까지 손수레가 줄지어 늘어서 있다; 사람들이 음식을 먹고 떠나버린 식탁들, 그릇들은 아직 치워지지 않았다. 아마 같은 시간에 그런 식탁들이 수십만 개 존재할 것이다; 루 거리의 지저분한 집 (…) 5번가라는 거리 번호가 집 정면의 네 군데에 아주 크게 찍혀 있다. 그러나 놀랍게도 거의 모든 사진들은 비어 있다. 성벽 옆의 뽀르떼 아르퀼 출입문도 비어 있고, 호화로운 계단도 비어 있고, 안뜰도 비어 있다 (…) 그것들은 쓸쓸한 것이 아니라 아무런 정취도 없는 것이다; 이 사진들 속 도시는 아직도 세들어 올 사람을 찾지 못한 집처럼 비어 있다. 이런 성취 속에서 초현실주의 사진은 인간과 세계 사이의 낯설게 하기라는 장면을 마련한 것이다"(Benjamin, 1931: 519).

분한 안뜰을 감추고 있는 전기(前期) 산업화 단계의 별 볼일 없고 미천한 파리였다 (…) 그저 보통사람들의 파리일 뿐이었다"(앗제, 2003).

김기찬의 『골목안 풍경』은 별 볼일 없는, 그래서 주목받지 못하는 도시 공간을 사진의 대상으로 삼았다는 점에서 앗제의 사진과 닮았다. 앗제가 미천한 파리를 기록했듯이 김기찬은 미천한 서울 판자촌 산동네를 기록했다. 애보트가 앗제를 그렇게 불렀듯이, 우리 역시 김기찬을 '서울 산동네를 사랑한 도시역사가'라고 부를 수 있을 것이다. 하지만 사람들을 담고 있지 않는 앗제의 파리 사진이 도시 공간의 세부(detail)만 담은 채 "아직도 세들어 올 사람을 찾지 못한 집처럼 비어 있다"(Benjamin, 1931: 519) 면, 김기찬의 사진은 서울 산동네의 공간과 사람들로 이루어져 있다. 김기찬의 사진 속 공간에는 사람들이 살고 있다. 김기찬은 다음과 같이 말한다.

> 골목의 세계는 결코 변방의 세계가 아니다. 골목 안에는 세계를 구성하는 모든 요소가 다 들어가 있다. 그 안에는 사람들이 살고 있고 가족이 있다. 아버지, 어머니, 형, 누나, 언니, 동생과 집과 담장이 있으며 기쁨과 슬픔이 상존한다. 골목 안에서 사람들은 꽃을 가꾸고 짐승을 키우기도 한다. 이런 작지만 애잔한 풍경들은 들여다보고자 하는 사람들의 눈에만 보이는 것이다(김기찬·황인숙, 2005: 9).

김기찬의 『골목안 풍경』은 서울 산동네의 공간과 골목 안에 사는 사람들을 기록한 다큐멘터리 사진집이다. 최민식이 『인간』에서 공간적인 배경 혹은 맥락을 중요하게 생각하지 않은 채 가난한 사람들의 인물을 주로 찍었다면, 김기찬은 배경 혹은 맥락과 인물을 동시에 사진에 담으려고 했다. 김기찬의 사진은 가난한 산동네의 골목이라는 공간을 배경 혹은 맥락으로 두고, 골목안에서 살아가는 사람들을 대상으로 한 사진이다. 그의 사진은 대상과 맥락을 놓치지 않고 있다. 맥락을 이해하는 데 대상이 도움이 되고, 대상을 이해하는 데 맥락이 도움이 된다.

골목이라는 공간과 사람들의 삶을 같이 조망함으로써 그가 보여주려는 것은 골목 안에 살고 있는 사람들의 일상적인 생활이다. 그의 사진이 추구하는 것은 어느 때 나타났다가 사라지는 '결정적 순간'이 아니라, 항상 거기에 존재하는 두터운 일상이다. 사건이 아니라 일상을 찾는 그의 시선은 다음의 말에 잘 나타나 있다.

> 나는 사진을 찍을 때 앙리 카르티에-브레송처럼 '결정적 순간'을 생각해 본 일은 없어요. 나는 일상성을 중요시했고, 일상의 눈으로, 일상을 찍겠다고 생각했으니까. 어떤 것을 표현하기 위해 높은 데 올라가서 드라마틱하게 찍겠다는 생각 같은 건 하지 않죠. 거의 모든 내 사진은 걸어가는 상태에서 혹은 앉은 상태에서 찍었죠. 카메라 앵글을 표현을 위해 과장한 적은 없어요 (…) 나는 사진을 찍기 위해 짜낸다든가, 상황을 쥐어짜는 짓은 하지 않았어요. 항상 편하게, 그냥 사람과 사람이 마주 보고 대화하는 식으로 찍고 싶었고, 그렇게 찍었죠(김기찬·강수미, 2003: 73).

일상성을 찍기 위해서는 장소와 사람들을 잘 알고 있어야 한다. 마주 보고 대화하는 식으로 찍기 위해서는 오랜 시간 머물러 있어야 한다. "한자리에 서서 머무르면 보인다 (…) 사진을 찍는다는 것은 서서 머무르는 일이었다. 머물러 그 모든 것들과 마주치는 일이었다. 만나 부딪치며 그 존재에 공감하는 일이었다. 공감하면서 감사하는 일이었다"(김경복, 1999: 123). 산동네에 들어가 머물면서 골목길과 골목안 사람들의 삶을 파악하는 일 그리고 골목안 사람들의 일상을 사진으로 드러내는 일, 그것이 김기찬이 한 작업이다. 일상성을 다큐멘터리로 기록하기 위해서는 더불어 일상성을 체험하는 것이 필수적이다. 그의 사진은 체험의 산물이다. 가난

한 산동네의 골목으로 '들어간' 체험이 사진에 묻어서 다시 '나온다'.[8]

이방인이 일상성을 사진에 담기는 어렵다. 사람들의 일상을 담기 위해서는 그들과의 교감이 필요하다. "사진이 뭐가 근사한 장면 하나 찍고 오는 것이 아니라 속에 수많은 톱니바퀴가 그 장면과 접속하려면 그만큼의 서로 교감하는 역사 같은 것이 있어야 하죠"(강상훈·강수미, 2003: 87). 교감하기 위해서는 이방인은 일상적 생활인이 되어야 한다. 그러기 위해서는 오랜 시간이 요구된다. 서울 중림동이라는 산동네에서 이방인이 일상적 생활인으로 변모해간 과정을 김기찬은 다음과 같이 말한다. "처음 2년 동안은 바닥만 찍었어요. 사실 중년이 되어서야 비로소 젊은 아낙네들의 모습을 사진에 담을 수 있었죠. 그때쯤 되니까 사람들도 동네 아저씨처럼 푸근하게 여기고 살갑게 대해 주더라고요"(경향신문, 2004.8.5). "중림동 풍경을 모르는 사람이 가서 그곳을 그냥 풍경으로 찍은 것이 아니고, 몸으로 겪어서 그 장소를 아주 잘 알고 있는 사람이 찍은 사진"이라는 강수미의 비평에 김기찬은 동의한다.

> 글쎄, 그렇죠. 왜냐면 내가 중림동에 사는 사람과 똑같이 되어야 한다고 생각했어요. 그래야 내가 그곳에서 사는 사람들과 그들의 실질적인 생활을 표현할 수 있다고 생각했으니까요. 사실 어떻게 보면 중림동에 사는 사람들보다 더 잘 알고 있었는지도 몰라요. 굉장한 관심을 가지고 있었으니까(김기찬·강수미, 2003: 73).

---

8) 최민식의 사진이 정치적이라면 김기찬의 사진은 인류학적이다. 최민식의 사진이 현실문제를 고발하는 정치적 다큐멘터리라면, 김기찬의 사진은 체험된 일상을 기록하는 인류학적 다큐멘터리이다. 하지만 김기찬의 사진을 단순히 인류학적 보고서라고 하기에는 뭔가 미진한 느낌이 있다. 사라질 운명에 직면한 공간에 살고 있는 사람들의 일상을 기록하는 것은 그 공간에서의 삶이 왜 시려져야 하는기에 대한 강력한 반문이 될 수 있다. 김기찬의 사진은 조용히 묻는다. 아니 김기찬의 사진을 보는 우리는 스스로 묻는다. 이 공간의 소중한 의미를, 소중한 공간을 파괴시키는 사회경제적 힘을, 그리고 그 의미의 부활가능성을.

김기찬의 사진은 산동네 골목 안에 사는 사람들의 일상을 기록하고 있지만, 가난한 사람들의 일상이 기록된 그의 사진은 메마르지 않다. 촉촉하다라고 해야 할까? 김기찬은 사진을 찍는 사진작가의 감정을 강조한다. "그러나 한 가지는 내 마음 속에 감정이라는 게 있죠. 렌즈는 차갑기만 하지만. 그러나 무엇보다 내 감정에 의해 사진은 만들어지죠"(김기찬·강수미, 2003: 72). 골목이라는 공간의 세부와 사람들 삶의 애환을 바라보는 김기찬 특유의 감수성이 있다. 그것을 산동네의 서정, 골목길의 서정, 그리고 김기찬의 서정이라고 부르고 싶다. 그것 때문에 산동네『골목안 풍경』은 골목 안 삶에 대한 단순한 기록 이상의 의미를 갖는다. 기록이지만 기록을 넘어선 그 어떤 것, 감정으로 서정으로 혹은 시적인 감수성으로 그 어떤 것을 기록에 입혀놓았을 때, 기록은 기록이 아니라 예술이 된다. 김기찬의『골목안 풍경』은 예술적 기록, 혹은 예술적 다큐멘터리(artistic documentary)이다.

김기찬이 묘사한 골목길 공간은 한 편의 그림 같다. 그의 공간은 깊이 있는 공간이다. 정태적이며 평면적인 공간이 아니라 동적이며 입체적인 공간이다. 울퉁불퉁한 흙길이나 정연하지 않게 깔린 보도블록, 그리고 제멋대로인 계단들은 두툼한 질감을 느끼게 하는 것과 동시에 입체적인 깊이감을 더해준다. 또한 그의 공간은 닫힌 공간이 아니라 열린 공간이다. 골목길의 공간은 흘러 다닌다. 그것을 바라보는 우리의 시선도 골목길로 들어갔다가 다시 나온다. 그의 사진은 들어가고 나오는 공간을 시각적으로 뛰어나게 표현하고 있다. 한편 그의 골목길 공간은 머무르고 싶은 공간이다. 보는 사람을 편안하게 만드는 내밀한 공간이다. 그 속에 들어가서 머무르고 싶은 유혹을 받는다. 김기찬의 골목길 사진에 표현되어 있는 뛰어난 공간 감각은 그냥 얻어진 것이 아닐 것이다. 오직 무수히 골목길을 걸어 다닌 자만이 가질 수 있는 감각일 것이다. 누가 또 이런 공간 감각을 가지고 있는가? 앗제의 파리의 골목길에 대한 묘사와 김기찬의 서울 산동네 골목길에 대한 묘사를 비교하는 것은 재미있겠지만, 앗제의 골목길 사진에는 사람이 없고 김기찬의 골목길 사진에는 언제나 사람이 있다. "왜냐하면 나는 사람을 찍으니까. 삶의 체취가 풍겨야 하지. 내 사진에 사람이 안 나오는 경우는 거의 없어요. 사람이 없으면 강아지라도 있지"(김기찬·강수미, 2003: 75).

김기찬의 예술적 다큐멘터리는 독특한 양식미를 가지고 있다. 그것은 구성적 아름다움이다. 사람을 파리 풍경 사진에 잘 넣지 않았던 앗제를 "극(劇)과 배우보다 미장센에 훨씬 관심이 많았던 사진가"라고 평한다면, 김기찬을 "미장센에 관심이 많았지만 배우도 미장센의 일부로 여긴 사진작가"라고 할 수 있을지도 모른다. 사람들이 머물러 있는 골목 안 공간을 다룬 그의 사진은 우선 형태적으로 아름답다. 그리고 독특한 정감 어린 분위기가 있다. 그 정감 어린 분위기는 사진 속 공간과 사람들에 대한 이해와 그들과의 교감에서부터 비롯된 것일 것이다. 무엇을 이해하고 무엇을 교감하는 것일까? 최민식과 달리, 김기찬이 이해하고 교감한 것은 가난의 고통이 아니라 가난한 자의 소통적인 삶이다. 그의 예술적 다큐멘터리는 가난을 초래하는 불평등한 사회적 관계가 아니라, 가난함에도 불구하고 더불어 살아가는 아름다운 이야기에 초점을 맞추고 있다. 삶은 칼날 같은 것이기도 하지만 아스라한 것이기도 하다. 김기찬의 사진은 삶의 아스라함을 담고 있다.

3) 도시빈곤에 대한 시선: 그리움과 따뜻함

김기찬의 골목 안 사진은 기억의 산물이다. 고향에 대한 기억이다. 산동네 골목을 담은 김기찬의 사진에 대해서 한정식은 다음과 같이 말한다. "김기찬이 찍은 골목은 그가 어린 시절 뛰어 놀던 바로 그 골목이다. 구체적 지명은 중림동에 도화동에 아현동, 만리동, 공덕동, 거기에 행촌동 등 그가 살던 골목은 아니지만, 이름만 다를 뿐 사실상 그가 뛰어 놀던 어린 시절의 그 골목이다. 비록 세월이 지나, 어른이 되고, 사는 동네도 다르지만 그의 마음은 언제나 자기가 살던 골목에서 자기와 함께 지내던 이웃들을 만나 정담을 나누던 그 시절에 머물러 있다. 그것이 '골목안 풍경'이다. 그의 사진이 따뜻하고 아름다운 게 그래서이다"(한정식, 2003: 6). 김기찬의 고향은 서울 사직동 산동네이다. 서울 중림동 산동네에서 김기찬은 어린 시절을 보냈던 고향에 대한 기억을 다시 찾는다.

> 내가 사진을 찍으면서 골목에 딱 들어서니까 '고향이 여기구나' 싶더라고 (…) 골목의 느낌, 사람 사는 그런 분위기는 어렸을 때 겪은 것과 같았어요. 그래서 골목에 굉장히 매료됐지. 그 골목에 들어가 사진을 찍으면서 '아! 나는 고향을 찾았구나' 했죠(김기찬·강수미, 2003: 69).

고향에 대한 그의 기억은 그리움을 수반한다. 산동네 '골목의 느낌, 사람 사는 분위기'는 가난한 현실과 떨어질 수 없다. 하지만 가난하지만, 그 느낌과 분위기에 매혹당한 것은 아련히 남아 있는, 고향에 대한 그리움일 것이다. 부산 영도에서 가난한 어린 시절을 보냈던 작가 김경복은 더할 나위 없이 아름다운 문장으로 골목안 삶을 그리워한다. "그 가난들이 서럽지 않게 남아 있는 것은 그리움 때문일 것이다"(김경복, 1999: 24).

> 내 유년시절은 좁다란 골목으로 이어져 있다. 막다른 것 같으면서도, 길은 삐뚤한 담벼락을 타고 다시 꺾여 꼬불꼬불 구비진다 (…) 어쩌다 변두리 골목길에 들어서면 내 가슴은 구들장 온기처럼 천천히 더워진다. 삶의 무릎에 앉은 듯한 느낌. 황폐한 시간들에 비로소 습기가 돈다. 모든 사람들이 한꺼번에 그리워지는 것이다(김경복, 1999: 10).

그리움으로 남아 있는 고향에 대한 기억. 그것은 향수이다. 그는 그의 향수를 사진에 담았다. "김기찬의 사진에는 우리가 살아온 과거가 고스란히 담겨 있다. 가난하고 그래서 조금쯤 암담했던 과거가 저장되어 있다. 그러나 어둡지가 않다. 우울하지도 않다. 오히려 정겹기만 하다. 사실, 이들 사진은 김기찬의 '향수'의 노래이다. 이들 사진이 정겨운 것의 그 까닭이다"(한정식, 2003: 5-6). 어릴 적 골목길과 사람들에 대한 그의 기억은 따뜻하다. 그래서 김기찬은 따듯한 시선으로 골목 안 풍경을 사진에 담았다. 최민식의 사진이 분노한다면 김기찬의 사진은 따뜻하다. 가난한 풍경을 찍었지만 그 풍경은 보는 사람에게 따뜻하고 훈훈한 느낌을 준다. 최민식과 달리 김기찬의 사진은 심각하지도 무겁지도 않다. 하지만 보는 사람들로 하여금 삶을 되돌아보게 하는 매력이 있다. 그것은 그의 시선이 따뜻하기 때문이다. "사진이 따뜻한 것은 사진을 찍는 사람의 마음이 따뜻하기 때문이라는" 한정식의 지적은 되새겨볼 의미가 있다. "그의 사진을 보면 저절로 미소가 떠오른다. 찍힌 상황이 인간미 넘치고 재미있어서이다. 그러한 상황은 그러한 마음과 그런 눈으로 보지 않으면 안 보인다. 그의 사진에 그런 사진이 많다는 것은 그가 인간미 풍부한 따뜻한 사람임을 뜻한다"(한정식, 2003: 7).

따뜻한 시선으로 김기찬이 사진에 담은 것은 골목 안 사람들이 살아가는 모습이다. 강수미의 지적처럼 그의 사진은 '그런 삶의 복잡성'과 '날것 그대로의 생생함'이 사진 속에 고요하게 가라앉아 있다는 느낌을 준다(김기찬·강수미, 2003: 78). 골목안의 삶은 가난한 삶이다. 때로 가난한 삶은 고통스럽다. 가난은 사람들을 좌절하게 한다. 하지만 사람들은 가난한 삶을 묵묵히 견딘다. 서로 의지하고 위로하면서 슬픔을 견디고 기쁨을 나눈다. 그것이 가난한 삶의 진실이다. 김기찬의 사진에서 가난이 가져다주는 고통과 좌절은 전면에 드러나지 않는다. 배경에서 문맥으로 고요하게 가라앉아 있을 뿐이다. 그의 사진에서 두툼하게 드러나는 것은 가난함에도 불구하고 서로 기대면서, 도우면서, 더불어 살아가는 소통적인 삶이다. 그의 말처럼, "골목은 무한히 넓고 깊은 세계다"(김기찬·황인숙: 2005: 9).

김기찬의 사진 속 골목에는 사람들이 모여 있다. 아주머니들이, 할머니들이, 아이들이, 한 가족이 혹은 여러 가족들이 앉아서 혹은 서서 모여 있다. 골목에 돗자리를 깔고 그 위에 앉아 있기도 하고, 의자나 평상 위에 앉기도 하고, 아니면 그냥 바닥에 퍼질러 앉기도 한다. 아기를 등에 업은 젊은 아주머니도 있고, 손주를 데리고 나온 할머니도 있다. 또 다른 아주머니들은 모여 앉아 감자를 깎고, 할머니들은 서로 머리를 만져준다(흰 머리카락을 뽑아주는 것일까?). 담소하면서 한가한 시간을 보내기도 하고, 국수를 말아서 나누어 먹기도 한다. 엄마들이 아이들을 골목 한 모퉁이에서 등목을 시키기도 한다. 아이들은 어른들과 같이 있기도 하고 자기들끼리 모여 있기도 한다. 골목에 깔린 돗자리 위에서 숙제를 하기도 하고, 우르르 골목을 뛰어다니기도 한다. 아이든 어른이든 골목 안 사람들의 옷차림은 편안하다. 남루하지도 화려하지도 않다. 그냥 집 안에서 입는 일상복이다. 골목에 나와 있는 사람들의 발은 맨발이거나 아니면 슬리퍼를 신고 있다. 빨래줄에는 속살이 내비치는 옷들이 널려 있다. 그들은 서로 경계하지 않는다. 그래서 편안하다. 무엇을 손에 들고 혹은 머리에 이고 골목길을 지나치는 사람도 있다. 골목에 모여 있거나 골목을 지나치는 사람들 모두 표정이 밝다. 슬픔에 차 있는 사람들은 보기 어렵고, 웃고 있는 사람들이 많다. 골목 안 사람들은 웃고 있다. 엿이 담긴 바구니를 어깨에 매고 가위질을 하며 지나가는 엿장수 아저씨도 웃고 있고, 쓰레기가 가득 찬 봉지들을 리어카에 잔뜩 싣고 길을 내려가는 청소부 아저씨도 웃고 있다.

김기찬의 아이들은 웃고 있다. 김기찬의 사진 속 아이들은 최민식의 사진 속 아이들과 다르다. 김기찬의 아이들은 '배경이 어둠뿐인' 아이들이 아니다. 그들은 아파하거나 불안 속에서 두려워하는 아이들이 아니다. 그들의 얼굴 표정은 지쳐 있지 않고, 옷차림은 남루하지 않다. 그들은 얼굴이 밝고, 호기심 많고, 장난스러운 아이들이다. 슬픔에 갇혀 혼자 떨어져 있는 아이들은 거의 없다. 아이들은 같이 있다.

비 오는 날의 골목길 사진들은 한 편의 시다. 비 오는 날 젖어 있는 서울 중림동 골목길. 한 아이가 비를 피해 골목길을 뛰어 내려가고, 폭포가 된 가파른 계단길 위에 사람들이 우산을 쓰고 지나간다. 젖어 있는 삐뚤삐뚤한 보도블록은 보는 사람의 마음을 적신다. 김기찬의 〈**서울 중림동, 1978. 8**〉(사진 3)은 젖어 있는 골목길을 찍은 사진 가운데 필자에게 가장 와닿는 사진이다. 비 오는 날 어느 젖은 골목길 끝. 앞은 확 트여 있고, 양 쪽에는 낡은 집이 한 채씩 있다. 한 쪽 집은 담벼락이 반쯤 부서져 있고, 다른 쪽 집의 벽에는 낡아빠진 슬레이트가 덕지덕지 붙어 있다. 저 너머 도심의 고층 건물들이 흐릿하게 보인다. 한 여자 아이가 등에 어린 동생을 포대기로 업은 채 한 손으로 우산을 받쳐 들고 있다. 우리에게 등을 보인 채 저 먼 곳을 보고 있다. 여기와는 다른 저곳. 무엇을 보고 있을까? 무엇을 생각하고 있을까? 무엇을 꿈꾸고 있을까? 여기를 떠나서 저곳에 가고 싶은 것일까? 저곳에 일 나간 엄마가 빨리 돌아와서 동생을 받아주기를 바라는 것일까? 비 맞고 올지도 모를 엄마를 걱정하는 것일까? 아니면 멀리 가 있는 아빠를 그리워하는 것일까? 비 오는 날 이 여자아이는 슬리퍼를 신고 있다. 이 사진에서 필자는 얽매임이라는 고통과 탈주라는 희망을 읽지 못한다. 우리를 이렇게 초라하게 만드는 불평등한 사회적 관계를 읽지 못한다. 슬픈 얼굴을 보지 못하고, 벗어나고 싶다는 욕망을 읽지 못한다. 하지만 느낄 수 있는 것은 무어라고 똑 부러지게 말할 수는 없지만 삶에 본래적으로 내재해 있는 삶의 아스라함이다. 그것을 김기찬은 자신의 서정 혹은 시적 감수성으로 표현했다. 그래서 김기찬의 비 오는 날 골목길 사진은 한 편의 시다. 그 사진엔, 비에 젖은 그 사진엔, 마치 고영의 시에서처럼 '백년 만에 유성비가 쏟아져 내린다.' "가랑잎 같은 아이

〈사진 3〉 서울 중림동, 1978. 8

를 가랑가랑 쪽배에 싣고/ 신출내기 선장이 된 그녀,/ 멀미보다 견디기 힘든 건 그리움이었다./ 그리움이 쌓일수록 계단 숫자도 늘어/ 어느덧 산꼭대기까지 밀려온 쪽배 한 척/ 그녀에게선 사모아제도의 깊은 바다냄새가 난다./ 높은 곳으로 올라야 아빠별을 볼 수 있다고/ 밤마다 전갈자리별에 닻을 내리는 쪽배의 지붕으로/ 백년 만에 유성비가 쏟아져 내린다"(고영, 「산복도로에 쪽배가 떴다」에서).

서울의 산동네 판자촌은 거의 대부분 철거되었다. 도시재개발로 철거되는 지역, 돌덩이, 흙덩이, 판자더미들이 제 마음대로 흩뿌려져 있는 지역, 폐허로 변해 잔해만 어지럽게 널려 있는 지역을 담은 김기찬의 사진에도 삶의 아릿함이 묻어 있다. 김기찬의 사진 〈서울 도화동, 1989. 2〉(사진 4)에는 폐허로 변해버린 위험한 지역에서 아직 그 지역을 떠나지 못한 여자아이 다섯 명이 모여서 소꿉놀이를 하고 있다. 잔해더미에서

〈사진 4〉 서울 도화동, 1989. 2

찾아낸 몇 가지 물건들을 가지고. 플라스틱 병, 작은 유리병들, 뚜껑 없는 참치 통조림(하나는 뚜껑이 입을 열고 붙어 있는 채로 연탄재 위에 올려놓았다), 접시, 숟가락과 젓가락, 플라스틱 바구니에는 식탁 위에 올려놓을 것이 아직도 남아 있다. 막내 동생은 곰인형을 가슴에 안고, 그들 모두 카메라를 쳐다보며 웃고 있다.[9] 삶을 뿌리째 뽑아버린 거대한 폭력 한가

---

9) 식탁 위의 물건들과 아이들의 웃음은, 바르트의 용어를 빌면, 푼크툼(punctum)이다. 길들여진 문화 속에서 양식화된 정서가 스투디움(studium)이라면, 푼크툼은 새로운 발견을 가능하게 하는 부분적인 세부이다. 산동네 폐허에 주안점을 두면 이는 스투디움이다. 가난, 소외, 억압의 현장으로 폐허를 인식한다면 이는 양식화된 해석인 스투디움이다. 물론 폐허에 대한 인식에는 스투디움적 해석이 전제되겠지만, 이 사진이 뛰어난 것은 스투디움적 해석을 넘어선 데에 있다. 폐허 속에서도 아이들은 소꿉놀이를 하면서 웃고 있다. 폐허에 대한 양식화된 인식을 뛰어 넘어 나를 찌르는 이 강력한 것, 즉 식탁 위의 물건들과 아이들의 웃음은, 바르트가 푼크툼을 정의하듯, "내가 그 요소를 찾는 것이 아니라 스스로 마치 화살처럼 사진에서 떠나와 나를 관통한다"(Barthes, 1981: 31). 그것

운데에서 사진작가 김기찬의 시선은 작고 연약한 존재인 아이들을 찾는다. 아이들과 카메라가 마주친 순간, 아이들은 웃는다. 그 순간은 비정한 폭력적 세계를 일시에 전도시켜버리는 순간이다. 아이들의 웃음은 시공을 초월한 순수한 아름다움으로 남는다. 남는 것은 폐허 속 잔해가 아니라 순수의 결정체이다.

이 사진은 서울 도화동에서의 최후의 만찬을 담은 사진이다. 아이들이 함께 나누는 최후의 만찬에는 '너희 중 한 사람이 나를 배반할 것이다라는 예수의 말에 놀라고, 슬퍼하고, 한탄하고, 의심하고, 분노하는 열두 제자의 모습'(곰브리치, 1997: 296-298)이 없다. 이 사진 속 아이들은 슬퍼하지도 분노하지도 않는다. 우리 동네를 파괴시킨 자를 원망하지도 않는다. 크레인이 쑥대밭으로 만들어놓고 간 이 폐허 위에서 아이들은 참치찌개를 끓여 나누어 먹는다. 이 식사는 평화로운 식사이다. 슬퍼하고 분노하는 것은 어른들의 몫이다. 아이들은 어떤 상황 속에서도 그들만의 기쁨을 찾아낸다. 그것은 빛나는 원초적 생명력이고 생명의 근원이다. 어둠을 물리치는 것은 빛이다. 필자는 여기서, 아이들의 세계에서처럼, 순수하게 나누면서 공감하는 삶이 가진 어떤 숭고함을 본다. 세상은 인간을 잔해더미 속으로 내던지지만 그래도 희망은 있다. 그래서 삶은 계속 이어진다. 이 아이들은 떠났지만 그들은 기억할지도 모른다. 잔해더미 속에서 나누었던 소꿉놀이를. 기대고 의지하고 공감하면서 나누었던 그때의 식사를. 그것은 미래의 그리움이 될 것이다.

그런데 과연, 골목도 끝났고, 골목 안 풍경도 끝났고, 김기찬도 가버렸으니, 누가 이 동네를, 이 아이들을 기억할 것인가? "사라지는 것은 땅에 섰던 도시의 흔적만이 아니라 사람들이고 그들의 기억들이다"(정기용, 1999: 341). 산동네 골목 안에 살았던 사람들의 나름대로 아름다웠던 소통

들은 이 사진의 배경이 비록 폐허이지만, 사진을 아주 활기 있게 만들고 있다. 푼크툼의 발견은 사진에 새로운 의미를 가져다준다.

적인 삶은 오늘 이 시대에 다시 찾아볼 수 있을까? 아니 기억이라도 될 수 있을까? 산동네 가난한 사람들의 일상과 애환을 작품에 많이 담은 김소진은, 1997년 그의 마지막 소설 「눈사람 속의 검은 항아리」에서, 산동네가 파괴되면 자신의 기억도 사라질 것이라고 한탄했다. 바로 그해 봄 김소진은 35세의 젊은 나이로 세상을 떠났다.

> 아아. 하지만 여태껏 나를 지탱해왔던 기억, 그 기억을 지탱해온 육체인 이 산동네가 사라진다는 것이 아니겠는가. 나를 이렇게 감상적으로 만드는 게. 이 동네가 포크레인의 날카로운 삽질에 깎여가면 내 허약한 기억도 송두리째 퍼내어질 것이다(김소진, 1997, 「눈사람 속의 검은 항아리」에서).

그러나 기억해야 한다. 기억이 사라진다고 한탄하는 것은 기억을 불러와야 한다는 의지의 표현이다. 우리는 『골목안 풍경』을 기억해야 한다. 그 기억은 현재의 삭막한 도시에서의 삶을 끊임없이 되돌아보게 하는 살아 있는 기억이 될지도 모른다. 소멸하고 있는 것, 이제는 부재한 것, 그것이 아름다운 것이라면, 그것을 기억하고 그리워하는 것은 단지 과거에 대한 향수로만 그치는 것이 아니라, 언제나 지금 여기에서의 삶을 성찰하는 계기가 될 수 있을 것이다. 실낙원에서, "석관 위에 새겨진 글자, 그 관 속의 죽음, 그리고 그 주검의 침묵 (…) 소멸해 가는 혹은 이미 소멸한 것들의 말없는 흔적"(문광훈, 2001: 42)을 해석함으로써 낙원을 꿈꾸는 문광훈은 다음과 같이 묻는다. 그 물음은 영원하다.

> 한때는 나와 우리 모두의 것이었으되 더 이상 되찾을 수 없는, 하여 이제는 희미한 꿈결 속에서만이 다가갈 수 있을 뿐인 것들의 쓰라린 목록들 (…) 이런 사라져 버린 것, 잊혀진 것, 놓쳐 버린 것들의 원형적 이름은 무엇인가? 현실 저편의 이것들은 지금 여기의 우리에게 무슨 의미를 지니는 것인가? 그것

들은 원형적 모습으로 다시 경험될 수 있는 것인가? 그것들을 우리는 지금 여기의 우리의 것으로, 아니 적어도 상상적으로라도 만날 수 있는 것인가? 그리고 그런 만남 후에 우리의 삶은 이전의 그것과 조금은 달라질 수 있는 것인가?(문광훈, 2001: 22).

5. 나가는 말

평생 동안 한 가지 주제를 탐구하는 작가들은 그리 흔치 않다. 그런 점에서 최민식과 김기찬은 보기 드문 작가이다. 두 작가의 주제는 비슷하다. 그것은 가난한 사람들, 작고 초라한 사람들의 삶이다. 하지만 가난한 사람들을 사진에 담지만, 그들의 시선은 서로 다르다. 최민식의 가난한 사람들은 거리에서 만나는 우리 사회 최하층의 사람들이다. 그는 가난한 사람들에게 바짝 다가가서 그들의 얼굴을, 얼굴에 나타난 표정을 정면에서 찍는다. '결정적 순간'을 포착하여 가난한 사람들이 처한 상황과 내면 세계를 기록한다. 가난한 사람들 주변의 배경은 잘 드러나지 않는다. 최민식의 시선은 분노하는 자의 시선이다. 인간을 비참하게 만드는 가난에 대하여, 그리고 가난한 사람들을 외면하는 이 사회에 대하여 그는 분노한다. 사진은 그의 성난 목소리를 그대로 담고 있다. 그래서 그의 사진엔 힘과 에너지가 넘친다. 그가 만든 이미지는 강렬하다. 그의 사진은 심각하고 무겁다. 그 때문에 그의 사진은 사람들을 전율하게 하거나 아니면 주눅 들게 한다. 그의 사진에는 엄숙한 도덕주의가 어쩔 수 없이 들어가 있다. 그는 '활활 타오르는 불길'의 작가이다.

김기찬의 사진은 최민식의 사진과 다르다. 김기찬의 가난한 사람들은 산동네 판자촌에 사는 사람들이다. 그는 산동네에 머물면서 골목길이라는 공간과 그곳에 사는 사람들을 같이 사진에 담는다. 그의 관심은 가난한 사람들의 일상생활과 소통적인 삶에 있다. 지나가는 통로이자 머무르는 마당인 골목길은 그곳에 사는 사람들의 삶을 이해하는 데 중요한 맥락이자 배경이 된다. 그가 기록한 골목안 풍경은 아름답다. 끝없이 흘러가는 공간이 아름답고, 머무르는 사람들이 아름답다. 그것은 그의 서정 혹은 시적 감수성 때문일 것이다. 김기찬의 시선은 그리워하는 자의 시선이다. 궁핍한 사람들이 아무리 힘들게 살아간다 해도, 그는 산동네에서 '골목의 느낌'과 '사람 사는 분위기'를 찾아낸다. 그것은 아름다운 시절에 대한 향수이며, 사라져 가는 것에 대한 연민이고, 간직하고 싶은 것에 대한 애착이다. 서로 나누고 소통하면서 가난하고 힘든 삶을 묵묵히 견디는 사람들. 그리워하는 자의 시선으로 찍은 사진은 따뜻하고 고요하다. 김기찬은 '따사로운 온기'의 작가이다. 하지만 그의 사진엔 '백년만에 유성비가 쏟아져 내린다.' 그것은 구원에의 희구이다. 구원받을 수 있을까? 골목길도 사라지고, 김기찬도 가버린 이 시절, 기억도 흐릿해지는 이 시절, 가난한 사람들의 아름다웠던 소통적인 삶은 우리에게 다시 돌아올 수 있을까?

참고문헌

강상훈·강수미. 2003. 「서울 집. 풀의 사진가 강상훈과의 대담」.
강수미 외. 『서울생활의 발견』. 현실문화연구.
고영. 2005. 『산복도로에 쪽배가 떴다』. 천년의시작.
김경복. 1999. 『하늘이 보이는 쪽창』. 새움.
김기찬. 2003. 『골목안 풍경 30년: 김기찬 사진선집』. 눈빛.
김기찬·강수미. 2003. 「서울 〈골목 안 풍경〉의 사진가 김기찬과의 대담」.
강수미 외. 『서울생활의 발견』. 현실문화연구.

김기찬·황인숙. 2005.『그 골목이 품고 있는 것들』. 샘터.
김대식. 1999.『사진을 읽는다: 김대식 사진 평론집』. 눈빛.
김소진. 1997.「눈사람 속의 검은 항아리」.『21세기 문학』. 봄호.
김우창·고종석·권혁범·여건종·윤평중. 2004.『행동과 사유: 김우창과의 대화』. 생각의나무.
문광훈. 2001.『구체적 보편성의 모험: 김우창 읽기』. 삼인.
이영준. 2003.「골목 끝에서 이루어진 운명적인 만남」. 김기찬.『골목안 풍경 30년: 김기찬 사진 선집』. 눈빛.
임영균. 1998.『사진가와의 대화 3』. 눈빛.
정기용. 1999.「도시·건축의 정치학. 그 폐허의 이미지」. 영상문화학회.『이미지는 어떻게 살고 있는가』. 생각의나무.
정병근. 2005.『번개를 치다』. 문학과지성사.
조세희. 1985.『침묵의 뿌리』. 열화당.
조세희. 2003. "종이거울 속의 슬픈 얼굴". 사진집『최민식』. 열화당.
조우석. 1998.『한국사진가론』. 눈빛.
최민식. 1992.『리얼리즘 사진의 사상』. 삼화문화사.
최민식. 1993a.『인간이란 무엇인가?』. 사람사람들출판사.
최민식. 1993b.『세계 걸작사진연구 1』. 부산일보사.
최민식. 1996.『종이거울 속의 슬픈 얼굴』. 한양출판.
최민식. 2003.『최민식』. 열화당.
최민식. 2005.『사진이란 무엇인가』. 현문서가.
최민식·조은. 2004.『우리가 사랑하는 것들에 대하여』. 샘터.
한정식. 2003.「아름다운 시절은 가고」. 김기찬.『골목안 풍경 30년: 김기찬 사진 선집』. 눈빛.
곰브리치, E. H. 1995.『서양미술사』. 백승길·이종성 역. 예경.
로슬러, 마르타. 1992.「다큐멘타리 사진론: 그 속에서. 그 주변에서. 그리고 그 후에」. 리차드 볼턴(편).『의미의 경쟁』. 김우룡 역. 눈빛.

테리 배럿. 2000.『사진을 비평하는 방법』. 임안나 역. 눈빛.

수잔 손탁. 1977.『사진에 관하여』. 이재원 역. 시울.

외젠 앗제. 2003.『외젠 앗제』. 열화당.

카르티에-브레송, 앙리. 2004.『앙리 카르티에-브레송 그는 누구인가?』. 정진국 역. 까치글방.

Barthes, R. 1970, *Mythologies*, Paris: Seuil. (정현 역.『신화론』. 현대미학사.)

Barthes, R. 1981, *Camera Lucida: Reflections on Photography*, New York: Hills and Wang. (송숙자 역.『사진론』. 현대미학사.)

Benjamin, W. 1931, "Little history of photography", in *Walter Benjamin, Selected Writing vol. 2, 1927-1934*, 1999, Cambridge: Belknap Press.

Krase, A. and Adam, C. 2000, *Paris, Eugune Atget 1857-1927*, Taschen.

Steichen, E. 1955, *The Family of Man*, New York: MOMA.

10장

문화예술과 도시재생 그리고 주민참여

1. 들어가는 말

도시사회학 분야에서 문화예술을 통한 도시재생을 중요한 연구주제로 다룬 것은 1982년 주킨(Zukin)의 연구가 출판되면서부터라고 할 수 있다. 뉴욕의 쇠퇴지역인 맨하탄 소호가 문화예술의 영향으로 변화한 과정을 분석한 주킨의 〈Loft Living: Culture and Capital in Urban Change〉이 나오면서, 정치와 경제의 논리가 아닌 제 3의 논리 즉 문화예술의 논리가 공간 변화에 중요한 영향을 끼칠 수 있다는 점이 본격적으로 논의되기 시작했다. 2000년대에 들어와서는 플로리다(Florida)와 랜드리(Landry)에 의해서 창조도시론이 제기되었고, 문화예술 분야의 창의성 혹은 창조성을 통하여 지속적인 도시발전을 추구하는 전략이 여러 도시들에서 채택되고 있나. 시난 30여 년 동안 문화예술을 통한 노시공산의 변화라는 쟁섬은 노시사회학의 중요한 주제 가운데 하나로 자리 잡은 듯하다.

이 글에서 고찰하는 내용은 다음과 같다. 첫째, 플로리다와 랜드리의 창조도시론을 간략하게 정리한다. 둘째, 문화예술을 통한 도시재생을 경험하고 있는 다섯 도시(뉴욕, 상하이, 서울, 부산, 인천)의 사례를 현황과 과정을 중심으로 정리한다. 셋째, 다섯 도시의 사례를 비교하여 공통점과 차이점을 파악한다. 넷째, 문화예술을 통한 도시재생에 있어서 주민참여의 가능성과 한계를 고찰한다.

2. 문화예술과 도시재생: 창조도시론

리처드 플로리다(Richard Florida)는 창조적 계급과 창조도시라는 개념으로 미국에서 주목받는 어떤 특정한 사회계층과 그들이 거주하는 도시와 지역들의 성격을 탐구한다(Florida, 2002). 새롭게 등장하는 사회계층 혹은 사회계급의 특성을 그들이 수행하는 일, 여가, 일상생활, 그리고 공동체의 측면에서 조명하는 이 연구는 많은 반향을 불러일으키고 있다. 창조산업 육성을 통한 도시발전이라는 주제로 국내외에서 여러 연구들이 이루어지고 있다(Howkins, 2001; Florida, 2002; 신성희, 2006). 플로리다에 의하면 창조적 계급은 창조의 핵과 창조적 전문가로 구성되어 있다. 창조의 핵에는 IT 및 첨단 하이테크 분야의 직업군, 바이오 등 자연과학계 연구개발 분야에 관계된 직업군, 그리고 영상·음악·미술·무대예술·미디어 아트 등 문화예술계의 직업군 등이 중추를 이루며, 창조적 전문가에는 비지니스, 법률, 금융, 보험, 매니지먼트 등에 종사하는 사람들이 속한다. 플로리다에 의하면 창조적 계급은 다음과 같다.

> 나는 창조적 계급의 핵에 과학, 공학, 건축, 디자인, 교육, 미술, 음악, 엔터테인먼트에 종사하는 사람들을 포함시킨다. 그들의 경제적 기능은 새로운 아이디어, 새로운 기술, 새로운 독창적 내용을 창조하는 것이다. 창조적 계급의 핵 주변에는 사업, 금융, 법률, 건강관리와 관련된 분야에 몸담은 창조적인 전문가들로 구성된 보다 광범위한 집단이 있는데, 그들도 역시 창조적 계급에 해당된다. 그런 사람들은 상당량의 독립적인 판단과 고학력이자 인간

자본이 요구되는, 복잡한 문제를 해결하는 일에 종사한다. 게다가 창조적 계급의 모든 구성원들은 화가나 기술자, 음악가나 컴퓨터 과학자, 작가나 기업가에 관계없이, 창조성, 개성, 차이, 장점을 중시하는 공통된 창조적 사조를 공유한다. 창조적 계급의 구성원들에게 창조성의 모든 측면과 실현—기술적, 문화적, 경제적—은 상호 연결되어 있고 분리될 수 없다(Florida, 2002: 27-28).

창조적인 사람들은 창조성이 자유롭게, 끊임없이 생산, 유통되는 환경을 선호한다. 플로리다는 도시의 혁신적인 발전을 위해서는 높은 부가가치를 생산하는 창조적 계급을 도시 내로 끌어와야 하며, 이를 위해서는 사회적, 문화적, 지리적 환경을 창출해야 하는 것과 창조적 사람들이 교류하는 창조적 공동체를 형성하는 것이 중요함을 강조한다. 특히, 플로리다는 도시가 혁신적으로 발전하기 위해서는 창조적 인력이 선호하는 환경을 조성해야 함을 강조하고 있다. 창조적 계급을 통한 도시발전을 위해서는 창조적 지역공동체를 만들어 나가야 한다는 것이 플로리다 논의의 핵심을 이룬다. 그는 창조적 계급이 선호하는 지역의 특성을 다음과 같이 말한다. "창조적인 사람들은 항상 파리의 레프트뱅크나 뉴욕의 그리니치 빌리지 같은 특정 종류의 지역에 끌린다. 그런 지역은 창조성의 근원인 자극과 다양성, 풍부한 경험을 제공한다. 이제 더 많은 사람들이 그것을 찾고 있다 (…) 그 지역은 우리가 창조적인 사람으로서 우리의 독자성을 나타내고 강화할 수 있게 한다. 우리가 원하는 일을 추구하고, 폭넓은 범주의 생활양식을 제공하는 여가시설을 쉽게 접할 수 있게 함으로써 말이다 (…) 우리는 독특한 특징을 지닌 지역을 선호한다"(Florida, 2002: 37).

랜드리의 창조도시론의 핵심은 창의성이다. 그에 의하면, 예술적 창의성뿐만 아니라 사회적, 정치적, 경제적, 기술적 창의성 모두 창조도시에 요청된다(Landry, 2000). 랜드리는 창조도시를 실천적으로 만들기 위한 여러 가지 아이디어들과 도구들을 제시했다. 그의 제안은 창조도시의 창출과 경영을 위한 매뉴얼을 제시하는 듯한 느낌을 준다. 랜드리가 제시한 창조도시의 전제조건은 다음의 7가지이다. 1) 개인의 자질, 2) 의지와 리더십, 3) 다양한 인간 및 재능에의 접근성, 4) 조직문화, 5) 강력한 지역정체성, 6) 도시의 공간 및 시설, 7) 네트워킹 및 연대구조. 특히 랜드리는 도시의 비전을 합의할 수 있는 의사소통의 과정을 원활하게 이끌 수 있는 네트워킹의 중요성을 강조한다. 상상력이 풍부한 개인들, 창조적인 조직, 원활한 소통을 통해서 합의된 비전을 공유하는 정치문화가 창조도시로 가는 데 있어서 핵심적인 역할을 한다는 것이다.

랜드리는 창조도시를 위한 문화예술의 가능성에 특히 주목하고 있다. 랜드리는 도시의 여러 문제들을 문화예술을 통해 어떻게 하면 창조적으로 해결할 수 있을 것인가에 대해 고민한다. 한국에 랜드리의 창조도시론을 소개한 임상오는 랜드리의 창조도시론을 다음과 같이 정리한다. "예술과 문화가 주목을 받게 된 이면을 파헤쳐보면, 영국과 독일의 탈공업화 도시의 경우 멀티미디어, 영화, 음악, 연극 등 문화산업이 제조업 분야를 대신하여 지역의 성장과 고용에 긍정적인 영향을 미치기 시작했을 뿐만 아니라 도시문제에 대한 창조적인 해결방식에 있어서도 다양한 아이디어의 원천이 된다. 게다가, 도시의 문화유산과 문화적인 전통은 지역주민들로 하여금 자신의 도시 역사와 도시에 대한 과거의 기억을 떠올리게 했을 뿐 아니라 글로벌화 중에서도 도시의 정체성을 공고히 해주며, 미래에 대한 통찰력을 높이는 힘을 발휘하게 해주기도 한다. 결국, 창조성이란 새로운 발명의 연속일 뿐 아니라 과거와의 적절한 대화를 통해 수행되며, 문화와 창의성은 상호 자극을 주고 받으면서 발전해가는 것을 말해준다"(임상오, 2007: 102).

이 글에서 필자는 창조적 계급과 창조도시에 대한 플로리다와 랜드리의 논의를 전반적으로 검토하지는 않는다. 대신에 필자의 관심은 도시 내의 낙후된 지역을 창조적 계급을 끌어들이는 공간으로 재활성화시키는 방안에 있다. 창조적 계급을 통하여 도시발전을 추구하는 것도 바람직하고, 도시의 낙후지역을 재활성화시키는 것도 중요하다면, 이 두 가지 과제를 결합시켜 낙후된 지역을, 창조성이 넘치는 창조적 지역으로 재활성화시켜, 창조적 계급의 공동체로 만들 수 있다면 더할 나위 없이 좋을 것이다. 도시의 낙후된 지역을 창조적 계급이 선호하는 사회적, 문화적, 지리적 환경으로 조성하고, 여기에 들어온 창조적 계급이 서로 교류하여 사회적 관계망을 형성하면서 창조성을 최대한 발휘한다면, 그 지역은 독특한 특성을 가진 지역으로 재활성화될 수 있고, 그것의 영향은 다시 전체 도시로 파급될 수 있을 것이다.

3. 문화예술과 도시재생의 사례들

1) 뉴욕 소호

이 글에서 필자는 도시공간의 성격을 변화시키는 문화예술의 힘에 주목한다. 창조적 계급의 중추를 이루는 문화예술인들의 영향으로 도시 낙후지역이 재활성화된 대표적인 사례가 미국 뉴욕 맨하탄의 소호(SOHO) 지역이다. 소호지역의 변화과정은 주킨에 의해서 잘 묘사되었다(Zukin, 1982). 1970년대 이후 서구 자본주의 도시의 공간 변화를 설명하기 위해서 도시사회학자들은 도시 내의 정치적 논리와 경제적 논리의 상호작용에 주목했다(윤일성, 2002; 권태환·윤일성·장세훈, 2006). 이런 상황에서 주킨은 뉴욕 맨하탄 소호지역의 공간변화과정을 연구하여, 정치적, 경제적 논리 이외에도 문화적 논리 역시 도시공간 변화를 유발시키는 중요한 논리임을 밝혀낸 것이다. 뉴욕 맨하탄의 소호지역은 문화예술을 통한 도시재활성화의 중요한 사례가 된 것이다.

뉴욕 맨하탄의 소호지역에는 19세기 중반에 건축된 건물이 250여 개 있었다. 많은 건물들에는 소규모 의류공장과 창고들이 입주해 있었다. 그러다 1960년대에 이르러 제3세계에서 생산된 의류들이 미국에 들어오면서 이 지역의 의류공장들은 경쟁력을 잃어가기 시작했고, 도산하는 공장들이 속출했다. 공업지역이었던 이 지역은 비어 있는 공장과 창고가 늘어나자 황폐해져 갔다. 비어 있는 건물들이 늘어나자 건물 임대료 역시 하락했고, 싼 임대료와 이 지역 건물들의 높고 넓은 공간에 매력을 느낀 예술가들은 작업실을 소호로 옮기기 시작했다. 예술가들의 스튜디오들이 늘어나면서, 화랑들도 속속 이 지역으로 옮겨 왔다. 지역의 특성이 변화하면서 보헤미안적인 분위기를 지니게 된 이 지역은 뉴욕의 중산층들의 관심을 끌었고, 부동산 개발업자들이 이 지역에 고급주택을 짖게 되고, 중산층들이 이 지역에 이주했다. 중산층들의 생활스타일에 맞추어 부띠크, 고급 서비스전문점 등도 많이 늘어났다. 뉴욕 정부가 이 지역을 예술의 광장으로 지정하면서 소호는 뉴욕의 문화예술 중심지로 자리를 확고히 잡았다. 하지만 1990년대 후반에 접어들면서 소호지역의 임대료가 높아졌고, 이에 부담을 느낀 예술가들이 그들의 작업실을 인근 지역인 첼시와 브루클린의 공장지역으로 옮기고 있는 추세이다(Zukin, 1982; Savage & Warde, 1993; Gratz & Mintz, 1998; 박은실, 2002). 공업지역에서 문화예술지역으로 재활성화된 소호지역의 변화과정은 문화예술을 통한 도시재활성화를 추구하는 각 지역에 큰 시사점을 주고 있다. 황폐화된 산업부지를 어떤 새로운 기능을 넣어서 그리고 어떤 미학적 형태로 재구성할 것인가? 이 문제로 고민하는 연구자들에게 소호지역의 사례는 큰 도움이 될 것이다.

2) 중국 상하이 M50

상하이 모간산로(莫干三路) 50번지(M50)는 수저우강(蘇州河) 연안에 위치한 공장지역이었다. 수저우강은 상하이를 대표하는 강인 황푸강(黃浦河)으로 흘러드는 지류 하천인데, 수저우강 연안에는 오래전부터 공장들이 밀집해 있었다. 수저우강 연안 공업지역의 형성과정은 한하오치 & 장송(韩好齐 & 张松, 2004)에 잘 정리되어 있다. 수저우강 연안은 19세기 중반 서구 열강의 중국 침략기에 조계지로 편입되었다. 1845년 아편전쟁 이후 수저우강 남쪽 연안은 영국조계지로 편입되었고, 몇 년 뒤인 1849년에 수저우강 북쪽 연안은 미국조계지로 귀속되었다.

조계지로 편입되면서 이 지역은 서구의 영향을 많이 받아 서구식의 공장, 창고들이 많이 지어졌다. 중국 최초의 방직공장이 이 지역에 지어졌다. 발전소가 건설되었고, 상수도가 만들어졌으며, 잇달아 분말공장, 모직공장 등 많은 공장들이 수저우강 연안에 들어섰다. 이 지역에 들어선 공장들은 상하이 산업 발전에 기여를 한 것으로 평가된다.

1937년 약 750개 기업 (이들 중 방직 및 염색회사는 97개)이 수저우강 연안에 존재했었고, 1938년 면화공장, 기계공장, 인쇄공장, 염색공장 등이 모간산로 50번지, 24번지, 20번지에 추가되면서 수저우강 연안은 상하이 서부산업지구의 중심이 되었다(韩好齐 & 张松, 2004: 16).

상하이 시정부는 수저우 연안의 개발과 보존에 박차를 가하고 있다. 1996년에 상하이 시성부는 수서우강 환경개선사업을 실시했다. 치수, 수질오염개선, 오염방지, 연안정비를 위하여 상하이 시정부는 1996년부터 10년에 걸쳐 200억 위안을 이 지역에 투자할 계획을 세웠으며, 2002년에는 국제 공모를 통하여 수저우 연안개발을 위한 새로운 계획을 마련했다. 이 계획에는 수저우 연안개발을 위한 3가지 주안점이 들어가 있다. 그것은 인간문화, 생태, 그리고 경관이다(韩好齐 & 张松, 2004: 23).

이 지역의 공장들이 다른 곳으로 이전한 것은 정부의 수저우강 연안개발 계획이 준비되는 때와 비슷한 시기였다. 즉, 1990년대 후반부터 수저우의 많은 공장과 창고들은 외곽으로 이전하기 시작했다. 그에 따라 오래된 공장과 창고들은 많이 철거되었다. 하지만 철거되지 않고 빈 채로 남아 있는 공장과 창고들은, 여전히 철거의 위기에 놓여 있지만, 이 지역의 새로운 발전을 가져올 중요한 구심점이 되고 있는 것이다.

모간산로 50번지에 있었던 공장 중 가장 큰 공장은 상하이 춘밍(春明)방직공장이었다. 이 공장은 1937년에 건립되었는데, 1999년 구조조정으로 문을 닫았다. "1,200여 명의 해직노동자들의 생계를 해결하기 위해" 춘밍방직공장은 공장과 창고들을 예술가들에게 임대해주기 시작했다(蒯大申, 2006: 16).

비어 있는 공장과 창고들은 예술가들의 작업실로 활용되기 시작했다. 수저어의 공업지역에 제일 먼저 작업실을 옮긴 예술가는 타이완 출신의 Teng Kun Yan(登琨艶)이다. 타이완 건축가인 Teng Kun Yan의 Dayang Design Company가 1998년 모간산로 50번지 인근의 남소주로 1305번지에 있는 비어 있는 창고로 옮겨 왔다. 이 창고는 1933년에 지어진 건물로 원래 곡물창고로 사용되었던 회색의 벽돌 콘크리트 건물이었다. 이 창고는 타이완에서 본토로 건너온 한 건축가의 건축작업 공간으로 사용되기 시작했다. Teng Kun Yan(登琨艶)을 뒤이어, 그의 작업실과 아주 가까운 다른 두 곳의 창고들과 수저우강 건너편의 창고 하나를 다른 건축가들과, 영화, TV, 디자인 및 미디어 회사들이 임대해서 입주했다(韩妤齐 & 张松, 2004: 28).

2000년엔 모간산로 50번지 바로 옆의 서소주로 1131번지의 빨간 벽돌 콘크리트 건물(곧 철거가 예정된 창고)을 동랑(東廊, Eastlink Gallery)에 속해 있었던 화가 이량(李梁)이 임대했다. 이 건물은 1932년 영국인이 설계했는데, 상하이 식량회사의 곡물창고로 사용되었다. 이 건물에 몇몇 예술가들이 그들의 작업실을 옮겨 왔고, 동랑(東廊, Eastlink Gallery)과 ShanghArt Gallery가 여기에 입주했다. 서소주로 1131번지의 빨간 벽돌 콘크리트 건물은 상하이 미술계의 새로운 중심으로 부각하기 시작했다. 하지만 상하이 시정부의 수저우강 연안개발계획과 부동산회사들의 개발계획은 이 지역을 철거하고 다른 용도의 건물을 세우려고 했다. 이미 서소주로 1131번지 바로 앞에 대규모 주거단지가 개발되기 시작했다. 결국 2002년 상하이 미술계의 새로운 중심이었던 서소주로 1131번지는 철거되었다.

한편, 서소주로 1131번지 창고의 철거논의가 한창이던 2000년 5월 쉐숭(薛松, 설송)은 서소주로 바로 옆에 붙어 있는 모간산로 50번지에 그의 스튜디오를 옮겼다. 쉐숭이 모간산로 50번지에 입주한 최초의 예술가로 기록되는 순간이었다. 2년 뒤 서소주로 1131번지의 창고가 철거되면서 그곳에 있던 두 개의 갤러리와 여러 예술가들의 작업실이 모간산로로 옮겨 왔다. 그와 더불어 2002년 도심 인근의 화이하이시루(淮海西路) 720호가 철거되면서 그곳에 있던 예술가들이 작업실을 모간산로 50번지로 옮겼다. 결국 2002년부터 모간산로 50번지는 상하이의 화랑들과 예술가들의 작업스튜디오들이 계속 모여들기 시작했던 것이다(韓好齊 & 張松, 2004: 28-34). 2004년 상하이 시정부는 모간산로 50번지를 문화창의 산업지구로 지정했다.

이상에서 살펴본 바와 같이, 모간산로 50번지가 공업지역에서 문화예술지역으로 변화한 것은 정부가 처음부터 정책적으로 의도한 것이 아니다. 공장이 외곽으로 이전하고, 남아 있던 빈 공장과 창고들에 예술가들이 스스로 들어간 것이다. 처음부터 정부가 이 지역에 예술가들을 끌어들이기 위해서 정책적 노력을 기울인 것은 아니었다. 정부가 이 지역을 문화창의 산업지구로 지정한 것은 이 지역으로 작업실을 옮기는 예술가들과 화랑(갤러리)들이 증가하면서 이 지역이 상하이의 새로운 문화예술 중심지로 인식되면서부터이다.

한하오치 & 장송은 M50 예술지역의 특징을 비공식적(unofficial), 비정부적(non-governmental), 자발적(spontaneous), 그리고 전위적(avant-garde) 등 4가지로 지적한다(韓好齊 & 张松, 2004: 32). 이 지역의 예술가들이 비교적 자유롭게, 정부의 간섭을 덜 받고, 아방가르드적인 작품활동을 한다고 알려져 있는 것은 아마도 M50이 처음부터 정부의 계획에 의해서 만들어진 문화산업 창의지구가 아니었던 것과 관계가 있을지도 모른다.

상하이 M50에는 21개 동의 크고 작은 건물이 있다. 21개 동의 건물 중 1930년대에 건축된 건물이 12개 동이다. 1940년대에 한 개 동, 1952년과 1954년에 각각 한 개 동, 1958년 이후에 6개 동이 지어졌다. 21개 건물들은 거의 대부분 공장이나 창고로 사용되었다. 수저우강변 쪽과 가까운, 뒤쪽에 있는 몇 개의 동은 주택으로 사용되었다. 21개 동의 절반이 넘는 11개 동이 1938년에 지어진 것은 특기할 만한 일이다.

상하이 모간산로 50번지에 위치한 공장과 창고들은 이제 그 성격이 바뀌었다. 예술가들이 낮은 임대료로 공장과 창고들을 빌려서 내부 인테리어를 수리하여 스튜디오로 개조했기 때문이다. 상하이에서는 이 공간을 예술창고(藝術倉庫, art warehouse)라고 부른다.

이 지역의 비어 있는 공장과 창고들은 독특한 분위기를 가지고 있다. 산업시대를 증언하는 공간이며, 산업시대의 유물인 이 지역의 공장과 창고들은 역사적 흔적을 그대로 간직하고 있다. 예술창고는 역사적, 문화적 함의를 가지고 있는 한편, 자신의 고유한 스타일을 가지고 있으면서, 큰 규모의 박물관, 미술관에 비해 우리들에게 더 친숙하게 다가온다. 부담을 가지지 않고 편안한 마음으로 머무르면서 건축물의 역사적, 문화적 의미를 느껴볼 수 있는 곳, 이 또한 예술창고의 특징이라 할 수 있다.

〈표 1〉은 상하이 M50에 입주한 예술가들의 스튜디오, 화랑, 회사, 기관들의 분포를 보여준다. 이 표에 따르면 2005년 7월 현재, 상하이 M50에는 총 131개의 예술창고가 입주하고 있다. 131개의 예술창고 중 가장 많

은 비중을 차지하는 것이 역시 예술가들의 스튜디오(작업실, 공작실)이다. 외국계 11개를 포함하여 총 57개의 스튜디오가 들어와 있다. 유화, 수묵화, 신소재 미술의 스튜디오들이 많으며, 영상스튜디오와 건축설계 스튜디오들도 들어와 있다(朱維妙, 2006: 97). 갤러리 혹은 화랑은 13개가 입주해 있는데 그 가운데 6개가 외국계 화랑이다. 문화예술관련 회사가 26개 있는 것으로 나타났다. 이 중 외국계 회사는 7개이다.

〈표 1〉 상하이 M50 예술창고 현황

유형	갤러리(화랑)	스튜디오	예술공간	상관예술창의기관	문화예술회사	문화휴한	교육연구기관	기타회사
개수	13	57	7	15	26	2	2	9
외국계	6	11	2	1	7	0	1	0

자료: 朱維妙(2006), p.97.

M50를 포함해서 인근에 작업실을 옮겼던 수저우의 예술가들은 2000년 상하이 비엔날레에 적극적으로 참여했다. 2000년 상하이 비엔날레 전시 프로그램 가운데 수저우 예술창고 전시전 'Fuck off'가 있었고, 여기에 수저우 예술가들이 많은 작품을 출품 전시했다. 중국의 본격적인 아방가르드 미술전으로 평가되었고, 미디어의 주목을 끌었다. 이 전시는 중국 아방가르드 예술가들이 모여서 적극적으로 교류하는 계기를 마련했다.

상하이 M50에 문화예술 회사늘이 많이 들어와 있는 것은 주목할 만하다. 이 지역이 문화창의 산업지구인 것만큼, 여러 회사들이 이 지역에 들어와서 예술가들의 문화예술적 창의성을 경제적 부가가치와 연결시키기 위하여 노력하고 있다. 문화가치를 경제적 가치로 전화시켜 산업화하는 것, 그것은 곧 문화산업을 추구하는 것이라고 할 수 있을 것이다.

M50에는 외국자본이 상당할 정도로 들어와 있다. 먼저 스튜디오를 보

면 11개가 외국계인데, 미국, 일본, 영국, 캐나다, 이스라엘 등에서 투자한 스튜디오이다. 6개의 갤러리(화랑)가 외국자본 소유인데, 이들 중 이태리 자본(Davide Quadrio)이 경영하는 상하이비이(上海比翼, 상해비익, BizArt), 스위스 자본(Lorenz)의 샹거나화랑(香格納畵廊, 향격납화랑, ShanghArt Gallery), 오스트레일리아 자본의 동랑이수(東廊藝術, 동랑예술, Eastlink Gallery) 등은 이 지역을 대표하는 갤러리들이다(朱維妙, 2006: 99; M50 homepage).

3) 서울 문래예술공단

문래예술공단은 서울시 영등포구 문래동 3가 철재상가단지와 그 주변에 입주해 있는 예술가들의 창작공간을 말한다. 이 지역 철재상가들은 1960년대부터 형성되기 시작했다. 1990년대 후반 경기도 시흥에 종합철재상가가 조성되면서 문래동에 있는 철재종합상가 건물 2, 3층의 사무실들이 비워지기 시작했고, 2000년에 즈음하여 비어 있는 사무실에 예술가들이 입주하기 시작했다. 이 지역에는 현재 약 170개의 철공소가 영업을 하고 있으며, 170여 명의 예술가들이 스튜디오에서 예술창작활동을 하고 있다. 그래서 철공소와 예술창작실이 공존하는 지역이 된 것이다. 이 지역에 들어서면 쇠를 깎고 다듬는 소규모 철강공장의 분위기를 금방 느낄 수 있으며, 예술공동체의 분위기는 쉽게 눈에 띄는 편이 아니다. 왜냐하면 예술창작실의 대부분은 건물의 2, 3층에 들어가 있기 때문이다.

현재 문래예술공단에는 60개의 창작실(한 스튜디오를 두 공간으로 나누어서 사용하는 경우를 고려하면 창작실은 90여 개에 달한다), 공연장, 전시공간 등이 입주해 있으며, 여기서 활동하는 예술가는 170명에 이른다. 예술작가들이 활동하는 분야는 회화, 조각, 사진 등 시각예술과 연극, 무용, 음악 등 공연예술 등이다. 문래예술공단의 입주공간 현황은 〈표 2〉에 나와 있다.

〈표 2〉 문래예술공단 입주현황 (2009년 11월)

장르	예술가수	창작실수
시각예술	76	37
공연예술	52	10
이론/평론	6	3
기획	15	4
기타	19	6
합계	168	60

출처: 김강 외(2010), p.58

문래동 철재상가에 예술가들이 입주하게 된 가장 중요한 이유는 비어 있는 사무실의 임대료가 저렴하다는 사실이다. 10평의 공간이 보증금 100만 원에 월세 10만 원 정도이다. 다른 지역에 비해서 훨씬 낮은 임대료로 작업실을 빌릴 수 있다는 점이 홍대와 대학로 지역에 작업실을 두고 있었던 젊고 가난한 예술가들이 그들의 작업실을 문래동으로 옮긴 가장 큰 이유가 된 것이다. 철재상가의 사무실 주인들은 세입자인 예술가들이 자신들의 작업실을 자유롭게 꾸미는 것을 허용하는 편이라고 한다. 금속으로 조각을 하는 예술가들은 철공소와 함께 있는 이 지역에 작업실을 내어서 철공소로부터 도움을 받기도 한다. 몇몇 작가들은 철공소에서 용접을 배우기도 했다.

문래예술공단이 외부에 본격적으로 알려지기 시작한 것은 2007년 이 지역 예술가들이 "경계 없는 예술"과 "물레아트페스티벌" 등의 축제를 개최한 이후이다. 그 이후 지난 4년 동안 이 지역에서 다양한 예술행사들이 개최되었다. 문래예술공단의 문화예술 프로그램은 〈표 3〉에 나와 있다.

〈표 3〉 문래예술공단 문화예술 프로그램

분류	주체	명칭	개최시기	거점장소	활동
축제/ 거리극	춤공장문래 아트페스티벌 사무국	문래아트 페스티벌	2007년 이후 매년 가을	문래예술공단 일대, 춤공장, 작가 작업실 등	공연예술축제, 해외교류
	경계 없는 예술센터	경계 없는 예술#5	2007년 이후 매년 봄	문래예술공단 및 문래공원 일대	거리극
	온앤드오프 무용단	무용극 -바다는 없다	2009	문래예술공단 일대	무용극
공공 미술	문래시각예술가 네트워크	문래공공미술 프로젝트	2008년부터 매년	문래예술공단 일대	공공미술, 벽화/ 설치
공연/ 전시/ 발표	LAB39	옥상미술관 프로젝트 (도시는 우리의 것이다)	2007	문래예술공단 일대 옥상	설치, 사진, 콘서트, 퍼포먼스 등
	공용공간	서울-신주쿠 사진전	2009	공용공간	사진전시
	FutureText ArtistGroup	스틸랜드 -문래동Faction 프로젝트	2009	문래예술공단 일대 옥상 등	전시
기타	문래3가, 문래 독립영화상영회 추진위원회	독립영화 정기상영	2009	LAB39/ 공용공간	독립영화상영
	문래동 작가와 친구들	선데이문래	2009년 2월 이후 격주 진행	문래예술공단 일대 및 문래공원	물물교환장터
	문래동 작가	오픈스튜디오	2008년 이후 년 1회	작업실	작업실 공개, 워크숍/파티

출처: 김강 외(2010), p.65.

지난 4년 동안 문래예술공단에서 시도한 활동내용을 보면 다음과 같다. 첫째, 문래예술공단 소모임 및 커뮤니티를 형성했다. 문래동 철재상가에 입주한 예술가들이 2007년 문래예술공단이라는 이름의 반상회를 만들었는데, 이때의 이름이 지금까지 사용되고 잇다. 하지만 이 반상회는 지속적으로 이루어지지 않았고, 현재는 이곳의 전체 예술가들을 아우르는 조직은 없는 실정이다. 대신 소규모 모임은 여러 갈래로 이루어져왔다. 가령, 시각예술가들의 모임이 "문래시각예술가 네트워크"가 있고, 문래동 스터디 모임 "그날" 등이 있다. 둘째, 문래동에 공동의 공간이 확충되어왔다. LAB39와 공용공간에서 예술창작 활동이 발표, 전시되며, 세미나와 토론회가 개최되기도 한다. 또한 이 공간들은 쉼터로 활용되기도 한다. 셋째, 문래예술공단에 입주한 작가들 사이에 공동의 교류와 협력 프로젝트들이 증가했다. 작가들간의 협업의 증가는 이 지역이 집적의 효과에 기반한 문화클러스터가 될 수 있는 가능성을 높여놓았다. 넷째, 문래예술공단의 작가들과 외국 작가들 사이에 국제교류가 활발히 일어나고 있다. 외국 작가들과 공동으로 발표, 전시하는 사례가 늘어나고 있고, 외국 작가들을 위한 레지던시 프로그램도 소규모이지만 시행되고 있다. 다섯째, 문래예술공단과 지역사회와의 소통이 확대되어왔다. 여러 가지 축제를 통하여 지역주민들을 만나고 있으며, 지역아동센터에 찾아가서 이 지역 작가들이 지역아동들에게 문화예술교육을 수행하기도 했다. 특히 문화예술교육에 천착한 "개나리 봇짐"의 활동은 지역 청소년들의 문화예술교육에 큰 역할을 한 것으로 생각된다. "선네이 문래 물물장터"는 격주로 일요일에 개최되는데 물건들을 교환하면서 지역의 예술작가와 지역주민이 만나는 장으로서 확대되고 있는 상황이다.

2007년 이후 문래예술공단에 대한 관심이 높아지면서 여기서 예술활동을 하는 작가들에 대한 지원 역시 늘어났다. 중앙정부 산하의 문화예술위원회, 영등포구청, 서울문화재단 등 다양한 공공기관에서 이 지역 예술가들을 지원했다. 지원은 프로젝트를 통해서 이루어졌는데, 2007년 지원금이 2천만 원이었던 것에 비해, 2008년에는 9천5백만 원, 2009년에는 약 3억 7천만 원으로 증가했다. 한편 2010년 1월에는 문래예술공단 근처에 문래예술공장이라는 이름의 아트팩토리가 서울시의 예산으로 건립되었다. 서울시가 공장부지를 매입하여 현대적인 건물을 지었고, 이 건물 안의 전시공간과 공연공간을 지역작가들을 위해 제공하고 있다. 2010년 문래예술공장의 운영비는 10억 원이었는데, 6억 원은 인건비 관리비 등 경상비로 사용되었고, 나머지 4억 원은 문래예술공단의 작가들을 지원하는 사업에 사용되었다.

4) 부산 또따또가

2010년 3월 부산 원도심 창작공간인 또따또가(Totatoga)가 정식으로 문을 열었다. 부산 중구에 위치한 40계단에서 반경 500m 이내에 자리 잡은 문화예술 창작 공간이다. 이 지역에 20개의 공간에 창작 공간 43개실이 운영되고 있는 것이다. 여기엔 개별 예술가 50여 명(각 실에는 입주작가 외에 협력작가가 1명씩 있다. 이를 포함하면 예술가 100명 정도가 또따또가에서 작업하고 있다)과 문화예술단체 22개가 입주하고 있다. 부산 또따또가는 "똘레랑스, 따로 또 같이 가(街)"라는 뜻이다. 이 이름은 골목길을 걸을 때 나는 소리인 의성어 또박또박을 연상시킨다. "똘레랑스, 따로 또 같이"는 문화의 다양성과 관용을 추구하는 것을 의미하며, 가(街)는 문화가 모여 있는 거리, 혹은 장소를 의미한다. 즉, 또따또가는 문화의 다양성과 관용이 존재하는 문화 클러스터인 셈이다. 입주공간의 내용은 다음의 〈표 4〉에 나와 있다.

〈표 4〉 부산 또따또가 입주공간

20개소 43실
개별예술가 41인, 운영 5인, 예술단체 22개 321명 등 총 367명 (협력작가 별도)
미술창작공간 (3개소 15실 / 작가 14인, 커뮤니티 1)
문학집필실 (1개소 6실 / 작가 12인)
독립영화갤러리 (1개소 / 3단체 컨소시엄)
디렉터존 (1개소 3실 / 독립영화감독 3인)
소극장 (1개소 / 4단체 컨소시엄)
인문학센터 백년어서원 (1개소 / 2인)
수공예창작공간 (2개소 / 샵 1, 공방갤러리 1 / 수공예작가 6인, 컨소시엄 1)
전통예술아티스트센터 (1개소 / 4단체 컨소시엄)
청년인디창작공간 (1개소 / 3단체 컨소시엄)
또따또가 갤러리 (1개소 / 직영)
코랄센터 (1개소 / 현재 3단체 / 상시 개방형 공간)
무대예술트레이닝센터 (1개소 / 4단체 컨소시엄)
문화여행정보센터 (1개소 / 운영인원 2인)
또따또가 문화편집센터 (1개소 2실 / 보일라 1, 대안출판프로젝트 한페이지단편소설 1, 작가 3인)
운영지원센터 (1개소 / 상주인원 3인)

출처: 또따또가 홈페이지 (http://tttg.kr)

또따또가가 들어선 지역인 중구 중앙동, 동광동 일대는 지역경제가 계속적으로 쇠퇴하고 있는 도심인근지역이다. 20군데의 장소는 원래 비어 있는 상가 혹은 사무실 공간이었다. 비어 있는 공간을 부산시가 건물주에게 임차하여 예술가의 창작공간으로 탈바꿈시킨 것이다. 부산 또따또가는 민관협력이라는 방식으로 형성되었다. 2009년 10월 민간예술단체인 부산 문화예술교육연합회가 사업제안서를 부산시에 제출하였고, 이를 부산시가 받아들임으로써 사업이 시작되었다. 부산시는 2009년 11월과 12

월 두 달 동안 비어 있는 공간 18곳에 대한 임대차계약을 마쳤다. 부산시가 건물주들과 임대차계약을 한 것이지만, 여기에는 부산문화예술교육연합회의 차재근 회장의 역할이 지대했다. 차회장이 직접 18명의 건물주와 각기 협의하여 임대차계약을 마친 것이다. 2009년 12월 시의회에서 사업예산(2010년 사업예산 3억 원)이 확정되었고, 그해 12월 말에 입주작가를 공모했으며, 2010년 1월 15일 입주작가와 입주단체가 확정되었다. 2010년 3월 20일 또따또가는 개소식을 가졌다. 2011년에는 2군데의 장소에 4개의 작업실을 더 확보했다.

또따또가 사업은 저비용 고효율이 두드러지게 드러난 대표적인 사업이다. 도심인근지역에 문화예술 창작공간을 만드는 데 한 해 예산이 3억 원밖에 들지 않은 것이다. 예산의 세부 내역을 보면, 2010년 예산 3억 원 가운데 2억 원이 임대료이다. 20군데의 공간을 빌리는데, 한 장소당 평균 1년에 1,000만 원 가량의 임대료를 지급했다(보증금 없이 1년치 임대료를 선납하는 방식). 4,700만 원으로 간판, 집기 및 비품을 구입했고, 나머지 5,300만 원이 운영지원센터 운영비로 사용되었다. 20개의 공간을 빌려준 건물주들은 이 사업에 상당한 호의를 가졌던 것으로 보인다. 물론 비어 있는 공간이기도 하지만, 평시 보다 20% 정도 낮은 임대료로 그것도 보증금 없이 빌려준 것이다. 어떤 건물주는 절반 정도의 임대료를 받기도 했다. 대부분의 건물주들은 아주 오랫동안 이 지역의 건물을 소유하고 있었고, 이 지역에 대한 애정이 깊었으며, 쇠퇴해가는 지역을 문화예술의 힘으로 분위기를 바꾸자는 취지에 적극적인 공감을 나타내었다고 한다.

또따또가는 처음부터 시각미술작가들만의 창작공간이 아니라 다양한 장르에서 활동하는 예술작가들이 창작을 하면서 지역사회와 교류하는 지역을 만드는 것을 목표로 내걸었다. 공모를 통해서 입주작가를 선발했는데, 공모기준을 보면 또따또가의 이런 면모를 찾아볼 수 있다. 부산문화예술교육연합회는 다음의 6가지 공모기준을 제시했다. 1) 사업기간(3년) 내 자립기반을 형성, 2) 다양한 형태의 20개 내외의 모델을 실현, 3) 임대료 외 생활비 지원 금지, 4) 지역공간 주체(건물주, 협의체, 공공기관)과의 유기적인 커뮤니티, 5) 입주주체의 문호 개방, 6) 시민커뮤니티 프로그램 시행의 의무화. 이런 공모기준으로 알 수 있듯이 또따또가는 다양한 장르의 작가들이 모여서 작업하는 예술창작공간을 추구하고 있으며, 창작에만 목적을 두는 것이 아니라 지역사회 그리고 시민사회와 소통하려는 지향을 가지고 있는 것이다.

또한 또따또가는 부산지역에 거주하는 젊은 예술작가들을 중심으로 형성되었다. 입주작가를 공모할 때 40세 이하(단 문학인은 50세 이하)의 부산지역 청년예술가들만 응모할 수 있도록 했기 때문이다. 2010년에는 부산지역에 거주하는 예술작가들만 지원할 수 있도록 했지만 앞으로 이런 점은 개선해나갈 계획이라고 한다. 원래 부산은 1950년대 초반 한국전쟁 동안 전국에서 피난민들이 피난을 온 도시이고, 그 당시에는 다양한 장르의 많은 예술가들이 부산의 도심에서 예술작업을 했었다. 처음 공모에 대한 논의를 할 때, 전국의 여러 예술가들이 전쟁 때 부산으로 피난을 와서 예술행위를 했던 것을 떠올려서 전국의 젊은 예술가들이 응모할 수 있게 하자는 논의가 있었으나 이런 기회는 다음으로 미루어진 것이다. 부산지역의 예술인들에게만 기회를 주는 것보다는 전국의 예술가들을 대상으로 개방적으로 운영하는 것이 더 의미가 있을 것이라고 판단된다.

또따또가에 입주한 작가들은 2년 동안 임대료를 내지 않고 공간을 사용할 수 있다. 2년 뒤 1년을 더 연상해서 사용할 수 있다. 부산시는 건물주와 20개의 공간을 3년 임대계약을 맺어놓은 상태이다. 부산시는 각 공간의 임대료와 기초관리비를 부담한다. 하지만 각 공간의 전기세, 수도세는 입주한 작가가 부담한다. 운영지원센터는 입주한 작가들로부터 매달 공간사용계획서를 받는다. 입주작가들은 한 달에 15일 이상 하루 8시간 이상 자기의 작업실에서 작업해야 한다. 입주작가들은 자율적으로 협력작가를 한 명씩 선정해서 자신의 작업실을 같이 사용할 수 있다.

또따또가는 지역사회와 소통하기 위해서 상당한 노력을 기울여왔다. 첫째, 또따또가 예술문화축전을 두 번 개최했다. 2010년 9월에 개최된 제1차 또따또가 축제는 4일 동안 개최되었다. 거리공연, 미술전시, 영화상영, 문화예술 강연 등 다양한 축제프로그램에 또따또가에 입주한 예술가들이 적극적으로 참여했다. 2011년 10~11월에는 12일 동안 제2차 또따또가 축제가 개최되었다. 축제기간도 늘어났고, 참가작가 규모도 커졌으며, 프로그램도 훨씬 다채로웠다. 축제기간 동안 날마다 점심콘서트를 열었고, 미술전시, 거리공연, 마당극 등 이 이루어졌으며, 43개 작업실 중 24개의 작업실을 3일 동안 시민에게 개방하는 오픈 스튜디오 행사도 진행되었다. 2012년 가을에는 3개월 동안 축제를 개최할 거라고 한다. 두 번의 또따또가 축제에서는 예술가들만 전시, 공연을 했는데, 2012년부터는 시민들에게 공연의 기회를 제공하는 시민참여축제를 기획하고 있다고 한다. 둘째, 또따또가는 도심에서 일하는 직장인들과 교류하기 위하여 비타민C30이라는 시민교육프로그램을 2010년 7월부터 계속 수행해오고 있다. 비타민C30은 유쾌한 점심문화프로그램으로 또따또가 근처에서 일하는 직장인들이 점심식사를 한 후 월요일부터 토요일까지 매일 오후 12시 30분부터 1시까지 30분 동안 또따또가 갤러리에서 시, 음악, 연극, 영화, 미술 등 다양한 문화교육을 받을 수 있도록 기획되었다. 30분 동안의 점심 콘서트도 몇 번 개최되었다. 셋째, 저소득층이 많이 거주하는 지역을 찾아가서 빈곤지역의 청소년들에게 또따또가 입주작가들이 문화예술교육을 실시한다. 문화소외계층들이 문화예술을 향유할 수 있는 기회를 제공한다는 점에서 이 프로그램은 아주 중요하게 평가되어야 할 것이다. 문화예술 축제와 인근 지역주민을 위한 문화예술교육 프로그램, 그리고 빈곤지역 청소년들을 위한 문화예술교육 프로그램 등은 또따또가에 입주한 작가들이 예술창작 공간의 폐쇄성을 넘어서 지역사회와 소통하고자 하는 열망을 가지고 있는 것을 보여준다.

5) 인천 아트 플랫폼(Art Platform)

인천 중구의 경우, 항동과 해안동 지역, 특히 청광4거리에서 신포4거리에 이르는 가로에는 창고 등 근대 항만과 관련한 산업유산들이 상당히 분포해 있다. 이들 창고 건물들은 주로 50년 내지 70년 전에 지어진 건물이다. 과거의 건축형태가 아직 유지되고 있고, 용도도 창고로 계속 사용되어왔다.

2000년을 전후해서 인천 문화예술인들과 시민단체를 중심으로 중구 해안동에 아트 타운을 건립할 것을 논의하기 시작했다. 인천지역의 문화예술계가 중구 근대개항장 일대의 근대건축물을 보전하고 재생해서 구도심을 되살리자는 논의를 했다. 특히 벽돌로 만들어진 창고건물들은 예술가들의 작업실이나, 전시공간, 문화예술 활동과 관계된 용도로 사용될 수 있음이 강조되었다. "중구 해안동에 소재한 부두 벽돌 창고들을 개조하여 전시 공간 및 예술 창작공간도 만들고 야외공연장도 만들어 예술인들과 인천 시민들이 함께 참여하고, 나아가 외부 관광객들이 인천의 문화공간을 찾을 수 있도록 아트 타운을 건립하는 것이다"(해반문화사랑회, 2002).

인천의 문화예술인들은 창고의 가능성에 주목했다. 창고라는 하나의 건물이나 혹은 창고들이 모여 있는 한 지역을 문화예술 공간으로 조성한다면, 점과 선의 파급효과는 상당할 것이고, 그것은 지역 도시재생의 기폭제가 될 수 있음을 강조했다. 비어 있는 창고들에 대한 시장의 개발압력은 상존했고, 아파트를 짓거나 상업시설로 활용할 가능성이 있는 가운데, 지역의 활력을 되찾기 위해서는 비어 있는 창고가 아파트나 상업시설로 변경되기 전에 문화예술 공간으로 사용하기 위한 방안들을 강구해야 한다는 논의가 지속적으로 이루어졌다.

인천시는 문화예술계와 시민사회의 요구를 수용하여 아트 플랫폼사업을 시행했다. 아트 플랫폼사업은 인천시가 해안동 일대의 낡은 창고 건물들을 구입하여 복합예술공간으로 재생시키는 것을 내용으로 하는 사업이다. 이를 위해 인천시는 해안동 1가 10-1번지 옛 '제물량길' 주변에 위치한 창고군을 2005~2007년에 걸쳐 매입했다. 여기에는 토지 32필지, 지적물 25건, 가설물 및 무허가 건물 6건이 포함되었고, 매입가격은 116억이었다(신성희, 2008: 126). 아트 플랫폼은 2009년 10월에 개장했는데, 대지면적 8,450㎡(2,560평), 연면적 5,631㎡의 공간에 지하 1층과 지상 4층으로 된 건물 13개 동으로 이루어져 있다. 총공사비는 214억 원 들었으며, 토지구입비, 보상비, 공사비를 합하면 총사업비는 400억 원 정도이다. 아트 플랫폼 건물의 활용내역은 〈표 5〉에 나와 있다.

〈표 5〉 인천 아트 플랫폼 건물 활용내역

구분	면적(㎡)	내역
창작 공간	1,856.56	창작작업실 24실 게스트룸 11실 공방 3개
전시 공간	871.66	갤러리 및 야외전시장
교육 공간	1,211.64	교실 및 실습실
커뮤니티 공간	718.34	아트숍, 휴게실
다목적 공간	712.84	공연장, 다목적실, 야외데크
홍보 및 자료 공간	242.59	홍보관, 자료관

옛날 창고 건물은 시 지정문화재로 지정된 건물, 상태 및 보존가치가 양호한 건물인 경우 최대한 보존하며, 안전이 필요한 건물은 외벽만 살려 새로 짓고, 나머지 건물은 헐어서 다른 재료로 건립하기로 했다. MA(Mater Architect)를 선정하여 건축에 대한 모든 책임과 권한을 위임하

였다. 아트 플랫폼의 운영주체를 둘러싸고 많은 논란이 있었으나 인천시에서 직접 운영하지 않고, 인천문화재단에게 운영을 위탁하는 것으로 결론이 났다.

아트 플랫폼의 의미는 다음과 같이 정리될 수 있다. 첫째, 예술가들에게 레지던스와 창작 스튜디오를 제공함으로써 예술가들을 위한 집단 창작 공간을 형성했다. 둘째, 역사와 예술의 결합을 시도한 공간, 즉, 개항지라는 역사성과 예술가들이 밀집해 있는 곳이라는 예술성이 결합한 독특한 분위기의 공간을 형성했다. 셋째, 지역 미술이 활성화되고 국제교류 및 교육이 활발해지면서 인천의 문화예술 수준이 한 단계 상승할 수 있다. 넷째, 인천의 문화예술산업이 성장하고, 아트 플랫폼이 고급관광지가 되면서 구도심의 경제적 재활성화에 큰 도움이 될 수 있다. 하지만 역사적 가치와 미적 가치의 복합적 결합이라는 주제로 더 많은 고민이 필요한 상황이다. 또한 지역주민과의 소통 및 커뮤니티 형성도 앞으로 계속적으로 고민해야 할 과제로 남아 있다.

6) 문화예술을 통한 도시재생: 사례 비교

예술가에게 필요한 것이 한두 가지가 아니겠지만 작업실이라는 공간은 예술의 창작을 위해서는 반드시 필요하다고 하는 것은 과언이 아닐 것이다. 예술가에게 작업실은 내면에 있는 예술혼을 바깥으로 끄집어 내는 데 없어서는 안 되는 소중한 공간이다. 예술가에서 작업실은 예술창작과 일상적인 삶이 교차되는 공간, 그의 모든 삶이 예술창작의 계기가 되는 공간이기도 하다. 박신의는 예술가의 작업실이 가지는 의미에 대해서 다음과 같이 말했다. "예술가의 작업실은 작업을 위한 공간이라는 조건으로만 끝나지 않는다. 그 공간은 사회로부터 단절된 순수예술의 공간만이 아니라, 창작의 산물이 사회적으로 결합되고 유통되며 다시 되돌아오는 순환구조를 갖는다. 작업실은 창작의 방이기도 하지만, 전시장, 만남의 장이기도 하며, 개념적 사유를 위한 비물질적인 공간일 수도 있으며, 토론과 논쟁을 통해 비평적 담론을 생산하는 공간이기도 하며, 프로젝트 기획의 산실이기도 하다. 게다가 전통적인 의미에서의 화가나 조각가의 작업의 형태만이 아니라, 종이 나부랭이나 잡동사니, 무심히 찍은 듯한 사진, 쓰레기와 고물더미, 일시적인 설치물을 제시하는 현대미술의 무수한 개념적 작업과 뉴미디어를 활용한 영상작업의 형태를 위해 작업실의 형태는 물리적 공간만이 아니라 어떤 프로그램을 생산한다는 버추얼의 개념까지 포괄하면서 확대되고 있는 중이기도 하다. 어떤 의미에서 보면 작가의 작업실은 작가가 있는 모든 사회적 공간, 삶의 공간일 수도 있다"(박신의, 2004: 69).

이제부터는 지금까지 살펴본 사례들의 특징을 몇 가지 측면에서 비교해 보고자 한다. 모든 사례를 관통하는 공통의 요소를 찾아내는 것과 각기 다른 고유한 특성을 밝혀내는 것은 중요할 것이다.

첫째, 모든 사례에 공통적으로 보이는 점은 쇠퇴하는 지역의 비어 있는 공장, 창고, 사무실에 예술작가들이 들어가서 예술창작을 위한 스튜디오로 사용하고 있는 것이다. 상하이 M50은 공장, 인천 아트 플랫폼은 창고, 서울문래예술공단과 부산 또따또가는 사무실 공간을 중심으로 예술작가들이 입주해 있다. 여기서 우리는 상하이 M50과 인천 아트 플랫폼의 공장과 창고에 주목한다. 왜 예술가들이 비어 있는 공장과 창고에 들어가는가?

오래된 공장과 창고들을 예술가들의 스튜디오 혹은 갤러리로 사용하는 것은 서구와 중국, 한국, 일본 모두의 경험에서 찾아볼 수 있다. 왜 예술과 창고의 결합인가? 예술과 창고의 친화성이 존재한다면 그것은 무엇일까? 그것은 창고건물이 예술의 창작과 예술가들의 교류에 도움을 주기 때문이다. 예술가들은, 특히 그림을 그리거나 설치미술을 하는 미술가들은 작업을 하기 위해서거나 작업실에 전시를 하기 위해서는 넓은 공간을 필요로 한다. 예술가들의 작품 창작과 작품 전시에 적합한 공간을 제공하는 것으로는 넓고 높은 공간을 지닌 창고만 한 것도 없다. 그 공간이 지난 세월이 의미를 되새길 수 있는 역사적 흔적을 가지고 있다면 더 좋을 것이다. 작업실을 가까이 둔 예술가들의 잦은 교류 역시 예술가들이 창고를 스튜디오로 활용하는 또 다른 이유가 될 수 있을 것이다. 어느 한 지역에 예술가들이 많이 몰리고 스튜디오를 서로 찾아보면서 자신의 예술세계를 넓혀나가는 것도 교류의 한 형식이겠지만, 화랑 혹은 갤러리를 통해서 예술가들은 서로 만나기도 한다. 역사의 흔적이 담긴, 크고 다양한 형태의 공간에서 전시를 하면 그곳에서 예술가들이 만날 수 있는 기회는 더 많을 것이다.

둘째, 형성계기와 이니셔티브를 보면 사례마다 각기 다르다. 상하이 M50은 대규모 방직공장이 교외로 이전함으로써 생긴 빈 공간에 예술가들이 입주했다. 예술가들은 춘명방직회사와 임대차계약을 맺고 스튜디오를 개별적으로 확보한 것이다. 공장주와 예술가들의 임대차계약에 의해서 M50이라는 집단예술창작지구가 형성된 것이다. 비어 있는 공장을 매각하지 않고 예술가들에게 낮은 임대료로 빌려준 대기업이 이니셔티브를 쥐었다고 할 수 있을 것이다. 뉴욕 소호와 서울문래예술공단은 대기업이 아니라 다양한 개별 건물주들이 예술가들에게 비어 있는 공간을 낮은 임대료로 빌려주었다. 민간 임대시장 영역에서 건물주와 세입자의 계약이 이루어지면서 자연발생적으로 예술가 창작지역으로 변모해갔던 것이다. 이에 반하여 인천 아트 플랫폼은 인천시가 사업을 주도했다. 400억 원의 예산을 확보하여 오래된 항만창고들을 매입했고, 이들을 원형복원하거나, 부분적으로 개조하거나, 철거하고 새로운 건물을 지어서 총 13개의 건물로 구성된 예술집단창작촌을 만들었던 것이다. 부산의 또따또가는 민관협력의 과정을 통해 형성된 사례이다. 부산의 한 민간예술단체가 주도하고 지방정부는 최소한의 지원만 한 사례이다. 민간예술단체가 주도적인 역할을 수행하면서, 도심 인근의 비어 있는 사무실을 개별 건물주들로부터 부산시가 임대하여 이를 무료로 예술가들에게 사용하게 한 것이다.

셋째, 참여작가를 보면, 정부가 직접적으로 주도하거나(인천 아트 플랫폼) 혹은 민관협력의 방식으로 진행된 사례의 경우(부산 또따또가), 공모에 의한 지원과 선정과정을 거친다. 선정된 예술작가들은 인천 아트 플랫폼의 경우 최장 1년, 부산 또따또가의 경우 최장 3년까지 임대료 없이 스튜디오에 입주할 수 있다. 인천 아트 플랫폼은 해외작가, 국내작가, 인천작가를 고루 입주시킨 반면, 부산 또따또가는 부산 지역에 거주하는 젊은 작가들을 입주시켰다. 상하이 M50이나 서울문래예술공단에 입주한 작가들은 아무런 선정과정 없이 자율적으로 스스로 임대료를 부담하면서 스튜디오에 입주했다.

넷째, 상하이 M50에는 외국자본과 국제적 수준의 갤러리가 상당히 진출해 있는 반면, 아직까지 한국의 경우, 서울문래공단, 인천 아트 플랫폼, 부산 도따또가에는 외국자본과 국제적 수준의 갤러리가 들어오지 않고 있다. 이는 한국의 경우 아직까지 예술집단 창작 지역의 연원이 오래 되지 않기 때문일 것이다. 더 많은 시간이 필요할 것이다.

다섯째, 정부의 역할을 보면 각 사례마다 다 다르다. 처음부터 모든 사업을 주도해나간 지역이 있는가 하면(인천 아트 플랫폼) 처음부터 민간과 더불어서 개입한 경우도 있고(부산 도따또가), 처음에는 개입하지 않다가 시간이 지나고 난 다음에 정책적으로 지원해준 지역도 있다(상하이 M50과 서울문래예술공단).

〈표 6〉은 이상의 논의를 토대로 해서 문화예술을 통한 도시재생 사례들을 비교해서 만든 표이다.

〈표 6〉 문화예술을 통한 도시재생 사례 비교

구분	뉴욕 소호	상하이 M50	서울문래 예술공단	부산 또따또가	인천 아트플랫폼
형성 시기	1960년대	1990년대 후반	2000년대 초반	2010년	2009년
현황	건물 250여 개	21개의 건물	90여 개의 작업실	43개의 작업실	13개의 건물 (부지 2,560평)
형성 계기	소규모 공장의 폐업, 건물주들이 비어 있는 공장, 창고를 낮은 가격에 임대	춘명방직 공장의 외곽이전, 매각하지 않고 낮은 가격에 임대	소규모 철제 공장들의 이전 및 폐업, 낮은가격에 임대	도심의 비어 있는 사무실 임대 후 입주 작가들에게 무상제공	인천시의 조성 정책
이니셔티브	민간	기업	민간	민관협력	정부
임대료 수준	낮음	낮음	낮음	없음	없음
참여 작가	자율	자율	자율	선정	선정
외국 자본	투자	투자	없음	없음	없음
국제수준 갤러리	있음	있음	없음	없음	없음
커뮤니티	있음	있음	있음	있음	있음
정부 지원	문화지구 지정	문화지구 지정	아트팩토리 1개 건물 (부지 308평) 건립, 운영비 연 10억 원	1년에 3억 원 증가가능성	400억 원으로 직접조성

4. 주민참여의 가능성과 한계

공장, 창고지역이 문화예술지역으로 변모해간 사례들을 보면, 쇠퇴해가는 산업지역이 문화예술지역으로 형성되는 과정에 여러 주체들의 노력이 있었음을 알 수 있다. 민간 예술가들의 적극적인 참여가 있었고, 지방정부의 여러 가지 지원도 있었다. 하지만 주목해야 할 점은 많은 경우 지방정부가 아니라 민간부문이 이 과정을 주도했다는 사실이다. 민간부문의 역할이 중요하다. 예술가들과 예술에 관심이 많은 사람들이 연대하여 이 과정을 주도하는 것이 중요한 것이다. 민간부문에서, 지역과 장소에 관련된 다양한 쟁점을 토의하고 직접 공간변화에 개입할 필요가 있다. 지방정부는 이 과정을 지원해야 한다. 즉, 문화예술을 통한 지역재생을 위해서 지방정부는 '주도자로서의 국가'보다도 '지원자로서의 국가'의 역할을 수행하는 것이 옳다고 할 수 있다. 결국 민간부문이 주도하고 지방정부가 지원하는 과정 속에서 문화예술지구가 제대로 형성될 수 있을 것이라고 생각한다. 일본 요코하마의 뱅크아트1929(Bank ART 1929)의 사례처럼, 공공부문이 예산을 지원하고 민간부문이 운영하는 시스템을 도입하는 것이 중요하다고 생각한다(오민근, 2007).

문화사업은 다른 사업보다 특히 지역주민, 관련 단체, 시민단체와의 긴밀한 협력이 필요하다. 지역사회는 적극적으로 참여해야 하고 정부는 지역사회와 협력하면서 계획을 수립하고 정책을 집행해야 한다. 문화정책의 수립이나 집행에 있어 지역사회가 참여하는 것이 중요한다. 신성희는 다음과 같이 말한다. "문화적 대상에 대하여 제도나 정책적 손길이 미치게 될 때는 대부분 그 가치, 중요도, 우선순위 등을 둘러싸고 관련 이해당사자, 관계단체 및 전문가 등등 상호간 해석상의 갈등과 대립이 복잡한 양상으로 표출되는 것이 일반적인데, 지역사회 내외의 문화정치와 의미경합 등의 과정을 수용하고 소통하는 끈기 있는 과정을 통해서 보다 만족스럽고 바람직한 합의를 도출해낼 수 있을 것임. 따라서 지방정부의 구체적인 계획수립이나 조례구성 단계를 비롯, 문화지구 운영을 위한 내용의 구성에 있어서 전반적인 지역사회의 참여를 고려하는 것이 중요함"(신성희, 2008: xix).

문화예술을 통한 도시재생에 공동체 계획을 도입하는 것이 중요하다고 생각한다. 공동체 계획은 지역사회 발전을 위한 대안적인 계획이다. 공동체 계획은 계획과정 전체를 포괄하는 개념이다. 즉, 공동체 계획이란 계획 주체와 계획내용 그리고 사회적 상호작용에 있어서 지역사회 공동체 중심으로 구상하고 집행해나가는 것을 의미한다. 지역사회 공동체의 재활성화를 위해서, 지역 주민을 포함한 지역사회의 여러 주체들이 사회적 상호작용을 거치면서 공동의 문제를 인식하고, 해결책을 모색하고, 실천해 나가는 것이다. 공동체 계획은 계획의 내용만을 의미하지는 않는다. 그 속에는 사회적 과정이 담겨 있기 때문이다.

공동체 계획이란 지역사회 공동체를 개발함에 있어 도시계획 전문가들이 핵심적인 주체가 되는 위로부터의 계획이 아니라, 지역 주민들이 도시개발의 주체가 되는 아래로부터의 계획이다. 공동체 계획의 중심에는 지역 주민이 있어야 한다. 지역 주민의 적극적인 참여가 공동체 계획의 출발점이며, 핵심 내용이다. 계획을 구상하고, 실현시켜나가는 과정에 있어서 지역 주민이 전면에 나서야 한다. 지역 주민이 중심이 되어 공동체 계획을 만들고, 그것을 실천에 옮겨나가기 위해서는 지역사회에서의 주민조직이 필요하다. 지역사회에는 여러 가지 조직이 존재한다. 결속력이 느슨한 조직에서부터, 아주 높은 결속력을 가진 조직들이 다양하게 존재한다. 공동체 계획을 위해서 이들 기존의 주민조직 간의 네트워크를 결성하는 것은 주민의 역량을 높이는 데 아주 중요한 사항이다. 지역 주민들은 주민조직들 간의 네트워크를 통해서 역량을 증진시켜나가는 것과 동시에 외부 지원세력을 적극적으로 모색할 필요가 있다. 주민들의 공동체 계획에 공감하고 지원의사를 표명하는 지방정부나 도시전문가 혹은 시민단체와 연대하는 것은 공동체 계획을 실현시키는 데 큰 힘이 될 수 있기 때문이다. 지역사회 공동체 내부의 주민조직들 간에 네트워크를 구축하고 외부의 지원세력과 연대하기 위해서는 참여자들 사이에 신뢰가 필수적이다. 신뢰를 기반으로 하여 서로 협력하는 파트너십을 형성해야 할 것이다.

지역 주민들의 참여와 협의, 다른 주체들과의 협력 등을 강조하는 공동체 계획은, 공동체 재활성화를 위한 마스터 플랜을 만드는 것보다 모여서 협의하고 협력하면서 구상하고 실천해나가는 과정 자체를 더 중요하게 여긴다는 점에서, 힐리가 주장하는 협력적 계획(collaborative planning)과 통하는 부분이 많다(Healey, 1997). 힐리는 협력적 계획을 가능하게 하기 위한 다섯 가지 원리를 다음과 같이 주장한다. 첫째, 다양한 이해관계자들의 존재를 인정해야 한다. 그들의 다양한 사회적 연결망과 복잡한 권력관계를 인식해야 한다. 둘째, 국가나 공공부문의 계획권력을 외부로 이전시켜야 한다. 셋째, 각 지역공동체에서 추진되는 비공식적인 이니셔티브를 존중해야 한다. 넷째, 정치공동체의 모든 구성원들을 규합해야 하고, 그들의 문화적 다양성을 인정해야 한다. 다섯째, 이해관계자들의 관심사가 지속적이고 공개적으로 토의될 수 있어야 한다. 정치공동체에 많은 정보들이 제공되어야 하고 비판적으로 검토되어야 한다(Healey, 1997: 343).

하지만 위에서 살펴본 다섯 가지 사례지역에서 지역주민이 주도하는 공동체 계획이 성공적으로 시도되고 있다고 말하기에는 여러 가지 한계가 있다. 예술작가들을 중심으로 커뮤니티가 형성되고 있고, 지역주민들과 소통하는 다양한 프로그램들이 시행되고 있는 것은 사실이다. 하지만 지역주민들이 문화예술을 통한 도시재생과정에서 주도적인 역할을 수행하고 있지는 못하다. 여러 축제에 참가하여 축제를 즐기고, 문화예술 교육프로그램에 참가하여 교육을 받는 등 문화소비자로서의 역할을 수행하는 정도이다. 예술작가 커뮤니티에서 지역사회와의 소통을 고민하는 것과 더불어 지역주민들도 지역의 재생을 위해서 예술작가들과 무엇을 협력할 수 있을까라는 문제에 더 많은 고민을 해야 할 필요가 있다. 예술작가 커뮤니티와 지역주민들이 함께 모여 문화예술을 통한 지역재생의 다양한 방안을 같이 논의하고 실천해나갈 때 진정한 의미의 공동체 계획을 만들 수 있을 것이다.

참고문헌

蒯大申. 2006. "2006年上海文化发展蓝皮书总报告". 主编: 叶辛·蒯大申. 『创意上海』. 社會科學文獻出版社.

朱維妙. 2006. "莫干山路50号藝術倉庫的发展及現狀". 『创意上海』. 社會科學文獻出版社.

韩妤齐 & 张松. 2004. 『东方的塞纳左岸』(Left Bank of the Seine of the East: The Art Warehouses on Suzhou Creek). 上海古籍出版社.

권태환·윤일성·장세훈. 2006. 『한국의 도시화와 도시문제』. 다해출판사.

김강 외. 2010. 『도시재생의 대안적 미래: 문래예술공단 연구』. 예술과도시사회연구소.

김윤환. 2008. "예술을 통한 도시재생의 최전선. 문래예술공단". http://blog.naver.com/urbania.

박은실. 2002. "문화활동의 유형에 따른 문화지구 형성과 장소마케팅". 『공간과 사회』 17: 29-60.

신성희. 2006. "창조계급 및 창조도시들의 분포특성과 창조적 도시조성 방안의 시사점: 미국과 한국 도시들을 사례로". 『공간과 사회』 25: 80-98.

신성희. 2008. 『인천시 문화지구 제도 도입에 관한 연구: 근대시기 문화자원 밀집지역을 사례로』. 인천발전연구원.

오민근. 2007. "문화의 창조적 활용. 도시재생에서 창조도시로: 일본의 경우". 『황해문화』 59: 181-212.

윤일성. 2002. 『도시개발과 도시불평등』. 한울출판사.

윤일성. 2006. "도시빈곤에 대한 두 가지 시선: 최민식과 김기찬의 사진 연구". 『경제와 사회』 72: 173-205.

윤일성. 2010. "영국 도시재생 정책의 변화과정과 교훈". 『지역사회학』 11권 2호: 131-164.

임상오. 2007. "한국도시의 장래와 창조성". 제1회 동북아 도시발전 포럼. 〈21세기 도시발전과 창조도시의 형성〉. 2007. 11. 23. 부산 파라다이스호텔.

해반문화사랑회. 2002. "성명서: 인천 중구 예촌(가칭)건립 조성안 부결에 대한 우리의 입장".

Florida, R., 2002, *The Rise of Creative Class: And How It's Transforming Work, Leisure, Community and Everyday Life*, Basic Books. (이길태 옮김. 『창조적 변화를 주도하는 사람들』. 전자신문사.)

Gratz, R.B. and Mintz, N., 1998, *Cities Back from the Edge*, John Wiley & Sons.

Healey, P., 1997, *Collaborative Planning: Shaping Places in Fragmented Societies*, UBC Press. (권원용·서순탁 (역). 『협력적 계획』. 한울.)

Howkins, J., 2001, "Creative cities and economic development", *Urban Studies* 37: 639-649.

Landry, C., 2000, *The Creative City: A Toolkit for Urban Innovators*, Londodn: Earthscan. (임상오 옮김. 『창조도시』. 해남.)

Savage, M. and Warde, A., 1993, *Urban Sociology, Capitalism and Modernity*, London: Macmillan. (김왕배·박세훈 옮김. 『자본주의 도시와 근대성』. 한울.)

Zukin, S., 1982, *Loft Living: Culture and Capital in Urban Change*, London: Radius.

11장

젊은 건축가에게 드리는 글:
한 도시사회학자의 고민

1. 들어가는 말

　도시에 존재하는 건축물, 그 형상(形相)은 종종 우리의 시각을 사로잡는다. 만드는 사람이 있고, 감상하고 해석하는 사람이 있고, 그것과 더불어 살아가는 사람이 있다. 가까이 있건 멀리 있건 도시에서 사는 사람들은 도시에 존재하는 건축물과 더불어 살아가지만, 오늘 이 자리에서는, 도시를 연구하는 한 사회학자가 도시를 만들어나갈 젊은 건축가들에게 평소의 고민을 말씀드리고자 한다. 나는 이 고민들이 쉽게 해결될 수 없음을 안다. 쉽게 해결될 수 있다면 그것을 고민이라고 부르지도 않을 것이다. 항상 마음속에 두면서 생각해보아야 할 문제들이다. 고민은 고민하는 사람을 괴롭게 만들지만, 만일 우리가 그것을 뛰어넘을 수만 있다면, 고민하는 사람이 바뀌고, 그가 바라보는 세계가 바뀌고, 실제 세계도 바뀔 수가 있다고 믿는다. 그만큼 고민은 중요한 것이다. 모든 변화의 가능성이 그 속에 있기 때문이다.

2. 주체성과 자유

누가 옆에서 주체성(主體性)이라는 개념을 논하면 주눅부터 든다. 마음이 위축되고 몸도 오그라드는 듯하다. 주체적이지 못한 삶을 살아왔기 때문일까? 주체성에 대한 고민을 제대로 한 적이 없기 때문일까? 자유(自由)의 개념 역시 마찬가지이다. 우리에게 큰 부담을 주는 논의임에 틀림없다. 하지만 어떻게 할 것인가? 왜소해진 몸과 마음을 가지고 살 필요는 없지 않은가? 웅크린 자신을 밖으로 활짝 펼치려면 자신을 웅크리게 만든 그것을 걷어찰 수밖에 없다. 제대로 걷어차려면 제대로 고민해야 한다. 결국, 주체성과 자유의 가치에 대해서 고민해야 한다.

주체성의 사전적 의미는 "개인으로서의 인간이 어떤 실천에 있어 나타내는 자유롭고 자주적인 능동성"이다. 즉, 주체적인 행위란 외부의 어떤 힘에 의하여 이루어지는 것이 아니라 자신의 자발적인 판단에 기초하여 수행하는 행위를 의미한다. 하지만 우리의 삶이 주체적인 행위만으로 이루어지는 것은 아니다. 구조주의 철학자들은 인간을 구조의 수인(囚人)이라고 하면서 인간의 생각과 행위를 강제하는 구조적인 큰 힘에 주목하는 것처럼, 우리들이 살아가는 삶의 많은 부분은 우리의 몸과 마음 밖에서 이미 결정된다. 그렇다면 너무 허무하지 않은가? 나의 삶을 내가 알아서 살 수 없다고 한다면, 내가 하고 싶은 것을 내가 하지 못한다면, 아니, 내가 무엇을 하고 싶다고 생각하는 것도 온전히 나의 것이 아니라면, 도대체 나는 무엇인가? 나는 무엇을 할 수 있는가? 나는 정말 제한된 삶의 영역 안에서 주어진 규칙과 규율에 따라 살아가야 되는 정도밖에 되지 않는가? 그렇다면 정말 답답할 것이다. 하지만 반드시 그런 것은 아니다. 나는 그렇게 죽어지내는 존재가 아니다. 나는 하고 싶은 일이 있고, 할 수 있는 일이 있고, 실제 그 일을 해내는 존재이다. 우리는 그런 존재이다. 구조라는 그물의 틀 속에서 얽매여 살지만 언제나 강제와 속박을 뚫고 그물을 헤쳐 나올 꿈을 꾼다. 그것은 자유에의 의지이다.

자유(自由). 자신을 되돌아보면 위축되지만 또한 우리의 마음을 설레게 하는 것이 자유라는 개념이다. 김흥호 목사님은 『화엄경 강해』에서 자유의 뜻을, 한자말의 형태에 비유하여 절묘하게 풀이한 적이 있다. 스스로 자(自)에 말미암을 유(由)이다. 스스로 말미암고, 스스로 따르고, 스스로 행한다, 스스로 길을 간다는 이야기다. 유(由)자의 형태가 재미있다. 밭전(田)자 위에 점이 하나 찍혀 있는 모양이다. 김흥호 목사님은 그 점을 새싹이라고 해석한다. 자기의 밭에서 스스로 밀어 올리는 새싹. 성찰과 고뇌와 번민을 통하여 내부로부터 우러나오는 그 무엇, 그것이 자유이다. 그것은 자신이 만들어나가는 것이다. 자신의 밭을 그렇게 가꾸고 생명을 담고 있는 씨앗을 그렇게 뿌려야 한다. 새싹은 자신의 삶을 자기가 주인이 되어 살아가고자 투쟁하는 삶의 결과이다. 임제 스님은 이렇게 말했다. 수처작주 입처개진(隨處作主 立處皆眞). 어느 곳에서나 스스로 주인이 되면, 그곳에 진리가 꽉 찬다. 어려운 이야기다. 감히 따라갈 수 없는 경계이다. 하지만 지금의 삶을 넘어서서 더 나은 삶을 꿈꾼다면, 자유라는 경지를 고민하고 실행해보려고 노력해야 하지 않겠는가?

건축가는 주체성과 자유를 고민해야 한다. 여러 가지 이유가 있겠지만 나는 오늘 두 가지 이유를 들고자 한다. 두 가지 이유 모두 건축가가 하는 일의 특성에 기인한다. 첫째, 자본과의 관계이다. 돈을 가진 개인이나 기업이 건축가에게 일을 맡기는 경우이다. 만일 건축가가 설계하는 그 공간을 활용해서 이윤을 남기려는 민간 건축주가 건축가에 그 점을 득히 강조할 때 어떻게 할 것인가? 건설업체나 부동산개발업체로부터 일을 받은 건축가는 상당히 괴로울지도 모른다. 개발업자의 이윤을 극대화하기 위한 공간을 설계해야 하는가? 아니면 학교에서 배운 바와 같이 건축의 합리성을 계속 고집할 것인가? 나는 누구인가? 개발업자의 지나친 돈벌이를 위한 수단에 그치는가? 아니면 개발업자를 설득해서 자신이 가지고 있는 건축에의 꿈을 실현해나갈 것인가? 내가 이 일을 계속할 수 있을까? 아니면 쫓겨나든지 뛰쳐나오든지 간에 일을 그만 두는 것이 좋을까? 이 지점이 건축가가 주체성과 자유를 고민해야 할 지점이다. 건축가는 건축가를 안다. 아마 주위에 이런 문제로 고민하는 건축가가 꽤 있을 것이다. 다 그런 거야라고 지레 자신을 접고 들어가는 사람도 있을 것이다. 너만 고민하고 있는 것이 아니야라고 비아냥거리는 사람도 있을 것이다. 좋은 게 좋아라고 타협하는 사람도 있을 것이다. 나는 이런 사람들에게 기대를 걸지 않는다. 마음이 너무 늙어서 오그라 붙은 사람들이다. 돈과 힘, 기득권, 그리고 탐욕과 불의(不義)에 타협하는 사람들이다. 젊은 건축가여, 당신은 구조의 수인(囚人)이 아니다. 탐욕과 불의의 현장을 만드는 사람이기에는 당신은 너무 젊다. 당신의 뜻은 높고, 당신의 피는 순수하다. 젊은 건축가여, 그물을 헤치고 나오는 자유인이 되기 바란다. 스스로 마음밭을 가꾸고, 씨앗을 뿌리고, 새싹을 밀어 올리는 힘을 키워라. 건축에의 꿈, 그것으로 부동산 수익이라는 탐욕을 걷어차 버려라. 건축가 한 사람 한 사람이 탐욕과 불의를 걷어차 버리면 바뀔 것같이 보이지 않던 것도 바뀔 수밖에 없다. 세상의 이치란 그런 것이다. 잘못된 관행이 바뀌는 것은 한 사람에게서부터 시작된다. 건설업체와 부동산개발업체의 잘못된 탐욕과 불의의 관행을 바꿀 수 있는 기회가 당신 앞에 놓여 있다.

둘째, 관(官)이라고 하는 행정권력과의 관계이다. 많은 건축가들이 시청 혹은 구청의 공간조성 사업에 참여한다. 관의 사업을 받아서 일을 하는 것이 건축가에게 아주 중요한 것임을 나는 안다. 대부분의 건축가들이 관련 공무원들과 좋은 관계를 유지하려고 노력한다는 것을 안다. 사람들과 원만한 관계를 유지하는 것은 미덕이다. 하지만 원만하다는 것과 비굴하다는 것은 다른 것이다. 관과 함께 건축과 관련된 일을 논의할 때, 건축가가 제 뜻을 제대로 펴지 못하고, 제 이야기를 제대로 하지 못하는 경우가 많다는 이야기를 우리는 종종 듣는다. 프로젝트라는 이름의 일을 하나 받으려고, 회의에서 담당 고위 공무원이 이야기할 때 온몸으로 동의와 수긍과 존경을 표시하려고 하는 건축가의 모습을 보면 참 안타깝다는 이야기를 듣기도 한다. 젊은 건축가여, 비굴해지지 마라. 자기 일에 당당함을 가져라. 그 일을 내가 맡지 않아도 좋다는 생각으로 뜻과 지혜를 자신 있게 드러내라. 시나 구 차원의 건축 관련 위원회에서 위원으로 활동하는 건축가들이, 물론 그 가운데 훌륭한 건축가들도 있지만, 자신을 위원으로 임명해준 관의 뜻에 어긋나는 결정을 하는 경우는 별로 없다. 상식과 양식에 맞지 않는 결정이 종종 이루어진다. 참으로 답답한 모습이다. 젊은 건축가여, 건축관련 위원회 위원들에게 건축가의 참모습을 보여주어라. 자리가 중요한 것이 아니고, 직책의 이름이 중요한 것이 아니고, 실상(實相)을 모르는 사람들의 사회적 인정이 중요한 것이 아니고, 얻을 수 있는 기대이익이 중요한 것이 아니고, 정말 중요한 것은 건축 그 자체일 것이라고. 각자의 이익을 추구하면서 건축가의 본말을 전도시키는 사람들에게 진정한 건축가의 참모습을 보여주어라.

3. 좋은 건축가

신영복 선생님의 저서 『강의, 나의 동양고전 독법』을 보면, 공자와 자로가 나눈 대화의 한 단락이 나온다. 좋은 사람이란 누구인가라는 화두를 가지고 고민할 때 깊이 생각해볼 필요가 있는 대화라고 여긴다. 내 수업시간에서도 여러 번 소개한 구절이다.

子貢問曰 鄕人皆好之 何如 子曰未可也,
鄕人皆惡之 何如 子曰 未可也
不如鄕人之善者好之 基不善者惡之

자공이 질문하였다. "마을 사람 모두가 좋아하는 사람은 어떻습니까?"
공자가 대답하였다. "좋은 사람이라고 할 수 없다."
"(그렇다면) 마을 사람들 모두가 미워하는 사람은 어떻습니까?"
공자가 대답하였다.
"(그 역시) 좋은 사람이라고 할 수 없다. 마을의 좋은 사람이 좋아하고 마을의 좋지 않은 사람이 미워하는 사람만 같지 못하다."

- 신영복, 2004, 『강의: 나의 동양고전 독법』, 190쪽.

마을의 모든 사람들이 좋아하는 사람이 되고 싶어 하는 것을 경계하는 공자의 말씀이다. 마을의 모든 사람들이 좋아하는 사람이 왜 좋은 사람이 될 수 없는가? 쉽지 않은 질문이다. 신영복 선생님의 답은 이렇다. 자기의 입장이 있으면 입장이 다른 사람들로부터 호감을 받기 어려운 것이 사실이다. 그래서 모든 사람들이 좋아하는 사람은 자신의 입장이 명확하지 못한 사람이기 쉽다. 자기의 입장이 없이 여기서도 좋은 소리, 저기서도 좋은 소리 하는 사람은 좋은 사람일 수 없다. 원칙 없는 타협과 기회주의적 선택에 능한 사람일 뿐이다. 좋은 사람이 되기 위해서는 자기의 입장을 명확히 하고 그 입장을 실행해야 한다는 것이 공자의 가르침이다. 비록 입장이 다른 사람들로부터 질시와 음해를 받더라도 그것은 중요한 것이 아니다.

건축가들의 세계에서 좋은 건축가로 살기 위해서 어떻게 해야 하는가? 참 어려운 문제이다. 무엇보다도 좋은 건축가를 만나고 좋은 건축가들과 뜻과 마음을 교감해야 할 것이다. 건축에 대한 자신의 입장을 명확히 하고 그것을 자신의 건축에 담아내어야 할 것이다. 건축계의 옳지 못한 관행을 비판해야 할 것이다. 좋은 건축가들과 소통하면서 더불어 의미 있는 무엇인가를 같이 만들어나가야 할 것이다. 좋지 못한 건축가들과 대립할 지점이 생기면 대립해야 할 것이다. 하지만 지혜롭게 그리고 대담하게. 사실 이 글은 좋은 건축가들과 만나고 싶은 나의 소망을 담고 있다.

4. 공공성(公共性) 혹은 공동선(共同善)

공공성과 공동선의 사전적 의미를 보면, 각각, "사적 이익을 넘어 타인의 이익까지 배려하는 것. 한 개인이나 단체가 아닌 일반 사회 전체에 관련되는 것", "사회구성원 전체에 공통되는 이익"으로 나와 있다. 두 개념의 의미는 약간 다르지만, 개인의 이해를 뛰어 넘어 사회 전체의 이해를 추구하는 것을 나타내는 개념들로 이해될 수 있다. 이 점에서 볼 때 한국 사회는 공공성이 위기에 처해 있는 사회라고 할 수 있다. 공공성 위기는 세 가지 측면에서 드러난다. 첫째, 사회의 각 영역에서 공공성에 대한 담론이 부족하다. 공공성에 대한 담론이 최근 꽤 늘어나고 있지만(마이클 샌델의 『정의란 무엇인가』가 국내에 번역출판된 것이 나름대로 큰 역할을 했다고 생각한다), 더 확장될 필요가 있다. 둘째, 의사결정과정에서 공공성의 가치보다는 효율성의 가치가 더 중요한 판단기준이 되고 있다. 사회의 어느 영역에서나 경쟁과 효율이라는 잣대가 제일 중요한 준거가 된 듯이 보인다. 셋째, 공공성의 가치가 특정집단의 이익추구를 위한 수단으로 전락되고 있는 경향이 있다. 이 점은 참으로 통탄할 부분이다. 공공성을 내세워서 어떤 일을 추진하지만, 본질을 냉철하게 통찰해보면, 추진하는 사람들의 사적 이해와 관련된 일이 많다. 공익(公益), 공공성(公共性), 공동선(共同善)을 내세우면서 자신이나 자신이 속한 집단의 이해를 밝히지 않는다면, 그때의 공공(公共)이라는 이름은 특정 목적의 성취를 위한 수단으로 전락하기 쉬운 법이다.

건축가의 세계는 사회의 공공성과 긴밀하게 연관되어 있다. 건축가가 개인이나 기업으로부터 일을 받아서 건물을 설계하는 것과 공공성과는 관계가 없는 것처럼 보이지만, 일단 도시에 만들어진 건축물은 그 어떤 방식으로든 간에 사회와 관계를 맺는다. 관이나 혹은 공공기관에서 발주한 사업에 참여한 건축가는 공공사업의 중요한 부분을 담당하는 것이니만큼 공공성과 불가분의 관계를 맺는다. 어찌 보면 건축에서 제일 중요한 가치가 공공성일지도 모른다. 그만큼 공공성은 건축가에게 중요한 개념이다. 건축가는 공공성에 대해서 고민해야 한다. 철학과 정치학, 특히 정치철학 분야에서 공공성의 주제를 본격적으로 탐구한다. 한국의 건축학계는 건축학과 정치철학의 만남을 본격적으로 시도해야 한다. 공공성이라는 가치를 도시공간에 어떻게 구축할 것인가에 대한 고민을 건축학자들이 하지 않는다면 그것은 고유한 임무를 방기하는 것이 될 것이다.

우리는 도시공간에서 공공성이 무너지는 모습을 너무나 자주 본다. 건설업체와 부동산 개발업체들은 많은 경우 부동산 개발을 통해 수익을 올리고자 계속해서 공공성을 훼손하는 경향이 있다. 독자적인 사업을 할 때도 그렇고, 관과 같이 민관협력 사업을 할 때도 그렇다. 도시개발을 지탱해주는 공공성에 대한 관심은 별로 없는 듯하다. 아니 수익을 올리는 데 장애가 되는 거추장스러운 방해물 정도로 여기는지도 모른다. 민관협력을 통한 도시개발사업을 보면 이 점이 여실히 드러난다. 기업과 공공기관이 계약을 맺고 사업을 추진할 때는 어느 정도의 공공성을 사업내용에 담는다. 그렇지 않으면 공공이 개입할 여지가 없다. 하지만 사업이 진행되는 과정에서 공공성을 담보한 부분들은 계속해서 축소되고 그와 함께 수익을 올리는데 도움이 되는 내용들은 계속해서 늘어난다. 이런 모습은 마치 민관협력사업의 관행이 된 듯하다. 한참 잘못되었다. 민간기업은 악착같이 계속해서 수익성을 늘려나갈 궁리를 하고, 요구하고, 관철시켜나가는 데 반하여, 공공기관의 담당 공무원들은 자신들의 존재이유인 공공성을 끝까지 지켜내지 못한다. 사업을 시작할 때 처음에 합의했던 공원 녹지 등 공동공간은 점점 줄어들고, 분양을 해서 수익을 남길 택지와 공간은 갈수록 늘어난다. 담당 공무원들의 능력부족 때문인지, 개발업체와 공무원들의 특수한 관계 때문인지, 또 다른 이유가 있는지 모르겠지만, 개발사업의 결과가 참담하게 나타난 경우가 상당히 많다. 그 사이에 도시계획가와 건축가가 끼어 있기 마련이다. 개발이익을 극대화시키고자 하는 개발업자의 이해를 도시계획가와 건축가가 설계로 뒷받침해주기 때문이다. 이런 일을 하는 도시계획가와 건축가를 나는 일 잘하는, 효율성이 높은, 뛰어난 사람들로 평가하지 않는다. 물론, 그들에게 돈을 주고 일을 맡긴 개발업체의 평가는 다르겠지만. 나는 오히려 이들을 공공성을 훼손한, 그래서 우리 모두에게 해를 끼친(우리 사회 모두의 것을 빼앗아 개발업체에게 갖다 바친 것이므로), 탐욕과 불의에 공모한 사람들이라고 생각한다. 건축계에서 공공성을 중요한 가치로 계속 논의한다면, 어느 건축가가 부끄러워서 이런 일을 할 수 있겠는가? 부끄러운 일을 부끄러운 줄 모르고 일 잘한다고 착각하는 일은 더 이상 없어야 할 것이다. 이 사회가 공공성 담론을 계속해나가면서 그렇게 만들어야 한다. 공공성을 축소시키는 이런 고리를 이제는 끊어야 한다. 공(公)적인 일에서 사(私)적인 이익을 추구하는 것은 언제나 사특(邪慝)한 일이다. 올바른 건축가들이 제 목소리를 내어야 할 것이다.

5. 소통과 참여

소통이라는 말은 참 멋진 말이다. "막히지 아니하고 잘 통함. 뜻이 서로 통하여 오해가 없음"이라는 의미를 지닌 이 말은 언제 들어도 매력적이다. 가지고 있는 뜻이나 생각이 서로 통하는 것을 의사소통(意思疏通)이라고 한다. 사회학이론에서 다루는 중요한 연구주제이기도 하다. 오늘 이 자리에서 나는 학문 간의 소통과 사람간의 소통을 이야기하려고 한다. 몇 년 전부터 통섭이라는 개념은 학문세계를 관통하는 화두가 되었다. 인문학과 자연과학의 통섭을 주장하는 논의는 나름대로 의미 있다. 자연과학, 특히 생물학을 정점에 두고 인문학을 하위체계에 편입시키는 윌슨류의 오만한 통섭은 지나친 생물학 중심주의인 것으로 비판받아야 마땅하지만, 인문학과 자연과학의 대화라는 의미의 최재천류의 겸손한 통섭은 적극적으로 모색될 필요가 있다.

기술과 예술의 결합을 추구하는 건축학에서 소통의 역사는 오래되었을 것이다. 끊임없이 기술의 발전을 흡수하려고, 그리고 예술성을 공간 위에 구현시키려고 노력한 것이 건축의 역사가 아니겠는가? 소통하는 건축, 공학과 결합하고 예술성을 발현시키려는 건축가들의 노력이 건축사의 페이지를 장식하고 있는 것이 아닌가? 건축가에게 소통은 미덕이라고 하기 보다도 건축가가 되기 위한 기본적인 자질이라고 하는 것이 맞을지도 모른다. 인문학과 예술만이 아니라 사회학도 건축학과 만나온 역사가 있다. 특히 도시사회학 분야는 건축에 큰 관심을 가지고 있다. 불세출의 도시역사가인 루이스 멈포드를 보라. 건축과 관련된 부분을 뺀 멈포드에 대한 이야기는 상상하기 어렵다. 도시사회학은 건축학과 만나기를 원한다. 서로 만나서, 진정으로 대화하고, 성찰하고, 고민하고, 배운다면 서로에게 큰 도움이 될 것이라고 생각한다.

사람간의 소통에 대해서는 힐리(Healey)가 주장한 협력적 계획(collaborative planning)을 중심으로 이야기하고자 한다. 국내의 건축학계와 도시계획학계에서도 이 주제에 대해서 논의를 계속해온 것으로 알고 있다. 관심을 공유한 여러 사람들이 모여서 토의하고, 협의하고, 협력하는 계획과정 그 자체의 중요성을 강조하는 이 논의는 아주 중요하다. 특히 공공성을 핵심으로 하는 공공건축의 경우 협력적 계획은 필수적이라고 생각한다. 나는 예전에 협력적 계획의 요체를 다섯 가지로 정리한 바 있다(윤일성, 2006). 다섯 가지를 그대로 옮겨 적는다. "첫째, 다양한 이해관계자들의 존재를 인정해야 한다. 그들의 다양한 사회적 연결망과 복잡한 권력관계를 인식해야 한다. 둘째, 국가나 공공부문의 계획권력을 외부로 이전시켜야 한다. 셋째, 각 지역공동체에서 추진되는 비공식적인 이니셔티브를 존중해야 한다. 넷째, 정치공동체의 모든 구성원들을 규합해야 하고, 그들의 문화적 다양성을 인정해야 한다. 다섯째, 이해관계자들의 관심사가 지속적이고 공개적으로 토의될 수 있어야 한다. 정치공동체에 많은 정보들이 제공되어야 하고 비판적으로 검토되어야 한다." 협력적 계획을 추구하는 건축가는 많은 것을 해내어야 한다. 여러 사람들과 만나고, 그들의 개인적인 특성과 그들이 속한 집단의 성격을 이해해야 하며, 계속적으로 토론하면서 다양한 이해를 조율할 수 있어야 하며, 공식적으로 제도화된 계획권력이 아닌 자발적으로 형성되는 계획의 힘을 모색해야 한다. 사실 이러한 점은 사회학자에게 요구되는 미덕이다. 현장의 변화에 참여하면서 현장을 연구하는 사회학자는 특히 이런 자질을 가지고 있어야 한다. 이 점에서 사회학자는 건축가와 통한다. 같이 나눌 이야기가 많고, 같이 할 수 있는 일 역시 많다고 생각한다.

소통은 참여와 밀접한 관계를 갖는다. 참여 없는 소통은 근원부터 불가능하고, 소통 없는 참여는 갈등만 낳는 법이다. 사실 협력적 계획의 요체를 한 마디로 나타내면, 참여하고 소통하라는 이야기다. 건축가와 사회학자가 만나서 협력적 계획을 고민할 수 있는 장소 중 하나는 지역공동체이다. 건축가와 사회학자 모두 지역공동체에 참여하고 싶어 하기 때문이다. 사회학자는 지역공동체의 공동체적인 삶에 관심을 두고 있고, 건축가는 마을만들기에 들어가고 싶어 한다. 마을만들기를 통해서 지역공동체의 역량을 강화시키는 것은 아주 중요하다. 정부와 시민사회 모두 마을만들기의 가능성에 주목하면서, 정부의 행정적, 재정적 지원이 늘어나고 있는 추세이다. 마을만들기의 성공여부는 결과뿐만이 아니라 과정을 가지고 평가해야 한다. 좋은 마을을 만들기 위한 정부의 지원도 중요하지만, 더 중요한 것은 지역공동체의 적극적인 참여이다. 지역주민이 주도하는 마을만들기. 그리고 그것을 지원하는 정부. 마을만들기의 기초로 줄탁동시(啐啄同時)의 개념을 강조하고 싶다. 병아리가 알을 깨고 부화할 때, 어미닭이 밖에서 품어주고 적당한 시점에 부리로 밖에서 쪼아주지만, 부화의 근본적인 동인은 병아리가 안에서 밖을 향해 자신의 부리로 계속 알을 쪼는 것이다. 지역공동체의 자체적인 역량을 강화시키지 못한 채 외부의 지원을 받고 마을만들기를 하면 성공하기 어렵다. 내부의 역량과 외부의 지원이 절묘하게 맞아떨어져야 한다. 그래서 줄탁동시가 아주 중요하다.

행정의 지원을 받으면서 마을로 들어간 건축가보다 행정의 지원을 받기 전에 이미 마을에 들어가 마을 주민들과 마을만들기를 고민한 건축가가 마을만들기에 더 의미 있는 힘을 보탤 수 있다. 일찍 마을을 발견하고, 미리 마을로 들어가서, 지역주민들과 소통하는 건축가. 마을 안에서 주민들과 더불어 부리로 알을 쪼아 새로운 생명을 탄생시키는 것은 건축가라면 한번 해볼 만하지 않은가?

하지만 현실적으로 이런 마을만들기는 참 어렵다. 도시빈곤 문제를 해결하려는 영국의 도시재생 정책에서도(윤일성, 2010), 마을의 자원을 재발견하는 일본의 마을만들기 정책에서도, 주민참여와 주민주도를 강조했지만 실제 진행된 과정을 보면 지향했던 것만큼 주민참여와 주민주도가 성공적으로 이루어졌던 것은 아니다. 그럼에도 불구하고 주민참여와 주민주도의 가치는 영국과 일본에서 계속해서 추구된다. 멀리 보고 가는 것이다. 그 방향이 옳기 때문이다. 잘 되지 않는다고 멈출 수는 없지 않은가? 올바른 방향을 찾았으면, 그냥 가는 것이다. 가는 도중에 문제가 생긴다고 주저앉지 말고 문제를 극복해내어야 한다. 주민참여와 주민주도는 그럴 만한 가치가 있다.

6. 역사와의 대화

하야리아 미군부대가 주둔했던 곳에 부산시민공원이 들어설 예정이다. 우리 땅이면서도 우리 땅이 아닌 곳. 100년의 치욕과 아픔이 곳곳에 스며 있는 현장, 담과 철책으로 시민들의 출입을 막았던 곳, 접근금지의 장소. 어두워서 막혀 있던 곳, 혹은 막혀서 어두웠던 곳, 이제 그 금단의 장소가 부산시민공원으로 우리에게 다시 돌아온다. 찬란한 역사보다 아픔의 역사에 더 주목하라. 역사를 만들어나가는 사람들에게 고난은 중요하다. 고난은 많은 경우 더 큰 영광을 가져오기 때문이다. 어둠이 깊을수록 빛은 더욱 밝은 법이다. 고난이 깊을수록, 고난을 극복하고 나면, 사람들은 더 성숙해지기 마련이다. 고난을 겪지 못한 사람과 고난을 극복한 사람은 분명 다른 사람이다. 고난을 견딘 그 힘으로 새로운 삶을 의미 있게 살아가기 때문이다. 장소도 마찬가지일 것이다. 고난을 겪은 장소, 수난의 현장, 부활의 가능성이 그곳에 있다. 그때의 부활은 그 장소를 초월한다. 무한한 가능성을 널리 퍼뜨리기 때문이다. 그래서 부산시민공원은 무한한 가능성을 지닌 장소이다.

젊은 건축가들이여, 역사를 보아라. 아픔과 치욕을 자기의 것으로 받아들여라. 바닥에 무릎을 꿇고 이마를 땅에 찧어라. 역사의 물결에 몸을 던진 사람들의 숭고함을 생각하고, 역사의 물결에 희생된 사람들의 아픔을 느껴라. 부산시민공원은 기억의 장소이다. 그곳에 가면 사람들은 역사를 떠올리지 않을 수 없을 것이다. 때론 공산의 흔적들이 옛 기억을 떠올리게 한다. 빈 건물, 아스팔트와 시멘트 바닥, 철책, 문, 풀과 꽃, 하야리아 부대 안의 모든 흔적들은 기억을 담고 있다. 옛 기억을 데리고 오는 이런 흔적들은 여러분들이 수행한 설계작업에 중요한 모티브가 될 것이다. 하지만 생각해보라. 그 기억은 단지 몇 사람들만의 기억은 아니다. 하야리아 미군부대는 그곳에서 생활한 사람들만의 기억만 묻어 있는 곳이 아니라, 밖에 있는 우리 모두의 기억이 상징적으로 묻어 있는 장소이다. 역사를 생각한다는 것은 제한된 장소의 제한적 의미를 보편적인 의미로 확장하는 것이다. 가령, 하야리아 부대의 빈 건물 하나를 볼 때, 그곳을 이용했던 사람들의 생활만을 가지고 빈 건물의 의미를 담아내려고 하는 것보다, 그 건물을 그 장소에 만들었던 시대사회적 상황까지 같이 고려한다면, 빈 건물의 의미가 더욱더 확장될 것이다. 눈에 보이는 것으로부터 눈에 보이지 않는 것을 찾아내는 것, 시대와 사회에 대한 통찰력으로 그것을 드러내었을 때, 그것이 진정한 역사와의 대화가 아니겠는가?

고난의 역사 속에 희망의 메시지를 담아내는 것. 이런 말을 들을 때는 언제나 즐겁다. 현실을 초월하는 깨달음과 지혜가 담겨 있기 때문이다. 숭고하다는 느낌이 드는 것은 이 말이 종교적인 차원에까지 이르기 때문일지도 모른다. 많은 종교가 추구하는 것이 아마 이런 경지일 것이다. 건축에서도 가능하지 않을까? 불행했던 과거를 떠올리며 다시는 불행해지지 말자고 서로 껴안는 건축, 아픔을 나누면서 다시 일어서자고 손을 내미는 건축, 앞을 보지 못한 채 어둠 속에 갇혀 있는 사람들의 눈을 뜨게 해주는 건축, 고통의 땅인 여기에서 피안의 땅인 저기로 건너가자고 하는 건축, 한 마디로 말하면 치유와 구원의 건축. 아픔과 치욕의 장소인 부산시민공원에서 이런 건축이 가능할 것이라고 생각한다.

역사적인 의미를 가진 현장은 가능한 한 보존해야 할 것이다. 위대하면 위대한 대로, 아프면 아픈 대로, 그냥 두는 것이 최선이라고 생각한다. 이런저런 개념을 가지고 의미를 부여하려고 만들어놓은 건축물보다, 아무런 인공적인 조형이 가미되지 않은 역사의 현장이 우리에게 더 깊은 의미를 전달해주는 법이다. 거창사건추모공원에 가보았는가? 1951년 한국전쟁 와중에 국방군이 거창에서 양민 719명을 집단학살한 사건을 대한민국 정부가 공식적으로 사과하고 희생자들을 추모하기 위해서 조성한 곳이다. 군이 저지른 만행을 정부가 공식적으로 인정한 것은 큰 의미가 있다. 유가족들의 요구를 받아들여 희생자들의 합동묘역을 대규모로 조성한 것도 의미 있지만, 추모공원에 가보면 쉽사리 발걸음을 돌릴 수가 없는 곳이 한 군데 있다. 추모공원 건너편 외진 곳에 놓여 있는 초라한 세 개의 무덤이다. 학살당한 후 신원을 확인할 수 없을 정도로 훼손된 시신들을 남자, 여자, 아이 세 그룹으로 수습하여 땅에 묻고 봉분을 세운 것이다. 봉분 앞의 비석도 이념 차이로 심각한 갈등을 겪은 마을의 상처를 그대로 담고 있다. 잘 조성된 추모공원에서 거창양민학살사건을 공부하고, 희생자를 추모하지만, 건너편에 있는 세 개의 무덤은 더 많은 것을 우리에게 전해 준다. 별 다른 장식 없이 그냥 두는 것이 무엇을 만들면서 의미를 부여하려고 하는 것보다 훨씬 더 많은 울림을 준다. 인공적으로 조성된 장소에서보다 그대로의 역사적 현장에서 하는 역사와의 대화가 우리를 훨씬 더 감동시킬 것이라고 믿는다.

7. 문화와 예술의 힘

바야흐로 문화와 예술의 시대이다. 다양한 차원에서 문화와 예술에 대한 논의를 할 수 있겠지만, 오늘 여기에서 나는 도시재생과 문화예술에 대해서 이야기하고자 한다. 노후화되고 낙후된 지역을 문화예술의 힘으로 재생시키는 방안이 전 세계적으로 설득력을 얻고 있다. 이런 방안이 중요한 것으로 논의된 것은 미국 뉴욕 맨하탄의 소호지역 사례 때문이라고 생각한다. 도시사회학 분야에서 문화예술을 통한 도시재생을 중요한 연구 주제로 다룬 것은 1982년 주킨(Zukin)의 연구가 출판되면서부터라고 할 수 있다. 뉴욕의 쇠퇴지역인 맨하탄 소호가 문화예술의 영향으로 변화한 과정을 분석한 주킨의 『Loft Living: Culture and Capital in Urban Change』가 나오면서, 정치와 경제의 논리가 아닌 제 3의 논리 즉 문화예술의 논리가 공간

변화에 중요한 영향을 끼칠 수 있다는 점이 본격적으로 논의되기 시작했다. 2000년대에 들어와서는 플로리다(Florida)와 랜드리(Landry)에 의해서 창조도시론이 제기되었고, 문화예술 분야의 창의성 혹은 창조성을 통하여 지속적인 도시발전을 추구하는 전략이 여러 도시들에서 채택되고 있다. 지난 30여 년 동안 문화예술을 통한 도시공간의 변화라는 쟁점은 도시사회학의 중요한 주제 가운데 하나로 자리 잡은 듯하다.

부산시민공원의 키워드 가운데 하나는 문화이다. 새로운 시설을 만들 수도 있고, 기존의 건물을 보존하면서 문화공간으로 활용할 수도 있다. 여기에 대한 다양한 고민들이 있어야 할 것이다. 낙후된 지역이 문화예술 지역으로 변모해간 국내외 사례들을 살펴보면, 대부분 그 과정에 여러 주체들의 노력이 있었음을 알 수 있다. 민간 예술가들의 적극적인 참여가 있었고, 지방정부의 여러 가지 지원도 있었다. 하지만 주목해야 할 점은 많은 경우 지방정부가 아니라 민간부문이 이 과정을 주도했다는 사실이다. 예술가들과 예술에 관심이 많은 사람들이 연대하여 이 과정을 주도하는 것이 중요한 것이다. 문화예술의 힘으로 낙후된 지역을 재생시키는 과정에 건축가가 큰 기여를 할 수 있다. 건축가는 스스로 예술가가 되거나, 아니면 적어도 예술가들과 자주 만나야 한다.

부산시민공원의 빈 건물을 문화예술 공간으로 활용하는 것은 의미가 있다. 문화에 대한 창작공간, 향유공간, 교육공간, 소통공간 등 다양하게 고민할 필요가 있다. 여기서 두 가지를 강조하고 싶다. 첫째, 창조적이고 독창적인 아이디어를 제시해라. 중국의 베이징 798, 상하이 M50에서 비어 있는 공장과 창고를 어떻게 활용했다든지, 혹은 일본 요코하마의 BankArt 1929에서처럼 근대건축물을 어떻게 활용했다든지 하는 이야기는 타산지석일 뿐, 우리가 그대로 따라할 필요는 없다. 젊은 건축가들의 독창적인 아이디어가 중요하다. 건물의 설계만 중요한 것이 아니라 그 건물 속에서 일어날 일들 역시 중요하다. 자신이 설계한 건축물에 담길 내용에 대해서 건축가는 깊이 고민해야 한다. 부산시민공원에 있는 빈 건물을 문화예술 공간으로 활용하는 방안을 추구한다면, 다른 곳에서 시도하지 않았던 독창적인 내용을 담아내기 바란다. 어디에도 물들지 않고 걸리지 않는 청년 건축가들의 무한한 상상력을 자유롭게 설계도에 그려내기 바란다. 둘째, 시민, 주민과 소통하는 떠들썩한 문화예술 공간을 제시해라. 커뮤니티에 대한 이야기다. 예술작가들의 커뮤니티 형성도 중요하지만, 예술작가와 시민 혹은 지역주민과의 커뮤니티 형성 역시 중요하다. 부산시민공원에서 이 두 가지 커뮤니티가 다 가능하다면 얼마나 멋있겠는가? 너도 나도 그곳에 가고 싶을 것이다. 젊은 건축가여, 부산시민공원에 사람들이 모이게 하라. 너무나 오랫동안 시민들이 가지 못했던 접근불가의 장소를 기쁨이 넘치는 소란스러운 장소로 바꾸어라. 문화와 예술의 힘으로.

8. 유토피아에의 꿈

모든 것은 변한다. 세상의 이치이다. 불교에서는 무상(無常)이라고 한다. 영원한 것은 존재하지 않는다. 그래서 허무한 것처럼 보이지만 사실은 그렇지 않다. 매 순간 변화의 가능성이 있다. 이때의 변화는 새로움을 의미한다. 현재에 안주하지 않고 끝없이 새로움을 추구하는 것. 무상의 사상에는 혁신과 창조가 들어가 있다. 구일신 일일신 우일신(苟日新 日日新 又日新)이다. "진실로 새로움을 구한다면, 날로 날로 새롭게 하고, 또 날로 새롭게 하라"라는 뜻이다. 전위, 아방가르드, 유토피아의 본질이 여기에 있다. 여기를 벗어나서 새로운 저곳으로 가는 것이다.

젊은 건축가여, 전위가 되어라. 아방가르드가 되어라. 그래서 유토피아를 고민해라. 여기 이 세상은 이 모양으로 영원히 존재하지 않는다. 계속 바뀔 수밖에 없다. 역사의 필연이다. 지금 이 순간 도저히 바뀔 것처럼 보이지 않는 가치, 통념, 관습, 당연시된 생각 등도 다 때가 되면 바뀌기 마련이다. 지금 이 순간 우리를 옥죄는 법과 제도 역시 마찬가지이다. 다 바뀐다. 그것이 역사이다. 모든 역사는 가치와 관습같은 주관적 구조와 법과 제도같은 객관적 구조가 바뀐 것을 기록한 것이다. 100년 전과 지금은 다르고, 지금과 100년 뒤는 다를 수밖에 없다. 도저히 변할 것처럼 보이지 않는 군건한 것에 도전해라. "견고한 모든 것은 대기 속으로 녹아 내린다(All that is solid melts into air)." 현실이 우리를 절망하게 한다면, 현실을 바꿀 희망은 여기에 있다. 그것은 유토피아에의 의지이다.

건축가는 이 시대 이 사회를 개혁할 것을 꿈꾸어야 한다. 아마 건축의 역사도 세상을 바꾸고 싶어 했던 뛰어난 건축지성들의 꿈과 실천으로 가득 차 있을 것이다. 건축으로 바꾸는 세상, 멋있지 아니한가? 큰 뜻을 품어야 한다. 건축의 새로운 세상을 만들겠다는 원(願)을 세워야 한다. 미래의 빛을 가지고 현실의 어둠을 밝혀야 한다. 유토피아가 소중한 것은 유토피아에의 꿈도 아름답지만, 유토피아를 통해서 오늘 우리의 모습을 비춰볼 수 있기 때문이다. 어두운 현실을 보기 위해서는 밝은 빛이 필요하다. 그 빛은 아직 오지 않은 세상으로부터 온다. 회광반조(廻光返照). 자신이 태양의 빛을 받아서 반사하여 그것을 다시 밖으로 비추는 것. 마치 어두운 밤에 지구를 밝히는 달처럼. 어린 아기가 팔을 내밀어 밤하늘에 떠 있는 달을 손으로 잡으려 한다면, 비록 달을 손에 쥘 수는 없겠지만, 손가락을 오므리는 법을 배울 것이다. 발터 벤야민의 말이다.

9. 시민사회와 건축가

한국의 시민사회는 전환기에 놓여 있다. 여러 가지 특징들을 논의할 수 있겠지만, 여기서는 건축가와 관련된 두 가지만 이야기하고자 한다. 첫째, 한국의 시민사회운동은 진화하고 있다. 운동의 중심축이 조금씩 움직이고 있다. 1987년 6월항쟁 이후 폭발적으로 성장해온 한국의 시민사회는 2000년대 초반까지 크고 작은 시민단체들이 전국적으로 연대하여 정치적인 이슈를 제기하면서 중앙정부와 중앙정치권을 상대로 많은 성과를 얻어내었다. 하지만 2000년대 초반 이후 지난 10년을 되돌아보면, 그 사이 각 지역에서 지역에 기반을 둔 시민단체와 주민단체들이 지역적인 이슈와 생활에 직결된 문제들을 제기하면서 의미 있는 운동을 전개하였다. 이제 시민사회 운동의 중심축은 전국적인 이슈에서 지역적인 이슈로, 정치적인 이슈에서 생활적인 이슈로, 방향을 틀고 있는 듯이 보인다(주성수 외, 2008). 그러나 그렇다고 해서 중앙정부를 비판하고 감시하는 시민운동이 크게 위축되었다고는 보지 않는다. 다만 각 지역의 시민 혹은 주민운동이 그만큼 성장했기 때문에 운동의 중심축이 그쪽으로 옮겨가고 있는 것처럼 보인다는 뜻이다. 생활에 기반한 지역의 주민운동은 많은 경우 건축가의 도움을 필요로 한다. 대안공동체 운동이나, 마을만들기나 마찬가지다. 건축가가 중요한 역할을 할 수 있는 지점들이다.

둘째, 지난 10년여 동안 거버넌스라는 개념 하에 각 지방정부는 도시정책을 입안할 때 시민사회와 협의하는 방식을 조금씩 도입하였다. 시대의 추세라고 할 수 있겠다. 물론 여러 가지 한계가 있다. 무엇보다도 시민사회의 역할이 제한되어 있다. 중요한 사안을 결정하는 위원회나 자문을 하는 자문위원회에 시민단체의 대표나 실무자가 들어가기도 한다. 하지만 아직까지는 시민단체가 지방정부의 도시정책에 끼치는 영향은 미미하다. 위원회의 조직이나 운영의 특성상 시민단체의 사람들이 들어간다고 하더라도 제 역할을 발휘하기 어려운 상황이다. 거버넌스 구조에 시민단체가 참여하는 것은, 지방정부의 입장에서 보면, 구색맞추기나 형식적인 요건을 갖추는 셈인 것이다. 시민단체가 지방정부와 동등한 권한과 영향력을 가지고 거버넌스에 참여하고 있는 것은 아니다. 하지만, 전 세계적인 추세를 보면, 다양한 NGO들이 지방정부의 중요한 정책 파트너가 되어 지방행정에 적극적으로 참여하는 것은 거스를 수 없는 대세인 것 같다. 한국사회도 부침은 있지만 그런 방향으로 가고 있다. 지방정부의 도시정책은 상당 부분 건축과 관련되어 있다. 시민단체가 거버넌스에 참여해서 지방정부의 도시정책에 의미 있는 영향력을 발휘하려면 건축가의 도움이 필요하다. 지역공동체가 건축가를 필요로 하듯이, 지역의 시민단체, 주민단체들도 건축가를 필요로 한다. 어찌 보면 건축가의 활동영역이 확장되는 것이라고 할 수도 있을 것이다. NGO와 건축가의 연대는 필수적이다. 우리는 이미 그런 시대에 들어와 있다.

한국의 시민사회는 건축가와 연대하기를 원한다. 젊은 건축가여, 시민사회가 내미는 연대의 손을 마주 잡기 바란다. 연대해서 같이 해야 할 일이 우리 앞에 많이 놓여 있다. 다양한 NGO에서 활동하는 건축가들을 기업이나 정부에서 부담스러워 한다면 그것은 건축가의 잘못이 아니라 기업과 정부의 잘못이다. 시대의 흐름을 자각하고, 시대의 흐름을 끌어와서 자신의 삶을 살아가는 사람들은 언제나 빛나는 법이다. 기업과 정부의 시선도 그 빛을 따라갈 수밖에 없다. 단지 시간문제일 뿐이다. 아니 이미 그런 시대가 우리 옆에 와 있다.

10. 나가는 말

석가의 구족제자(具足弟子) 아난에 대한 이야기를 하고 싶다. 석가가 열반에 들 무렵, 사랑하는 제자 아난에게 준 가르침에 대한 이야기이다. 아난은 평생 석가를 따라다니며 석가의 45년 설법을 기억하고 기록했다. 그만큼 지성이 뛰어나고 영민한 사람이었다. 하지만 석가가 세상을 떠날 때 아난은 다른 지역에 있어서 석가의 열반을 임종하지 못했다. 석가는 아난이 올 때까지 자신의 발을 관 밖에 내어놓도록 했다. 관 밖에 나와 있는 석가의 발을 보고 아난은 크게 깨달았다. 그래서 구족제자 아난이다. 발을 갖춘, 발을 구비한 제자 아난이다. 석가가 마지막에 무엇을 가르치려 했고, 아난이 무엇을 깨달았는가? 그것을 한 마디로 말하면 행(行)이다. 너는 나의 설법을 듣고, 기억하고, 기록했다. 더 중요한 것은 나의 설법대로 사는 것이다. 사랑하는 아난이여, 세상에 나가서 나의 설법대로 살아라. 행하라. 실행하라. 결국, 지행일치(知行一致), 지행합일(知行合一)인 것이다.

오늘 이 자리에서 젊은 건축가에게 마지막으로 드리고 싶은 말씀은 용기에 대한 것이다. 해리 포터를 보아라. 마법의 세계로 가는 기차를 타기 위해서는 9와 3/4 플랫폼으로 가야 한다. 기차역에 9와 3/4 플랫폼은 보이지 않는다. 플랫폼 9와 플랫폼 10 사이에 있는 벽으로 뛰어들어야지만 플랫폼 9와 3/4이 나타난다. 그곳에서 마법의 세계로 가는 기차가 기다리고 있다. 벽으로 뛰어들어야 한다. 용기의 문제이다. 행(行)하는 것의 문제이다. 옳다고 판단했으면 실행으로 옮겨라. 아니 옳다고 판단하는 그 순간 이미 실행할 수밖에 없을 것이다. 그렇지 않으면 그렇게 판단하지 못했음을 의미한다. 마법의 세계로 가고 싶으면 벽으로 뛰어드는 것이다. 다칠까 봐, 튕겨 나올까 봐 우물쭈물하면 기차를 놓치고 만다. 젊은 건축가여, 세상을 만들고 세상을 바꾸는 당신이 바로 해리 포터가 아닌가?

참고문헌

김흥호. 2006. 『화엄경 강해 1, 2, 3』. 사색.

신영복. 2004. 『강의: 나의 동양고전 독법』. 돌베개.

윤일성. 2010. "영국 도시재생 정책의 변화과정과 교훈". 『지역사회학』 11권 2호: 131-164.

윤일성. 2006. "지역사회 공동체 재활성화와 민관협력: 공동체 중심의 도시 빈곤지역 재활성화". 『지역사회학』 8권 1호: 69-92.

주성수 외. 2008. 『아래로부터의 시민사회: 시민활동가 30인에게 듣는다』. 창비.

Healey, P., 1997, *Collaborative Planning: Shaping Places in Fragmented Societies*, UBC Press. (권원용 · 서순탁 (역). 『협력적 계획』. 한울.)

Zukin, S., 1982, *Loft Living: Culture and Capital in Urban Change*, London: Radius.

부록

고 윤일성 교수 저술목록

1994년
윤일성, 1994, 「Housing in a Newly Industrialized Economy: the Case of South Korea」, Avebury

1995년
윤일성, 1995, 『새로운 공간환경론의 모색』, 한울

1996년
윤일성, 1996, 「영국 런던 도클랜드 개발 사례연구」, 동아대학교 사회학과 콜로키움, 동아대학교 사회학과

윤일성, 1996, 「서울시 중구 장기발전계획: 주택과 산업」, 서울시 중구 장기발전계획 공청회, 서울시 중구

윤일성, 1996, 「신보수주의와 도시개발」, 1996년 한국사회학회 후기사회학대회, 한국사회학회

윤일성, 1996, 「영국 런던 도클랜드개발 사례연구」, 부산대학교 사회과학대학 교수세미나, 부산대학교 사회과학대학

1997년
윤일성, 권태환, 양윤재, 이동진, 홍성태, 은기수, 임현진, 서이종, 구도완, 정병철, 1997, 「비전 중구 2020 장기발전방안 연구」, 서울대 사회발전연구소

윤일성, 이성해, 1997, 「2008년 올림픽의 부산유치에 대한 시민의식 조사연구」, 부산광역시

윤일성, 1997, 「시장주도적 도시개발의 가능성과 한계」, 『한국사회학』, 31집 여름호, 한국사회학회

윤일성, 1997, 「순환재개발을 위하여: 주택개량재개발의 문제점과 대안」, 『사회조사연구』, 13권 1호, 사회조사연구소

1998년

윤일성, 1998, 「부산 지사과학단지 개발의 현황과 문제점」, 한국지역사회학회 1998 학술심포지엄, 한국지역사회학회

윤일성, 1998, 「정보단지 개발의 몇 가지 쟁점에 대하여: 부산정보단지 개발을 중심으로」, 한국사회학회 후기사회학대회, 한국사회학회

윤일성, 1998, 「부산 지사과학단지 개발의 현황과 문제점」, 『사회조사연구』, 13권 1호, 사회조사연구소

1999년

윤일성, 1999, 「지역정보화와 지역발전: 부산지역 사례」, 지역사회학회 춘계학술대회 〈지역정보화와 지역발전〉, 지역사회학회

윤일성, 1999, 「민관협력과 정보단지개발: 부산정보단지를 중심으로」, 『공간과 사회』, 11호, 한국공간환경학회

윤일성, 1999, 「부산정보단지의 개발전략과 문화심기」, 포럼신사고 제27회 포럼, 포럼신사고

윤일성, 1999, 「노숙자 연구: 부산시 노숙자 실태조사」, 토론회 〈노숙자문제 다시 생각한다〉, 부산대 사회조사연구소, 부산경실련, 도시빈민사회복지선교회

윤일성, 1999, 「노숙자의 사회학」, 고려대학교 사회학과 한국사회연구소 콜로키움, 고려대학교

윤일성, 1999, 「노숙자 연구: 노숙생활의 시공간에 대하여」, 한국사회학회 후기사회학대회, 한국사회학회

2000년

윤일성, 2000, 「노숙자 연구: 노숙생활의 시공간에 대하여」, 『한국사회학』, 34집 여름호, 한국사회학회

윤일성, 2000, 「A Study on the Homelessness in South Korea」, International Critical Geography Conference, Korean Association of Spatial Environment Research

윤일성, 2000, 「주거환경개선사업의 현황 및 정책적 대안」, 부산의 주거권 실현을 위한 심포지엄, 천주교 부산교구 정의평화위원회

윤일성, 2000, 「주택과 계급: 한일간 주거생활 비교연구」, 『사회조사연구』, 16집 1호, 사회조사연구소

2001년

윤일성, 2001, 「서울시 도심재개발 30년사: 정책과 공간변화」, 한국사회학회 2001년도 전기사회학대회, 한국사회학회

윤일성, 2001, 「서울 20세기 공간변천사」, 서울시정개발연구원

윤일성, 김광중, 2001, 「도시재개발과 20세기 서울의 변모: 서울 20세기 공간변천사」, 서울시정개발연구원

윤일성, 2001, 「서울시 도심재개발 30년: 특성과 전개과정」, 『사회조사연구』, 16권, 사회조사연구소

윤일성, 2001, 「주거환경개선사업의 문제점 및 정책적 대안」, 『공간과 사회』, 16호, 한국공간환경학회

2002년

윤일성, 2002, 「노숙자에 대한 인식의 차이: 한국과 일본 비교」, 한국사회학회 2002년도 전기사회학대회, 한국사회학회

문소정, 윤일성, 김문겸, 김희재, 박재환, 박광준, 2002, 『한국과 일본의 일상생활』, 부산대 출판부

윤일성, 2002, 「노숙자에 대한 인식의 차이: 한국과 일본 비교」, 『한국민족문화』, 19권, 부산대학교 한국민족문화연구소

윤일성, 2002, 『도시개발과 도시불평등』, 한울

윤일성, 2002, 「근대적 공간에 대한 성찰」, 『오늘의 문예비평』, 47권, 세종출판사

2003년

윤일성, 2003, 「A Study on the Homelessness in South Korea」, Seminar on the East Asia, SPS, University of Bristol

윤일성, 2003, 「재일한인의 사회적 적응과 정체성에 관한 연구」, 『한국문학논총』, 34권, 한국문학회

윤일성, Kwang-Joong Kim, Ki-Suk Lee, Sang- Chul Choi, Jung-Mok Sohn, Sei-Kwan Sohn, Hae-Un Rii, Keewon Hwang, Kyu-Mok Lee, Chul-Whan Yun, 2003, 「Seoul, 20th Century: Growth and Change of the Last 100 Years」, Seoul Development Institute

2004년

윤일성, 2004, 「영국의 노숙자 연구」, 2004년 비판사회학대회, 한국산업사회학회

2005년

윤일성, 2005, 「영국의 노숙자 연구: 원인과 정책을 중심으로」, 『한국인구학』, 28권 1호, 한국인구학회

윤일성, 2005, 「도시 빈곤에 대한 두 가지 시선: 최민식과 김기찬의 사진 연구」, 2005년 한국사회학회 후기사회학대회, 한국사회학회

2006년

윤일성, 2006, 「부산대-밀양대 통합에 대하여」, 지역사회학회 2006년 봄 학술대회, 지역사회학회

윤일성, 2006, 「지역사회 공동체 재활성화와 민관협력: 공동체 중심의 도시 빈곤지역 재활성화」, 한국사회학회 기획학술 심포지엄 〈지역사회 공동체에 대한 성찰과 재활성화를 위하여〉, 한국사회학회

윤일성, 2006, 「지역사회 공동체 재활성화와 민관협력」, 『지역사회학』, 8권 1호, 지역사회학회

윤일성, 권태환, 장세훈, 2006, 『한국의 도시화와 도시문제』, 다해

윤일성, 2006, 「도시빈곤에 대한 두 가지 시선: 최민식과 김기찬의 사진 연구」, 『경제와 사회』, 72호, 한국산업사회학회

윤일성, 2006, 「Homelessness and Community Attitudes in South Korea as Compared with Japan」, 『Development and Society』, 35권 2호, 서울대학교 사회발전연구소

윤일성, 2006, 「지역공동체 복원과 질적 발전의 방향」, 2006 전국사회학대회, 한국사회학회

2007년

윤일성, 2007, 「문화예술을 통한 도시재활성화: 중국 상하이 문화창의지구 M50 사례연구」, 2007년 제2차 부산공간포럼 〈부산되살리기, 어떻게 할 것인가〉, 부산국제건축문화제

박홍원, 조용완, 윤일성, 이상봉, 하세봉, 최송식, 구차순, 박병현, 송정숙, 차철욱, 신원철, 장지용, 황경숙, 2007, 「기록으로 보는 생활사」, 국가기록원

김성국, 윤일성, 김희재, 김상우, 이성철, 2007, 「부산광역시의 문화도시화 전략을 위한 방향과 과제: 상하이 및 오사카와의 문화도시 전략의 비교연구」, 부산발전연구원

2008년

윤일성, 김주영 역, 2008, 『꿈의 세계와 파국: 대중 유토피아의 소멸』, 경성대학교 출판부

2010년

윤일성, 2010, 「영국 도시재생 정책의 변화과정과 교훈」, 『지역사회학』, 11권 2호, 지역사회학회

2011년

윤일성, 강동진, 김기수, 김명선, 고건수, 정상환, 송석재, 손재현, 강준성, 김민지, 서원준, 강석규, 송미영, 서경덕, 오태현, 이소정, 정신혜, 박정현, 안재권, 정은영, 정하영, 양달호, 서성덕, 윤은주, 지병철, 박현아, 이성욱, 김선주, 강혜진, 김태영, 박도영, 이재익, 김주환, 정민화, 최연호, 홍순민, 최보미, 이민기, 조한별, 임장현, 2011, 『캠프 하야리아의 미래는』, 하나

2012년

윤일성, 2012, 「부산시 대규모 난개발에 대한 비판적 접근 - 토건주의적 성장연합의 개혁을 위하여」, 『한국민족문화』, 42호, 부산대학교 한국민족문화연구소

윤일성, 2012, 「해운대 관광리조트의 도시정치학 - 탐욕과 불의의 도시개발」, 『지역사회학』 13권 2호, 지역사회학회

윤일성, 2012, 「부산의 건축가들에게 바란다: 도시사회학자의 고언(苦言)」, 공공건축포럼 〈욕망의 공간학·도시일상과 공공성〉, 부산광역시, 대한건축학회 부산울산경남지회

2013년

윤일성, 이대식, 김행범, 차창훈, 김진영 외, 2013, 『고전의 힘』, 꿈결

신원철, 최정욱, 천정훈, 정수희, 이연화, 백두주, 윤일성, 허주영, 김영, 2013, 「사회갈등을 묻다 - 부산 울산 경남지역의 갈등과 저항」, 부산대학교 출판부

윤일성, 2013, 「부산 북항재개발의 쟁점들 - 토건사업인가 시민을 위한 사업인가?」, 『지역사회학』, 64권, 지역사회학회

2014년

윤일성, 石坂浩一, 田島夏與, 松本康, 李國慶, 김상준, 任雪飛, 五十嵐曉郎, 武玉江, 2014, 「再生する 都市空間と 市民參與: 日中韓 比較硏究」, CUON

2016년

윤일성, 2016, 「동해남부선 폐선부지의 도시사회학: 비참함과 희망에 대한 짧은 기록」, 『작가와 사회』, 64권, 부산작가회의

윤일성, 2016, 「징후에서 이론까지, 가능한가?」, 『산업노동연구』, 22권 3호, 한국산업노동학회

편집 후기

　윤일성 교수님의 유고문집 출판이 결정되고, 교수님의 컴퓨터 자료를 정리하던 중에 교수님이 생전에 구상하고 계셨던 책의 제목과 목차를 발견했다. 책 제목은 '도시는 정치다'였고, 아래와 같은 구체적인 목차까지 포함된 이 기획서의 최종 수정 날짜는 2012년 3월이었다.

도시는 정치다
도시정치, 도시재생, 도시문화 읽기

제 1 부　도시정치
제 1 장. 도시정치이론
제 2 장. 부산시 대규모 난개발에 대한 비판적 접근:
　　　　토건주의적 성장연합의 개혁을 위하여
제 3 장. 해운대 관광리조트의 도시정치학: 탐욕과 불의의 도시개발
제 4 장. 북항재개발과 시민참여

제 2 부　도시재생
제 5 장. 도시재생의 올바른 길
제 6 장. 영국 도시재생의 변화와 교훈
제 7 장. 지역사회 공동체 재생과 민관협력
제 8 장. 도시재생 R&D사업의 사회적 영향 및 파급효과

제 3 부　도시문화
제 9 장. 도시사진의 원형: 으젠느 앗제
제 10 장. 도시빈곤에 대한 두 가지 시선: 최민식과 김기찬의 사진 연구
제 11 장. 도시재생과 문화: 한국, 일본, 중국 비교연구
제 12 장. 젊은 건축가에게 드리는 글: 한 도시사회학자의 고민

이미 학술지에 게재된 논문은 '도시는 정치다'라는 책을 염두에 두고 작성된 것으로 추정된다. 그리고 다량의 미발표 논문들도 '도시는 정치다'의 각 장을 구성하는 내용을 담고 있었다. 그러나 아쉽게도 일부 장의 내용이 완성되지 않은 상태로 남아 있었다.

생전 윤일성 교수님의 삶이었던 도시에 관한 연구와 활동을 정리한 '도시는 정치다'라는 책을 세상 밖으로 내놓기 위해 유고문집 편집팀(이하 편집팀)이 구성되었다. 편집팀은 원래 기획된 목차를 그대로 유지하는 것을 원칙으로 하되, 불가피하게 수정이 필요한 경우에도 원문을 최대한 건드리지 않은 상태에서 최소한의 편집만 허용했다.

먼저 편집팀은 '도시는 정치다'의 목차에 맞추어 교수님의 논문을 찾아 배열했다. 그리고 미완의 논문은 고민 끝에 목차에서 제외하기로 결정했고, 일부 장에서 서로 중복되는 내용들은 최소한의 수정작업을 거쳐 싣게 되었다.

'1부 도시정치'는 부산의 난개발에 대한 비판적인 내용을 다루고 있다. 기존 목차의 '1장 도시정치이론'과 관련된 글을 찾을 수 없어 목차에서 제외했고, '2장 부산시 대규모 난개발에 대한 비판적 접근'의 전반부에 도시정치이론에 대한 간략한 내용이 있어, 2장을 1장으로 대신하였다. 또 기존 목차에는 없었지만, '엘시티 검찰수사의 성과와 한계'를 3장으로 새롭게 추가 배치했다. '3장 엘시티 검찰수사의 성과와 한계'는 윤일성 교수님이 생전에 마지막으로 작성하신 논문이다. 윤일성 교수님은 이 논문을 학술지에 게재할 예정이라고 직접 말씀하실 만큼 마지막까지 큰 관심을 가지고 있었던 논문이라 목차에 포함을 시켰다. 4장은 북항새개발과 관련한 내용으로 교수님께서 기 발표하신 논문 '부산 북항재개발의 쟁점들: 토건사업인가 시민을 위한 사업인가'와 동일하다. 논문으로 발표하시면서 제목을 일부 수정하셨기 때문에 최종적으로 수정된 제목으로 목차를 구성하였다.

'2부 도시재생'은 도시재생에 관한 전반적인 내용을 다루고 있다. 먼저 5장 '도시재생의 올바른 길'이라는 제목으로 남기신 글은 없었다. 그러나 자료 중에 '도시 빈곤지역 재생의 새로운 패러다임을 위하여'라는 제목의 논문이 있었고, 해당 논문의 내용이 도시재생의 올바른 길이라는 내용과 부합될 수 있다고 판단하여 그 목차를 대신하기로 했다. 그런데 5장은 도표에 대한 설명이 빠져 있거나, 6~7장과 중복되는 내용이 많은 만큼 미완의 상태였다. 편집팀은 5장의 중복되는 내용을 삭제하고, 독자의 이해를 돕기 위해 도표에 대한 설명을 덧붙였다. 8장에서는 도시재생 R&D 사업의 내용에 대한 구체적 언급이 없어, 도시재생 R&D 사업을 간략하게 소개하는 각주를 추가했다.

'3부 도시문화'는 도시빈곤을 담은 사진 연구, 도시의 문화예술, 바람직한 도시건축에 대한 내용을 담고 있다. 기존 목차의 '9장 도시사진의 원형: 으젠느 앗제'에 대한 내용은 강의안으로만 남아 있어 목차에서 제외할 수밖에 없었다. 기존 목차에서 11장으로 기획된 '도시재생과 문화: 한국, 일본, 중국 비교연구'는 이와 관련된 내용을 담고 있는 '문화예술과 도시재생 그리고 주민참여'로 대체했다. 이 논문은 2012년 2월 28일 일본 릿쿄대학교 세미나에서 발표된 것으로, 뉴욕과 중국 그리고 한국의 문화예술을 통한 도시재생의 사례를 비교하고 있기 때문에 윤일성 교수님의 의도에서 크게 벗어나지 않는다고 판단하였다.

새롭게 구성된 목차의 글 중에 편집팀이 확인한 출처는 다음과 같다.

제1장. 윤일성. 2012. "부산시 대규모 난개발에 대한 비판적 접근: 토건주의적 성장연합의 개혁을 위하여."『한국민족문화』 제42호: 205~239.

제2장. 윤일성. 2012. "해운대 관광리조트의 도시정치학: 탐욕과 불의의 도시개발."『지역사회학』 제13권 제2호: 47~83.

제4장. 윤일성. 2013. "북항재개발의 쟁점들: 토건사업인가 시민을 위한 사업인가?"『지역사회학』 제15권 제1호: 113~151.

제6장. 윤일성. 2010. "영국 도시재생 정책의 변화과정과 교훈."『지역사

회학』제11권 제2호: 131~164.

제7장. 윤일성. 2006. "지역사회 공동체 재활성화와 민관협력: 공동체 중심의 도시 빈곤지역 재활성화."『지역사회학』제8권 제1호: 69~92.

제9장. 윤일성. 2006. "도시빈곤에 대한 두 가지 시선: 최민식과 김기찬의 사진 연구."『경제와 사회』제72호: 173~205.『골목을 사랑한 사진가, 김기찬, 그 후 10년』(김기찬, 2015년, 눈빛)에 재수록

제10장. 윤일성. 2011. "문화예술과 도시재생 그리고 주민참여." 일본 릿쿄대학교 세미나 발표문.

제11장. 윤일성. 2011.『캠프 하야리아의 미래는』. 제8회 도코모모 코리아 디자인 공모전 워크숍. 경성대학교 콘서트 홀에서 강연.

유고문집의 편집에 도움을 주신 분들이 많다. 먼저 부산대학교 신원철 교수님은 편집팀과 함께 회의를 하면서 좋은 의견을 주셨다. 동아대학교 장세훈 교수님은 유고문집의 머릿글을 써주셨을 뿐만 아니라, '2부 도시재생'에서 중복되는 내용과 보완이 필요한 부분까지 아낌없는 조언을 해주셨다. 마지막으로 윤일성 교수님의 유가족께서는 교수님이 남기신 자료를 열람할 수 있도록 기꺼이 허락해주셨다. 유가족분들의 배려가 없었다면 이 유고문집이 세상 밖으로 나오기는 어려웠을 것이다. 이 자리를 빌려 감사의 인사를 올리고 싶다.

"진실은 구체적이다. 나 역시 또한 이 말을 이해하지 않으면 안 된다." 이 말은 교수님이 오랫동안 마음속에 품은 경구이자 우리에게 남긴 화두다. 이 유고문집을 통해 "구체적 진실"에 다가갈 수 있기를, 그리고 윤일성 교수님의 뜻이 많은 이들에게 전해지기를 바란다.

2018년 10월
유고문집 편집팀 김주영 · 이수진 · 정현일

찾아보기

ㄱ

가난 15, 195-198, 224, 235-237, 243, 259-260, 308-309, 312, 314-318, 323-324, 326-327, 329-330, 332-335, 339, 341-343, 359
개발지상주의 34
건축가 21, 43, 48-50, 62, 137, 177, 183, 279, 354, 379, 381-391, 394-399, 408
결정적 순간 313-314, 330, 342
골목 196, 325-337, 340-344, 362, 413
공공개발 17, 41, 44, 65-66, 68, 70, 76, 81, 101, 180-182
공공개발사업 65, 76, 182
공공부문 30-31, 33, 46, 48, 54-55, 182, 195-196, 206, 210, 213, 219-220, 223-224, 226, 228, 230-231, 233, 242, 245, 248-249, 254, 260, 262-263, 268-269, 276-279, 281-282, 302, 374, 376, 389
공공선 199, 204-205
공공성 13-14, 16-17, 19, 21-22, 28, 44-47, 52-53, 55-56, 70-72, 103, 105, 147-148, 157-158, 164-170, 172, 175, 177, 179-182, 187, 194, 198-201, 205-206, 212, 226, 271, 385-388, 408
공공임대주택사업 60

공동체 13, 16, 19-21, 53, 194-199, 201-210, 212-215, 217-235, 237-252, 254, 259-269, 271-283, 285-291, 293-294, 297, 303, 316, 324-325, 348-349, 351, 358, 375-377, 389-390, 397-398, 400, 407, 413
공론조사 18, 147, 151, 166, 188
공식적 네트워크 29, 34, 103
관광유통지구 163-164, 169-170, 175, 180, 185
관광진흥법 92
교통영향평가 67, 75, 97
기부채납 18, 75, 78-79, 82, 102
김기찬 15, 20, 196, 215, 307-309, 325-338, 340, 342-344, 378, 406-407, 413

ㄴ

난개발 14, 17, 27-28, 34-35, 37, 39, 42, 47, 58, 60-62, 76, 99, 102-105, 146, 158, 177, 188, 408, 411-412
뉴욕 21, 181, 315, 347, 349, 351-352, 371, 373, 393, 412

ㄷ

다주체접근 220, 237
도시개발 14, 16-17, 28-29, 31-36, 38, 41, 43-47, 50, 52-57, 59-62,

65-67, 71, 80, 82-83, 85-88, 95-96, 99-104, 109, 141-142, 148-149, 157, 180, 183, 186-188, 195, 199-201, 205-207, 215, 219-220, 249, 254-255, 262, 264-265, 278, 283, 285, 375, 378, 386, 403, 406, 408, 412

도시계획조례 42, 50-52, 89-90, 100-101

도시불평등 31, 54, 62, 215, 254, 283, 378, 406

도시빈민 198, 260, 272, 283, 404

도시사회학 8-10, 12, 16, 21, 29, 50, 62, 347, 351, 379, 388, 393-394, 408-409

도시재생 16, 19-22, 191, 193-195, 197-199, 201, 206-208, 211-215, 217-231, 233-254, 285-289, 291-292, 295-304, 347-348, 351, 367, 369, 372-373, 375-378, 390, 393, 400, 408, 411-413

도시재생사업 206-207, 213-214, 234, 236, 253, 286, 296-297, 299-302, 304

도시재활성화 259-260, 276-277, 351-352, 407

도시정치학 29, 33, 39, 62, 65, 188, 408, 412

도시체제 28, 31-34, 60-61

도시체제론 28, 31, 33

도시환경개선 195, 262, 264

동부산관광단지 27, 44, 59, 129, 131

또따또가 21, 362-366, 370-373

ㄹ

라운드테이블 149, 173-180, 184, 186-188

랜드마크 87-88, 129, 140, 154, 328

리얼리즘 311-312, 344

ㅁ

마스터플랜 18, 44, 147-152, 154, 160-162, 166-167, 169-172, 175, 183, 185, 188

마을만들기 253, 283, 389-390, 397

문래예술공단 21, 358-362, 370-372, 377

물만골 공동체 20, 271-275, 283

민간개발업자 30, 44-45, 49, 65-66, 70, 79, 101-103, 206, 217, 220, 224, 246, 249

민관협력 16, 21, 32, 41, 44, 194, 205-208, 212-215, 219, 249, 254, 259-260, 276-278, 301, 363, 371-373, 386, 400, 404, 407, 413

ㅂ

복합도심지구 147, 149, 152, 154, 157, 159, 161-164, 166-170, 173, 175, 180, 182, 185

복합항만지구 152, 155, 159

부동산 투자이민제 108, 129-136

부동산개발 17, 28, 32, 34-37, 39-44, 46-51, 53, 56, 60-61, 65-66, 81, 95-96, 103, 114, 129-130, 157, 164, 169, 221, 246, 381-382

부산도시공사 59-60, 65, 67-69, 76,

78-88, 90-91, 94, 96, 104, 120, 126, 137-141
부산시민공원 27, 391-392, 394-395
부산은행 39, 68, 74, 107-108, 113, 118, 120-126, 128
부산항만공사 148-149, 151-152, 154-156, 158-169, 171-174, 177-182, 185-188
북항재개발 44, 145-152, 154-161, 163-169, 171-174, 177-188, 409, 411-412
불평등 11, 31, 54, 62, 204, 215, 254, 265, 283, 312, 323-324, 333, 337, 378, 406
브릿지론 120-122, 124-125
비공식적 네트워크 29, 34, 103
비자금사건 117

ㅅ

사실주의적 312, 328
사진 15, 17, 107-109, 139-140, 196, 215, 307-319, 321-340, 342-345, 358, 360, 370, 378, 406-407, 412-413
사회영향평가 289-296, 304
사회적 배제 235-238, 270-271, 277
사회적 파트너십 217, 248
사회적 합의 143, 148-149, 152, 155, 160-161, 185, 200, 291, 302
산동네 196, 326-327, 329-334, 338-343
상하이 21, 347, 353-358, 370-373, 394, 407

생태공동체 272-273
생태복지국가 34, 189
성장기제론 28-31
성장연합 12, 14, 16-18, 27-31, 33-34, 59-61, 102-103, 105, 146, 188, 408, 412
성찰적 민주주의 19, 194, 201, 205, 212
센텀시티 44
수변공원 148, 152, 160, 169, 172, 176-177, 180, 183, 186
슬럼화 87-88
시민사회 13, 17-18, 28, 52-55, 65, 68, 75, 103, 105, 108-109, 165-166, 173-174, 181-183, 185-187, 206-207, 213, 220, 249, 301, 365, 368, 389, 396-398, 400
시민참여 31, 53, 147, 149, 152, 174, 290, 366
시장주도적 도시개발 54, 199-200, 205-206, 255, 264, 403
시티 챌린지 19, 218, 220, 222-228, 230, 233-234, 240, 247
신재생에너지 58-59

ㅇ

아젠다 31, 227
약탈적 도시개발 66, 101, 104
에코하우스 126-128
엘시티 17-18, 38, 68, 107-144, 411
으젠느 앗제 328, 412
의사결정과정 57, 199, 203, 214, 220-221, 225, 230, 248, 267, 385

인간 13, 20, 182, 196, 205, 272,
　　309-311, 313-318, 323, 328-329,
　　335, 340, 342, 344, 348, 350, 353,
　　380
인천 아트 플랫폼 367-368, 370-372
일반미관지구 69, 89-91, 93, 95, 102
일조권 57, 98

ㅈ

자산관리회사 38
장소마케팅 31, 377
재무투자자 38, 155, 181
전략투자자 38
정치권력 11, 119
조망권 57, 80, 98, 148, 152
주거환경개선 195, 197, 199, 215,
　　259-260, 262-264, 281-282, 405
주민참여 53, 215, 218, 221, 225,
　　227, 230, 238, 245, 250, 272, 283,
　　288, 291, 295, 347-348, 374, 390,
　　412-413
중국건축 110, 113-114, 117, 120-
　　122, 132-134
중심지미관지구 69, 88-91, 93, 95-
　　96, 102
지방정부 11, 21, 28-29, 31-34, 53,
　　55, 103, 205, 210, 214, 219-220,
　　222-223, 225-230, 234-235, 238-
　　240, 244-246, 252-254, 266-267,
　　269, 271, 276, 278-282, 293, 302,
　　372, 374-376, 394, 397-398
지역공동체 16, 19-20, 195-198,
　　201-204, 206, 209-210, 213-214,

　　218-230, 232-235, 237-252, 254,
　　259-260, 263, 268, 271, 276-278,
　　286, 288, 297, 303, 349, 376, 389-
　　390, 398, 407
지역엘리트 28, 34
지역재활성화 277-279, 283
지역전략파트너십 277

ㅊ

창조 16, 19-21, 171-172, 183, 194,
　　208, 211-212, 215, 296, 315, 347-
　　351, 377-378, 394-395
창조도시 20, 171, 183, 211, 215,
　　347-350, 377-378, 394
창조적 계급 348-351
채무보증 115-116
책임준공 113-116, 118, 121, 123
청안건설 38-40, 68, 95, 124, 126,
　　128
최민식 15, 20, 215, 307-319, 321,
　　323-325, 329, 331, 333, 335-336,
　　342, 344, 378, 406-407, 413
친수공간 147-152, 167, 173
친수형 재개발 18, 147-148, 185

ㅋ, ㅌ, ㅍ

컴팩트 시티 299-300
토건국가론 28, 34, 102-103
토건복합체 34
토건주의적 16-18, 27-28, 34, 59-
　　61, 102-103, 105, 146, 188, 408,
　　412
토의 민주주의 203

통치연합 32-33
통합재생예산 19, 218, 220, 222,
    225-226, 228-240, 245, 247, 286
투기수요 73-74
투기자본 73
트리플스퀘어 PFV 38
특혜대출 108, 118-119
프로젝트 금융투자회사 37-38

261, 296, 385, 387
휴머니즘 20, 314-316, 323

ㅎ

항만재개발사업 146, 174, 187
해안경관 76-77, 97
해양문화지구 149, 152, 154, 159,
    162-163, 170, 173, 177, 179, 183-
    184
해운대 관광리조트 개발사업 38, 40,
    51-52, 57, 65-67, 69, 71-72, 74-
    79, 81, 83, 86, 88-90, 96-99, 101-
    104, 140
행위주체 27, 29-30, 32-33, 35, 233
행정권력 50, 119, 382
혁신 17, 19, 56, 61, 157, 194, 211-
    212, 233, 349, 395
협력적 계획 174, 189, 202, 210, 216,
    268-269, 284, 376, 378, 388-389,
    400
형평성 194, 240, 261, 293
환경영향평가 18, 57-59, 67, 75, 97-
    100, 289-290, 292-294, 304
환경영향평가조례 57-58, 98-99
환매특약 83-85
환승센터 97, 152, 154, 172
효율성 44, 53, 87, 194, 199, 205,

도시는 정치다

초판 1쇄 발행 2018년 12월 1일

지은이 윤일성
펴낸이 강수걸
편집장 권경옥
편집 정선재 윤은미 이은주 강나래
디자인 권문경 조은비
펴낸곳 산지니
등록 2005년 2월 7일 제333-3370000251002005000001호
주소 부산시 해운대구 수영강변대로 140 BCC 613호
전화 051-504-7070 | 팩스 051-507-7543
홈페이지 www.sanzinibook.com
전자우편 sanzini@sanzinibook.com
블로그 http://sanzinibook.tistory.com

ISBN 978-89-6545-568-4 93330

* 책값은 뒤표지에 있습니다.
* 이 도서의 국립중앙도서관 출판예정도서목록(CIP)은 서지정보유통지원시스템 홈페이지(http://seoji.nl.go.kr)와 국가자료공동목록시스템(http://www.nl.go.kr/kolisnet)에서 이용하실 수 있습니다.(CIP제어번호: CIP2018036182)